教育部哲学社会科学研究重大课题攻关项目（21JZD013）系列成果之一

新时代中国情境教育研究丛书

李吉林年谱长编

邓小泉 ● 著

The Chronicle of
Li Jilin

中国社会科学出版社

图书在版编目（CIP）数据

李吉林年谱长编/邓小泉著. -- 北京：中国社会科学出版社，2024.8
（新时代中国情境教育研究丛书）
ISBN 978-7-5227-2910-7

Ⅰ.①李… Ⅱ.①邓… Ⅲ.①李吉林—人物研究 Ⅳ.①K825.46

中国国家版本馆 CIP 数据核字（2023）第 246822 号

出 版 人	赵剑英
责任编辑	张　潜
责任校对	贾森茸
责任印制	张雪娇

出　　版	中国社会科学出版社
社　　址	北京鼓楼西大街甲 158 号
邮　　编	100720
网　　址	http://www.csspw.cn
发 行 部	010-84083685
门 市 部	010-84029450
经　　销	新华书店及其他书店

印　　刷	北京明恒达印务有限公司
装　　订	廊坊市广阳区广增装订厂
版　　次	2024 年 8 月第 1 版
印　　次	2024 年 8 月第 1 次印刷

开　　本	710×1000　1/16
印　　张	26.25
字　　数	366 千字
定　　价	128.00 元

新时代中国情境教育研究
丛书编委会

▶▶▶▶▶▶ 总　　序 ◀◀◀◀◀◀

中国情境教育研究的新成果

成尚荣[*]

　　英国诗人济慈曾经说过：人的名字是用水写成的，水干了，名字也就没有了。他的意思是积极的：人要超越功利，走向纯粹。不过，从另外一个角度看，有的人的名字不会消失，因为他和伟大的创造紧密联系在一起。李吉林正是如此。

　　李吉林老师创建了中国特色的情境教育学说，构建了中国儿童情境学习范式，不仅影响了中国，也引起了国外学界和同行的关注和赞誉。情境教育汇聚中华文化智慧，回应世界教育改革潮流，根植中国大地，又走向世界、融入世界，这是了不起的。一个小学教师有这样的贡献，更是了不起的。我们永远怀念李老师，她将自己的青春年华、将自己的一生献给教育、献给孩子，立德、立功、立言，精神不朽，生命永在。

　　情境是课程改革的关键词。课程改革要求以核心素养为导向，切实改变育人方式，注重关联，突出实践，引导学生从符号世界走向生活世界，让情感伴随学习，在实践中学，在课程的综合地带激发创新思维和精神。学习方式变革促进育人方式变革，学习方式本质是育人方式。其间，情境无处不在，一切都会镶嵌在情境之中，学习也会发

---

　　* 江苏省教育科学研究院研究员，教育部基础教育课程改革指导小组专家、中小学教材审查专家，明远教育书院学术委员。

生在情境中。因为情境，课程改革发生重大转型，呈现鲜活的样态，而且洋溢着生动的景象和美好的气象。

情境是时代话语。世界本身就是一个偌大的情境，是人类命运共同体。这一情境更具宏大性、深刻性。在这共同体情境中，人们打开边界，也放开眼界和心界，沟通、协商、对话、共生、共长，伙伴关系得以再次重构，伙伴精神更加弘扬。在人类命运共同体精神的关照下，教育会像一艘大船，从确定性的群岛出发，在不确定的海面上航行，互助合作，携手迎接风浪，培养勇敢的舵手和水手，以责任之心和超强本领，驶向更美好的彼岸。教育的大情境创造着大未来。

情境是属于人的，人是情境的主语。情境教育最终让学生把自己化为情境，将自己更自然、更深刻地融入生活、融入世界；也会把自己当作方法更自觉、更积极地学习；当然也会营造进步的文化，让自己在知识中、学习中、创造中站立起来，成为担当民族复兴大任的时代新人，成为世界的主人，为人类的文明进步做出贡献。

南通大学王灿明教授主编的这套新时代中国情境教育研究丛书，帮助我们再次认识情境教育、发现情境教育，情境教育的价值意义进一步得以开发，将情境教育引入各科教学，彰显了情境教育的学科特质、特点和优势，因而彰显了情境教育的学科生命力，丛书出版的意义是重大的、深远的。

首先，丛书告诉我们，李吉林老师虽然远去了，但情境教育的研究没有停下脚步，而且研究还在不断深化发展。中国情境教育的专利属于李吉林老师，江苏省南通师范学校第二附属小学、江苏省情境教育研究所是中国情境教育的发源地、基地和重镇。但情境教育又是属于大家的，是公共的财富，需要各方继续积极参与到研究中来，从不同的角度进行研究，形成各自的特点，让情境教育立体起来，深入下去。南通大学情境教育研究院自觉地担当起这份重任，体现了学者的学术良知和研究精神。我们应予以支持，并向他们表示敬意。这也启发我们，学者的眼光只有投向教育理论和实践的田野，投向深植大地的改革、实验和研究，投向本土同时又能眺望世界教育改革的前瞻和未来的呼唤，才会有源远流长的研究生命。南通大学情境教育研究院在这方面是有眼光的，也是有实践创新品格的。

其次，情境教育应从整体上把握，通过研究编织起完整的图景。丛书中王灿明教授撰写的《情境教育研究的"中国图景"》正是充分体现了这一精神和研究格局，显得尤为大气。他运用文献计量、知识图谱和内容分析法，全面系统地分析我国情境教育研究的演进过程、研究现状、前沿热点和存在问题，探寻情境教育的新理念、新方法和新走向，为建设具有中国特色的情境教育学科体系提供了理论依据与实证支持。教育研究犹如积土而为山，积水而为海，"中国图景"展现中国情境教育理论发展和改革实践的美好前景，信风扬帆。中国基础教育有足够的文化自信，必定会激发起文化自豪。

再次，丛书对中国情境课程教学进行系统化研究，形成结构化的成果。一是情境课程的总体研究，形成了情境课程论。李祖祥教授撰写的《情境课程论》是对李吉林老师的情境课程理论的继承和发展，该书基于新时代教育改革大背景，以情境教育理论、脑科学、现代课程理论为理论基础，探讨情境课程的内涵、价值，分析情境课程的类型和典型案例，构建情境课程开发、实施和评价路径，回顾和展望情境课程及其研究的发展，彰显情境课程的独特性，反映了当代课程发展新趋势。二是情境教学的总体研究，形成了情境教学论。吕国光教授撰写的《情境教学论》运用要素分析方法，对情境教学的四大要素分别进行了要素解构、理论分析和实践展望，认为情境教学应与大数据、元宇宙、虚拟现实等现代教学技术相结合，不断更新迭代，走向世界和未来。三是情境教育的学科教学研究，形成了学科情境教学论，包括陆平副教授撰写的《语文情境教学论》、徐伯华副教授撰写的《数学情境教学论》。李吉林老师的情境教育起源于情境教学，后来扩展到课程和整个教育。课程改革、教育改革总得落实到学科教学中去。这套丛书针对学科性质、任务与特点，运用情境教育理论与实践加以审视和构建，从认识论、价值论、方法论等方面进行梳理，厘清了理论基石和改革线索，坚持以学科核心素养为导向，揭示了学科教学的核心要义和实践的基本形态，从情境教育理论视域落实新课程方案和课程标准。这是情境教育的新发展，了却了李老师未完成的心愿。这样的学科教学论有利于学科育人目标的实现，也有利于学科情境教育风格的进一步完善，形成了学科教学改革的特色。

最后，丛书在广泛深入研究的基础上，形成了李吉林年谱。这是首创，填补了情境教育的空白。研究情境教育不能离开人的研究，尤其是不能离开创立者的研究。邓小泉教授撰写的《李吉林年谱长编》通过对史料的搜集、考证、整理，以及深入访谈，以编年体形式全面记录了李吉林的生平事迹、家庭生活、日常交往、教育实践、科学研究、主要论著、表彰奖励、社会活动和有关评价，充分记录并体现了李吉林在平凡中铸造灿烂的81年人生历程，让李吉林再一次站立在我们面前，永远活跃在现实的教育改革实践中，留在史册中。同时，丛书对情境教育理论从另一个角度加以梳理和提炼。这是情境教育研究的新发展、新成果，值得关注。

新时代中国情境教育研究丛书，以新的面貌展现在我们面前，中国情境教育具有中国特色，犹似一个闪亮的路标，指引着教育教学改革的新航程。我们从心底里自豪，对丛书的出版表示祝贺。

谱主简介

李吉林（1938—2019），江苏南通人，著名儿童教育家。1956 年毕业于南通女子师范学校，同年起至 2019 年一直任教于南通师范学校第二附属小学。1978 年被评为江苏省首批特级教师，1988 年—1997 年连续两届担任全国人大代表，是第七届全国人民代表大会主席团成员。改革开放以来 3 次被评为全国"三八"红旗手。1985 年获得全国"五一"劳动奖章，1989 年被评为"全国先进工作者"，2008 年入选改革开放 30 年"中国教育风云人物"，2009 年入选"纪念改革开放 30 年基础教育 30 校 30 人"，2010 年入选《人民教育》"创刊 60 年报道过的最有影响力的人物"，2011 年当选"全国教书育人楷模"，2017 年入选全国"当代教育名家"，2019 年入选改革开放 40 年"教育人物 40 名"。曾受邀参加党中央、国务院组织的部分科学家、教师休假活动，多次受到党和国家最高领导人的接见。

自 1978 年起，长期开展情境教学和情境教育实验研究，取得了重大成果，创立了情境教育理论体系和操作体系。这是我国推进素质教育发展的重要模式之一，曾经 4 次获得全国教育科学研究优秀成果一等奖，2014 年荣获首届基础教育国家级教学成果特等奖。2019 年，中共中央、国务院《关于深化教育教学改革全面提高义务教育质量的意见》吸收了情境思想，明确提出要"重视情境教学"。

凡　例

一、本书旨在通过对史料的搜集、考证和整理，全面记述谱主的一生行实，客观反映谱主的真实面貌，准确揭示谱主的成长历程与主要贡献，以期达到知人论世的作用。

二、本书所录内容，主要包括谱主的生平事迹、家庭生活、日常交往、教育实践、课题研究、主要论著、表彰奖励、社会活动和有关评价等。

三、本书所录时间范围为1938年至2019年，采编年（系地）体例，按时间先后顺序排列。日期不明者，记在月末；月份不明者，记在年末。年份不明者，根据事实推断，以"约本年"标示。涉及季节时，以3月至5月为春，6月至8月为夏，9月至11月为秋，12月至次年2月为冬，均记在该季末月之后。

四、本书所录资料，主要采自档案、信函、日记、新闻报道、论文、著作、未刊稿及相关人物的访谈、回忆等。不足征信者，不予采录。说法不一者，考订后只存一说，对其余说法尽可能采用脚注说明。

五、本书于各年本事之前，略记当年政治、经济、文化和教育等领域及与谱主有关的重要事件，用楷体排出。

六、凡能搜集到的谱主论著全部入谱。论著按发表（出版）时间入谱，发表（出版）时间不明者，根据事实推断酌情编录。部分教案、发言材料、工作计划和文章等，因能反映谱主的思想认识和人格风范，且未曾公开发表，较为罕见，故予以全文收录。

七、本书于谱主的主要论著，均尽量引述原文作适当介绍。摘录或引用谱主论著或其他有关文献时，只订正个别错排字和标点，一般不加评述，不做删改。

八、谱主师友、学生、交游人员众多，不胜枚举，本书仅就与谱主往来密切者或有重要关联者入谱，且仅对其中在南通出生或工作过的有关人物以脚注方式简介。对有姓无名者用姓某或某老师表示。某些活动由谱主发起或与其密切相关，因无明确记载，故未收录。其中，各年份涉及的人员职务如无特殊说明，均为当年任职。

九、本书谱主工作单位江苏省南通师范学校第二附属小学统一简称为"通师二附"。除明确标明外，书中所称校或学校，均指通师二附；所称市，均指南通市；所称省，均指江苏省。

十、本书引用资料均标注原始出处。首次引用时，详细标明作者、篇名（书名）、刊名（出版社）、发表期数、出版时间及页码等信息；重复引用时，只标明作者、篇名或书名及页码，不再注明其他事项。书中所引档案文献，除标注者外，其余均引自通师二附档案馆且统一不标注藏馆。通师二附档案馆对所藏文献的形成时间标注不尽恰当，本书均按照实际时间标注。如档案馆将 1979 年 2 月—7 月的大事记标注为"1978 年度第二学期"（案卷号：43），本书引用时标注为"《大事记（第二学期）》，1979 年，案卷号：43"。

目　　录

1938 年　出生

3 月 17 日　日本侵略军占领南通城区。

5 月 26 日　毛泽东在延安发表《论持久战》的演讲。

本年　全国有 55 所高校迁移、新建或调整，其中南通学院迁至上海办学。

6 月 10 日　生于江苏南通①。父亲李霞成，江苏镇江人，金银手工匠。母亲李庄淑，初中学历，无业。②（刘铍提供，2022 年 11 月 4 日）

---

①　南通，古称通州，位于江苏东南部、长江北岸。近代以来，因行政区划屡有调整，使"南通"的地名涵盖范围多有变化。1912 年，废通州，设南通县。1934 年，南通县隶属南通行政督察区专员公署。1949 年 2 月，从南通县划出一城三镇及城郊区农村，增设南通市，隶属苏皖边区第九行政区。同年 5 月，苏皖边区第九行政区改称南通区，属苏北人民行政公署管辖。1950 年 1 月，南通区辖南通市和海安、如皋、如东、南通、海门、启东、崇明 7 县。1950 年 5 月，南通市升格为苏北行署直辖市。1953 年 1 月，南通市改为江苏省人民政府辖市。1958 年 7 月，改为南通专署辖市。1962 年 6 月，又改为江苏省人民委员会辖市。1979 年 4 月，南通市辖城中、港闸和郊区三区。1983 年 3 月，实行市管县体制，南通市辖海安、如皋、如东、南通、海门、启东六县及城中、港闸、郊区三区，确立形成了此后南通市的行政区划格局。

②　关于李吉林的出生日期，历来记载多不确切，官方公开材料一般记为 1938 年 5 月。据李吉林的先生刘铍介绍，她的生日是农历五月十三日，即公历 1938 年 6 月 10 日。后查得通师二附 1972 年 3 月《教职员工登记表》，载其出生日期为 1938 年 5 月 13 日，说明当时登记的是准确的农历日期。丁伟《李吉林的教育人生》（《江苏教育》2020 年第 57 期）中所述日期与此一致。

1943 年 5 岁

本年　南通处于沦陷区，江苏境内各根据地处于抗日战争最艰苦的时期。

冬　父亲去世，留下遗言："吉儿天资聪敏，是天赐给我们的女儿，无论多穷多难，要给孩子上学。"此后，家庭生活主要依靠二叔接济，在二叔身边感受到父亲般的爱。父亲和二叔都是戏迷，在他们的熏陶下，从小对艺术有一种朦朦胧胧的爱。(李吉林：《李吉林与情境教育》，北京师范大学出版社 2006 年版，第 1—2 页；李吉林：《情境教育理论探究与实践创新：一切为了儿童的学习》，北京师范大学出版社 2019 年版，第 341 页)

1944 年　　6 岁

本年　南通处于沦陷区，日本侵略军发动攻势，企图打通大陆交通线，全国抗战形势依然非常严峻。

本年　进入南通卍慈初级小学就读一年级。[1]（刘锬：《文脉悠长官地街》，南通书画网，2013 年 9 月 3 日，http：//www. ntshys. com/show. aspx？id=2903）

---

[1]　据刘锬回忆，李吉林小时曾在官地街的慈善机构"卍字会"（旧址在今官地街 28 号）内设学堂读书，该学堂免费招收贫苦家庭子女。该小学即为卍慈初级小学，由民国时期的宗教性社会救助团体南通红卍字会创办。

1945 年　7 岁

8 月 15 日　日本宣布无条件投降。

8 月—9 月　苏中四分区所辖范围除南通城区、海门茅镇外，全部由新四军所控制。

9 月　南通城被国民政府军队接管，城内教育由南通县政府教育科管理。

10 月 10 日　中国共产党代表与国民党代表在重庆签署《政府与中共代表会谈纪要》（史称《双十协定》）。

本年　上小学二年级，开始练习毛笔字，母亲提醒做事一定要有恒心，不能"三天打鱼，两天晒网"。（李吉林：《母亲的"谚语式家教"让我受用终身》，《光明日报》2017 年 5 月 6 日）

1948 年 10 岁

8 月 南京国民政府改革币制，发行伪金元券，强制收兑金银和外币，造成空前的通货膨胀，导致本月物价比 1947 年 1—6 月上涨 500 万倍至 1100 万倍。

9 月 17 日 南京国民政府颁布《小学课程标准》，规定小学设立科目为国语、常识（高级小学分为社会和自然，其中社会又分为公民、历史和地理）、算术、工作（高级小学分为美术和劳作）、唱游（高级小学分为唱歌和体操）。

9 月起 中国人民解放军先后发起并胜利完成辽沈战役、淮海战役和平津战役。

本年 进入私立仿仁小学就读五年级。① （李吉林：《情境教育理论探究与实践创新：一切为了儿童的学习》，第 341 页）

---

① 李吉林自述 11 岁时在一所慈善小学读五年级，此即仿仁小学高级部一年级。因李吉林原先就读的卍慈小学只是初级小学，她自此毕业后即转入仿仁小学高级部学习。仿仁小学于 1944 年由南通城内一批从事扶乩、拜佛和放生活动的工商业人士集资建立，最初只是初级小学，招收贫苦儿童，免收学杂书簿费，定名为南通县私立仿仁初级小学，1948 年增设高级部，1949 年 8 月由南通市教育科接管并更名为南通市仿仁小学，1952 年更名为西街小学，1968 年更名为人民路小学，2003 年撤并，部分教师调入城西小学。另李吉林又自述曾在通师二附读小学（见李吉林：《明镜一般的心》，《南通日报》2014 年 6 月 17 日），此疑有误，可能是指她在南通女子师范学校上学时到通师二附实习。

1949 年　11 岁

2月2日　南通解放，南通区军管会成立。

2月3日　南通区军管会开始接收南通市的公立中小学。

6月2日　江苏全境解放。

10月1日　中华人民共和国成立。

约1月　二叔已生有4个孩子，经济十分困难。他对母亲说："吉儿是个聪明的伢儿，我实在没有能力供她上中学，大哥临终的嘱托我办不到了。"[①] (李吉林：《情境教育理论探究与实践创新：一切为了儿童的学习》，第341页)

本年　因家中凑不齐学费，差点辍学，靠着人民政府的救济和学校提供的人民助学金恢复就学。陆宝珊是小学里印象最深刻的老师，在她的心目中就像父亲一样，还曾经帮她交过会费。陆宝珊身为校长，在学校里既教语文，又教数学……工作十分认真，经常帮学生批改作业到深夜，导致眼睛都几乎看不见了。陆宝珊非常关爱学生……他89岁的时候，过去的学生都去为他庆祝生日。(蔡飞、周弘：《李吉林的境界人生》，载王铁军主编《名校长名教师集体性个案研究》，江苏人民出版社2005年版，第233—243页)

---

① 李吉林在书中指二叔这番话系在过年前说的，因该年1月29日为春节，故推测说话时为1月。

1950 年　　12 岁

5 月 1 日　《人民教育》杂志创刊，毛泽东为该刊题词："恢复和发展人民教育是当前重要任务之一。"教育部副部长钱俊瑞发表《当前教育建设的方针》，提出"为工农服务，为生产建设服务，这就是当前实行新民主主义教育的中心方针。离开了这个方针，我们就会出偏差，就会犯错误"。

6 月 1 日　毛泽东、刘少奇、周恩来、朱德、宋庆龄等党和国家领导人为庆祝第一个国际儿童节题词。

7 月　自南通市仿仁小学毕业。(《学校学籍表》，江苏省南通第一中学)

8 月　进入南通女子师范学校初中部①学习，编在初一甲级。因家境贫寒，寄宿学校。在班主任李传椿老师的主动帮助下，申请了人民助学金，可以免费在学校吃住，解决了后顾之忧。(李吉林：《老师，让我学会当老师》，《南通日报》1999 年 9 月 9 日；蔡飞、周弘：《李吉林的境界人生》)

---

①　1905 年，张謇、张詧及地方乡绅捐资创办通州公立女子学校，1906 年更名为通州公立女子师范学校，1912 年改称南通县立女子师范学校。1923 年 8 月，根据"壬戌学制"的规定，南通县立女子师范学校的师范部改设高中师范科和初中。1952 年 8 月，经苏北行政公署文教处批准，南通女子师范学校初中部与南通私立崇英女子初级中学、私立商益中学、南通师范学校初中部合并创建公立南通市初级中学，1956 年更名为南通市第一中学，1999 年更名为江苏省南通第一中学。2010 年，学校初、高中分离，初中部独立为南通市第一初级中学，高中部沿用原名。

1951 年　13 岁

6月　中国人民抗美援朝总会发出号召，倡议"推动爱国公约、捐献飞机大炮、优抚烈军属"。南通各县县委书记联席会议相继确定了捐献目标：南通市捐献飞机 5 架、其它 7 个县各捐献飞机 1 架。

8月 27 日—9月 11 日　教育部在北京合并召开第一次全国初等教育会议和第一次全国师范教育会议，提出从 1952 年起，5 年内小学将改为五年一贯制。

10月 1 日　政务院公布《关于学制改革的决定》，规定小学入学年龄为 7 足岁，修业年限为 5 年，实行一贯制。

本年　看到校内张贴的飞机和大炮的宣传画，捐出自己仅有的零花钱，支持购买飞机大炮。（李吉林：《情境教育与德育》，《中国德育》2006年第 9 期）

1953 年　　15 岁

1 月 1 日　我国开始执行发展国民经济的第一个五年计划。

4 月 28 日　教育部成立整顿小学教育办公室，开始试点整顿小学教育工作。

11 月 26 日　政务院发布《关于整顿和改进小学教育的指示》，决定停止小学五年一贯制实验，在小学恢复"四二"学制。南通实验小学、三里墩小学、通师附小、女师一附等校自 1952 年试行的五年一贯制教学实验随之停止。

7 月　初中毕业，因欠 5 元学费，不敢到学校领取毕业证书，副校长林弥励主动帮她代缴后方才领回。在内心里十分感激林弥励，认为她维护了一个穷孩子的人格。在填写毕业升学志愿时，有老师建议报考普通高中，将来可以进入大学继续深造。老校长赵宝钰建议报考丹阳艺术师范，认为这样可进一步发挥自己的才能。经过反复权衡，最终填报了南通女子师范学校①。李传椿老师说："当教师，很好。要知道，教师，也是诗人。"（李吉林：《老师，让我学会当老师》；王珺：《李吉林：长大的儿童》，《中国教育报》2012 年 4 月 3 日）

8 月　进入南通女子师范学校学习。就读期间，积极参加各项课外

---

①　1958 年 5 月，南通女子师范学校与南通师范学校合并为江苏省南通师范学校。2005 年 4 月，南通师范学校与海门师范学校合并组建南通高等师范学校。2014 年 1 月，南通高等师范学校升格为南通师范高等专科学校。同年 9 月，南通师范高等专科学校与如皋高等师范学校合并办学。

实践活动。在文艺方面，当广播员，办黑板报，学绘画，学美术字，参加诗歌朗诵会等，与同学合作创作舞蹈，到市里参加表演并获奖；也曾以笔名"晓溪"尝试创作歌词，投稿上海的"广播歌选"，但未能发表。在体育方面，打乒乓球、荡秋千等，加入南通市排球队，参加省级比赛，被定为排球二级运动员。语文老师史友兰评价她："如果能够非常勤奋的话，前途无量。"（李吉林：《情境教育理论探究与实践创新：一切为了儿童的学习》，第4、343页；蔡飞、周弘：《李吉林的境界人生》）

1956 年　18 岁

1 月 14 日—20 日　中共中央在北京召开关于知识分子问题的会议，周恩来作《关于知识分子问题的报告》，指出：我们发展社会主义事业，"必须依靠体力劳动和脑力劳动的密切合作，依靠工人、农民、知识分子的兄弟联盟"。旧时代的知识分子，"他们中间的绝大部分已经成为国家工作人员，已经为社会主义服务，已经是工人阶级的一部分"。

9 月 15 日—27 日　中国共产党第八次全国代表大会在北京召开，宣布我国主要矛盾已经不再是工人阶级和资产阶级的矛盾，而是人民对于经济文化迅速发展的需要同当前经济文化不能满足人民需要的状况之间的矛盾；全国人民的主要任务是集中力量发展社会主义生产力，实现国家工业化，逐步满足人民日益增长的物质和文化需要。

10 月　教育部颁布新中国第一份《小学语文教学大纲（草案）》。

6 月　以 22 门课程都是 5 分的优秀成绩从南通女子师范学校毕业。当时的中师毕业生都可以报考大学，班主任也三番五次动员报考，认为不上大学太可惜。征求母亲意见时，母亲说："你就去读你的大学吧，你就不要管我了"。为此深受刺痛，毅然放弃考大学的念头。表示："当我面临人生的这个重大选择的时候，我是把母亲放在第一位。但是我从来没有怨恨过我母亲。"（李吉林：《李吉林与情境教育》，第 3—4 页；蔡飞、周弘：《李吉林的境界人生》）

8月　　进入苏北南通女子师范学校第一附属小学①工作，被校长缪镜心②安排担任六（4）班班主任，教语文、音乐和自然，同时担任少先队中队辅导员。（李吉林：《李吉林与情境教育》，第4页；《中小学高级教师任职资格评审申报表》，1987年，案卷号：180）

9月　　开学前就把教案背得滚瓜烂熟，但第一天上课却被学生闹得十分狼狈。后来把行李搬进学校，早起晚睡，充分备课。在课间休息时，加强与学生的交流，和他们一起玩游戏、唱歌跳舞、帮助他们排练节目、一起转"巨人步"，甚至与男孩子们一起踢足球。上课时注意把课上得生动有趣，学生开始喜欢她，也喜欢上她的课了。（李吉林：《李吉林与情境教育》，第4页）

本年　　在做好工作的同时，借来大学中文系的教材开始苦读。每天坚持五点半起床，在学校操场上做操、跑步。为了锻炼意志和体格，开始了洗冷水澡的锻炼，这一习惯坚持至1960年生第一个孩子时。（李吉林：《目标与执著》，《光明日报》2000年12月28日；李吉林：《生活充满了选择》，载李吉林《我是播种者》，人民教育出版社2006年版，第407—413页）

同年　　开始与刘锬③自由恋爱。④（刘锬提供，2022年11月4日）

---

①　南通女子师范学校第一附属小学的前身是创办于1906年的通州公立女子学校，同年11月改为通州女子师范附属小学。抗战胜利后分为一部和二部。1949年2月，将两部改为两校，一部为南通女子师范第一附属小学，二部为南通女子师范第二附属小学（1951年更名为北濠小学，1975年并入南通市实验小学）。南通女子师范第一附属小学于1952年改为苏北南通女师第一附属小学，1958年更名为南通师范第二附属小学。

②　缪镜心（1903—1972），女，江苏泰州人，1924年毕业于南通县立女子师范学校，先后在南通中学实验小学、商益中学等校任教，1943年—1970年任通师二附校长。其父缪篆为近代著名学者，曾任厦门大学、中山大学等校哲学教授。育有三子范恒、范临和范曾。

③　刘锬，1935年12月23日出生，江苏南通人，1980年12月加入中国民主同盟，1987年12月任民盟南通市委副主委，政协南通市第六届委员会委员。1956年毕业于苏北师范专科学校中文科，先后在南通农校、南通市一中、南通市七中、南通师范学校（扬州师范学院南通市师资班）和南通教育学院工作，1987年12月晋升副教授，1989年3月任南通教育学院中文科主任，1996年2月退休。中国散文学会会员、江苏省作家协会会员。出版专著《咏花古诗欣赏》《咏鸟古诗欣赏》《情系明月——咏月古诗欣赏》，合著《游山玩水赏古诗》《濠河泛舟》《历代文人咏南通》和《中外经典美文》等。

④　据刘锬介绍，他与李吉林儿时都住在南通官地街，两人经常一起打扑克、玩游戏，自小青梅竹马，当时的李吉林常梳童花头，有一股男孩子气质，活泼可爱。李吉林后来搬至寺街居住。1956年暑假，刘锬从苏北师范专科学校中文科毕业等待分配时，李吉林亦从南通女子师范学校毕业，两人再次相遇，刘锬经常送文艺理论书籍给李吉林，开始恋爱。

1957 年　　19 岁

2 月 27 日　毛泽东在最高国务会议上做《关于正确处理人民内部矛盾的问题》的讲话，提出："我们的教育方针，应该使受教育者在德育、智育、体育几方面都得到发展，成为有社会主义觉悟的有文化的劳动者"。

3 月 7 日　毛泽东与江苏等 7 个省（市）教育厅（局）长座谈中小学教育问题，强调："教材要减轻，课程要减少，古典文学要减少，教材要有地方性，适当增加一些地方乡土教材"。

5 月 1 日　中共中央发布《关于整风运动的指示》，全党开始进行整风运动和反右派斗争。

5 月 15 日—25 日　青年团第三次全国代表大会在北京召开，决定将青年团改名为中国共产主义青年团。

约本年上半年　省教育厅副厅长古楳视察南通女子师范学校第一附属小学，缪镜心请他看李吉林的课。[1]（李吉林：《明镜一般的心》，《南通日报》2014 年 6 月 17 日）

同年　带教的六（4）班学生参加中学升学考试，作文题目《我的班主任》，很多学生写了她，而且考试成绩不错，还有的学生悄悄送她照片留念，第一次领略到当教师的幸福，视之为一年辛苦工作的收获和对自己的奖赏。（李吉林：《生活充满了选择》）

------

[1]　李吉林自述这次听课是在她参加工作的第一年，但未言具体时间，从其参加工作的第一学期尚处于适应阶段的情况，推断为 1957 年上半年。

1958 年　20 岁

2 月 11 日　第一届全国人民代表大会第五次会议批准颁布《汉语拼音方案》。

5 月 5 日—23 日　中国共产党第八次全国代表大会第二次会议在北京召开，制订了"鼓足干劲，力争上游，多快好省地建设社会主义"的总路线。

9 月 19 日　中共中央、国务院发布《关于教育工作的指示》，提出"党的教育工作方针，是教育为无产阶级的政治服务，教育与生产劳动相结合；为了实现这个方针，教育工作必须由党来领导。""现行学制是需要积极地和妥善地加以改革的，各省、市、自治区的党委和政府有权对新的学制积极进行典型试验。""中小学教科书，由各省、市、自治区组织力量编写，编写时应当结合当地具体情况。"

本年　南京师范学院附属小学斯霞主持开展随课文"分散识字"实验，辽宁黑山北关实验学校贾桂枝主持开展"集中识字"实验。

约本年上半年　在缪镜心的安排下，上公开课《站在台湾海边的孩子》。[1]（李吉林：《明镜一般的心》）

---

① 李吉林自述，工作不到两年，缪镜心安排她上了这场公开课，因其下半年即到南京参编教学参考书，故推断为 1958 年上半年。

9月　人事关系被调至市文化馆。①（《教职员工登记表》，1972 年，案卷号：19）

秋　到南京参加江苏省教育厅教材编辑室组织的小学语文教学参考书编写工作②，结识江苏省教育厅厅长吴天石③和范伯群、斯霞、王兰、马莹伯等专家，深受他们潜移默化的影响，养成了读书学习的习惯。期间，曾到南师附小观摩斯霞老师的公开课。（李吉林：《奔腾的涌浪》，《小学教学》1992 年第 8 期；李吉林：《斯霞吾师》，《中国教育报》2004 年 1 月 19 日）

11月2日—7日　代表南通市在南京参加江苏省第四届运动会排球赛。④（李吉林：《李吉林与情境教育》，第 6 页）

本年　刘锬被借调至淮阴农校工作，半年后转至如皋薛窑农校，两人开始了异地恋。写信告诉刘锬，要调她进国家跳伞队⑤。（刘锬提供，2022 年 11 月 4 日）

---

①　南通市于 1958 年开始筹办、1959 年 2 月成立歌舞话剧团，调李吉林前去工作。通师二附 1972 年 3 月填报的《教职员工登记表》载，其于 1958 年 9 月—1959 年 2 月在市文化馆工作，备注"此期间抽专区体训班"。1977 年 6 月 23 日《登记表》载"1958 年 2 月—9 月在市文化馆文工团工作"。而通师二附 1958 年 10 月 13 日填报的《正式教师（包括试用教师）人员登记表》中已无李吉林的姓名及相关信息，1959 年下半年的《教职员工一览表》中又出现了李吉林的姓名及相关信息，故其人事关系调离时间以 1972 年《教职员工登记表》所载为准。

②　根据中共中央、国务院《关于教育工作的指示》，江苏省从 1958 年起进行教学改革的试验，对教学体系、教学内容和教学方法都提出了改革的要求，并且决定在 1957 年和 1958 年上半年委托江苏教育学院组织教师编写中小学部分分学科教学参考资料的基础上，于 1958 年秋成立江苏省教育厅教材编辑室，开始组织编写教材。这次编写工作从全省中小学中选调了 15 名经验丰富的教师，后又从高师应届毕业生中选留了六七名优秀生，组成中小学语文、数学、历史、地理、生物（农业知识）等编写小组。编写工作为期两个学期，至次年暑期结束。李吉林参编内容为三年级五、六两册语文教学参考资料，由江苏人民出版社出版（见《中小学高级教师任职资格评审申报表》，1987 年，案卷号：180）。

③　吴天石（1910—1966），江苏南通人，人民教育家，革命作家，诗人。1929 年毕业于南通师范学校高中师范科，1932 年毕业于无锡国专，先后在江苏、山东等地任国文教员，1940 年参加革命，1943 年加入中国共产党，1952 年任江苏师范学院院长、党委书记，1954 年任江苏省教育厅副厅长兼党组书记，1958 年起任省委宣传部副部长兼教育厅厅长、党委书记，1966 年 7 月开始受到错误批判，8 月被迫害致死。著有《政治思想教育一例》《漫谈国文教学》《汉字的故事》和《教育书简》等书。

④　据《江苏省志·大事记（下）》（江苏省地方志编纂委员会编，江苏古籍出版社 2001 年版，第 147 页）载，江苏省第四届人民体育运动大会于 1958 年 11 月 2 日—7 日在南京举行。

⑤　1958 年 11 月，中国人民解放军组建空军跳伞队（即"八一跳伞队"）。实际上，江苏省国防体育协会也于 1958 年在全省 8 个市和专区中学的体育运动队中挑选人员组建江苏省跳伞队。因此，要调她的究竟是国家队还是省队，当存疑。

1959 年　21 岁

5月24日　中共中央、国务院发布《关于试验改革学制的规定》，要求各省、市、自治区党委和教育行政部门，应有领导、有计划地指定个别小学、普通中学进行改革学制试验，未经批准者不得进行试验。

6月3日　《文汇报》开辟"关于语文教学目的任务"专栏，拉开了语文教学"文道之争"大讨论的序幕。

7月下旬　江苏省教育厅在南京召开中小学语文教学座谈会，制定了《关于改进中学语文教学的意见》和《关于改进小学语文教学的意见》。

本年　中国国民经济开始发生严重困难。

3月　人事关系自市文化馆调回通师二附。（李吉林：《生活充满了选择》）

5月14日下午　执教公开课《祖国，我们回来了》。教案内容如下：

> 年级：六年级二组
>
> 教者：李吉林
>
> 时间：1959 年 5 月 14 日下午
>
> 教材：祖国，我们回来了
>
> 教时：第二教时

本课对教学要求：

①通过读讲第一段，使儿童知道中朝人民的深厚友谊是鲜血凝成的。

②使儿童理解："雪里送炭""同归于尽"等词语。

教学过程：

一、组织教学（检查学习用品）

二、检查复问

报默字词，回答词意：惜别、噩耗、哺育、日新月异

三、进行新课

教师朗读第一段后，提问：

1. 志愿军为什么永远不会忘记朝鲜妈妈呢？

教师自答：因为志愿军叔叔在朝鲜受到阿妈妮无微不至的关怀和爱护，正如书上所写的："八年来，我们承受了你的多少慈母般的温暖，你为我们付出了多少心血！"

这些具体的表现在什么事例上？

（结合讲解"雪里送岩浆"）

板书：洗补衣服，几夜没合眼了

送打糕，昏倒路旁

救伤员，失去亲人

读："在你的帮助下……昏倒路旁。"

"敌机来了……你为我们失去了唯一的亲人。"

2. 为什么说小金花向来是个坚强的孩子，我们先来讲讲她的故事。

①小金花和妈妈是怎样帮助老王脱险的？（结合讲解"借故"）

②小金花完成任务焦急地盼望母亲，所得的结果怎样？（结合讲解"同归于尽"）

③小金花的表现怎样？把书上的语句读一读。

板书：和敌人同归于尽

3. 为什么志愿军说："即使你一步不送，我们只要看看你的奶奶，就永远也不会忘记你对我们的深情厚谊呢？"

板书：在山上挖，挖光了

到前沿阵地挖，倒在血泊里

同学们想象一下，当志愿军叔叔归国时，和朝鲜人民离别时的情景，用自己的话描绘一下。

4. 他们的心情怎样？他们送了一程又一程，这是什么原因？

板书：中朝人民的深厚友谊是鲜血凝成的。

儿童读："再见了，……但心都留给你们。"

四、巩固新课

五、布置作业

1. 把今天课上讲的词想一下是什么意思？在课文又有什么作用？

2. 从课文中哪些地方看出中朝人民的深厚友谊？

3. 阅读课文，想想二、三、四段写的是什么？

（通师二附档案馆藏，无案卷号）

6月15日　在南京参加《江苏教育》杂志社举办的小学教育工作者座谈会，讨论学生操行评定工作，提出："如果以同样的要求对待一至六年级的学生，就不能作出正确的操行评定，发挥它的教育作用。""写评语要针对每个儿童的特点。如操行一贯比较好的，不能光写优点，要对他提出更高的要求，平日操行比较差的，要特别注意发现并肯定他的优点，使他对改正缺点具有信心。"（《努力做好对学生的操行评定工作——本刊邀请小学教育工作者座谈纪要》，《江苏教育》1959年第12期）

8月3日　与刘锬结婚。（刘锬提供，2022年11月4日）

1960 年　22 岁

3月7日　教育部向中央文教小组汇报在天津和北京分别召开的普通教育改革座谈会的情况，提出了改革意见，决定进行中小学学制改革试验，小学视条件逐步吸收六周岁儿童入学，实行五年一贯制，将中小学学习年限缩短为 10 年。

4月　国务院副总理陆定一在全国人大二次会议上的讲话中提出，今后要进行大规模的实验，适当缩短全日制中小学的学制，适当提高程度，应适当控制上课时间，适当增加劳动。准备用 10 到 20 年的时间，分阶段、分批次逐步实现全日制中小学教育学制改革。

5月　北京成立景山学校，开展学制改革、课程改革和集中识字等实验。各省、市、自治区也同时选择了一批学校进行教学改革实验。

6月21日　教育部转发辽宁省黑山县北关小学教学改革调查报告，向全国推广该校"集中识字、精讲多练、提早写作"的经验。

9月　全国各地开始进行较大规模的中小学学制改革试验。

4月　被评为市先进工作者。(《本校教工情况登记表》，1962 年，案卷号：12)

5月11日　生女刘燕妮。(刘燕妮提供，2023 年 4 月 27 日)

9月　通师二附恢复进行五年一贯制的改革试验，与南通市第三中学挂钩试行十年制教育，所教班级被学校定为重点班，开展推广

"黑山经验"五年一贯制改革试点。①（《百年校庆资料》，2006 年，案卷号：298；李吉林：《明镜一般的心》）

本年　开始教三（1）班语文，上课绘声绘色，每一堂课都让学生身临其境。让学生第一次感到，语文课原来可以这么有趣！她像大姐姐一样和学生一起唱歌，一起跳舞，一起做运动，用无微不至的爱呵护着班里的每一个学生，使学生从小就懂得人与人之间要互相帮助的道理，要和睦相处，要做一个堂堂正正的善良的人。她带领学生去南通师范学校上公开课，带领学生走出课堂，来到大自然，把每一堂课都上得生动有趣，引人入胜。她让学生懂得要实现自己的远大理想，就必须从小学好知识，长大后为祖国做贡献。（《铭记教导　感谢师恩》，载《110 年校庆材料》，2016 年，案卷号：389）

同年　与成尚荣②一起带领学生到文化宫三楼平台（当时南通的制高点），遥望天际，远望江边紫琅五山和啬公园，俯瞰玉带濠河。教学时，依据课文的叙述哼唱蚕宝宝睡眠换新衣的歌。③（王育婧：《金色的记忆，难忘的师恩》，载《110 年校庆材料》，2016 年，案卷：389）

---

①　《通师二附百年校庆资料》未记载进行改革试点的具体时间，李吉林回忆为"从南京回来以后"，似应为 1959 年。但教育部组织推广"黑山经验"始自 1960 年 6 月，据此推测李吉林参加教学改革自 1960 年 9 月开始。另据李吉林介绍，吴天石曾两次到南通视察工作，接见了五年一贯制试点班的教师，鼓励大家把改革工作坚持下去，总结出自己的经验。见李吉林《加强基础　讲究整体　注重应用——重温天石厅长语文教学论述有感》，载李吉林《我是播种者》，第 446—449 页。

②　成尚荣，1941 年 12 月生，江苏南通人，1962 年毕业于南通师范学校，同年分配进通师二附工作，1980 年 2 月任副教导主任，1980 年 4 月任副校长，1982 年 4 月任校长，1984 年 3 月任江苏省教委初等教育处副处长，后历任江苏省教育督导室主任、江苏省教育科学研究所所长、《江苏教育研究》主编和《基础教育课程》执行主编，第七届国家督学，兼任教育部基础教育课程改革专家委员会委员、中小学教材审查委员、中国教育学会学术委员会顾问。

③　作者王育婧系通师二附 1964 届（1）班毕业生，她认为李吉林的情景（情境）教学应该是从她们这个班开始的。

1961 年　　23 岁

1 月 14 日—18 日　中国共产党八届九中全会在北京召开，讨论通过了整个国民经济实行"调整、巩固、充实、提高"的方针。

1 月　《文汇报》发起开展"怎样教好语文课"的讨论。

2 月 1 日　教育部在北京召开普通教育学制试点学校座谈会，决定在中小学统一开展十年一贯制实验，计划用 10—12 年的时间，将所有中小学改为十年制。

5 月 26 日　《文汇报》编辑部召开学术讨论会，邀请上海教育界和心理学界的知名人士就教育中的美育问题进行研讨，胡祖荫、李清悚、陈科美、常道直、张文郁、沈灌群、赵祥麟、李伯黍、顾岳中、翁曙冠、廖增瑞、潘家琼、柴崇茵等出席。

11 月　加入共产主义青年团。[①]（《本校教工情况登记表》，1962 年，案卷号：12）

本年　被团市委评为优秀辅导员。（《本校教工情况登记表》，1962 年，案卷号：12）

同年　参加中共江苏省委宣传部部长欧阳惠林在通师二附召开的座谈会并发言。欧阳惠林鼓励全校教师学习她的改革精神，创造更大

---

① 通师二附档案中关于李吉林入团时间有 1960 年、1961 年 12 月等记载，此据 1962 年 11 月《南通市通师二附小学校教工情况登记表》。

成绩。(李吉林:《明镜一般的心》;南通市教育局:《南通市教育志》,新华出版社 2001 年版,第 475 页)

同年　刘锬调回南通工作,结束两地分居状况。(刘锬提供,2022 年 11 月 4 日)

1962 年　24 岁

1 月 11 日—2 月 7 日　中共中央在北京召开"七千人大会",对"大跃进"中的经验教训进行了初步总结,同时开展批评和自我批评。

本年　北京丰盛小学副校长吕敬先主持开展小学语文能力整体发展实验。

5 月 31 日　在《新华日报》发表《打开孩子们心灵的窗户——谈谈"讲故事"》。文章提出,孩子们正处在受教育、长知识的时期,不仅要通过课堂教学,而且应该利用课外活动,向他们进行思想教育,增长他们的知识。讲故事是开展课外活动的一个重要项目,应该通过讲故事,启发孩子的想象力与思考力,打开他们心灵的窗户。

6 月　在《江苏教育》第 11 期发表《漫谈词语教学》。文章提出了"教学词语,首先要讲清词语的含义"的主张,列举了讲清词语含义的几种路径:从分析字义入手讲解,突出儿童已掌握的字在词语中的意义和作用,讲明词语典故的出处,通过分析比较讲清词语的含义,联系上下文讲清虚词的意义和用法,帮助儿童正确掌握词语在"情味"上的区别,注意词语在上下文中的搭配。①

11 月　参加在常州召开的江苏省中小学师范语文教学会议(史称"常州会议")。大会前一日,作为教师代表,参加吴天石召开的小型座谈会并发言,受到吴天石称赞。吴天石特意安排《江苏教育》

---

① 该文收录于《美·智·趣的教学情境》。

编辑向其约稿。① 大会期间，吴天石做了《加强语文基础知识教学和基本训练》的讲话，指出了语文教学的基本要求。一是要"文道结合"，二是要精讲多练，三是要加强背诵，四是要精批细改。他还强调要加强基础知识教学和基本技能训练。会后，吴天石建议南通市领导对李吉林加强培养，并指定其进行语文教改试验。（江苏省教育志编纂委员会编：《江苏省教育大事记（1949—1988）》，江苏教育出版社 1989 年版，第135 页；李吉林：《奔腾的涌浪》；《南通市教育志》，第 476 页）

　　本年　因经济困难，经常接受缪镜心校长赠予的粮票，用来贴补孩子生活。②（李吉林：《明镜一般的心》）

　　同年　南通市教育局组织工作组，对其进行时长两学期的听课和评课。（萧玲等：《李老师！——献给李吉林老师从教 50 年》，《江苏教育》2006 年第 22 期）

　　同年　被评为师范先进工作者和团市委优秀辅导员。（《本校教工情况登记表》，1962 年，案卷号：12）

---

　　① 李吉林表示，自己进行小学语文教学研究工作的志趣，便是从这里开始的。见李吉林：《加强基础　讲究整体　注重应用——重温天石厅长语文教学论述有感》，载江苏省教育学会等合编《吴天石和他的教育思想——吴天石教育思想研讨会文章专辑》。
　　② 据 1962 年《南通市通师二附小学校教工情况登记表》载，李吉林家庭全年总收入 1200 元，总支出 1300 元。

1963 年　25 岁

3 月 23 日　中共中央印发《全日制小学暂行工作条例（草案）》（简称"小学 40 条"）。

5 月　教育部颁布《全日制小学语文教学大纲（草案）》。

7 月 27 日　教育部印发《关于坚持进行中小学校教学改革试验工作的通知》。

7 月　教育部发布《关于实行全日制中小学新教学计划（草案）的通知》。

9 月 6 日—27 日　中共中央工作会议在北京召开，决定再用三年时间，继续推进"调整、巩固、充实、提高"的工作。

1 月　在《江苏教育》第 2 期发表《〈暴风雪中护羊群〉的教学》。文章以十年制语文课本第五册《暴风雪中护羊群》一课为例，介绍自己在语文教学中加强基础知识教学和基本训练的主要做法：教学开始先解释课文和题意，然后叙述课文故事，激起儿童学习新课的兴趣，帮助他们掌握课文梗概，并在叙述故事中带出生字词；待儿童了解故事梗概、认识生词后，便抓住本文以时间为顺序的特点，指导儿童分段；分段之后，指导儿童试读课文、巩固字词，接着讲读课文，使儿童了解课文内容，掌握字词句章；最后进行练习，练习要紧密结合所讲的基础知识进行。①

① 该文收录于《美·智·趣的教学情境》。

3月　被评为市先进工作者。(《本校教工情况登记表》，1977年，案卷号：40)

5月16日　在《江苏教育》第8—9期合刊发表《我怎样备语文课》和《谈初小语文第七册的〈问题和作业〉》。

《我怎样备语文课》介绍了钻研教材内容、确定教学要求和考虑教学方法的主要做法，主张备课要先反复阅读教材，认真思考作者的写作内容、写作目的和表达方式，然后再钻研课文的字词句。她强调，"每篇课文的教学要求，应从教材特点和儿童实际水平出发来考虑。""教学方法的运用，应该注意到学生的知识水平和年龄特点，力求使课讲得生动形象，学生容易接受。"①

《谈初小语文第七册的〈问题和作业〉》总结了初级小学语文第七册教科书中"问题和作业"部分修改后的基本特点，提出"问题和作业"的练习要求：应结合课文的讲读为学生完成作业提供条件；要适当分散在各个教学环节中进行；应适当地启发、诱导，以提高练习的效果。

11月　在市小学语文观摩教学活动中开设公开课《再见了，亲人》。(通师二附教案油印本，1963年11月)

本年　被团市委评为优秀辅导员。(《本校教工情况登记表》，1977年，案卷号：40)

同年　当选南通市第五届人民代表大会代表。(《南通市人大志》编纂委员会：《南通市人大志》，方志出版社2012年版，第176页)

———————————

① 该文收录于《美·智·趣的教学情境》。

1965 年　27 岁

2月5日　中央教育科学研究所所长戴伯韬传达国务院副总理、中共中央宣传部部长陆定一的指示：小学语文要大改，过去的课本是人性论和文学体系，要按"三大革命运动"来改编。

5月　共青团九届二中全会提出进行将少先队分为少年和儿童两个组织的试验。

1月　在江苏《广播教学稿选（小学版）》第1期发表《从学生实际出发　改进教学方法》。文章提出，教学时要充分了解学生现有的知识水平，抓住主要矛盾反复进行调查研究，从学生实际出发灵活运用教学方法，对教材的重点部分，学生不易理解接受的内容应着重讲练，学生有些理解但不全然理解的应以练为主、以讲为辅，学生能够理解的应以练代讲。[1]

5月　在江苏《广播教学稿选（小学版）》第5期发表《采用启发式教授法的体会》。文章对启发式教授法的运用进行初步探索，提出要教育学生明确学习的目的，启发学生提问、自己解决问题和开展议论。[2]

本年　教小学三年级语文，注重运用独特的作文教学方法。一是追记法，即老师先讲一个故事，然后让学生根据自己的记忆和理解记下

---

① 该文收录于《美·智·趣的教学情境》。
② 该文收录于《美·智·趣的教学情境》。

他们听到的故事。二是选读法，即注意选读学生作文，无论文章水平高低，都会选读，选读时往往只保留学生作文的谋篇布局，然后在遣词造句方面作较大修改，让学生认为每篇都是好作文，使每位学生都认为自己能写好作文，由此充分激发了学生的写作兴趣。（黄天灏、倪佳元：《做今天的事情——访东南大学胡汉辉教授》，《初中生世界》2014 年第 30 期）

同年　被团市委评为优秀辅导员。（《本校教工情况登记表》，1977 年，案卷号：40）

1966 年　28 岁

5月4日—26日　中共中央政治局在北京召开扩大会议，通过"五·一六通知"，认为学术界、教育界、新闻界、文艺界、出版界的领导权都不在无产阶级的手里。

6月1日　中央人民广播电台播发北京大学聂元梓等人诬陷、攻击北京大学党委和北京市委的一张大字报。随后，《人民日报》发表社论《横扫一切牛鬼蛇神》。

6月20日　南通市委召开有4000人参加的进一步开展"文化大革命"动员大会，全市"文化大革命"运动很快形成高潮。

7月13日　经中共中央宣传部、国务院文教办公室同意，教育部发出《中小学招生、考试、放假、毕业等问题的通知》，要求今年暑假期间，城市的高级中学全体教职工和学生，初级中学全体教职工和三年级学生，小学的全体教职工，均不放假，留校参加文化大革命。

8月1日—12日　中国共产党第八届中央委员会在北京召开第十一次全体会议，讨论并通过了《中国共产党中央委员会关于无产阶级文化大革命的决定》（即《十六条》）。

6月　因积极进行教学改革，被贴大字报，造反派指责她"种黑试验田"。（刘燕妮提供，2023年12月19日）

本年　被打成"修正主义黑苗子""小学里的反动学术权威"，家被抄，刘锁也受到冲击，被关在学校牛棚里。自己将积攒多年的备课笔记和公开课教案付之一炬，为了打发日子，先是学习裁剪缝纫做衣服，后来觉得应该给自己一个充实的精神世界，便开始苦读鲁迅杂文。①（李吉林：《情境教育的诗篇》，第5—6页；赵绍龙、韦来宏：《探索者的诗篇——记特级教师李吉林》；李吉林：《生活充满了选择》）

　　同年　被调至城北的钟秀小学任教②。有一天，在朋友家中翻阅高尔基的小说《我的大学》，被其中一段话深深震动："我并不期待别人的救助，也不指望有什么偶然的幸运，我的意志变得逐渐顽强起来，生活条件越是困难，我就越觉得自个儿越加坚定，甚至越加聪明了。我很小的时候就已经了解，人是在不断反抗周围环境下成长起来的。"（李吉林：《情境教育的诗篇》，第5—6页；赵绍龙、韦来宏：《探索者的诗篇——记特级教师李吉林》，《新华日报》1980年10月22日）

---

　　①　1966年7月，吴天石开始受到批判。李吉林因在"常州会议"上的发言得到吴天石赏识，吴天石建议南通市领导对她进行重点培养。受此牵连，李吉林随后也遭到批判。

　　②　据刘锬介绍，李吉林先被安排在南通东门的一所小学工作，后才转至北土山小学（即钟秀小学），当时家中既无手表，也无自行车，上下班主要靠步行，为了把握好上班时间，常常随身携带闹钟。

1968 年　30 岁

8 月 25 日　中共中央、国务院、中央军委、中央文革发出《关于派工人宣传队进驻学校的通知》。

7 月 25 日　生子刘风雷①。（刘飞鸣提供，2023 年 4 月 27 日）

---

①　后改名刘飞鸣。

1972 年　34 岁

本年　全国继续批林整风，进行思想政治路线方面的教育，进行斗、批、改。

同年　江苏省委成立江苏省中小学教材编写组，统一编写、供应全省中小学教材及教学参考资料。①

11 月 6 日　泰州市教育局 3 人到通师二附座谈，学校将她上一学期所上的一堂试验课的教学纪实送给对方，请他们指教。(《大事记（第一学期）》，1972 年，案卷号：18)

11 月 20 日—22 日　在人民剧场参加南通市教育工作会议。会议的主要内容是传达贯彻全国教育工作会议纪要精神②，就整顿学校秩序等事项落实措施。(《大事记（第一学期）》，1972 年，案卷号：18；南通市地方志编纂委员会：《南通市志》（上），上海社会科学院出版社 2000 年版，第 95 页)

12 月 12 日　与同事成尚荣、周见一③开始着手编写三年级语文第一课参考资料。(《大事记（第一学期）》，1972 年，案卷号：18)

---

①　1969 年—1971 年，江苏省中小学教材基本由各地、市自行编写。

②　1971 年 4 月 15 日—7 月 31 日，国务院在北京召开全国教育工作会议。8 月 13 日，中共中央批转由迟群主持起草、经张春桥和姚文元定稿的《全国教育工作会议纪要》。《纪要》否定了建国 17 年来的教育工作，作出了"两个估计"，即文化大革命前 17 年教育战线是资产阶级专了无产阶级的政，是"黑线专政"；知识分子的大多数世界观基本上是资产阶级的，是资产阶级知识分子。

③　周见一（1938—2002），江苏南通人，1959 年—1981 年在南通师范第二附属小学任教，1981 年—1990 年任南通市教育局小学教育科副科长、科长，1990 年—1999 年任南通师范学校党委副书记。

1973 年　　35 岁

3月10日　中共中央决定恢复邓小平的国务院副总理职务。

本年　江苏提出"学校办到（贫下中农）家门口""上小学不出生产队""上中学不出大队""上高中不出公社"的口号。为此，全省开始小学"戴帽"办初中，初中"戴帽"办高中。

2月24日下午　与同事汪琳、周见一、施友书和成尚荣等一起到市十三中参加班主任会议，谈工作体会。（《大事记（第二学期）》，1973年，案卷号：22）

3月7日上午　到城中公社参加政工组召开的妇女座谈会。（《大事记（第二学期）》，1973年，案卷号：22）

3月13日下午　被城市工作局①通知去市里打排球。（《大事记（第二学期）》，1973年，案卷号：22）

3月16日　作为正式代表参加市教工代表大会。（《大事记（第二学期）》，1973年，案卷号：22）

4月10日　应学校临时要求，在房产公司礼堂向城工局、教育局

---

①　1971年11月，南通市撤销革委会办事组城镇工作领导小组，成立城市工作局，行使区级政权组织职能。1979年4月，撤销城市工作局，建立城中区。1983年6月与港闸区建立城区，1991年5月更名为崇川区。

和城中公社组织的检查团开设公开课。① （《大事记（第二学期）》，1973年，案卷号：22）

4月16日　被指派去市职工排球队打排球。（《大事记（第二学期）》，1973年，案卷号：22）

4月17日　根据教育局通知，被学校安排与同事李静一起准备两堂语文课，向沙洲县参观团开课。（《大事记（第二学期）》，1973年，案卷号：22）

4月18日　备课，市教育局教研室教研员张祖彤、朱培元②来校帮助指导。晚上，学校部分语文老师也来参加备课。（《大事记（第二学期）》，1973年，案卷号：22）

4月19日上午　在三（4）班上语文试验课，沙洲县参观团和本市中小学500多人看课。（《大事记（第二学期）》，1973年，案卷号：22）

5月10日　受市教育局顾聪和城中公社小学教育联合支部书记周允仁指定，准备上两堂语文试验课，迎接靖江县参观团来校参观。（《大事记（第二学期）》，1973年，案卷号：22）

5月14日下午　备语文试验课，张祖彤、朱培元来校帮助指导。（《大事记（第二学期）》，1973年，案卷号：22）

5月17日下午　备课，张祖彤和南通师范学校教导主任曹振东来

---

① 《李吉林与情境教育》（北京师范大学出版社2006年版）一书第8页对此事有生动记载："在1972年小平同志主持工作的那一段时间，领导又让我上公开课了。但是那天来听课的人很多，教室根本坐不下，工宣队对我说：'那你干脆就在操场上算了。'虽然我已多年不开课了，但我毫不示弱地说：'我不是文艺轻骑兵，我必须在课堂上课。'工宣队面对蜂拥的听课者，只得借了附近房产公司的礼堂让我去上课。课上得很成功，我终于赢回了一个女教师应有的尊严。"李吉林的回忆除了1972年的时间和"小平同志主持工作"的背景有误之外，其余大体如实。实际情况是：1973年4月9日，教育局、城工局、公社负责领导学校工作的同志借同市教研室及省编写语文教学大纲的几位同志到通师二附检查工作，各公社有关年级的数十名教师随行。检查组听了五（1）班的语文、算术和四（3）班的语文。可能检查组提出了新的意见，学校遂临时决定次日由李吉林与另一位老师再上公开课，当天下午市教研室的老师就来校帮助他们备课。4月10日，由于又新增加了市一中、十二中和十三中等中学的语文老师来听课，因听课人数太多，就临时将上课地点改在了房产公司，李吉林的上课班级为三（4）班。

② 朱培元，1936年生，江苏南通人，先后毕业于南通师范学校和徐州师范学院，1972年11月任南通市中小学教研室教研员，1979年任教研室主任，1980年任南通市教育局副局长，1987年任南通教育学院院长兼党委书记，1988年任南通市人民政府督学。

帮助指导。(《大事记(第二学期)》,1973 年,案卷号:22)

5 月 19 日 上午,上语文试验课,市教育局教育组①组长鲁淑怀带领兄弟市、县教育界 30 多人来校看课。下午,参加座谈会,与成尚荣分别发言。(《大事记(第二学期)》,1973 年,案卷号:22)

6 月 9 日 与成尚荣到跃进小学参加有关启发式教学的座谈会。(《大事记(第二学期)》,1973 年,案卷号:22)

6 月 25 日—26 日 与成尚荣到教育局开会,讨论编写三年级语文参考资料。(《大事记(第二学期)》,1973 年,案卷号:22)

6 月 26 日 在学校教师会议上汇报全校语文质量分析情况。(《教师会议记录》,1973 年,案卷号:25)

9 月 20 日 与成尚荣到教育局开会,讨论开展教研活动的问题。(《大事记(第一学期)》,1973 年,案卷号:23)

9 月 22 日 与成尚荣到城中小学参加市语文教研活动。(《大事记(第一学期)》,1973 年,案卷号:23)

10 月 16 日下午 市教研室组织中学语文教师开展教研活动,在晶体管厂礼堂上三年级语文试验课,不少小学老师和南通县区的教师前来听课,通师二附全体教师也参加了听课。(《大事记(第一学期)》,1973 年,案卷号:23)

11 月 7 日 上午,到南通市实验小学听试教课。下午,与成尚荣、周见一到南通医学院听批孔讲座。(《大事记(第一学期)》,1973 年,案卷号:23)

11 月 11 日 为学校整理下周现场会的汇报材料。(《大事记(第一学期)》,1973 年,案卷号:23)

12 月 6 日 上公开课,白蒲中学和小学老师看课。(《大事记(第一学期)》,1973 年,案卷号:23)

---

① 1970 年 9 月,南通市革委会设立教育局,教育局下设办事组、政工组、教育组和人民武装科。1979 年 10 月,教育组分设小教科、中教科和教研室。

1974 年　36 岁

2月　《人民日报》发表社论《把批林批孔的斗争进行到底》，全国各级学校进一步开展批林批孔运动。

11月6日　国务院科教组发出通知，要求各地检查修订学校现行教材，要充分反映无产阶级文化大革命的成果和开展批林批孔的要求，可将《论语》《神童诗》《三字经》《女儿经》等节选、批注编入课本，先抓中小学历史、语文、政治和大学的文科教材的修订工作，然后再抓其他教材。

3月8日下午　被推选为本校唯一代表，前往人民剧场参加全市"三八"国际劳动妇女节庆祝大会。（《本校大事记（第二学期）》，1974年，案卷号：24）

4月24日下午　参加学校政治学习会，在会上谈期中考试改革的打算。（《本校大事记（第二学期）》，1974年，案卷号：24）

6月24日下午　鲁淑怀和教研室老师来校帮助备作文试验课。（《本校大事记（第二学期）》，1974年，案卷号：24）

6月27日晚　与部分老师备作文试验课。（《本校大事记（第二学期）》，1974年，案卷号：24）

6月28日晚　与部分老师备作文试验课，曹振东来校作指导。（《本校大事记（第二学期）》，1974年，案卷号：24）

6月29日　在鲁淑怀的主持下，在三（4）班上作文评讲试验课，500多名老师看课。（《本校大事记（第二学期）》，1974年，案卷号：24）

9 月中旬　团市委通知通师二附组织学生到市文化宫讲儒法斗争故事，根据学校要求对故事员进行培训。(《本校大事记（第一学期）》，1974 年，案卷号：27)

10 月 4 日　备课，曹振东等 3 人来校帮助指导。(《本校大事记（第一学期）》，1974 年，案卷号：27)

11 月 19 日　下午第一、二节课，上公开课《东郭先生和狼》，沙洲县教育参观团来校看课。(《本校大事记（第一学期）》，1974 年，案卷号：27)

11 月 20 日　将课调给其他老师上，开始为学校撰写工作总结。(《本校大事记（第一学期）》，1974 年，案卷号：27)

1975 年　37 岁

1 月 8 日—10 日　中共十届二中全会在北京召开，选举邓小平为中共中央副主席、中央政治局常务委员。

5 月—8 月　教育部部长周荣鑫根据毛泽东、周恩来和邓小平等中央领导同志的指示精神，着手整顿教育工作。

9 月 15 日　邓小平在全国农业学大寨会议上指出："我们的文化教育也要整顿，科学技术队伍也要整顿"。

4 月 16 日晚　与学校领导到城北七队联系，讨论协助他们办好政治夜校的问题。(《大事记（第二学期）》，案卷号：28)

5 月 13 日　在三（4）班上公开课《秘密读书室》，鲁淑怀、张祖彤和工宣队及学校领导看课。(《大事记（第二学期）》，案卷号：28)

6 月　被团市委评为优秀辅导员。(《本校教工情况登记表》，1977 年，案卷号：40)

10 月 30 日　南通师范学校派人来校联系，被安排与同事李定分别为南通师范学校工农兵学员上一堂语文课。(《大事记（第一学期）》，1975 年，案卷号：30)

11 月 4 日　备课，南通师范学校语文老师来校帮助指导。(《大事记（第一学期）》，1975 年，案卷号：30)

11 月 6 日　上语文试验课，南通师范学校语文老师来校看课，课后进行讨论。(《大事记（第一学期）》，1975 年，案卷号：30)

11 月 8 日　上午接到通知，受教育局委派到省里参加教材编写工

作。当天，上语文示范课，南通师范学校工农兵学员看课。(《大事记（第一学期）》，1975 年，案卷号：30)

　　本年　被工宣队安排为市教育工作会议起草大会发言稿，但不能署名，不能发言。(李吉林：《情境教育的诗篇》，第 6 页)

1976 年　38 岁

4 月　通师二附改为二部制。

10 月 6 日　中共中央采取措施粉碎江青反革命集团。

本年　吕敬先开始恢复中断了 10 年的小学语文能力整体发展实验。

9 月 8 日　中秋节，受邀到斯霞老师家中做客。(李吉林:《斯霞吾师》)

9 月 13 日　结束省教材编写工作，回校上班。[①] (《大事记(第一学期)》，1976 年，案卷号: 33)

---

　　① 李吉林参加的是中年级语文教材编写工作，该教材由江苏人民出版社出版。见《中小学高级教师任职资格评审申报表》，1987 年，案卷号: 180。

1977 年　　39 岁

5 月 24 日　邓小平谈"尊重知识，尊重人才"问题时指出："抓科技必须同时抓教育。从小学抓起，一直到中学、大学。""办教育要两条腿走路，既注意普及，又注意提高。要办重点小学、重点中学、重点大学。""一定要在党内造成一种空气：尊重知识，尊重人才。"

11 月 6 日　中共中央批转教育部《关于工宣队撤出学校的通知》，工宣队、军宣队随即全部撤出学校。

3 月 1 日　新学期开学，为学校撰写的专题总结提交领导小组会议讨论。（《大事记（第二学期）》，1977 年，案卷号：34）

3 月 19 日—21 日　作为 8 名代表之一参加学校教师代表大会。（《大事记（第二学期）》，1977 年，案卷号：34）

4 月 9 日　学校召开贯彻市教代会情况汇报会，市委宣传组、城工局、农工局、城中公社等部门领导及各校代表 350 多人到校检查，在会上介绍加强世界观的改造、搞好语文教学的体会。（《大事记（第二学期）》，1977 年，案卷号：34）

4 月 25 日　备课，迎接常州教育革命参观团。（《大事记（第二学期）》，1977 年，案卷号：34）

4 月 29 日　上试教课。（《大事记（第二学期）》，1977 年，案卷号：34）

4 月 30 日　上试教课。（《大事记（第二学期）》，1977 年，案卷号：34）

5 月 3 日　常州教育革命参观团来校参观，上午在房产公司开设公开课，下午参加座谈会，介绍情况。（《大事记（第二学期）》，1977 年，

案卷号：34）

5月5日晚　参加常州教育革命参观团座谈会。（《大事记（第二学期）》，1977年，案卷号：34）

5月9日—11日　与同事程泽民去上海参观。（《大事记（第二学期）》，1977年，案卷号：34）

5月25日—27日　到常州参观教育革命。（《大事记（第二学期）》，1977年，案卷号：34）

6月4日　上午，传达参观常州教育革命的情况。下午，去文化局修改诗稿。（《大事记（第二学期）》，1977年，案卷号：34）

6月10日　去文化局修改诗稿。（《大事记（第二学期）》，1977年，案卷号：34）

10月4日—8日　与成尚荣以城工局研究员的身份到上海参观。（《大事记（第一学期）》，1977年，案卷号：36）

10月22日　上语文公开课，常州市教育代表团看课，课后参加座谈会。（《大事记（第一学期）》，1977年，案卷号：36）

11月5日　与成尚荣、市教育局教研室教研员何新霞在南通市实验小学礼堂传达到上海参观情况。（《大事记（第一学期）》，1977年，案卷号：36）

11月17日　上午，在三（3）班试教作文课《参观南通港船闸》，何新霞、城工局教卫组组长陈鹤琴、周允仁看课，课后召开讨论会。下午，与本校语文老师讨论试教教案。（《大事记（第一学期）》，1977年，案卷号：36）

11月19日　在南通市第四中学阶梯教室上两节作文公开课《参观南通港船闸》①，常州、沙洲、无锡和南通县等地100多人看课。（《大事记（第一学期）》，1977年，案卷号：36）

---

①　该课为三年级教学内容，教案收录于《李吉林教案选》，文末备注："此教案是1978年编写的。其时，学生使用的是省编教材。因该班学生作文刚开篇，便采取指导一段写一段的方法进行。"根据通师二附档案判断，其备注时间有误，应为1977年。

1978 年　40 岁

1 月 18 日　经国务院批准，教育部颁布《全日制十年制中小学教学计划试行草案》。

2 月　教育部颁布《全日制十年制学校小学语文教学大纲（试行草案）》。

4 月 14 日　江苏省革命委员会批转省教育局《关于办好一批省重点中、小学的意见》，通师二附被确定为省重点小学，全省共确定省办重点中小学 31 所。

4 月 22 日—5 月 16 日　邓小平在全国教育工作会议上发表重要讲话，提出"要提高中小学教学的质量，按照中小学生所能接受的程度，用先进的科学知识来充实中小学的教育内容"。"要研究教师首先是中小学教师的工资制度。要采取适当的措施，鼓励人们终身从事教育事业。特别优秀的教师，可以定为特级教师。"

9 月 22 日　教育部印发《全日制中学暂行工作条例（试行草案）》和《全日制小学暂行工作条例（试行草案）》，要求中小学教育要为提高整个中华民族的科学文化水平，实现新时期的总任务而奋斗。

9 月　全国小学、初中和高中从一年级起，开始试用新编全日制十年制学校语文课本。

12 月 17 日　经国务院批准，教育部、国家计划委员会联合印发《关于评选特级教师的暂行规定》，要求在明年召开全国教育大会前，各省、市、自治区完成第一次特级教师评选工作，今后每3—5年评选一次。

12月18日—22日 中国共产党第十一届中央委员会第三次全体会议在北京召开。会议确定了"解放思想、开动脑筋、实事求是、团结一致向前看"的指导方针，决定停止使用"以阶级斗争为纲"的口号，并且作出了把党和国家工作重心转移到经济建设上来、实行改革开放的重大决策。

本年 北京景山学校开展"以作文为中心安排整个语文教学"实验，霍懋征主持开展语文教改实验。

1月14日 到城工局教卫组汇报个人语文教学总结，准备个人材料送省。（《大事记（第一学期）》，1978年，案卷号：36）个人材料为《当好语文教师 教好党的孩子（送审稿）》①，全文如下：

> 我是一个小学语文教师。二十年来，一直和孩子们打交道，教他们识字、写字、读书、作文。这些工作看起来是十分繁琐的，但是，我越来越深刻地认识到它的重要，体会到其间的幸福。我愿当一辈子小学语文教师，教好党的孩子。
>
> ### 谁也剥夺不了党给我的权利
>
> 1956年初秋，我开始了教师生活，那年我才十八岁。我热爱教师这一行，为了教好党的孩子，在毛主席红线照耀下，刻苦钻研，努力工作，再苦再累也高兴。我把自己的青春献给革命的下一代，我觉得那是多么有意义啊！当我做出一点成绩的时候，党和人民给我很高的荣誉，多次被评为先进工作者，还光荣地当上了人民代表。
>
> 可是，在四害横行的日子里，我这个年仅廿几岁的小学教

---

① 原文藏于通师二附档案馆，未标注时间和案卷号，根据文章内容，结合学校大事记推断为1978年1月14日的送审稿。本书收录时未作修改，仅对标点符号和个别异体字进行了调整。

师，也被扣上"黑线人物""小学里的反动学术权威"的大帽子，加上许多莫须有的罪名。我教学生画葵花向阳，教育孩子们心向红太阳，热爱毛主席，却硬说我画的葵花是十二个花瓣，诬害我是教学生画国民党反动派的黑旗；学生作文上写道，"国民党反动派烧杀掳掠，无所不为"，我在两个成语下面加了圈点，表扬孩子用词恰当，又诬陷我是"用加圈加点表示国民党反动派烧得好，杀得好"，真是有口难辩呀！后来把我从工作了十年的通师二附调到农村小学，不让我教语文，逼得我把十年间公开教学的廿几份教案、备课笔记以及在报刊上发表的十来篇文章，一把火全部烧掉！望着炉火无情地把多年的心血化成灰烬，我伤心地痛哭了一场。有人说："你是树大招风啊！"我想，我算什么大树，只不过是一株在党的阳光下刚刚成长起来的小树啊！

我出生在一个贫苦的家庭里，五岁时父亲就病死。是亲爱的党和毛主席把我这个穷孩子培养大，送我上师范，当上了一名光荣的人民教师。我满怀感激党和毛主席的深情，努力按照党的教育方针，为革命培育下一代，这难道是我的罪过吗？勤勤恳恳工作了十年，到头来却成了"罪人"，这是为什么！我左思右想想不通，现在明白了：罪魁祸首就是"四人帮"，他们炮制的"两个估计"就是强加在我们教师脖子上的枷锁！

在横遭"四人帮"及其反革命修正主义路线迫害的日子里，党的教导激励着我，学生们的热情感动着我，革命的责任感驱使着我，使我坐不住，心里总象燃着一团火！我想，作为一个教师，遭到一点打击，受到一点委曲，有什么理由灰心丧气、停步不前呢！工作不是为个人荣誉，忠诚党的教育事业，是教师的本份！"优秀教师"可以不当，经验总结可以不用个人名义写，公开课也可以不上，但是，教好党的孩子，这是阶级的委托，是党给我的权利，谁也剥夺不了！尽管"黑线人物"的帽子就在头上飞，"业务挂帅"的棍子在身边舞，但是我想起党的教导，看到孩子们的笑脸，就增强了信心和勇气。我坚持认真学习、努力实践毛主席的教育思想。教材中传统的优秀篇目被砍掉了，我就自己选编教材。无政府主义思潮泛滥，我就补充教《邱少云》。有些学生无心学习，我就补充教《雷锋的"钉子"精神》。几年来先后选编了红军长征的故事、雷锋的故事、鲁迅的故事，以及其他英雄人物的故事等五十几篇补充教材，坚持对学生进行革命传统教育。我不仅坚持每学期作文练习的篇数，还认真指导学生写日记。有人说："就你一班写日记，不要太突出了，当心'智育第一'的帽子！"我想，让学生写日记，既练思想又练笔，这有什么可非议的呢？七〇年以来，我教的四个班学生都坚持写日记，批改的日记至少有九千多篇。我努力用自己的行动，把党给我的教育孩子们的权利夺回来！

在那寒流滚滚、阴风阵阵的日子里，我期待着，哪一天能冰雪消融，春回大地。如今这幸福的一天终于来到了。英明领袖华主席高举毛主席的伟大旗帜，一举粉碎了"四人帮"，彻底砸烂了"两个估计"，解放了广大教师，也解放了我。我和广大教师一样欣喜若狂，扬眉吐气。伟大祖国，阳光灿烂；教育战线，春风浩荡。"天高任鸟飞，海阔凭鱼跃"，我强烈地感到现在是甩开膀子干革命，争分夺秒育人才的时候了。自己暗暗下决心，要学习周总理，掏尽红心为人民。为培养好党的孩子，苦干实干一辈子！

努力完成党交给的教学任务

语言这东西，不下苦功学不好，也教不好。要学生学好，首先教师要教好。长期以来，我刻苦钻研业务，努力完成党交给的教学任务，即使在"四人帮"挥舞大棒的年月里，也一直没有间断。

想着远处，打好基础。实现四个现代化的宏伟目标，需要大批又红又专的社会主义建设人材。培养人材，小学是基础，语文又是学好其他文化科学知识的基础。现在的学生，正是二〇〇〇年时社会主义建设大军中的中坚。所以教学生一个字一篇课文，我都觉得很有份量！都看成是他们向四个现代化进军的起点。攀登科学高峰的基点。这样看到远处，想到明天，打基础就方向更明，决心更大了。

打好基础，我做到教学有计划、有要求。一学期教学哪些基础知识，进行哪些基本训练，要达到什么程度，开学时我就做到心中有数。平时紧紧抓住，期末综合归类，反复巩固。打好基础不是一朝一夕所能完成的，我坚持经常抓，做到长年不懈。前几年，学生作文"小孩子说大话，没有内容说空话"，"帮八股"的味道很浓。我就针对缺陷打基础，在"范文引路，丰富生活，加强指导，反复练习"十六个字上下功夫。语文课上，除了进行遣词造句、口头表达的训练外，从三年级起，我就结合教学范文，讲授篇章知识，由浅入深。到五年级毕业时，学生就能学到有关写好记叙文的表现方法十五六种。俗话说："巧媳妇难为无米之炊。"学生作文没有材料不行。我就有目的、有计划地带学生接触三大革命实际。但是有的学生"人在生活中"，却不会观察生活。于是我不仅在课堂上加强指导，还在参观中注意做"有心人"，指导他们学习观察生活，撷取和反映那些有意义的生活的浪花。有一次，我带孩子们去参观农村新貌，看到知青大楼上写着"知青之家"，就提醒他们注意体会这个"家"字的含义。回来作文就有叙述有议论了。有的学生写道："前面就是'知青之家'，知识青年在这里安下了家，广阔天地就是他们的家。等我长大了，也来这里安家落户，在这'知青之家'里挤上一张铺位！"在生产队试验田里，我指导学生细致观察瓜果蔬菜的颜色、长势，现场启发他们运用学习过的比喻、拟人等修辞方法，学生印象很深。他们写道："丝瓜伸出长长的手臂，好象要和我们握手"；"油光发亮的茄子，穿上紫袍，一个个挤在一起真惹人爱";"那苹果似的西红柿涨红了脸,正朝着我们笑哩!"这些普通的瓜果蔬菜就被描写得比较生动了。每篇作文以后,我又针对存在问题,进行字、词、句、篇方面的评讲练习。这样一步步地打基础,学生作文有了明显的进步。去年五年级一次作文期末考试,全班50人都当堂完成。其中能写千字以上的有34人,最多的能写二千多字,三分之一的学生获得了优秀成绩。本学期我教三年级。我想小学生开始作文,起步一定要正,基础一定要打实。开学时,我就拟好全学期作文题目,确定好各篇指导中心,连书写规则、标点位置以及如何认识教师的批改符号等,都有步骤地教给学生。第一次写参观记,我事先实地观察,先后到五个单位,跑了十一趟,最后才选择了一个合适的单位,带领学生去参观。回来后,又反复研究,还亲自下水,针对好、中、差三种学生写了三篇不同的范文,指导学生正确掌握写参观记的方法。经过一学期的训练,大多数同学在老师指导下,作文能做到围绕中心,分清段落,书写认真,格式正确。

狠下苦功,钻研教材。在教学中,我力求吃透教材,弄懂弄通,不懂决不装懂。一次,我补充教学一篇写鲁迅先生的《战笔》,为了准确地理解这支笔"挑破自己身上的痈疽"这句话的含义,我翻阅了廿几篇鲁迅杂文,把有关时代背景的注释一条一条地查过去,才弄清楚这一句是形象而深刻地写出了鲁迅先生正视自己身上的"毒气"和"鬼气",严于解剖自己的革命精神。这样一钻研,讲课时心里就踏实了。

对钻研教材,过去我往往局限于一篇课文或一册书,这显然是不够的。本学期我新接三年级一个班,我认真钻研学生在一二年级学过的一、二、三、四册教材,还摘出一百多个好词句,结合教学,有意识地引导学生巩固运用。为了弄清楚整个小学语文教材编排的来龙去脉,又反复钻研了一到五年级五册教材,对一年级教多少笔划、多少偏旁、多少独体字,二年级教多少种词语。有哪些练习形式，三年级出现了哪些句式，四五年级要教哪些修辞手法和篇章知识，都作了比较、分析。对自己教这册教材要为低年级做哪些巩固工作，为高年级学习做哪些准备，打哪些基础，以及发挥现用教材哪些长处，补哪些不足，都做到心中有数，努力掌握小学语文教材的编排体系。

反复实践，掌握规律。这些年来，我对小学语文中常见的毛主席著作、毛主席诗词和故事、寓言、诗歌等各种不同体裁的课文的教学，以及作前指导、作后评讲，都分别作了一些专题研究，上了将近三十节规模较大的公开课。每次教案都要数经易稿，最多的写了六七稿。为了钻研一篇教材，我常常工作到深夜，有时通宵达旦，累得呕吐了，还是继续工作。

我想大庆人靠"两论起家"，语文数学，也应当以"两论"作指导。我就努力用唯物辩证法指导教学，探索教学规律：

根据抓住主要矛盾、其它矛盾就迎刃而解的原理，抓重点，抓关键。在小学中、高年级语文教学中，字、词、句、章基础知识的教学，听、说、读、写的基本训练，几乎无一可略。在长期的教学实践中，我体会到词汇教学是基础，作文教学是中心。抓住词汇教学，识字得以巩固，句子教学才有基础。而字、词、句、章的综合训练，全面提高的主要手段无疑是作文，以作文教学为中心，阅读教学才有的放矢，从而有效地使学生掌握语文这个工具。所以，分析课文，我注意抓住中心，抠重要词语。《东郭先生和狼》是一篇篇幅较长的寓言，教学时，我紧紧抓住狼"凶相毕露"的"露"、东郭先生的"躲"、老农民的"扎"和"打"这四个动词进行分析，引导学生认识到对狼一样的恶人，决不能被他们的伪装所迷惑，决不能象东郭先生那样心慈手软、消极退让，而应该象老农民那样透过现象看本质，敢于斗争，善于斗争。这样学生学会通过语言因素去分析课文，从而深刻地理解了寓意，同时进行了很好的遣词造句的训练。

根据从感性到理性的认识规律，抓住学生认识过程的飞跃，培养学生分析问题和解决问题的能力。人们的认识总是由浅入深、从已知到未知、从具体到抽象的。在教学中，我注意从具体入手，在学生获得充分的感性知识的基础上，因势利导，上升到理性，让学生掌握规律。而这个认识的飞跃，正是培养学生两个能力的重要环节。毛主席诗词总是有比有兴，通过凝炼的语言和生动的诗的形象，高度集中地反映生活。教学时，我抓住一些关键词语，启发学生的形象思维，展开丰富的想象，细致体会诗词深刻的思想内容。教学《七律·和郭沫若同志》，讲解"金猴奋起千钧棒"时，学生提出：为什么不说金猴"举起"千钧棒？我不简单地从概念上去辨析"奋起"和"举起"的异同，而是运用学生已有的感性知识，想象和描述孙悟空痛打白骨精的形象。当孙悟空的威武形象鲜明地展现在学生眼前时，我再引导他们概括，象金猴这样看准目标，"毫不犹豫地"一下子高举起千钧棒，"毫不留情地"向妖精打去，就叫"奋起"。使他们体会到"奋起"一词，不仅表现出金猴对敌斗争的坚决、果断，而且说明他看清了敌人的本质，不信邪，不受骗。

遵循外因是变化的条件、内因是变化的根据的原理，努力调动学生的学习主动性和积极性。内因和外因的辩证关系，我体会这就是启发式教学的理论依据。采用启发式教学，就是要充分调动学生的主观能动性，促使内因起作用。平时我注意通过各种方式，启发学生要学语文、爱学语文，多思、多问，培养他们从小善于发现矛盾，解决矛盾。但是，学生从不会提问到学会提问，要有一个过程。开始，提的往往是"'田野'是不是田里的野菜""藏族人民站在高原望北京，我们站在南通，怎么望不见北京？"一类的问题，虽问得幼稚。但说明学生小脑子在思考了。因而，我从不急躁，更不责备，而是耐心启发，先让他们"问起来"，然后通过教师引导、集体评议，使他们逐步做到"问得对""问得好"。学生内因起了变化，就会主动地去获取知识，有时还会把我问住。有同志关切地对我说："学生发问适可而止，不然会出洋相。"但我想，学生提的问题教师答不出，从另一个角度看是好事，说明学生想得深，学得活，我们的社会主义事业就更有希望，这正是我们教师的愿望。我们应该欢迎学生多问，鼓励他们有创见。所以十几年来，我一直坚持启发式教学。同志们常说我把学生教活了，我说是毛主席的哲学思想开了我的心窍。

永远争当好园丁

当一名好园丁，要胸中时时装着革命，处处想着学生，从德、智、体各方面关心他们的成长，努力把"四人帮"造成的损失夺回来。在"四人帮"的摧残和毒害下，有个学生专门调皮捣蛋。语文课上教写儿歌，课后他就编坏儿歌，侮辱老师，引得一些同学哈哈大笑。经过了解，原来他错误地认为，和老师顶顶撞撞，说不定有一天能当上什么"反潮流的英雄"。针对这种思想，我让他在中队会上批判"四人帮"破坏师生关系的罪行，引导学雷锋小组的同学团结他一起慰问在家养病的老师，让他在班上读自己写的歌颂华主席的对口词，并指导他怎样写儿歌，要他掌握好武器。他终于转变了，写了一首又一首革命儿歌，在揭批"四人帮"的斗争中，他写的《四只大乌鸦》这首儿歌还得到发表。毕业那天，他又写了一首诗。题目是《给母校》，恭恭敬敬地送给老校长，还做了一根精巧的教鞭送给我留作纪念。

教师一心想着学生，就不怕自己吃苦。今年春天我参加省出版局在南通举行的一个会议，自己去开会，学生上课怎么办？我利用会前会后休息的时间，赶到学校上课，一次从楼梯上摔下来，痛得站不起来，我还是忍着痛一步一步坚持到校上课。后来几天，学生去农村学农，我又赶到生产队为学生上课。开了十六天会，一天课也没掉。学生为生产队打扫猪圈，我虽然不是班主任，但大早就赶到饲养场，和学生一起劳动。我总是把最脏最臭的掏粪槽的活儿留给自己，下雨天，我让学生在屋子里打扫，自己冒雨在外边打扫；学生到河边去打水，我怕他们掉到河里去，总是让他们站在岸上，自己站在水边，一桶桶地把水提上来。自己虽然累一些，但心里踏实。

为了教好党的孩子，我刻苦改造世界观，努力做到又红又专。革命是大家的事，干工作决不能分份内和份外。寒暑假、星期天常常是放弃休息，为学校工作。我认为这样生活才有意义，忙也忙得有劲头，苦也苦得有甜头。今年暑假参加教师进修活动，我一心扑在辅导工作上，一天也没休息。七十岁的老母亲生病，也顾不上及时带她去治疗，结果病情加重，发了十五天高烧，饮食不进。在母亲病重期间，我仍专心致志地准备讲稿，以至稀饭烧成了焦锅巴也没有发觉。

我的教学工作，虽然常常得到一些好评，但我深深感到不足。经常鞭策自己挤时间加强学习毛主席著作，认真进修业务。有人说，一个合格的语文教师，除了政治思想觉悟外，要有一口好普通话、一手好字、一篇好文章。我就练习朗读，练习书法，练习写文章。要教学生写儿歌，但自己不会怎么能指导得好呢？我就下决心学。写了诗读给班上学生听，请他们提意见；有时还写儿童朗诵诗，指导学生排练。努力练好基本功。

有同志看我认真进修，说："你是不是准备到中学去？"我肯定地回答："不，这里就是我的岗位！"万里征途映红旗，党的关怀暖人心。英明领袖华主席把"人民教师"的光荣称号重新授予我们，我更爱小学教师这一行，我愿一辈子在小学，一辈子从事小学语文教学工作，为教好党的孩子，培养社会主义建设人材下苦功，鼓实劲，永远争当好园丁！

3月4日　在学校召开的"怀念周总理　发扬雷锋精神"大会上介

绍周恩来总理的生平。(《本校大事记（第二学期）》, 1978 年, 案卷号: 37)

3 月 15 日下午　借南通市实验小学小礼堂上语文试验课《中华人民共和国的国歌》, 课后, 城工局教卫组组长费朝一讲话。回校后与语文老师进行了讨论。(《大事记（第二学期）》, 1978 年, 案卷号: 37)

3 月 18 日　在市文化宫做作文教学讲座。(《大事记（第二学期）》, 1978 年, 案卷号: 37)

3 月 19 日下午　接受南通市第二中学团支部 20 余名团员的访问, 谈如何忠诚党的教育事业。(《大事记（第二学期）》, 1978 年, 案卷号: 37)

3 月　被评为省先进工作者。[1]

4 月 10 日下午　在学校参加江西抚州教育代表团交流座谈会, 介绍语文教学情况。(《大事记（第二学期）》, 1978 年, 案卷号: 37)

5 月 10 日下午　在学校参加与辽宁教育学院附中、附小 2 名老师的座谈, 交流语文教学改革情况。(《大事记（第二学期）》, 1978 年, 案卷号: 37)

6 月 2 日下午　在学校参加福建省长汀县实验小学 2 名老师来校看课后的座谈会, 在会上谈读文教学改革, 另由成尚荣谈作文教学改革。(《大事记（第二学期）》, 1978 年, 案卷号: 37)

7 月 16 日下午　参加学校的结束工作会议, 在会上介绍语文教学经验。(《大事记（第二学期）》, 1978 年, 案卷号: 37)

暑假　向校长周琪[2]提出, 希望能到低年级去, 从一年级开始教语文, 弄清楚语文教学的来龙去脉, 不走轻车熟路, 获得了周琪的支

---

[1]　该荣誉未见具体材料。但通师二附 1978 年《大事记（第二学期）》（案卷号 37）载: 1978 年 1 月 14 日, 到城工局教卫组汇报个人语文教学总结并准备个人材料报省。3 月 30 日上午, 公社教卫组李爱莉同志来校取李吉林老师出席省先进工作者会议的事迹。由此推断其已于 3 月被评为省先进工作者。

[2]　周琪, 女, 1923 年 7 月出生, 江苏南通人, 1943 年毕业于南通县立女子师范学校, 先后在平潮小学、城中小学、通师一附、通棉二厂工小、通师三附和教改办公室工作, 1960 年任通师二附副校长, 1961 年—1972 年任南通市实验小学校长兼支部书记, 1972 年 8 月任通师二附革命领导小组组长, 1978 年改任校长兼支部书记, 1987 年退休。"文革"前, 李吉林曾在周琪的带领下开展过一年的五年制教改试验。见《对未来负责——记江苏省南通师范学校第二附属小学校长、共产党员周琪同志（送审稿）》, 1981 年, 案卷号: 56。

持，从此开始小学语文教学全过程实验研究。① （李吉林：《情境教育的诗篇》，第 7 页）

9 月 20 日下午　在校工会会员大会改选中当选工会委员，分工负责业务宣传。（《本校大事记（第一学期）》，1978 年，案卷号：42；《大事记（第二学期）》，1979 年，案卷号：43）

9 月 23 日　在市文化宫举行的教研活动中介绍语文教学经验。（《本校大事记（第一学期）》，1978 年，案卷号：42）

9 月 25 日　开设语文公开课②，市教育局小教科长和教研室老师来校看课。课后，小教科长召开学校干部会议，讨论有关特级教师问题。（《本校大事记（第一学期）》，1978 年，案卷号：42）

10 月 10 日—24 日　在南京参加江苏省委召开的全省教育工作会议，与斯霞、王兰、茅于渊、庄杏珍、吴保江、童英可、顾美云、蒋纯、任仁、孙秀英、王淑兰、徐宝娣、高芷娟、苏久征、苏丹、史芸莲、丁仰芝等 18 人一起被评为江苏省首批特级教师。③ 母亲说，40 岁评上特级教师，以后就应该更加辛勤工作了。（江苏省教育志编纂委员会编：《江苏省教育大事记（1949—1988）》，第 231 页；李吉林：《情境教育的诗篇》，第 111 页）

10 月 31 日上午　到教育局开会，讨论如何贯彻省教育工作会议精神。（《本校大事记（第一学期）》，1978 年，案卷号：42）

---

① 这次教改实验的主题有不同的提法。1983 年 1 月，朱培元在向省教育厅视导通师二附小组汇报时指出，市教研室同志与李吉林一起研究将实验课题确定为"语文教学与全面发展"。1985 年 1 月，王秀芳在接待南通市人才交流会外地高校代表时称之为"从整体出发，促进儿童发展"。1986 年 1 月，王秀芳在省教改会议上发言时称之为"从整体出发，着眼儿童发展"。1986 年 10 月，王秀芳在省中师、校长研讨会上发言时又称之为"小学语文教学与儿童的整体发展"。李吉林本人则宣称，实验第四年明确提出"从整体出发，着眼儿童发展"。

② 该课被列入通师二附《学校工作计划（1978 年 9 月—1979 年 2 月）》的"语文教研计划"中，内容为汉语拼音，研究专题为《抓住重点，突破难点》。见《市教育局、本校关于干部复查、学期工作党员干部年报学校基本状况的通知、计划、汇报、统计表、名册》，案卷号：44。

③ 据载，李吉林因为"在语文教学中勇于实践，努力调动学生学习的积极性、主动性，先后总结了小学语文双基教学、语文的备课、启发和教学等方面的经验"而评为特级教师。见中共南通市委党史工作办公室：《中共南通地方史》（第二卷），中共党史出版社 2011 年版，第 354 页。

11 月 2 日　参加学校政治学习会，介绍庄老师在座谈会上讲的当前语文教学情况。(《本校大事记（第一学期）》，1978 年，案卷号：42)

11 月 11 日　在一（1）班上语文公开课，扬州市、沙洲县教育代表团及兄弟院校老师共 80 余人看课。(《本校大事记（第一学期）》，1978 年，案卷号：42)

11 月 13 日—23 日　出差北京，瞻仰毛主席遗容。(《本校大事记（第一学期）》，1978 年，案卷号：42)

11 月 26 日—27 日　参加南通市教育工作会议①，在会上介绍经验。(《本校大事记（第一学期）》，1978 年，案卷号：42)

11 月 30 日下午　在全校教师会议上介绍语文教学经验并汇报瞻仰毛主席遗容的体会和参观周总理展览馆的感受。(《本校大事记（第一学期）》，1978 年，案卷号：42)

12 月 14 日　到上海参观。(《本校大事记（第一学期）》，1978 年，案卷号：42)

12 月 23 日　南通市教育局教研室在城中公社大礼堂举行教研活动，上海、常州、扬州、无锡和本地学校的老师参加。上午，在一（1）班上公开课《小小的船》；下午，参加座谈会并发言。(《本校大事记（第一学期）》，1978 年，案卷号：42)

12 月 25 日下午　校党支部组织部分老师召开座谈会，对李吉林申请入党的日常表现进行评议。支部通过对其入党表现的鉴定意见：

李吉林同志对党有深厚的感情，平时能认真学习马列、毛主席著作，并能联系思想改造世界观，积极参加揭批"四人帮"的斗争，用毛泽东思想紧密联系思想工作实际，控诉"四人帮"炮制的两个估计。坚信毛主席革命路线的正确。忠诚党的教育事业，认真学习领会毛主席的教育思想体系，工作一贯勤勤恳恳，认真负责。在教育教学工作中，勇于实践，勤于总结，刻苦钻

---

①　南通市教育工作会议于 11 月 25 日—29 日召开，主要内容是传达贯彻全国和省教育工作会议精神，讨论全市教育事业发展规划。

研，精益求精，特别在语文教学和作文教学上取得了一定的成绩，积累了一定的经验，曾多次向本市和外地上了一定质量的公开课，平日乐于助人，虚心好学，十多年来先后多次被评为优秀辅导员、先进工作者。"文化大革命"前为本市人民代表，一九七八年十一月提升为特级教师。（《本校大事记（第一学期）》，1978年，案卷号：42；《支部会议记录》，1978年，案卷号：45）

本年　提出"要把孩子教聪明起来"的观点，逐步形成了"活"的教学风格，激发了学生的学习兴趣和求知欲望，使得学生主动地学习，大胆地提出问题，踊跃地发表意见。这一观点受到复旦大学李大潜教授的肯定。李大潜在通师二附召开的座谈会上指出，一个好教师一定要开启学生智慧的窗户，发掘他们智慧的潜力。李大潜的讲话在通师二附引起极大的反响。[1]（《做发展学生智力有心人，有效提高教学质量》，1980 年，案卷号：52）

　　同年　开始自编语文补充教材并用钢板铁笔印制。[2]（李吉林：《情境教育与德育》，《中国德育》2006 年第 9 期）

　　同年　开始野外教育的尝试。[3]（李吉林：《情境教育与德育》，《中国德育》2006 年第 9 期）

---

　　[1] 李大潜到通师二附座谈时间不详。通师二附档案记载，座谈时间在李大潜出国前夕，李大潜于 1979 年 1 月公派到法国留学，据此推断时间为 1978 年。

　　[2] 李吉林在《情境教育与德育》一文中说："比如在 1978 年，我教一年级的时候觉得仅靠一本薄薄的语文教科书要孩子学好语文是不可能的，所以我就开始编补充教材。我想用经典作品影响儿童，所以到二年级就有名家的东西走进课堂，冰心、茅盾、巴金的作品都可以在我的补充教材里找到。那时没有打字机、电脑，我就用钢板、铁笔自己刻写。这些孩子五年学下来，拿到了 10 本油印的补充材料。"

　　[3] 李吉林说："这些因素综合起来，使我在 1978 年就开始了野外教育的尝试：以大自然为背景，让孩子投入到大自然的怀抱中去。"

1979 年　41 岁

4 月 12 日　中国教育学会成立。

4 月 15 日　《教育研究》杂志创刊。

10 月　《江苏教育》小学版复刊。

1 月 5 日下午　入党申请志愿书经学校党支部大会审议通过。（《支部大会记录》，1980 年，案卷号：49）

1 月 8 日　在学校大操场参加周总理逝世三周年纪念活动，在会上介绍参观周总理生平展览馆的情况。（《本校大事记（第一学期）》，1978 年，案卷号：42）

1 月 10 日　参加市教育局举办的普通话教学成绩观摩活动，表演朗诵《我思念——寄台湾亲人》。（《本校大事记（第一学期）》，1978 年，案卷号：42）

2 月 13 日　参加学校开学典礼，介绍参加省劳模大会和参观先进大型化肥厂的情况。（《大事记（第二学期）》，1979 年，案卷号：43）

2 月 24 日—25 日　与李静、成尚荣一起参加南通县刘桥区教师大会并介绍教学经验。（《大事记（第二学期）》，1979 年，案卷号：43）

3 月 3 日下午　到市十五中参加语文教师座谈会。（《大事记（第二学期）》，1979 年，案卷号：43）

3 月 10 日　新华日报驻通记者①来校看李吉林上的语文课，到她

---

①　档案原载为"新华社驻南通办事处记者"，因新华社不可能在南通设立办事处，故推测为新华日报驻通记者。

担任班主任的一（1）班了解学生负担情况。（《大事记（第二学期）》，1979 年，案卷号：43）

3 月 21 日　拍摄电视，省电视台录制。在下午的工会小组会议上，被全校一致推选为市劳模。（《大事记（第二学期）》，1979 年，案卷号：43）

3 月 24 日　在学校礼堂向一、二、三年级语文老师介绍朗读教学经验。（《大事记（第二学期）》，1979 年，案卷号：43）

3 月　在市教育局主办的《教学研究》第 2 期发表《怎样指导一年级学生朗读》。文章介绍了自己指导一年级学生正确、流利、有表情地朗读课文的几种方法。一是培养良好的朗读习惯。包括认真读书的习惯、朗读看标点的习惯、"边读边思考"的习惯、朗读的兴趣，以及用眼卫生和爱护课本的习惯。二是明确每次朗读的要求。初读课文要"真读"，所谓"真读"即"字字读真"，就是一个字一个字地读，为读得流利、读得有表情打好基础。理解内容要有节奏地读，不读破句，按句子结构读出一定的停顿和轻重。重点部分反复读，通过多种形式反复朗读，帮助学生掌握重点，加深对重点部分的理解，进而达到"熟读成诵"的程度。推敲词语比较读，学生一读一比，就可体会课文中词语的含义。体会感情表情读，引导学生表情朗读，从而加深对课文的理解，体会课文表达的思想感情，也可使学生得到美的感受。三是朗读和精讲相结合。要指点句子结构，读出合理的节奏。指点关键性词语，读出适当的重音。启发学生想象，指导朗读的语调。四是重视教师自己的范读。为了充分发挥范读的作用，教师备课时要认真钻研教材，反复练习朗读，读准每一个字音，恰切地处理语调。①

4 月 4 日　在市教研室组织的教研活动中开设公开课，市教育局局长秦同②，市教育局中学教育科科长费朝一，小学教育科科长陈鹤琴，小学教育科副科长龚宝珍、周见一，上海市、启东县教育局及兄

---

① 该文后又于 1981 年 3 月发表于《小学教学研究》第 2 期。

② 秦同，1927 年生，江苏通州人，1945 年起先后在南通专区实验小学、南通市一中、南通县中学、南通师范学校和南通教育学院工作，1978—1988 年任南通市教育局局长。

弟学校老师 20 余人来校看课。(《大事记（第二学期）》，1979 年，案卷号：43)

　　4 月 5 日　被评为 1978 年度南通市劳动模范，在市文化宫参加南通市劳模座谈会①，遇到南通教育学院英语教师蒋兆一。② 在讨论语文教学中的困难时，蒋兆一介绍了外语中的功能教学法和情景教学法，并推荐阅读《中小学外语教学》最近一期上的文章。第二天借阅后，产生将情景教学移植到小学语文教学中来的想法。③（李吉林：《我的情境教育探索之路》，《基础教育》2005 年第 7—8 期）在会上，作为劳模代表作了题为《为培养人才奋斗终身》的发言④，内容如下：

　　　　我是一个普通的小学教师。今天作为工人阶级中的一员，参加劳模大会，我感到莫大的光荣和幸福。

　　　　我永远也不会忘记，是亲爱的党，把我这没有父亲的苦孩子，送进中学，送上师范，当上了一名人民教师。长期以来，是亲爱的党不断地培养我，使我逐渐成长。我不忘党的恩情，认真

---

　　① 据《中国共产党南通大事记（1949 年 2 月至 1999 年 2 月）》记载，此会应为南通市 1978 年度工业、交通、基建、文化、教育、卫生等系统先进集体、先进生产（工作）者代表大会。

　　② 蒋兆一（1929—2020），江苏泰兴人，先后在四川大学和安徽大学学习，1951 年 8 月至 1952 年 9 月在南通师范学校任教，1952 年 10 月至 1977 年 10 月在南通市第一中学任教，1977 年 10 月至 1990 年 2 月在南通教育学院任教，副教授，南通市第四、五、六届政协委员，南通市中小学外语教学研究会理事长，南通市翻译学会副理事长，1978 年—1982 年连续五次被授予南通市劳动模范称号，1985 年被评为江苏省优秀教师，1989 年被评为全国优秀教师。

　　③ 关于会议名称及其时间有两种说法。一为李吉林的回忆，认为是 1979 年"五一"前夕的劳模座谈会。若此属实，则时间应为 1979 年 4 月 5 日。通师二附《大事记（1978 年度第二学期）》4 月 5 日载："今天市总工会召开劳模大会，本校李吉林同志为劳动（模范），程泽民同志为代表出席了会议，语文学科评为先进集体，获镜框一只。"二为《探索者的诗篇——关于特级教师李吉林的报告》的说法，认为是 1980 年元旦的南通市先进工作者座谈会。该文发表于 1980 年 10 月 22 日的《新华日报》，从时间上来看，距离会议日期最近，似应最可信。但从内容上看，李吉林多次强调在上《小马过河》一课时首次采用情境教学法。《小马过河》是人民教育出版社 1978 年出版的《全日制十年制学校小学课本（试用本）语文》第三册中的第 25 篇课文（全册共 42 课），按教学进度推算，约在 1979 年 11 月。据此，李吉林接触外语情景教学信息的时间应在此之前。本书采第一说法。

　　④ 原文藏于通师二附档案馆，未标注时间和案卷号，根据文章内容，结合学校大事记判断为 1978 年 4 月 5 日参加市劳模座谈会的发言稿。本书收录时未作修改，仅对标点符号和个别异体字进行了调整。

学习，积极工作。不懂，我就问；不会，我就学；做不好，我就反复琢磨，在小学语文教学方面进行了一些实践，也有了一些体会。《江苏教育》《新华日报》等报刊先后发表了我写的十来篇关于教学、教育的文章；江苏人民广播电台也把我上课的教学实况，向全国各地播放。我很清楚这些只是我教师生涯的起步阶段。我象一棵小树沐浴着党的阳光，刚刚长出枝叶。但是，万恶的"四人帮"就因为我做了这一点成绩，就把"黑线人物""修正主义教育路线的黑干将""小学里的反动学术权威"的大帽子扣在我这个当时只有廿几岁的青年教师头上。在此后的十年里，这漫长而苦难的岁月里，我受歧视、遭打击。但是，我知道，多少同志用热情的目光关注地望着我，多少熟悉的老领导把党的关怀和温暖带给我，我没有泄气，没有动摇。我咽下泪水把教学改革的工作在最困难的情况下坚持下来了。那时教学总结不能以我个人的名义写，我就把自己的教学体会、摸索到的规律整理出来，为学校，为备课组写成总结。由学校领导和其他同志在市里介绍。那时教材编得不像话，我就自己动手编教材；学生作文抄报纸，专写批判稿、决心书，我还是努力指导学生写记叙文，还另外布置学生写日记。从七〇年以来，我教的五个班学生都写日记，单给学生批改的日记就有一万篇以上，学生作文水平很快提高。七六年我教的学生快毕业，作文大考时，全班五十人，其中能写一千字以上有三十四人，最多的能写二千多字，写得文理通顺，有的还很生动。几个月后，"四人帮"砸烂了，城工局搞了一个诗集，发表了我校学生七首诗，其中就有六首是我班上学生写的。在"四害"横行的时候，我之所以能坚持做了这些工作，因为我懂得，一个教师不管在什么情况下都要尽自己的本份：就是教好学生，对学生负责。

如今，祖国大地，阳光灿烂；教育战线，春光明媚。我强烈地感到现在是"天高任鸟飞，海阔凭鱼跃"，心里充满了希望，全身充满了力量。我想，人民教师光荣；人民教师责任重大。现在的学生，正是二〇〇〇年时社会主义建设的生力军，他们成长得怎么样，学得怎么样，是直接关系到祖国的大业。所以，我向自己提出了一个问题，为了孩子的明天，做老师的应该怎么办？

办法有两个，一是多上课，多布置作业，加重学生的负担，使学生疲于奔命，被动应付。显然，这是一个摧残人才的办法，一个只顾眼前，忘了明天的办法。无疑，应该舍弃。另一个办法，是改进教学方法，让学生在课堂上就学懂，就记住，课外布置适当的作业。这样，他们在课余就有时间，有精力去钻研他们喜爱的科目，使他们的专长有可能得到发挥。这个办法就向我们教师提出了更高的要求。因为教学既是一门科学，又是一门艺术，我就在遵循客观规律讲究艺术方面下功夫。

我想，要学生学得好，首先要学生喜欢学。每一个专家，之所以成为专家，其中有重要的一点，就是对自己的专业有极其浓厚的兴趣，甚至达到入迷的境地。因此，我努力通过生动形象的教学语言和教学手段，培养学生学语文的兴趣。我教的学生，几乎每一班都爱上语文课，不怕写作文。打下课钟了，他们常常要求继续上下去。就是现在教的一年级小朋友，也是如此。学生学习一旦有了兴趣，学习对他们来讲就不是一种负担，他们就会主动地获取知识。在四十五分钟里，他们的思维始终处于积极状态。老师教的，他们要听、要学，就容易学好了。同时，我又从四个现代化需要的人才考虑，有意识地在学生学习语文的同时，激发学生学科学、爱科学的热情，培养他们去观察事物。下雪了，指导他们观察雪花纷飞的情景；夏夜，引导他们去观察蓝天、明月、群星闪烁的夏空；结合教学，指导他们课余做科学小实验。因为我知道，观察事物的能力，是每个科学家不可缺少的品质。

我们的教学对象是十岁左右的少年儿童，这一个时期，从心理学的角度讲，是人大脑发展的重要时期。所以我想，老师不光是把知识教给学生，还要想办法在学生学习知识的过程中发展他们的智力。通俗地说，就是把学生的脑子教活了。小孩子求知欲望十分强烈，他们脑子里有许许多多的"为什么""是什么"，希望要从老师那儿得到解决；他们也很愿意去思考老师向他们提出的"为什么""是什么"。我觉得这些是孩子心灵里智慧的火花，而老师应该是火种，要去点燃那些火花，使它越烧越旺，以至发出不可估量的光和热。如果老师只顾自己教，不引导学生去思考，那么这些火花就会渐渐熄灭，思维能力差了，什么功课也学不快，学不好。所以我在教学中，总是十分注意启发学生的思维，开拓他们的思路。我还鼓励学生向我提出问题，学生刚开始提的问题往往是十分幼稚可笑的，什么"老师，田野是不是田里的野菜""藏族人民站在高原望北京，我们在南通怎么望不见北京？"我觉得学生能提问，就是他们在思考。我总是十分珍爱他们这些积极性，从不挫伤。经过引导，他们慢慢就学会提问了，有时甚至会把我当堂问住。有一次我教毛主席诗词，就有学生提出：'金猴奋起千钧棒'为什么不说金猴奋起万钧棒，这样威力不是更大吗？我一时不知怎么答才好，虽然脸红了，但是心里很高兴，因为我看到孩子学活了。做老师的就希望"青出于蓝而胜于蓝"。我清楚地看到注意培养学生的思维能力，教学效率会大大提高。上学期我教的一年级学生，学了二百九十八个生字，全班默写的正确率达 99.81%。

教学生学习，就像带学生去攀登高山。我们在带领学生攀下面的石梯时，就要想到为今后攀高峰打基础。我教一年级，除了教学生识字、读书，我还注意语言的发展和训练，以为中、高年级作文打基础。一年级孩子识字少，写字慢，不能写作文，我就引导他们进行口头作文。前几天，我带他们去找春天，回来口头作文，经过指导，学生当场能讲出怎么找春天的，下面就是我们一年级小朋友当堂边想边说出来的作文。他说："星期三下午，温暖的阳光照耀着大地。老师带我们到人民公园去找春天，我们来到小桥上，往下一看，河水轻轻地流着，河边一排排柳树已发了芽。我们来到公园里，看见桃花开了，春梅开了，玉兰花也开了。蜜蜂嗡嗡地在唱歌，小草也偷偷地从地下钻出来了。小鸟在树上叽叽喳喳地叫着，好像在说："小朋友，春姑娘到我们这儿来作客了。"有的小朋友还补充说："春天来了，朵朵花儿张开了笑脸，大地披上了绿色的新装。啊，春天来啦，祖国的春天多美好啊!"全班小朋友都能把这件事说清楚。这样，常训练，学生到了三年级作文时，就不至愁眉苦脸了。

在教育局、学校领导的具体指导下和全校老师的帮助下，这些年来，促使我认真进行教学实践，在阅读教学、作文教学、短文教学、朗读教学、基础知识教学以及启发式教学方面，都作了专题总结，写了将近二十万字。我上课的课堂纪实也被收入有关书籍和外省杂志中。

但是我知道，党和人民期待我做的，何止这些呢？在这历史转折的重要时刻，我想做的工作，我应该做的工作是很多的。荣誉是和责任紧密联系在一起的，我自己觉得做得很不够，我决心争当学习的模范，进一步向书本学习，向老教师学习，向在座的各条战线先进模范学习，对自己要求要更严，标准要更高，工作要细，措施要实，狠下苦功，进一步掌握教育科学规律，用实践来不断检验，完善自己的教学工作。特级教师，我认为就是教育战线上的突击队员，就是华主席率领的新的长征队伍中的突击战士，做到困难走在前，重担挑在肩，为四个现代化培养出更多的人才奋斗终身。

4月16日　在《汉语拼音小报》发表《"画龙点睛"全在于"点"实》。文章提出，教师在教学中要善于指点学生，要掌握教材的全部，吃透教材的关键部分，指导学生抓住要领，获得鲜明深刻的印象。①

5月4日　作为特邀代表参加团市委召开的"社会主义建设积极分子大会"。（《大事记（第二学期）》，1979年，案卷号：43）

春　为了指导学生观察大自然，事先安排好观察顺序，带领学生走出校园找春天，指导学生有意观察。这时的安排观察主要是凭着经验和直觉的。（李吉林：《情境教育的诗篇》，第21—22页）

6月16日　与李静到印刷厂联系小学生作文选印刷事宜。（《大事记（第二学期）》，1979年，案卷号：43）

6月30日上午　在学校参加"向优秀共产党员张志新烈士学习"报告会，在会上做报告、表演节目。（《大事记（第二学期）》，1979年，案卷号：43）

上半年　带领学校语文教研组，就文道结合进行了研究和实践，总结提炼出以情感动学生、以理启迪学生和以美陶冶学生等三项措施。（《坚持以教学为中心，加强思想政治教育》，载《关于学期工作、教学管理工作的计划、总结》，1979年，案卷号：48）

7月2日　参加市妇女代表大会。（《大事记（第二学期）》，1979年，案卷号：43）

7月6日　上独立阅读试验课，市教研室陈文志、陈洁云、张祖彤、何新霞等人来校看课，并进行了讨论。（《大事记（第二学期）》，1979年，案卷号：43）

8月　撰写文章《变"无效"为"有效"——谈批改小学生的作文》，对当时作文批改中存在无效劳动的现象进行了分析，主张通过"及时指点，边作边改"和"全面粗批，重点面批"等方式变无效劳动为有效劳动。②

夏　撰写文章《观察·阅读·说话———组阅读教材的教学》，介绍自己注意利用春天的自然景色，发展学生的智力，训练学生口头

---

① 该文收录于《我是播种者》。
② 该文未发表，收录于《我是播种者》。

表达能力的做法。①

9 月 13 日上午　到南通师范学校对师范部新生进行专业思想教育。(《大事记（第一学期）》,1979 年,案卷号: 47)

9 月 22 日　上午,上口述作文公开课,市教研室陈文志、陈洁云来校看课。下午,出发赴南京参加江苏省教育学会年会。(《大事记（第一学期）》,1979 年,案卷号: 47)

9 月 24 日—27 日　在南京参加江苏省教育学会成立大会,当选常务理事。在会上提交论文《在小学低年级语文教学中怎样发展学生的智力》,提出在小学低年级语文教学中,可以把教育开发智力的工具性开发得更充分些,主张要把课上得"好懂、有趣,有一定难度",总结出四条教学经验,即"以培养学生学习兴趣为前提,以引导学生积累感知材料为基础,以启发学生积极思维为重点,以训练学生语言为手段"。该文被南京师范学院副院长张焕庭教授推荐做大会发言。②大会简报指出,其经验"富有创造性",有学者认为这是全国小学教界关于智力发展问题的第一篇论文。也有人认为,"它虽然谈的是语文教学,但对于各科教学,以至于大学和中学都有很大的启发作用。"(赵绍龙、韦来宏:《探索者的诗篇——记特级教师李吉林》)

---

①　该文未发表,收录于《训练语言与发展智力》和《美·智·趣的教学情境》。

②　该文后分两期发表于《江苏教育》1979 年第 1 期和第 3 期,收录于《儿童·知识·社会的和谐建构》。李吉林在《情境教育的诗篇》一书中对该文的写作过程作了详细回忆（详见《情境教育的诗篇》,第 9—12 页）,但其记忆有二误。一是会议时间,李吉林记为 1978 年秋天。赵绍龙、韦来宏的报告文学《探索者的诗篇——关于特级教师李吉林的报告》指出,通师二附于 1979 年 9 月 11 日接到通知:"江苏省教育学会定于 9 月 24 日在南京举行成立大会,请特级教师李吉林同志携带论文出席会议"。二是参考论文,李吉林自述写作此文时曾受到恽昭世、柴崇英（应为"茵"）和谢淑贞"三女将"关于发展儿童智力文章的启发。后来她也意识到自己记忆可能不当,因而特别标明"是凭借记忆提取的","但由于年代久远,关于这篇文章的其他具体文献信息,现已无法找到。"（详见李吉林:《情境教育:一个主旋律的三部曲》,北京师范大学出版社 2019 年版,第 3 页,注。）实际上,柴崇茵、恽昭世和谢淑贞的合作文章《智力发展若干问题浅议》发表于《上海师范学院学报》1980 年第 1 期,她们三人在《光明日报》发表关于学生智力发展的文章也在 1980 年,且均是独撰,分别为:柴崇茵撰《智力挖潜　大有可为》（刊于 1980 年 8 月 25 日）,谢淑贞撰《挖掘教材潜在因素,发展学生智力》（刊于 1980 年 10 月 13 日）,恽昭世撰《观察是锻炼学生思维的重要手段》（刊于 1980 年 11 月 10 日）。因此,李吉林写作此文并非受到"三女将"文章的启发。

9月底　应南京市委教育卫生办公室副主任朱刚邀请，在南京玄武大礼堂为南京教师做报告《在小学低年级语文教学中发展学生智力》，斯霞继昨日听了之后再次来听报告。① （李吉林：《情境教育的诗篇》，第14页）

9月底　应上海市虹口区教师进修学校邀请，在上海市虹口区作《在小学低年级语文教学中发展学生智力》的报告。② （李吉林：《情境教育的诗篇》，第14页）

10月5日上午　到市教育局汇报参加省教育学会年会情况，决定明天下午向全市中小学领导干部和语文老师介绍年会情况。（《大事记（第一学期）》，1979年，案卷号：47）

10月6日下午　在南通医学院礼堂介绍参加江苏省教育学会年会的情况，秦同在讲话中希望大家学习教育学，按教育规律教学，研究如何发展学生的智力。（《大事记（第一学期）》，1979年，案卷号：47）

10月8日　被评为全国"三八"红旗手，到南京参加省"三八"红旗手给奖大会。（《大事记（第一学期）》，1979年，案卷号：47）

10月17日—20日　赴上海参观。（《大事记（第一学期）》，1979年，案卷号：47）

11月3日　与成尚荣一起去南通县四安公社介绍经验。（《大事记（第一学期）》，1979年，案卷号：47）

11月5日—9日　龚宝珍、周见一、张祖彤、何新霞等陪同扬州师范学院王笑伟老师来校，连续听李吉林执教的多节语文课。9日下午，王笑伟做教育学讲座，希望其继续总结教学经验。（《大事记（第一学期）》，1979年，案卷号：47）

①　该报告日期为江苏省教育学会发言的次日。另据成尚荣介绍，李吉林从本年开始就在通过引导学生观察发展智力上做新探索。首先，她引导学生由浅到深、由易到难进行观察，主要是从观察动物、植物和自然界景色入手，进而观察现实生活中的现象，再观察人的活动。其次，她逐渐引导学生观察要全面准确，如观察春天，要让学生看春水、春云、春雨、春草、春花、春天的动物，认识大自然的渐变过程，鼓励学生在观察中发现别人没有发现的东西。再次，她把观察和想象、表达结合起来。见《做发展学生智力有心人，有效提高教学质量》，1980年，案卷号：52。

②　该报告时间为自南京返回南通路过上海途中。

11 月 12 日下午　全校语文老师集中讨论李吉林上周上的课及王笑伟老师的讲座。（《大事记（第一学期）》，1979 年，案卷号：47）

11 月 17 日下午　与通师二附幼儿园老师谈教学体会。（《大事记（第一学期）》，1979 年，案卷号：47）

11 月 21 日下午　二年级语文老师集体备课，讨论李吉林所上的公开课。（《大事记（第一学期）》，1979 年，案卷号：47）

11 月 24 日下午　在二（2）班上试教课，秦同、市教育局副局长严锡飞、陈鹤琴、龚宝珍、周见一、教研室老师和南通师范学校姜老师等看课，并进行了讨论。（《大事记（第一学期）》，1979 年，案卷号：47）

11 月 27 日　上午，对外地县市老师开设两节语文公开课。下午，参加座谈会。（《大事记（第一学期）》，1979 年，案卷号：47）

11 月 29 日下午　到城中小学参加教研活动。（《大事记（第一学期）》，1979 年，案卷号：47）

11 月　执教《小马过河》一课，首次尝试运用情景教学法。① （李吉林：《情境教育的诗篇》，第 17—18 页）

12 月 3 日—13 日　因病请假。（《大事记（第一学期）》，1979 年，案卷号：47）

12 月 18 日—22 日　因病请假。（《大事记（第一学期）》，1979 年，案卷号：47）

冬　撰写文章《阅读教学中的朗读训练》，提出：指导学生朗读训练，要注意培养良好的朗读习惯，提出明确的朗读要求，要在句子结构、关键性词语、启发形象思维等方面精心指点，要注意在个人读和齐读之间变换朗读方式，要重视自身的范读。②

---

① 《小马过河》是人民教育出版社 1978 年出版的《全日制十年制学校小学课本（试用本）语文》第三册中的第 25 篇课文（全册共 42 课），按教学进度推算，约在 11 月。李吉林在 2004 年《情境教育的诗篇》的回忆中讲的是"情景教学法"，但在 2019 年《情境教育：一个主旋律的三部曲》中将之改为"情境教学法"（见该书第 19 页）。

② 该文未发表，收录于《训练语言与发展智力》和《美·智·趣的教学情境》。

本年　把古代"意境说"运用于作文教学中。①

同年　在教学复习看图学文内容时采用情景教学法，在苏联"动作默写"②的基础上加以发展，把学生带入典型的环境，让他们身临其境地学习，学得轻松愉快，获取了知识，发展了智力。（《做发展学生智力有心人，有效提高教学质量》，1980年，案卷号：52）

同年下半年　重点关心鼓励学生王许成，指导其写作观察日记取得初步进步。（李吉林：《情境教育的诗篇》，第67—68页）

---

① 李吉林在《情境教育与德育》中说："实验第二年，我把古代'意境说'用到了作文教学中，这是语文教学的难点。"因实验始于1978年，故推断此为1979年。

② 所谓动作默写，是指教师无声地做一系列动作，学生观察，然后写下来。李吉林认为这也是情景教学的一种方式。

1980 年　42 岁

1 月 5 日—23 日　教育部在北京召开教育工作会议，总结了新中国成立以来教育工作的四条基本经验：社会主义教育事业必须有计划按比例地发展，社会主义学校的办学方针必须坚持培养又红又专的人才的原则，必须正确地执行党的知识分子政策，必须加强党对教育事业的领导。会议还提出了加强学校政治思想教育、继续普及小学教育、进行中学结构改革、办好重点中小学等八项任务。

2 月 2 日　中央教科所召开教育实验座谈会，提出"教育科学的生命在于教育实验"。

8 月　江苏省委在南京召开全省中小学教育工作会议，提出了加强教师队伍建设的十条措施，主要包括广泛宣传、造成人人尊敬教师的社会风气、提高教师的社会地位和试行中小学教师职称条例等。

11 月 25 日—30 日　江苏省教育厅在南京召开"提高小学教育质量，减轻学生负担"座谈会，针对片面追求升学率（升入重点中学）的问题，要求各级教育行政部门不要搞统考或变相统考；小学升初中考试命题，不要超大纲、超教材；不排学校升学率名次，也不要以升学率的高低作为评定先进学校、优秀教师的唯一标准。

12 月 3 日　中共中央、国务院颁发《关于普及小学教育若干问题的决定》，规定今后一段时期，小学学制可以五年制与六年制并存，城市小学可以先试行六年制，农村小学学制暂时不动。

2月13日下午　参加学校党支部大会，宣读入党转正报告，转为中国共产党正式党员。（《支部大会记录》，1980年，案卷号：49）

2月24日　通师二附开学，学校决定由李吉林收吴云霞为徒，边听课边实践。① （《大事记（第二学期）》，1980年，案卷号：51）

2月26日下午　到南通师范学校上课。课后与同事到南通市教师进修学校开会，研究教材问题。② （《大事记（第二学期）》，1980年，案卷号：51）

2月29日　上午，当选通师二附校务委员会教师代表。下午，参加第一次校务委员会，讨论学校工作计划。（《大事记（第二学期）》，1980年，案卷号：51）

3月8日　参加全市庆祝国际妇女节70周年大会并在会上发言。（《大事记（第二学期）》，1980年，案卷号：51）

3月22日　在南通市实验小学介绍语文教学经验，通师二附语文备课组长和教研组长参与听讲。（《大事记（第二学期）》，1980年，案卷号：51）

3月24日　上试教课《小白花》，市教育局副局长朱培元，周见一、陈文志、张祖彤、何新霞，南通教师进修学院院长严锡飞、副院长陈璞，南通师范学校曹振东、刘秉镕来校看课，并帮助备课。南通师范学校学生来校协助实验班进行智力测验。（《大事记（第二学期）》，1980年，案卷号：51）

3月26日　备课。秦同、陈鹤琴、龚宝珍、周见一和教研室老师等人来校了解备课情况。（《大事记（第二学期）》，1980年，案卷号：51）

3月27日—29日　南通市教育局专门为李吉林举办"关于语文教学发展学生智力问题"教研活动，邀请上海、南京、镇江和扬州等

---

① 李吉林在《情境教育的诗篇》第464页自述，从1979年开始带了吴云霞和施建平两个年轻人，其记忆的时间有误。

② 本学期，李吉林在通师担任一个班的语文教学法课，上课时间为每周二下午，2课时，新教师吴云霞和黄小君跟随听课。

地老师到校指导①，秦同、朱培元、陈鹤琴、龚宝珍、周见一和市教研室老师参加。共开设 3 种课型 5 节课时：27 日上午执教口述作文课《一瓶墨汁》，下午执教阅读课《小白花》。28 日上午第一节和下午第一节课，继续执教《小白花》。29 日上午执教作文评讲课《精彩的马戏》，下午召开座谈会，请外地老师提意见。在这次开课中，首次把音乐引入小学语文课堂，首次在阅读教学中通过创设情境，进行审美教育的尝试。听课专家认为，创设情境是促进儿童智力发展的有效途径。柴崇茵鼓励她要有意识地走到儿童思维发展的前面，既要去启发引导，又要顺着他们的思路展开教学过程。②（《大事记（第二学期）》，1980 年，案卷号：51；严清：《追求——关于李吉林的报告》，《江苏教育》1986 年第 13 期）

3 月 30 日　被评为 1979 年度南通市劳动模范③，所在的语数教研组被评为先进集体，参加南通市委召开的 1979 年度工交、基建、财贸、文教卫生、政法先进集体、先进生产（工作）者代表大会，在会上受到表彰。（《大事记（第二学期）》，1980 年，案卷号：51）

3 月 31 日　市教育局邀请上海市特级教师袁瑢在通师二附作关于发展学生智力的讲座，参与听讲。在讲座后举行的选举中，当选为城

---

①　这次外地来通指导的专家有：上海师范大学（1980 年 7 月复名为华东师范大学）教育系的李伯棠、附属小学校长陈先堃、教育系吴玉如和科研所卢寄萍，上海师范学院（1984 年更名为上海师范大学）教育科学研究室的柴崇茵、谢淑贞和恽昭世，上海市实验小学副校长、特级教师袁瑢及 2 名教师，上海市师范学校第一附属小学的特级教师倪谷音、教导主任史慧芬、顾问谢慕莹和宋珠风、朱是蓉等，上海市虹口区第三中心小学副校长张雪珍、特级教师顾家璋，上海市卢湾区第二中心小学副校长张志勤，上海教育出版社的胡慧贞、查如棠、徐明佩，上海市徐汇区教师进修学院的沈志芳，上海市虹口区教师进修学院的何清华和一名教师，南京市下关区教师进修学校的单明彦和一名教师，另有镇江和扬州的专家名单不详。活动期间，分组召开座谈会，请上海专家介绍发展学生智力的经验；教育局请柴崇茵作关于发展学生智力的讲座，通师二附全体教师参与听讲；通师二附又专门请上海师范大学和上海师范学院的专家介绍发展学生智力的做法。活动之后，陈先堃、卢寄萍和吴玉如还根据记录将李吉林这几堂课的教学实况整理印刷，并稍加评论，供大家学习参考。

②　《情境教育的诗篇》第 31—38 页对此有详细生动的描述。李吉林自述这次活动最大的收获是使她较早地接触到学术界。

③　本年度被评为南通市劳模的小学语文教师还有亓浦香、陈锡珍、杨秀兰和张育新，她们与李吉林一起连续获评 1979 年、1980 年、1981 年、1982 年和 1985 年的市劳模，被誉为南通市小学语文教育界的"五朵金花"。

中区人民代表大会代表。（《大事记（第二学期）》，1980年，案卷号：51）

4月4日　在学校接受新华社记者韦顺和殷学成的采访，介绍自己的个人情况。副校长凌锦英和副教导主任成尚荣负责接待。①（《大事记（第二学期）》，1980年，案卷号：51）

4月9日下午　韦顺和殷学成到通师二附测试实验班二（1）班学生的作文情况。测试范围是实验班抽选12名学生，二年级其他班级和三年级各抽选4名学生。测试内容是复述记者讲述的故事《养小鸡》，要求复述完整，最好能有创造性。测试结果显示，实验班学生的写作水平超过二年级其他各班，也超过三年级（除一个班之外）。②（《大事记（第二学期）》，1980年，案卷号：51；《这是精神建设的基地——通师二附全面贯彻党的教育方针的事迹》，1981年，案卷号：56）

同日下午　学校召开会议，由校工会主席传达市劳动模范、先进单位和先进集体表彰会议精神，组织学习李吉林先进事迹，并结合"关于语文教学发展学生智力问题"教研活动情况，介绍李吉林教学特点，传达秦同对学校工作的指示。（《大事记（第二学期）》，1980年，案卷号：51）

4月11日下午　韦顺和殷学成到通师二附与二、三、四年级的语文备课组长座谈，讨论李吉林的教学情况。（《大事记（第二学期）》，1980年，案卷号：51）

4月15日—18日　参加南通市教育局小教科和教研室组织的参观团，到上海师范大学附属小学和上海市实验小学参观。（《大事记（第二学期）》，1980年，案卷号：51）

4月28日　被评为江苏省劳动模范，在南京参加江苏省劳动模范和先进集体、先进个人授奖大会并在会上发言。（《大事记（第二学期）》，1980年，案卷号：51）

4月　在《人民教育》第4期发表《一年级口头作文初探》。文

---

① 韦顺和殷学成系新华社江苏记者站记者，通师二附档案中未载2人姓名。《情境教育的诗篇》第405—406页载，韦顺和殷学成因在酒店听上海老师说来南通听李吉林的公开课，感到很奇怪，于是直接到通师二附采访。

② 李吉林在《情境教育的诗篇》第405—407页中对此有生动具体的描述。

章总结了小学一年级学生口语作文教学的探索经验，提出了让学生进行观察、思考和口头表达的教学过程。第一是观察，包括观察事物的静态和动态。大自然的景色是静态观察的重要题材，让学生观察大自然的美景，可激起学生热爱大自然，唤起他们对大自然的各种奇妙的幻想。动态的观察则可以通过一些小实验，引导学生观察事物变化的过程。要注意事物的发生、变化和结果，指导学生自己动手做实验，反复数次，学生便从多次观察中懂得事物变化的规律。第二是思维，语言总是和思维紧密联系在一起的，要增强学生的语言表达能力，一定要特别注意学生思维的发展。要注意培养和训练学生的逻辑思维，主要是训练学生的思维条理化，使之叙述顺序合乎逻辑，不仅做到言之有物，而且能言之有序。第三是表达，要让学生把自己的所见所闻、所思所想表达出来，必须从学会说一句话训练起。重点放在句子的训练上，必须要有严格的要求，必须进行具体的指导和严格的训练。实践证明，一年级学生就进行口头作文训练，不仅学生的口头表达能力得到很好的训练，而且为将来的书面作文打下了良好的基础。[①]

5 月 3 日　参加学校教师会议，汇报自己在江苏省劳动模范和先进集体、先进个人授奖大会上的发言内容，并谈个人体会。（《大事记（第二学期）》，1980 年，案卷号：51）

5 月 14 日　参加江苏省委书记张仲良来通师二附调研召开的座谈会并发言。（《大事记（第二学期）》，1980 年，案卷号：51）

5 月 15 日下午　赴无锡参加教研活动。（《大事记（第二学期）》，1980 年，案卷号：51）

5 月 22 日　参加南通市校长、教导主任会议，汇报进行科学研究的体会。（《大事记（第二学期）》，1980 年，案卷号：51）

春　写作随笔《春姑娘的脚步》，主张要让儿童认识春天，感受春天的美。[②]

---

① 该文收录于《美·智·趣的教学情境》和《40 年情境教育在路上：催开教育智慧的花蕾》。

② 该文未发表，收录于《我是播种者》。

6月5日　《人民日报》开辟"蓓蕾"栏目，刊发李吉林任教的通师二附实验班二年级（1）班许焰、王肖乐和佟飞等三名学生的作文，并加"编者按"，指出她从国内外一些研究儿童的教育资料中知道，四至八岁是一个人智力发展的最佳期，于是她放弃教了20多年中、高年级语文课的轻车熟路，到了一年级任教，决心在自己的教学实践中充分利用这个最佳期，使孩子们的智力得到比较充分的发展。她在一年级第一学期，就训练孩子们学讲一句完整的话，第二学期训练讲一段完整的话，二年级开始就作短文。她的"这种大胆尝试已经引起了教育界极大的关注"。[1]

6月13日　参加通师二附党支部会议，在讨论工资调整时表示："77、78年连升，加了两次，又拿了20元补贴，我不参加这次工调。"学校党支部对她能顾全大局、坚决谦让的表现给予充分肯定。（《支部会议记录》，1980年，案卷号：53；《通师二附党支部工作情况汇报》，1981年，案卷号：56）

6月17日　参加南通市城中区人民代表大会会议。（《大事记（第二学期）》，1980年，案卷号：51）

6月30日　在南通市科技大楼拍摄教学录像片，江苏省教育厅、江苏教育学院、江苏省电教馆安排工作人员具体负责，秦同、穆国玺、朱培元、陈鹤琴和王笑伟观看录像。（《南通市教育志》，第486页；《大事记（第二学期）》，1980年，案卷号：51）

7月1日　带领实验班学生继续在科技大楼拍摄录像，内容为随堂课《如果你在野外迷了路》。（《大事记（第二学期）》，1980年，案卷号：51）

7月7日　所拍教学录像由江苏省电教馆工作人员在通师二附播放，其他学校代表来校观看。[2]（《大事记（第二学期）》，1980年，案卷号：51）

上半年　指导学生王许成写作观察作文取得很大进步。（李吉林：《情境教育的诗篇》，第68—71页）

---

[1]　该组文章影印收录于《40年情境教育在路上：倾听时代的声音快乐前行》。

[2]　同时播放的还有通师一附特级教师杨秀兰的教学录像。档案中记载为江苏省电视组播放电视，疑有误，故改为江苏省电教馆工作人员播放教学录像。

7 月 26 日—29 日　　在辽宁大连参加全国小学语文教学研究会成立大会暨第一届学术年会,当选为专委会理事①。在会上宣读论文《把训练语言和发展智力结合起来,提高语文教学效率》。论文首先指出,只以识字作为小学低年级语文教学的内容,是对学生语文和智力的发展一种损失。接着从探索"提高语文教学效率的途径"的问题出发,介绍了自己在小学低年级进行识字教学时适当增加难度、提前进行作文教学的初步探索,总结了探索的主要做法:一年级上学期,通过拼音、识字、阅读,进行大量的说一句话的训练;三个月后开始口头作文;下学期就进行每天写一句话的训练;二年级上学期每周写两段话,进行书面短文练习,开始命题作文;二年级下学期每天写一篇观察日记。最后,提出"根据教材和作文题材创设情境、把学生带入情境"的教学主张,强调注重启发学生的思维力,促进儿童的智力发展。② 会议期间,接受《光明日报》记者王劲松的采访。(李吉林:《情境教育的诗篇》,第 411 页)

8 月 5 日　　参加南通市哲学社会科学联合会成立大会,当选理事。(《江苏省社联及各学会情况简介》,《江苏社联通讯》1981 年第 5 期)

夏　　主动赶到南通市教师进修学校听中国社会科学院美学研究生许明③为中学语文老师所作的专题讲座。两天后,再次到市文化宫听许明的讲座,领略到美学的丰富思想和哲学含义,发现了小学情境教

---

① 李吉林记为常务理事 (见《情境教育的诗篇》,第 15 页)。根据"全国小学语文教学会第一届理事会名单",应为理事,见中国教育学会小学语文教学研究会《中国小学语文教学改革 30 年》,人民教育出版社 2010 年版,第 221 页。

② 该文后以《怎样促进学生思维发展》为题摘要发表于《中学语文教学》1980 年第 10 期,又改题为《提早起步,提高起点——我是怎样发展低年级儿童的智力和语言的》分两期在《江苏教育》1980 年第 8 期和第 9 期发表,收录于《训练语言与发展智力》和《儿童·知识·社会的和谐建构》。

③ 许明,1949 年 10 月生,江苏无锡人,著名美学家。1981 年毕业于中国社科院研究生院,获硕士学位,1988 年获博士学位,先后在中国社会科学院、上海市委党校和上海市社会科学院工作,曾任中国中外文艺理论学会副会长,上海市民俗学会副会长,《社会科学报》社长、总编辑。撰有《情境教育让学习变得更美》,收录于顾明远主编的《李吉林和情境教育学派研究》。

育可以发展的新天地。随后，又在莫惠昌①的陪同下到许明家登门请教。(李吉林：《情境教育的诗篇》，第424—425页)

　　夏　撰写文章《阅读教学中的说话训练》，主张把说话训练贯穿在阅读教学中，并提出针对教材特点、利用课文插图和紧扣课文词句进行训练的方法。②

　　9月15日　在学校接受新华日报科教处刘处长和编辑③的采访。(《大事记（第一学期）》，1980年，案卷号：50)

　　9月18日　新华日报记者赵绍龙到通师二附要求召开教师座谈会，谈学习李吉林经验的体会。下午，参加市委召开的座谈会，谈教育问题。(《大事记（第一学期）》，1980年，案卷号：50)

　　9月20日　到市一中介绍教改经验。(《大事记（第一学期）》，1980年，案卷号：50)

　　9月22日　赵绍龙到通师二附召开教师座谈会，讨论李吉林教改经验的推广问题。下午，周允仁与李吉林谈推广经验问题。通师二附总结提出，推广李吉林经验的内容包括先进的教学思想、四条教学规律和新的教学路子等三个方面。推广的方法是：通过学习，统一认识；通过观摩，具体感受；通过评课，理解实质；通过实践，加强试验；通过交流，互相促进。在推广中注意因人因班而异，不搞一刀切，鼓励大家补充完善。(《大事记（第一学期）》，1980年，案卷号：50；《只有从改革中找出路》，1980年，案卷号：50)

　　9月26日　下午，执教口头作文公开课《校园里的花》④，新华日报、教卫办、教育局小教科、教研室老师及学校的语文、外语、数学教师听课。晚，带领实验班全体学生到人民公园赏月。(《大事记（第一学期）》，1980年，案卷号：50)

---

　　① 莫惠昌，1937年生，江苏无锡人，1959年毕业于扬州师范学院中文系，先后在南通师范学校、南通市第一中学任教，1980年任南通市教育局教研室主任。
　　② 本文未发表，收录于《训练语言与发展智力》。
　　③ 档案中未记姓名，推测为赵绍龙。
　　④ 李吉林写有《陶冶和表达——三年级口头作文〈校园里的花〉》一文记录该课的教学过程及思考，收录于《训练语言与发展智力》。

9月27日　参加学校组织的公开课《校园里的花》评课活动，赵绍龙也参与讨论。大家认为，她引导学生看花、赏花，用语文描绘花之美，培养学生爱花的情操，为大家做了一个好样子，开了一条新路子。(《大事记（第一学期）》，1980 年，案卷号：50；《关于贯彻省教育工作会议精神的情况汇报》，1980 年，案卷号：52)

9月28日　接受赵绍龙采访。(《大事记（第一学期）》，1980 年，案卷号：50)

约9月　接到学校要求，要通过研究，使自己取得的经验深刻化、理论化。准备抓住九条规律，进一步从生理学、心理学的角度研究，并随着年级的升高，通过不同的办法，进一步提高学生的读写能力，发展学生的智力。此外，还准备进行教材、课型和教法"三改革"。① (《关于贯彻省教育工作会议精神的情况汇报》，1980 年，案卷号：52)

10月3日　通师二附召开语文备课组长、教研组长会议，讨论推广《校园里的花》教学经验。(《大事记（第一学期）》，1980 年，案卷号：50)

10月8日　到省教育厅集中学习，做出访日本前的准备工作。(《江苏省教育厅致通师二附的函》，1980 年，案卷号：53)

10月11日　《人民日报》"实干家"专栏刊发记者韦顺和殷学成的采访文章《用心血催开智慧花朵的李吉林》。文章介绍李吉林受"四至八岁是人的智力发展最佳期"观点的启发，从 1978 年开始，利用"最佳期"进行小学低年级语文教学改革的实践探索。一年级教学结束后，改变低年级语文课"注重识字教学"的传统做法，强调以学生理解和运用为原则，并将语文训练的起点前移，适当增加语篇结构和修辞训练。在一年级的第一学期，她通过拼音、识字、阅读，对学生进行了大量的"说一句话"的训练；下学期开展"写一句话"和口头作文训练。在二年级的上学期，要求学生们每天写两段话，练习写短文，并开始写命题作文；除命题作文外，每天写一篇观察日记。

---

① 该汇报材料写于 1980 年 9 月 29 日，因材料中未明确其研究改革方案的形成时间，故暂列为 1980 年 9 月。

这比教学大纲的要求足足提前了一年。统编教材 1—4 册要求学会的 1690 个单字，在本班期末考试中，听写准确率达到 99.4%。春天，她带领学生去公园的花丛、草坪、树下和水边，寻找"春天"；秋天，当庄稼成熟时，她带领学生去观察田野里的丰收景象；初冬的时候，她带领学生去野外，去院子里了解冬天的独特景色。在课堂内，李吉林总是精心安排每一个 45 分钟。她通过图画、照片、音乐、文学语言等手段，再现教材提供的情景。所有这一切，李吉林称之为"情景教学"。通过这种教学，尽可能给孩子们提供鲜明、准确、丰富的感性知识。孩子们看得多、感受得多，加上老师适当的启示，对字、词、句、篇的理解和运用技能就会大大提高，从而智力也就得到了发展。

10 月 22 日　《新华日报》发表赵绍龙、韦来宏的报告文学《探索者的诗篇——关于特级教师李吉林的报告》和文一群的短评《可贵的精神》。

《探索者的诗篇——关于特级教师李吉林的报告》生动地描绘了李吉林自 1978 年以来，开展教学改革实践探索和从事小学生智力发展理论研究的过程，认为她用自己的论文和实践，唱出了一个探索者充满激情的诗篇。

《可贵的精神》总结指出，李吉林取得教学好成绩的关键在于有勤奋探索和勇于创新的精神，主要表现在她对于工作的高标准和善于学习上，来自她对教育事业的崇高革命事业心和责任感。

10 月 30 日　《新华日报》发表韦来宏、赵绍龙的报告文学《校园里的花——记特级教师李吉林的一堂口头作文课》和《努力开发学生的智力——通师二附部分教师评议〈校园里的花〉》。

《校园里的花——记特级教师李吉林的一堂口头作文课》详细呈现了李吉林上口头作文课《校园里的花》的全过程。

《努力开发学生的智力——通师二附部分教师评议〈校园里的花〉》汇编了通师二附施友书、顾学玖、李静、李定、陶坤华、宋德云、杭志英和成尚荣等 8 名语文老师对《校园里花》的分析和评议。

11 月 15 日　市委宣传部批准编印《李吉林教学实况选》① 和《小学生作文通讯》。(《大事记（第一学期）》，1980 年，案卷号：50)

11 月 12 日—22 日　参加省普通教育考察团②，到日本爱知县考察。出发前，收到周琪赠送的一只天蓝色尼龙丝包，包上印着 "中华人民共和国制造"。考察期间，在日记中写道："我是第一次离开祖国，第一次亲身体验到思念祖国的情感，竟是这样的庄重、这样的强烈。看到日本的物质文明，我是多么急切地希望我的学生快快长成栋梁之才，去建设自己的祖国。""为什么我爱学生，因为我深爱自己的祖国。对学生的爱，归根结底源于对祖国的情。因为对祖国的觉悟，使我想到祖国美好的明天是靠我们的学生去建设的。" 回国后向校党支部汇报思想时说，我一踏上日本国土，首先感到的是身在国外，更爱祖国。与日本人交谈中，更希望祖国富强起来。在日本十多天，看到了社会的一些现象，对社会主义祖国就越是有感动情。其次，日本是战败国，30 多年来能把国家建设好，是主要抓了教育，而且是小学教育，进一步增强了搞好本职工作的自觉性，致力于挖掘智源。第三，坚持党中央的正确政治路线，决心要为教育事业奋斗终身。(江苏省教育志编纂委员会：《江苏省教育大事记（1949—1988）》，第 258 页；《对未来负责——记江苏省南通师范学校第二附属小学校长、共产党员周琪同志（送审稿）》，1981 年，案卷号：56；李吉林：《情境教育的诗篇》，第 430 页；《通师二附党支部工作情况汇报》，1981 年，案卷号：56)

秋　参加江苏省教育学会第二届年会并提交论文《运用情境教学，培养审美能力》。论文提出运用情境教学进行审美教育的方法。一是引入情境，感知美的表象。可以带入图画描绘的情境，带入生活的情境，带入想象中的情境。二是分析情境，理解美的实质。要提供分析美、理解美的必要条件，给予丰富的感知，促使学生从感性认识上升到理性认识。教师要引导帮助学生分析理解，培养学生鉴赏美的

---

① 11 月 12 日递交报告时名为《李吉林教案选》。

② 该考察团由省教育副厅长徐航任团长，曹阳、胡百良、邱学华和李吉林等人参加。

能力，使学生自己在生活中，能运用概念，分辨美丑，作出正确的判断。三是再现情境，表达美的感受。要让学生充分地感受美的事物，激起表达美的欲望，同时为学生提供表达美的广阔天地，教给学生表达美的方法，指导帮助学生表达好感受。四是驾驭情境，诱发美的动因。要从诱发学生的情感着手，情要真，心要热，意要远。教师情真，才能以情动情；教师心热，才能点燃智慧的火花；教师意远，才能在学生的前面开拓其思路。① （李吉林：《为教师搭建学术平台》，《中国教育学刊》2009 年第 8 期）

秋　撰写文章《秋夜看月亮——作文情境教学备课琐记》，介绍自己创设情境、指导学生秋夜观察月亮并写作的过程。②

12 月 20 日下午　在学校传达到日本考察教育的情况，徐州地区的老师参加传达会议。（《大事记（第一学期）》，1980 年，案卷号：50）

12 月 25 日　与成尚荣到南通师范学校参加语文教学座谈会。（《大事记（第一学期）》，1980 年，案卷号：50）

本年　情境教学从作文教学开始向阅读教学发展。（《情境教育三部曲》，第 40 页）

同年　南通市教育局举办"李吉林教改实验汇报会"。（《让更多的李吉林式的人才脱颖而出》，《江苏教育》1987 年第 23 期）

同年　就审美课题研究，走访南通师范专科学校中文系教师吴功正、徐应佩、周溶泉。（李吉林：《情境教育的诗篇》，第 424 页）

同年　在教学建筑物单元时，带领学生先观察新的汽车站，再观察市图书馆，让学生体验当读者的乐趣，最后让学生在作文课上完成作文《参观图书馆》。（李吉林：《情境教育的诗篇》，第 27—28 页）

---

① 李吉林认为，语文教学是一门政治思想性很强的学科，语文教学固然不能上成政治课，但绝不对忽视语文学科的政治性，而面对小学生又不能板着面孔讲道理，进行空洞的说教。因此只有从美育着手，引导学生感知美、理解美、表达美，从而陶冶学生的情操。之所以选择美育，她认为因为美的教育是儿童最容易接受也是最乐于接受的（见《通师二附支部工作汇报》，1982 年，案卷号：62）。

② 该文未发表，收录于《我是播种者》。

1981 年 43 岁

3月13日 教育部颁布《全日制五年制小学教学计划（修订草案）》，要求自本年秋季起分步试行。江苏省教育厅要求全省实验小学从本年下半年起开始试行。

3月17日、24日 中共中央书记处召开儿童和少年工作座谈会，要求全党、全社会都要重视儿童和青少年的健康成长。

3月 通师二附被江苏省教育厅确定为省属实验小学。

6月22日—27日 中央教育科学研究所在北京召开全国中小学教育实验工作座谈会，强调要搞好教育实验促进教育科学的发展，要认真贯彻"百花齐放、百家争鸣"的方针，使教育实验不断前进。

8月 江苏省教育厅召开全省中小学思想政治工作会议，要求进一步明确思想政治教育在学校工作中的地位和作用，提高加强思想政治教育的重要性和迫切性的认识。

1月5日—7日 在学校参加江苏省16所小学的教师代表举行的作文教学讨论会，会议决定创办作文专刊《蓓蕾》[1]。7日，在作文教学讨论会上执教作文公开课，邀请范曾到校与实验班学生联欢，范曾现场画李白肖像。[2]（《大事记（第一学期）》，1981年，案卷号：50）

---

[1] 通师二附《百年校庆资料》记载时间为1980年，《蓓蕾》刊名由叶圣陶题写。

[2] 该课共分3课时，其中联欢活动1课时，作文教学2课时。教学纪实见李庆明：《李吉林与情境教育》，中国青年出版社2001年版，第204—218页。李吉林亦撰有《情境作文案例——与著名书画家范曾见面》发表于《湖南教育》1981年第10期。

1月7日　在《文汇报》发表《兴趣·思维·实践》。文章提出，要培养学生爱学习的兴趣，启发学生打开思路，教学必须让学生自己实践，自己动口、动手、动脑，成为课堂的主人。①

1月26日　接受王笑伟赠书《给教师的建议（上册）》②，王笑伟在赠书扉页题词说："愿你和赞科夫一样，在建立新的教学体系上，取得更多更大的新成就。"（刘燕妮提供，2023年11月26日）

1月　在《上海教育》第1—2期合刊发表《我对情境教学的认识与实践》。文章指出，情境教学是同时实现训练语文和发展智力两项任务的有效手段，情境教学的心理学理论依据是：情境教学让学生先感受后表达，感受时管形象思维的大脑的右半部兴奋，表达时管抽象思维的大脑的左半部兴奋，大脑的两半球交替兴奋、抑制，就可充分挖掘大脑潜在的力量，使学生在轻松愉快的气氛之中学习语言，而不致感到疲劳，可以在轻松愉快的情绪中学习语言。文章还介绍了情境教学初步实践的探索过程，强调运用情境教学要注意形式上的新异性、内容上的生动性和方法上的启发性。③

1月　在《小学语文教学》第1期发表教案《小白花》。

2月3日　《光明日报》发表记者王劲松的通栏报道《李吉林和情境教学法》，介绍李吉林的情境教学试验。据不完全统计，开展情境教学实验两年来，她所教的学生，平均识字2648个，除学了统编教材的课文外，还多学了85篇课文。报道指出，采用"情境教学法"，使学生提早起步，并不会加重学生负担，原因在于有大脑功能分区理论作为基础。④

2月21日　参加市教研活动，主讲二年级语文教材。（《大事记（第二学期）》，1981年，案卷号：55）

2月23日　学校收到教育部师范教育司来函，告知拟将李吉林的

---

① 该文收录于《我是播种者》和《40年情境教育在路上：倾听时代的声音快乐前行》。
② 该书作者为列·符·赞科夫，由杜殿坤翻译，教育科学出版社1980年9月出版。
③ 该文收录于《儿童·知识·社会的和谐建构》。
④ 该文影印收录于《40年情境教育在路上：倾听时代的声音快乐前行》。

经验文章编入《全国特级教师经验选（第一集）》。①（《大事记（第二学期）》，1981 年，案卷号：55）

3 月 4 日　到南通师范专科学校做语文教学报告。（《大事记（第二学期）》，1981 年，案卷号：55）

3 月 10 日　参加南通市教育局召开的党员大会，与周琪在会上受到表扬，代表通师二附党支部发言。（《大事记（第二学期）》，1981 年，案卷号：55）

3 月 24 日　在学校与市委组织部同志谈心。（《大事记（第二学期）》，1981 年，案卷号：55）

3 月 26 日　接待浙江温岭县教研室李老师来访。（《大事记（第二学期）》，1981 年，案卷号：55）

3 月 28 日　在学校为全体教师做情境教学讲座。（《大事记（第二学期）》，1981 年，案卷号：55）

3 月　南通市教育学会编印《李吉林教案选》。该书转载了《新华日报》《光明日报》和《人民日报》的相关报道，收录了其于 1978 年—1980 年间撰写的教案，包括读文部分的《你长大了干什么》《画》《谜语》《小马过河》《数星星的孩子》《初冬》、"看图学文复习课"、《小蝌蚪找妈妈》《小白花》和《寒号鸟》等教案或教学纪实，作文部分的《灭火实验》《我们的家乡真美呀》《我拿到了新书》《我们站在公社大桥边》《一瓶墨汁》《精彩的马戏》《校园里的花》《和书画家范曾叔叔联欢》及《参观南通港船闸》等指导教案或纪实。

4 月 2 日下午　在三（1）班上示范课，南通师范学校毕业班学生和河南开封的 14 名语文老师看课。（《大事记（第二学期）》，1981 年，案卷号：55）

4 月 6 日下午　参加学校党支部会议，在大家推荐她为优秀党员时表态说："我感到自己的荣誉已经够多，再评优秀党员，感到压力

---

① 该书由教育部师范司组编，人民教育出版社 1981 年 9 月出版，李吉林入选的文章为《把训练语言和发展智力结合起来，提高语文教学质量》。

大，意味着对自己的要求要更严些，对此有顾虑。但又觉得，作为一名党员，就应该律己从严，不能放松或降低对自己的要求，因此思想上有矛盾。"周琪认为，她"不但自己教学要求严，并能毫无保留地帮助同志，一次宋老师上课，她把自己的教案都给她参考。"（《党支部会议记录》，1981年，案卷号：57）

4月7日　经通师二附讨论、南通市教育局审定，决定由李吉林与语文老师李定、副校长程泽民等人面向外地教师开设公开课。（《大事记（第二学期）》，1981年，案卷号：55）

4月14日下午　在学校上试讲课，秦同和陈鹤琴参加看课并指导，希望她能有新的突破。（《大事记（第二学期）》，1981年，案卷号：55）

4月16日—18日　通师二附举办教研活动，组织教师面向全省开设观摩课，南通市委副书记王太祥、副市长陆中凯出席活动并讲话，来自扬州、徐州、无锡、苏州、南京、仪征及浙江温岭的600多名教师参加活动。18日，上午执教《荷花》2节课，下午介绍教学体会。（《大事记（第二学期）》，1981年，案卷号：55）

4月23日　上口述作文公开课，来自广西的2名老师看课。（《大事记（第二学期）》，1981年，案卷号：55）

4月28日　上语文公开课，江西南城县教育局教研室的3名老师看课。（《大事记（第二学期）》，1981年，案卷号：55）

4月—5月　在《小学语文教师》第1、2期发表《把训练语言与发展智力结合起来》。文章介绍了在进行字词句篇基础知识教学的同时，把训练语言和发展智力结合起来的基本做法，主要是：把小学一年级的教学起点从基础知识教学提高至训练语言、发展智力，把小学作文的起步提前至一年级；根据教材和作文题材创设情境，把学生带入情境，为学生提供具体生动的语言环境；注重启发学生的思维活动，促进学生能动地发展；通过逐步训练，培养儿童的语言能力和智力。①

---

① 该文收录于《训练语言与发展智力》。

5月9日 出发赴上海，应谢淑贞推荐参加中国教育工会教育实验小组研讨会。在会上做题为《运用情境教学，进行审美教育》的学术报告，结识了华东师范大学杜殿坤和中央教育科学研究所胡克英，两位学者建议她形成自己的小学语文教学体系，乃至理论体系。① (《大事记（第二学期）》，1981年，案卷号：55；李吉林：《奔腾的涌浪》)

5月10日 接受杜殿坤赠书《给教师的建议（上册）》②。(刘燕妮提供，2023年11月26日)

5月12日 出发赴南京。(《大事记（第二学期）》，1981年，案卷号：55)

5月14日—18日 在南京参加江苏省教育学会1981年学术年会，提交论文《运用情境教学法，培养审美能力》并作大会交流，受到省教育学会会长、省高教局局长顾尔钥的肯定。(《江苏省教育学会一九八一年学术年会简况》，《江苏社联通讯》1981年第6期)

5月15日 南通市政府召开1980年度工交、基建、财贸、科教、文卫等战线先进代表大会，被评为1980年度南通市劳动模范，因在南京出差未能参会。(《大事记（第二学期）》，1981年，案卷号：55)

5月27日 上午，与周琪、程泽民、王容芳等到市政府礼堂参加南通市少年儿童工作座谈会并发言。下午，在学校宣讲论文《运用情境教学法，培养审美能力》。(《大事记（第二学期）》，1981年，案卷号：55)

5月 拍摄教学录像口头作文课《我是一棵蒲公英》③，由江苏省电教馆录制。工作人员提出只选30名学生参加拍摄。她表示："只要三十个，还有十几个学生怎么办呢？我宁可不拍，学生一定要全体参加。"(李吉林：《情境教育的诗篇》，第70页)

同月 在《广东教育》发表《情境·陶冶·训练》。文章以三年级口头作文《校园里的花》教学过程为例，提出要让学生在具体情境

① 《情境教育的诗篇》记为1980年秋天，实际应为1981年5月。
② 该书作者为瓦·阿·苏霍姆林斯基，由杜殿坤编译，教育科学出版社1980年12月出版。
③ 该课教学实录见《〈我是一棵蒲公英〉口头作文纪实》，载《训练语言与发展智力》，第287—298页。为上好该课，李吉林向花匠师傅请教，一下子认识了13种野花。为了明确观察重点和感知目标，她从13种野花挑选了4种，又从4种野花中选择了蒲公英。上课前一天，李吉林带领学生到野外观察了蒲公英。该课电视教学片后被中央电教馆采用。见《努力跨越新的高度——南通师范学校第二附属小学特级教师李吉林的事迹》，载《南通市1981年度劳动模范、先进集体表彰大会材料汇编》，1982年，案卷号：63。

中，陶冶美的情操，训练思维和语言。①

春　撰写文章《和小学生谈作文》，指出写好文章的诀窍就是多看、多想、多写。②

春　撰写文章《做插翅的小主人》，希望学生学好功课，打好基础、细心观察，勇敢地假设，积极地提问，用智慧给自己插上一对想象的翅膀。③

6月3日　与来访的浙江温岭教研室和江西九江师范的2名教师座谈，介绍学校工作及语文教学情况。（《大事记（第二学期）》，1981年，案卷号：55）

6月4日　在南通市小学校长会议上介绍如何利用情境教学培养学生审美能力。（《大事记（第二学期）》，1981年，案卷号：55）

6月26日　被评为优秀党员，参加南通市委召开的庆祝中国共产党成立60周年暨表彰先进党支部和优秀党员大会。（《大事记（第二学期）》，1981年，案卷号：55；中共南通市委党史工作办公室：《中国共产党南通大事记》，中国文史出版社1999年版，第322—323页）

6月27日下午　与周琪到市文化宫参加市总工会和市妇联召开的庆祝中国共产党成立60周年座谈会，在会上发言。（《大事记（第二学期）》，1981年，案卷号：55）

6月30日　在学校参加庆祝中国共产党成立60周年大会，传达市表彰大会精神。（《大事记（第二学期）》，1981年，案卷号：55）

6月　在《小学语文教学》第6期发表学词学句教案《你长大了干什么》。

7月13日　与同事李定到常州市广化区做语文讲座。（《大事记（第二学期）》，1981年，案卷号：55）

7月　出席浙江省小学语文教学研究会年会，介绍情境教学法。会议期间结识北京师范大学心理学副教授④，虚心请其从心理学角度

---

① 该文收录于《我是播种者》。

② 该文未发表，收录于《我是播种者》。

③ 该文未发表，收录于《我是播种者》。

④ 事迹材料中未写人名，只记其为北京师范学院心理学研究所副所长、心理学副教授，疑似为郭德俊，其于1980年至1996年间任北京师范大学心理系讲师、副教授和教授。

谈情境教学，谈至晚 11 时，回到房间后顾不上次日凌晨 4 时需出发的情况，立即将听来的意见逐条追记整理下来。① （《努力跨越新的高度——南通师范学校第二附属小学特级教师李吉林的事迹》，载《南通市 1981 年度劳动模范、先进集体表彰大会材料汇编》，1982 年，案卷号：63）

8 月　报告《运用情境教学，培养审美能力》改题为《语文教学上的创设情境》在《教育研究》第 8 期发表。②

同月　收施建平为徒③。（《国家教委、教育学会、市教委、通师关于本校干部任免 国家优秀教师 专业技术任职 定级 调资 抚恤金等方面的通知 审批表》，1991 年，案卷号：151）

9 月 7 日　南通师范学校曹祖清来校到实验班四（1）班蹲点，研究李吉林的教学经验。（《大事记（第一学期）》，1981 年，档案号：54）

9 月 14 日—16 日　因病请假。（《大事记（第一学期）》，1981 年，档案号：54）

9 月 25 日　南通市教育局成立教改实验小组④，召开实验小组第一次会议，讨论制订实验计划，秦同、周允仁、成尚荣、莫惠昌和刘锬等人参加。在会上汇报研究的初步设想：一是生字集中教学。归类为部首和熟字带生字，154 个生字教 7 课时，没有复习就默写。集中识字的目的是扫除障碍，便于打破程式，进行情景教学；也是为了总结规律，贯彻计划，讲读（课文）。二是文章归类。可分为英雄先进人物类、抒情议论类、历史故事类等。写作要求能围绕中心、有重

---

① 在浙江短暂的三四天内，她还分别向杭州大学、中央教育科学研究所的专家，向大庆、福建和广东的老师逐个请教。

② 该文收录于《儿童·知识·社会的和谐建构》和《我在实践中研究教育——〈教育研究〉发表李吉林论文专集》。

③ 据《坚实的脚步　闪光的道路——记南通师范二附小优秀青年教师施建平》载，1981年 8 月至 1983 年 8 月，施建平随李吉林跟班学习，他每天和学生一样坐在教室里，听李吉林上课，课后与李吉林一起评课、备课、批改作业。两年内，他听李吉林和其他优秀教师的课多达五六百节。李吉林对施建平也非常关心，见他晚上总是吃些中午在食堂打的冷饭冷菜，便买了一只酒精炉给他。在教学方面，她勉励施建平："作为一名教师，如果没有一定的教学能力，那么知识再多也不可能成为一名优秀教师。"

④ 1981 年，南通市教育局把教研室、南通师范学校、实验小学和相关老师组织起来，成立了教改实验小组，以通师二附李吉林、通师一附杨秀兰和南通市实验小学王玉琳等 3 位老师的教学班为教改实验班，进行定点试验。见朱培元：《教育人生行思录——朱培元教育文论集》，江苏教育出版社 2011 年版，第 570 页。

点，进行应用性的训练，使学生掌握工具。实验的重点是：促进学生全面发展；运用情景教学，发展逻辑思维；加强应用性的训练，掌握语文工具。刘锁提出，三个实验重点中应有一个重点，即紧扣情境教学法；研究专题可定为语文教学与全面发展。会议决定由莫惠昌任组长，周见一参加实验小组。(《〈李吉林〉实验小组会议记录》，1981年，案卷号：57)

10月3日　与周琪参加无锡师范学校建校70周年庆祝大会，观看特级教师顾美云的语文课。(《大事记（第一学期）》，1981年，档案号：54)

10月13日　秦同、陈鹤琴、莫惠昌、曹祖清和刘锁等召开四(1)班语文教学科研会，决定本月20日由李吉林对市内老师开课，学校介绍她的教学经验，22日下午小结。(《大事记（第一学期）》，1981年，档案号：54)

10月14日下午　通师二附组织全校教师学习李吉林教学经验，并根据提纲分组讨论。(《大事记（第一学期）》，1981年，档案号：54)

10月15日下午　在四(1)班上作文公开课，湖南长沙教学研究所组织来通的22名教师看课，课后座谈。(《大事记（第一学期）》，1981年，档案号：54)

10月17日下午　秦同与莫惠昌到通师二附讨论学校如何总结推广李吉林教学经验。(《大事记（第一学期）》，1981年，档案号：54)

10月19日下午　朱培元和龚宝珍来校指导"李吉林教改经验研讨会"准备工作。(《大事记（第一学期）》，1981年，档案号：54)

10月20日　南通市教育局召开"李吉林教改经验研讨会"，全市小学校长、教导主任和部分语文教师等约400人参加。上午，在科技大楼上公开课《小音乐家扬科》1课时，课后由成尚荣介绍李吉林教学经验和通师二附推广工作①。下午，上2课时。秦同、朱培元、

---

① 通师二附从指导思想、教学方法和教学风格等方面对李吉林的教学经验进行归纳，提出了李吉林教学经验的推广内容。全学期主要推广四点：以培养学生兴趣为前提，以积累感知材料为基础，以发展思维为核心，以训练语言为手段。语文学科主要推广：运用情景教学的方法，发展智力，训练语言，进行美育。具体包括：针对教材特点练；利用课文插图练；紧扣课文词句练；创设相应情景练；利用口头作文练。见《向省教育厅视导组的工作汇报》，1982年，案卷号：62。

穆国玺、陆萍，小教科长和教研室老师参加听课。南通市委宣传部部长黄冰听了下午的课。（（《大事记（第一学期）》，1981 年，档案号：54）；《南通市教育志》，第 487 页）

10 月 21 日下午　李吉林教改经验研讨会分组讨论。（《大事记（第一学期）》，1981 年，档案号：54）

10 月 22 日下午　"李吉林教改经验研讨会"召开总结会，各组交流讨论情况，各辅导区代表谈感受和学习打算，曹祖清和上海市教育局徐金海先后发言，莫惠昌做总结，秦同和朱培元就总结推广工作提出要求，作出部署。（《大事记（第一学期）》，1981 年，档案号：54）

10 月 27 日　准备在江苏省教育学会小学语文教学研究会年会上开设公开课，秦同、陈鹤琴、莫惠昌、何新霞、刘秉镕、曹祖清和羌以任等来校帮助备课，确定教学内容为《月光曲》。（《大事记（第一学期）》，1981 年，档案号：54）

10 月 30 日　备课，秦同、朱培元、陈鹤琴、莫惠昌、张祖彤、何新霞、刘秉镕、刘锬来校帮助指导。（《大事记（第一学期）》，1981 年，档案号：54）

10 月　在《河南教育》第 10 期发表《情境作文案例——与著名书画家范曾见面》。文章以《与著名书画家范曾见面》的作文指导为例，说明运用情境教学法，首先要激发学生参加活动的欲望，让学生成为活动的主人，主动进入情境；要利用学生的无意注意，唤起他们的有意注意，让学生细致体察情境；要把活动和指导表达结合起来，让学生凭借具体的情境练习表达，促使他们把情境和语言沟通起来。①

11 月 2 日　《新华日报》发表徐岳、韦来宏的报道文章《让先进典型就地开花结果——南通市教育局推广特级教师李吉林教改经验》。报道指出，近几年来，李吉林先后研究了在低年级语文教学中及早对儿童进行语言训练，提早起步、提高起点、情境教学、审美教育以及在形象思维的基础上培养抽象思维的能力等专题，摸索出小学

_____

① 该文以《运用情境教学法，指导学生作文》为题收录于《李吉林教学经验选》，以《情动而辞发——运用情境教学法，指导学生作文》为题收录于《训练语言与发展智力》，以《情境作文案例——与著名书画家范曾见面》为题收录于《美·智·趣的教学情境》。

语文教学的一些基本规律，逐步形成了自己的教学风格，即以情动情，活中见实，受到省内外教育界和教育科学研究部门的关注和重视。各地教育工作者远道而来学习，还纷纷邀请她去外地讲学。但在南通市学习、推广的起步阶段，人们认识却不够一致，有人认为她的教学"活而不实""好看好听不好学"。市教育局领导通过组织学习教育理论，开展观摩教学以及检查教学效果等办法，统一教育思想。通过观摩，大家对她富有特色的课堂教学有了具体的感受；通过检查教学效果，看到学生"双基"扎实，听读看写能力普遍较强，大家口服心服，感到她的教学情真意远，以活求实，活中见实，不仅要学，而且能学，尤其要学习她刻苦好学和勇于创新的精神。

11月3日下午　上试教课《月光曲》，南通师范学校老师看课指导。(《大事记（第一学期）》，1981年，档案号：54)

11月5日上午　在市科技大楼上3节试验课《月光曲》①，王笑伟、李伯棠及上海教育学院、南京晓庄师范、无锡、徐州、苏州等地老师看课并指导。(《大事记（第一学期）》，1981年，档案号：54)

11月9日下午　秦同在通师二附召开教学科研会议，市教育局小教科、教研室全体人员和通师一附、通师二附校长参加会议，王笑伟在会上谈对情境教学的看法，鼓励通师二附坚定信心研究下去。(《大事记（第一学期）》，1981年，档案号：54)

11月11日下午　在工艺美术研究所和狼山拍摄录像，江苏省电教馆录制。(《大事记（第一学期）》，1981年，档案号：54)

11月12日—13日　拍摄教学录像课口述作文《一棵蒲公英》，江苏省电教馆录制。(《大事记（第一学期）》，1981年，档案号：54)

11月16日—29日　到湖南长沙参加全国小学语文教学研究会第

---

① 成尚荣回忆李吉林备《月光曲》一课时说，李老师教《月光曲》，不只是从语文的角度去解读文本和把握贝多芬的人格特征，她还要从音乐专业的视野去了解贝多芬的人生。为此，在一个炎热的中午，酷暑难当，汗流浃背，李吉林约上成尚荣一起去拜访南通歌舞团的音乐指挥。指挥家捧出一叠材料，结合语文教材中的内容进行讲解，使贝多芬的形象丰满起来。见成尚荣：《教育科研的出发与风格追求》，《江苏教育》2019年第62期。

一届理事会第二次全体会议，结识顾明远等著名教育学者。(《大事记（第一学期）》，1981 年，档案号：54；顾明远：《把全部心灵献给儿童》，《中国教育报》2020 年 7 月 25 日）

　　11 月　在《教学参考资料》第 11 期发表《词的教学和训练》。文章主张，要在阅读教学中加强词的教学和训练，强调要力求弄清词义，着重实际运用，扩大词汇量。①

　　12 月 15 日　成尚荣、李静与通师二附部分教师到南通中学观看李吉林教学实况录像，市教育局小教科组织进行讨论。(《大事记（第一学期）》，1981 年，档案号：54）

　　12 月 17 日　新华社记者到通师二附了解学校对李吉林教学经验的推广情况，成尚荣、程泽民、李静和几名老师做介绍。(《大事记（第一学期）》，1981 年，档案号：54）

　　12 月 26 日—30 日　在南京参加江苏省教育学会小学语文教学研究会成立大会暨第一次年会，当选副理事长。拍摄的课堂教学实况录像《月光曲》在会上播放。(《省小学语文教学研究会成立》，《江苏教育》1982 年第 14 期）

　　12 月 29 日　在南京参加江苏省中小学教研室和《江苏教育》编辑部联合召开的特级教师座谈会，讨论关于全面关心学生健康成长的问题，在发言时提出："要当好教师，首先要当好学生。有些青年教师业余从事进修是好的，但不是进修自己所从事的业务，不去提高语文水平，不学教育学，而是学高等物理、高等数学，他们想脱离小教岗位进大学深造。这种做法是不可取的。也有的老师自认为可以了，够了，不去提高自己的文化业务水平，那又如何去改进教法，减轻学生负担？我认为我们教师应该有责任感荣誉感，做一个小学教师是光荣的，责任是重大的。我们教师不可能都搞脱产学习，但进修的途径是多方面的，向书本学习，听有经验的老师上课，开展经验交流都是学习。只要怀有学习的愿望，平时和人家谈心也能学到东西。在正常

---

　　①　该文收录于《训练语言与发展智力》和《美·智·趣的教学情境》。

情况下业余可以系统学，忙的时候可以结合工作学，还可结合开课、总结经验学。"（本刊编辑部：《全面关心学生健康成长——特级教师座谈会纪要》，《江苏教育》1982年第14期）

12月　应镇江市教育局邀请在句容县做情境教学讲座。（裴伟等：《文化寻根　精神还乡——"于漪李吉林洪宗礼教育实践与教育家成长座谈会"综述》，《镇江高专学报》2015年第3期）

同月　南通市教育学会编印《李吉林教学经验选》，转载了《新华日报》发表的报告文学《探索者的诗篇——关于特级教师李吉林的报告》，收录了李吉林发表的《在小学低年级语文教学中发展学生的智力》《把训练语言和发展智力结合起来，提高语文教学效率》《兴趣·思维·实践》《我对情境教学的认识和实践》《语文教学中的创设情境》《把学生带到春天里去——谈小学语文第二册有关春天课文的教学》《一年级口头作文初探》《陶冶和表达——三年级口头作文〈校园里的花〉》《情动而辞发——运用情境教学法，指导学生作文》《水到渠成——谈作文课之外的作文指导》《变"无效"为"有效"——谈批改小学生的作文》《摸索教学规律　提高教学效率》《词的教学和训练》《讲读课中的说话训练》《讲读课中的"点"》和《一年级学生的朗读训练》等16篇文章。

冬　撰写《小学阅读教学和儿童的发展》，提出通过阅读教学促进儿童多方面发展的基本主张，一是以词语教学为基础发展儿童理解和运用语言的能力，二是从审美教育着手发展儿童的情感意志，三是着力培养儿童的创造精神、发展儿童创造才能。[1]

---

[1]　该文未发表，收录于《训练语言与发展智力》和《儿童·知识·社会的和谐建构》。

1982 年　44 岁

1月21日　教育部发出《关于当前中小学教育几个问题的通知》，强调中小学教育是基础教育，必须坚持"三好"，面向全体学生，使他们在德育、智育、体育几方面都得到生动活泼、主动健康的发展。

3月22日　江苏省教育厅印发《关于办好实验小学的意见》，要求实验小学必须成为全面贯彻执行党的教育方针的模范，必须积极开展各项研究试验。

3月　江苏省教育厅印发《加强学校思想政治工作的意见》，要求进行革命理想教育和共产主义道德品质教育。

4月24日　教育部办公厅转发北京市教育局《解决小学生课业负担过重问题的几项规定》，提出：不搞升学排名，不以此评定学校工作好坏；学校只进行期中期末考试及平时考查，教育行政部门不得搞统考；学校必须面向全体学生，对全体学生负责；严格按教学大纲、教学计划教学，保证课外活动时间；编印教学参考资料要保证质量，严格按出版部门的规定办理；保证学生的睡眠和每天一小时体育活动时间，留适量的家庭作业，假期内不搞补习班。

7月26日　教育部发出《关于认真搞好小学生思想品德教育的通知》，要求各级教育行政部门、有关教育研究机构和广大教师积极参加《光明日报》上开展的"大家都来关心小学生思想品德教育"的讨论。

9月16日　江苏省教育厅印发《加强思想政治工作座谈会纪要》，要求加强对学生的马列主义基础知识教育和共产主义道德品质教育、爱国主义教育，教育学生树立革命理想。

12月　江苏省计委与教育厅商定江苏、广西两省教育对口交流，通师二附与广西南宁天桃小学挂钩。

1月4日　指导的实验班四（1）班学生许焰荣获全国小学生作文比赛一等奖，《小学生报》社社长蔡友到通师二附与李吉林及校领导交流，并与实验班部分学生座谈。（《大事记（第一学期）》，1982年，档案号：54）

1月5日　在文化馆小剧场参加市教育局召开的全国小学生报作文比赛南通给奖大会，与其他2名指导教师何宗芳、褚淑云一起接受南通市副市长陆中凯发放的纪念品，学生许焰获颁奖品。（《大事记（第一学期）》，1982年，档案号：54）

1月15日　教改实验小组召开研究会议，莫惠昌、陈鹤琴、曹祖清、周琪和成尚荣等参加。在会上汇报一学期来的实验情况，明确研究主题为《语文教学与全面发展》，具体措施包括三个方面。一是集中识字。之所以进行集中识字，是因为要改革阅读教学，打破程式，节约时间，还有就是学生能力强了，此时进行集中识字效果好。教学时将182个生字中的166个，按偏旁和熟字带生字的方式集中归类，用6课时教完，正确率达97.2%。二是处理教材。将课文分为写景状物、写景、写人、抒情议论、说明文和其它类等6个单元，然后进行读写例话、基础训练和习作例文。三是作文教学。每天写一篇200字左右的作文（有22人15分钟完成，15人20分钟完成，6人25分钟完成，5人30分钟完成，1人40分钟完成）；14篇大作文分为：写人1篇，改写1篇，缩写（口述）1篇，复述1篇，叙事7篇，观察1篇，说明文2篇。阅读教学的效果：生字的正确率99.26%，最多的错3个；学生的阅读能力强了，概括题目46人对，找出中心句41人对，问答25人对，表达37人对。大考作文反映出学生的选材能力不够好。实验的体会是：语文教学在全面发展中的地位很重要，培养情感意志是主线，学生能形成有机整体；培养创造性思维，促进学生一般能力的发展；从学习心理学着手，促进学生特殊能力的发展；提高教学效率，促进学生身心健康发展。要把情景教学推向深入。与会人员围绕"每天写一段小作文是否加重学生负担"和"情境教学如何深入"等问题进行了讨论，最终决定，下学期再试行两周，进行负担情况统计。(《大事记（第一学期）》，1982 年，档案号：54；《会议记录》，1982 年，档案号：57)

1 月 18 日　作为特邀主席团代表参加学校首届教工大会，在会上宣读中国教育工会委员会主席方明的贺电。(《大事记（第一学期）》，1982 年，档案号：54)

2 月 8 日下午　在学校教师会议上介绍使用教材的经验。(《大事记（第二学期）》，1982 年，档案号：61)

2 月 16 日下午　参加四年级语文备课组集体备课，讨论教材，为拍摄电视做准备，秦同、曹振东、刘秉镕、莫惠昌和何新霞等参加。(《大事记（第二学期）》，1982 年，档案号：61)

2 月 19 日　在《小学生报》发表《和小学生谈观察（一）》。文章认为，观察是小学生写好作文的一把"金钥匙"，首先要观察大自然。[①]

2 月 26 日　在《小学生报》发表《和小学生谈观察（二）》。文章提出，小学生要注意观察花草树木的千姿百态。

2 月　在《小学语文教师》第 2 期发表三年级口头作文教案《做讲文明懂礼貌的好孩子》。[②]

3 月 5 日　在《小学生报》发表《和小学生谈观察（三）》。文章提出，小学生要注意观察鸟兽虫的光怪陆离。

3 月 6 日　出席南通市小学语文教学研究会成立大会。(《大事记（第二学期）》，1982 年，档案号：61)

---

① 该系列文章收录于《我是播种者》。
② 该文收录于《训练语言与发展智力》。

3月8日—11日　列席南通市第七次妇女代表大会。(《大事记（第二学期）》，1982年，档案号：61)

3月9日　备电视录像课，陈鹤琴、莫惠昌和李静帮助指导。(《大事记（第二学期）》，1982年，档案号：61)

3月10日　教育蹲点组来校听李吉林实验班的语文和数学课。课后研究解决以前工作组会议上提出的问题，认为可以进行单元练习，不仅要抓中下学生，还要上中下学生一起抓，要培养尖子生，发展学生的兴趣爱好，搞好兴趣组活动。①(《大事记（第二学期）》，1982年，档案号：61)

3月12日　在《小学生报》发表《和小学生谈观察（四）》。文章提出，小学生要注意观察科学现象，观察时要细看、多想、多问。

同日　在《光明日报》发表徐金海的整理、评析文章《再现教材情境　发展学生思维——李吉林〈小音乐家扬科〉课堂实录、评析》。文章评析指出，情境教学的常用方法有：运用图画、照片、音乐等辅助手段，调动学生的视听，再现教材的情境；或是把学生带到社会的现实中去，欣赏大自然的美景，观察各种生物的特征，以课外的收获来丰富教材的内容。②

3月15日—5月5日　因病请假。③(《大事记（第二学期）》，1982年，档案号：61)

3月19日　在《小学生报》发表《和小学生谈观察（五）》。文章提出，小学生要注意观察丰富多彩的生活。

3月26日　与成尚荣到海门师范参加小学语文教学研究会会议，由成尚荣代其介绍教学经验。(《大事记（第二学期）》，1982年，档案号：61)

---

①　李吉林自述，从1982年起，开始关注学生学习兴趣的发展。见《情境教育三部曲》，第73页。

②　该文影印收录于《40年情境教育在路上：倾听时代的声音快乐前行》。

③　李吉林说，年初，因受寒引发声带血肿，休息三个月。在此期间，写成《和小学生谈观察》系列文章，自2月19日起在《小学生报》连刊五期；写成文章《小学阅读教学中的思想教育》发表于《光明日报》；写成论文《试谈小学阅读教学中的思想教育和情感陶冶》发表于《教育研究》。见《情境教育的诗篇》，第429页。

3月26日　在《光明日报》发表《小学阅读教学中的思想教育》①。文章指出，语文教学是一门思想性很强的学科，语文教师犹如一个播种者，应该及时在儿童的心田里撒下共产主义思想的种子，开放出美好的情操之花，结出丰硕的道德行为之果。在小学语文教学中进行思想教育有三个基本途径，一是从作者的思路、编者的意图和时代的特点三方面进行探求和推敲，准确把握教材的中心；二是从教材语言着手，抓重点词句段的教学，落实必要的语言训练；三是重在形象的感染，诱发学生的情感，引起学生感情上的共鸣，加强对学生的情感陶冶。②

4月28日—29日　被评为1981年度南通市劳动模范，参加南通市委、市政府召开的1981年度劳动模范、先进集体表彰大会，周琪在会上介绍李吉林先进事迹。(《大事记（第二学期）》，1982年，案卷号：61)

4月　在《湖南教育》第7期发表《自由驰骋　写有兴味》。文章强调，指导学生作文，应充分打开学生的思路，让他们的思想自由驰骋，不受束缚，使他们感到"要写，好写，写有兴味"，关键是要激发学生的写作愿望，提供方法上的指导。③

同月　在南通市教育局、南通市报社、南通人民广播电台、南通市教育工会联合发起的"优秀人民教师"评选活动中，被评为"优秀人民教师"。(《市委、教育局、报社、工会关于先进集体、党支部、优秀党员、人民教师、劳模登记表、总结、支部会议记录》，案卷号：63)

同月　在《教育研究》第4期发表《试谈小学阅读教学中的思想教育与情感陶冶》。文章对《小学阅读教学中的思想教育》一文进行

---

①　该文同时发表于《江苏教育》1982年第15期，又以《阅读教学中的思想教育》为题收录于《训练语言与发展智力》。

②　李吉林认真研究了小学语文五年制教材，发现十册教材中共有课文367篇，其中文学形式的有343篇，占比94.6%，议论说明文24篇，占比5.4%。从这样的结构分布中，她总结出小学语文主要是通过形象来帮助学生认识世界、学习语文的特点。针对这一特点，结合学生认识客观世界的规律，她认为在小学语文教学中对学生进行政治思想教育，必须着眼于情感的陶冶。见《努力跨越新的高度——南通师范学校第二附属小学特级教师李吉林的事迹》，载《南通市1981年度劳动模范、先进集体表彰大会材料汇编》，1982年，案卷号：63。

③　该文收录于《训练语言与发展智力》。

了补充，主要是在"从教材语言着手"部分增加了"处理好教材的逻辑关系"的内容，同时将"抓重点词句段的教学"改为"抓重点词句的教学"。①

5月5日下午　与陈鹤琴及省电教馆人员讨论教学录像拍摄事项。（《大事记（第二学期）》，1982年，档案号：61）

5月12日　拍摄教学录像《燕子》，江苏省电教馆录制，陈鹤琴、莫惠昌和张祖彤现场指导。（《大事记（第二学期）》，1982年，档案号：61）

5月　接受杜殿坤赠书《给教师的建议（下册）》②。（刘燕妮提供，2023年11月26日）

6月8日　与凌锦英到教育局谈支部总结报告。（《大事记（第二学期）》，1982年，档案号：61）

6月9日　完成支部总结报告，晚上出发赴南京领奖。（《大事记（第二学期）》，1982年，档案号：61）

6月11日—15日　被评为江苏省劳动模范，在南京参加江苏省1981年度劳动模范、先进集体授奖大会并发言。（《教育厅召开普教系统先进模范人物座谈会》，《江苏教育》1982年第7期）

6月14日上午　在南京参加江苏省教育厅召开的江苏省普教系统先进模范人物座谈会并发言。（《教育厅召开普教系统先进模范人物座谈会》，《江苏教育》1982年第7期）

6月17日　与周琪自南京回校。（《大事记（第二学期）》，1982年，档案号：61）

6月18日　与周琪到教育局向穆国玺、教育工会主席汪家桢汇报参加省劳动模范、先进集体授奖大会的情况，传达副省长汪冰石关于爱护、支持和宣传先进的几点意见。（《大事记（第二学期）》，1982年，档案号：61）

6月19日　参加学校全体教师会议，交流获评省劳模的个人体

①　该文又刊载于《江苏教育》1982年第15期，《小学语文教改通讯》1990年第2期转载，收录于《美·智·趣的教学情境》和《我在实践中研究教育——〈教育研究〉发表李吉林论文专集》。

②　该书作者为瓦·阿·苏霍姆林斯基，由杜殿坤编译，教育科学出版社1981年11月出版。

会，周琪传达省劳动模范、先进集体授奖大会精神，介绍李吉林先进事迹。（《大事记（第二学期）》，1982 年，档案号：61）

6 月 24 日　与周琪在市文化宫电影院参加市总工会召开的市劳模、先进单位负责人会议。（《大事记（第二学期）》，1982 年，档案号：61）

7 月　在《小学教学》第 7 期发表《小学低年级语文教学中的美育》。文章总结了自己在小学低年级语文教学中进行美育的具体做法，主要是引导儿童主动投入大自然的怀抱，通过实物演示、展现图画、角色表演、语言描述和借助音乐等展示鲜明的形象，指导学生练习表达美。①

9 月 22 日　与成尚荣到市教育局教研室参加实验班工作会议。（《校志（第一学期）》，1982 年，案卷号：60）

9 月 27 日　在实验班五（5）班拍摄教学录像《桂林山水》，中央电视台录制。（《校志（第一学期）》，1982 年，案卷号：60）

10 月 23 日　为南通师范学校承办的首期江苏省小学语文骨干教师研究班上作文评讲公开课，南京晓庄师范学校、广西南宁民族师范学校、梧州师范学校及其附小的老师看课，课后参加座谈。（《校志（第一学期）》，1982 年，案卷号：60）

10 月　选编的《小学生观察日记》由江苏人民出版社出版。该书收录日记的作者都是李吉林所教的二年级（1）班（即实验班）学生。学生在她运用"情景教学法"的指导下，通过对生活的细致观察，写出了许多清新、生动、充满儿童情趣的观察日记。其中有一年四季的自然景色，有丰富多彩的学校生活，有活泼有趣的动物，有美丽可爱的植物。她从中精选 30 余篇汇编成书。该书出版后，利用稿费分别为每位学生买了一双白球鞋作为纪念。②

11 月 1 日晚　备课《卖火柴的小女孩》，市教育局局长、小教科科长和教研室主任来校帮助指导。（《校志（第一学期）》，1982 年，案卷号：60）

---

① 该文收录于《训练语言与发展智力》和《美·智·趣的教学情境》。
② 李吉林在《情境教育的诗篇》第 30 页中记述出版时间为 1980 年春天，其时应为选编时间，实际出版时间为 1982 年 10 月。

11月5日　在五（5）班上2节公开课，来自广东、浙江、上海、镇江和苏州等地的250多名教师看课。（《校志（第一学期）》，1982年，案卷号：60）

同日　在《光明日报》发表《做好小学作文的起步工作》。文章提出了做好小学作文起步工作的具体方法。一是要重视一二年级的遣词造句训练，促进口头语言向书面语言过渡。可以通过提供句式运用词语，提供生动词语作句子不同成分的造句，创设情境综合运用词语等多种途径使学生学习过的生动词语转化为积极词汇。二是要选择儿童所喜爱的事物命题，激发儿童的表达欲望。要启发儿童关注有趣的、新鲜的事物，作文命题要具体、鲜明，富有儿童的生活情趣。三是作文类型要以记事为主，状物为次。教师的指导应在如何教会儿童记叙事物上下功夫，可以按照由静到动，由简到繁，由表及里，由此及彼的顺序，教给儿童观察的方法，培养儿童主动观察的习惯。[①]

秋　开始尝试把"系统论"和"场论"融合起来运用到情境教学中去，经过归纳和演绎，提出了"运用情境教学促进儿童整体发展"的新思路，总结出情境教学促进儿童发展的五个要素，即：以培养兴趣为前提，诱发主动性；以指导观察为基础，强化感受性；以发展思维为核心，着眼创造性；以激发情感为动因，渗透教育性；以语言训练为手段，贯穿实践性。[②]（李吉林：《我的情境教育探索之路》）

12月3日　上午，向来校的杜殿坤汇报实验情况。下午，杜殿坤为通师二附全体教工做讲座，介绍如何培养学生良好道德和提高教学质量。（《校志（第一学期）》，1982年，案卷号：60）

同日　无锡北塘区书记、校长来校参观，与成尚荣、黄银土一起参加交流。（《校志（第一学期）》，1982年，案卷号：60）

---

①　该文收录于《训练语言与发展智力》和《美·智·趣的教学情境》。

②　李吉林在该文中对此时间的回忆有冲突。她说，1982年秋天，实验班升入四年级。按实验于1978年从一年级开始，至1982年秋，实验班应该是进入五年级，两者之间必有一误。因她又多次说1982年概括出"五要素"（见《情境教育三部曲》，第133页），故推测时间为1982年。此外，她说当年开始就写了《从整体着眼　促进儿童发展》的论文（见《情境教育三部曲》，第73页），该文实际于1985年发表于《教育研究》第1期，由此可见其修改时间之长。

12 月 4 日　上汇报课《别了，我爱的中国》，杜殿坤看课。(《校志（第一学期）》，1982 年，案卷号：60)

12 月 13 日　上午，上公开课，杭州天长小学的 10 名教师看课。下午，参加座谈。(《校志（第一学期）》，1982 年，案卷号：60)

12 月 20 日下午　在五（5）班上 2 节公开课，江西南丰县教师参观团和江苏省语文骨干培训班学员看课。(《校志（第一学期）》，1982 年，案卷号：60)

12 月 21 日下午　张祖彤到五（5）班进行语文知识与能力摸底。(《校志（第一学期）》，1982 年，案卷号：60)

12 月 23 日　到南通师范学校为江苏省语文骨干培训班上课。(《校志（第一学期）》，1982 年，案卷号：60)

12 月 28 日　与张祖彤交流实验班语文摸底情况。(《校志（第一学期）》，1982 年，案卷号：60)

12 月 29 日　市妇联来人为李吉林画像。(《校志（第一学期）》，1982 年，案卷号：60)

12 月 30 日　与成尚荣、王容芳一起到市教育局参加劳模和优秀教师座谈会。(《校志（第一学期）》，1982 年，案卷号：60)

1983 年　45 岁

1 月 1 日　中共中央印发《当前农村经济政策的若干问题》，提出"要建立与健全农业科学技术研究推广体系和培养农村建设人才的教育体系。""必须紧抓改革农村教育。"

1 月 28 日—2 月 22 日　教育部在北京召开农村学校教育工作座谈会，讨论改革和发展农村学校教育问题。

5 月 6 日　中共中央、国务院印发《关于加强和改革农村学校教育若干问题的通知》，要求坚定而有秩序地进行农村学校教育改革。

9 月 9 日　邓小平为景山学校题词"教育要面向现代化，面向世界，面向未来"。

9 月 26 日　全国教育科学规划领导小组成立。

12 月 8 日　南通市教育局和南通市城区人民政府联合发出《关于市、城区教育局分工问题的通知》，明确通师二附实行市、区双重领导，以区为主。

本年　杭州大学张定璋、华中师范大学旷习模分别在杭州和湖北开展"小学教育整体结构改革"实验。

1 月 17 日　在《人民日报》发表《孩子的眼睛》。文章指出，"世界在孩子的眼里犹如童话一般"，"孩子眼中的世界比诗人写的还美"，孩子透过眼睛能够张开想象的翅膀。[1]

---

[1]　该文收录于《我是播种者》。

1 月　在《小学语文教师》第 1 期发表《让儿童的心灵插上翅膀——作文教学中想象力的培养》。文章指出，想象力比知识更重要，作文是一项富有创造性的作业，教师的教学要表象丰富、有情有境、天地广阔，儿童才乐于想象。①

2 月 20 日　通师二附《1982—1983 年度第二学期学校工作初步意见》第四条"加强教学研究工作"中提出："办好李吉林语文实验班。落实实验班的研究人员，制订好实验计划，办好实验班活动室，并争取实验的经费，保证实验的条件，进一步探索语文教学与全面发展的问题。""继续推广李吉林同志的教学经验。上学期确定的在全校语文学科及各年级推广的几条，本学期要继续组织学习、推广；鼓励大家从实际出发，不断完善、丰富和发展先进的教学经验；推广过程中要及时组织讨论、小结。"（《关于学期工作的意见、汇报、小结、讲话》，1983 年，案卷号：69）

2 月 22 日　在实验班五（5）班进行集中识字教学，实验组开始听课。（《大事记（第二学期）》，1983 年，案卷号：67）

2 月 25 日　在《光明日报》发表《从审美教育着手发展儿童的情感》。文章强调，阅读教学中的教育任务是对儿童进行共产主义思想教育，儿童具有爱美的心理特点，从审美教育着手，发展儿童的情感意志，是行之有效的。文章主张，审美教育要从感受美开始，教师心中要蕴含着爱的情感，注意促使儿童由"情"到"理"的过渡，最终使每个儿童成为美的创造者。②

3 月 4 日　在学校行政会议上被明确任命为语文教研组长。（《本校行政组会议》，1983 年，案卷号：68）

3 月 11 日—15 日　与李定赴沙洲讲学。（《大事记（第二学期）》，1983 年，案卷号：67）

3 月 17 日—21 日　参加城中区人民代表大会会议。（《大事记（第二

---

①　该文收录于《训练语言与发展智力》。
②　该文同时发表于《教学研究》1983 年第 2 期，收录于《美·智·趣的教学情境》和《40 年情境教育在路上：倾听时代的声音快乐前行》。

学期）》，1983 年，案卷号：67)

3 月 19 日　成尚荣在南通市教育工作会议上发言指出，李吉林开展的教学实验是全面发展的突破口。他说："李吉林同志的实验班，是从小学语文教学的角度研究小学生的全面发展。当然，实验如何，希望教育局通过全面考核来一次检验。"（《关于教学改革开办家长学校的汇报意见》，1983 年，案卷号：70)

3 月 28 日　在市教育局小教科到通师二附的视导活动中，上语文汇报课。（《大事记（第二学期）》，1983 年，案卷号：67)

3 月　在《小学教学》第 3 期发表《乘着童话般的小船远航——记一次想象性作文教学》。文章指出，从激发情绪、开拓思路和想象合理三个方面进行指导，有助于调动儿童的主观能动性，从而写想象性作文。①

4 月 6 日　与市教育局局长、小教科科长、教研室主任、师范部和南通日报记者等一起召开实验小组会议。（《大事记（第二学期）》，1983 年，案卷号：67)

4 月 9 日　陈文志、龚宝珍和成尚荣等研究李吉林实验班改革的考核检验问题。（《大事记（第二学期）》，1983 年，案卷号：67)

4 月 15 日　省教育厅、教育工会在南京联合召开 3000 多人大会，传达全国教育工作者"五讲四美、为人师表"先进代表会议精神②。在会上获颁全国"五讲四美、为人师表"优秀教师的奖状和奖品③。（《江苏省教育大事记（1949—1988）》，第 305 页；《大事记（第二学期）》，1983 年，案卷号：67)

---

①　该文收录于《我是播种者》。

②　1981 年 2 月 25 日，全国学联、全国伦理学学会、全国总工会、共青团中央、全国妇联、中国文联、中国语言学学会、中华全国美学学会、中央爱卫会等九个单位联合发出《关于开展文明礼貌活动的倡议》，倡议在全国人民尤其是青少年中，开展以讲文明、讲礼貌、讲卫生、讲秩序、讲道德和心灵美、语言美、行为美、环境美为主要内容的"五讲四美"文明礼貌活动。1982 年中共十二大以后，"五讲四美"文明礼貌活动与"三热爱"活动相结合，逐步形成"五讲四美三热爱"相统一的活动。1983 年 3 月 11 日，中央成立了以万里为主任的"五讲四美三热爱"委员会，各省、市、自治区随后也都分别成立了"五讲四美三热爱"委员会。

③　1983 年 4 月 13 日，通师二附大事记载："李吉林已向省'五讲四美'表彰发奖大会请假"。

4 月 19 日—30 日　　当选江苏省第六届人民代表大会代表、常务委员会委员、大会主席团成员，参加江苏省第六届人民代表大会第一次会议。（《江苏省大事记（1949—1985）》，第 462 页；江苏省地方志编纂委员会：《江苏省志·议会　人民代表大会志》，江苏人民出版社 1999 年版，第 264 页；《大事记（第二学期）》，1983 年，案卷号：67）

4 月 30 日下午　　在南京五台山体育馆参加庆祝"五一"国际劳动节联欢会。（《邀请函》，1983 年 4 月 28 日）

5 月 7 日　　备课，秦同、莫惠昌、刘秉镕和羌以任等到校帮助指导。（《大事记（第二学期）》，1983 年，案卷号：67）

5 月 11 日　　为南通师范学校举办的第二期江苏省小学语文骨干教师研究班①上示范课。上午，上阅读课《穷人》；下午，上作文评讲课《童年趣事》。（《大事记（第二学期）》，1983 年，案卷号：67）

5 月 13 日　　到市里参加省人大会议精神传达会议。（《大事记（第二学期）》，1983 年，案卷号：67）

5 月 14 日　　教育部小教司司长陶端予、师范处孟处长，江苏省教育厅副厅长周尔辉、江苏省教研室主任张照等到通师二附检查，上语文汇报课。（《大事记（第二学期）》，1983 年，案卷号：67）

5 月 17 日　　受中央电教馆委托，江苏省电教馆刘书简到通师二附商谈《李吉林与情景教学》电影的拍摄问题。（《大事记（第二学期）》，1983 年，案卷号：67）

5 月 19 日　　继续与刘书简商谈电影拍摄问题，秦同、莫惠昌、苏子龙、周琪、凌锦英等人参加。（《大事记（第二学期）》，1983 年，案卷号：67）

5 月 30 日　　被评为南通市 1982 年度劳动模范，与成尚荣一起参加南通实行市管县新体制后召开的市劳动模范、先进集体表彰大会。（《大事记（第二学期）》，1983 年，案卷号：67；《南通市志（上册）》，第 111 页）

5 月　　教案《画》在《云南教育》杂志组织的"小学语文教案征集评选活动"中获奖并全文刊登。②（《获奖征文（教案）及作者名单》，《云

---

① 后称江苏省小学语文教学研究班。
② 该文收录于《训练语言与发展智力》。

南教育》1983 年第 5 期)

6 月 10 日　在毕业班上语文复习公开课，市教研室老师看课。(《大事记（第二学期）》，1983 年，案卷号：67)

6 月 11 日　与成尚荣到市十二中参加市教育局召开的实验班会议，讨论实验班检验与总结问题。(《大事记（第二学期）》，1983 年，案卷号：67)

6 月　儿子刘飞鸣参加中考。

7 月 6 日　参加实验班五（5）班语文考核问题讨论会议，秦同、莫惠昌、周见一、曹祖清、羌以任、程敷玮①、成尚荣等人出席。(《大事记（第二学期）》，1983 年，案卷号：67)

7 月 7 日　市教育局召开实验班五（5）班语文考核命题会议。(《大事记（第二学期）》，1983 年，案卷号：67)

同日　在《中国教育报》发表《由张海迪的自学想到教学改革》。文章反对小学语文教学把精力放在归纳中心思想、编写段落大意、辨析同义词、比较形近字、独立造句、死背解词等名目繁多的练习上，主张放弃"题海战术"，在学生掌握汉语拼音、识字有了一定数量后，就引导学生多读多写，而且多读名家著作、英雄伟人的故事，多写真情实感的作文，强调从整体上理解，在运用中训练。这样，既能培养学生学习语文的兴趣，有效地提高读写能力，又可以培养学生的共产主义世界观，较好地完成语文教学所肩负的"文"与"道"两方面的任务。②

7 月 8 日　实验班学生到校参加考核内容一：抽默生字 200 个。晚，考核小组研究考核试题。(《大事记（第二学期）》，1983 年，案卷号：67)

7 月 9 日　实验班学生到校参加考核内容二：写应用文，看图作文，朗读，复述。(《大事记（第二学期）》，1983 年，案卷号：67)

7 月 11 日　实验班学生到校参加考核内容三：上午，观察制氧实

---

①　程敷玮系南通市第一中学教师。

②　1983 年 5 月 30 日，教育部发出通知，要求在教育部门和各级各类学校深入开展学习、宣传张海迪活动。该文收录于《我是播种者》。

验，写实验报告；下午，根据"童话室"的内容编创童话。(《大事记（第二学期）》，1983 年，案卷号：67)

7 月 15 日—17 日　女儿刘燕妮参加高考。

7 月　在《江苏教育》第 14 期发表教案《燕子》。①

同月　完成第一轮一至五年级语文全过程实验。实验班全体学生 43 人，从二年级到五年级共阅读课外书籍 6980 本，平均每人阅读 162 本；有 32 人在全国报刊发表了 72 篇习作，2 人获全国作文比赛一等奖。在全市作文考试中，实验班有 55.8% 的学生成绩优等，相当于城区小学的 12 倍之多。五年来合格率达 100%。为了进一步考核实验班学生的读写能力，在升学考试后，不作复习准备的情况下，由上级领导和有关部门组成合题考核小组，对实验班学生就默写、阅读、朗读、看图作文、提供情境编写童话、观察实验后写记叙文、实验报告、代人写留言条等 7 个方面 10 个项目进行考核，结果显示 83.6% 的学生成绩优良，51.1% 学生达优秀，97.5% 的学生达中等以上。在当年南通市"小升初"统考中，实验班有 33 人考取省重点中学，10 人考进实验中学。(李吉林：《从整体出发，着眼儿童发展——试论改革小学语文教学的途径》，1985 年 10 月 20 日修改稿；严清：《追求——关于李吉林的报告》)

9 月 10 日下午　与李静等前往南通师范学校，参加教育部副部长张文松召开的座谈会，省教育厅副厅长沙尧、市政府秘书长徐虎和秦同等出席。(《南通市志》（上），第 111 页；《大事记（第一学期）》，1983 年，案卷号：66)

9 月 17 日　成尚荣和凌锦英就李吉林教改实验工作问题到教育局向秦同请示。(《大事记（第一学期）》，1983 年，案卷号：66)

9 月 23 日　秦同、朱培元与通师二附领导班子讨论学校本学期工作计划。秦同在谈到李吉林想到农村学校进行实验时说："李老师到农村，好是好的，但本身如何进一步实验？到农村搞，还是将李老师的经验在农村移植、推广，而不是另搞一套，后面的否定前面的。李

---

① 这是为电视录像而编写的详细教案，收录于《训练语言与发展智力》。

老师的实验应该是前五年的深入（朱培元插话：不能丢开二附基地），老课题要抓住，老基础要抓住。面向农村不要理解得很狭窄，而是要将城市的优势带到农村。"朱培元说："李老师目前主要有三项工作，一是拍电影，二是写总结，三是指导徒弟。"（《本校行政组会议》，1983年，案卷号：68）

9月　通师二附《1983—1984年度第一学期学校工作初步意见（"教工大会"讨论稿）》提出，"要领导支持特级教师李吉林搞好五年教学实验的总结和拍摄电影工作，研究下一步研究设想，并继续推广她的先进教育思想与教学经验。本学期要在全校作一次全面的介绍，各年级推广的要求必须落实；还要作一次学习先进经验情况的交流。"（《关于学期工作的意见、汇报、小结、讲话》，1983年，案卷号：69）

同月　被评为全国"三八"红旗手。（《南通市教育志》，第327页）

10月10日晚　参加学校党支部会议，在发言时说："入党三年多，自己做了比较大的努力，过去有小资产阶级思想意识、自由主义，入党后加强了意识性，有了鲜明的目标，党性修养要加强，但也应有自己的个性。共产党员形象是高大的，有气度的，也应有才华的，不是刻薄的。由于有这样的想法，喜欢提意见，有啥说啥。这无形中掩盖了自己的缺点。在无数的事实面前，知道自己不够谨慎，无形中放松了对自己的要求。组织上交给自己的任务，自己总是记住的。联想到有些领导同志在背后随便议论人，又不及时做思想工作，对学校领导试验工作也是这样的看法，内心深处是很难受的。试验工作很难，要有理论水平，有学科知识，要出成果。我自己工资高，做报告是不惹人欢喜的。但是支部支持我，鼓舞我把工作搞好。最近我又想，第二轮怎么做，应该要有发展，自己信心不足。我不善于团结人，不会争取人的支持。问题的实质在哪里，问题是在哪两个方面？问题不应是在我这方面，有些党员同志不完全是这么个样子。否则我就不能坚持下去。党章中有一条：团结同志。自己做得不够，是谦虚的，但不够谨慎。有时自己把自己搞复杂了。想和领导谈谈，自己脑子里想得很多。有时人家误解自己，受委屈，想自己不当先进了，让我老老实实地工作，荣誉嫌多。"（《市教育局、本校关于干部年报、建立校办厂的批复、统计表名册、支部会议记录》，1983 年，案卷号：73）

10 月 23 日晚　与来通的南京师范大学附属小学的语文教师座谈。（《大事记（第一学期）》，1983 年，案卷号：66）

10 月 26 日　上午，为广西和南京来通的老师开课。下午，参加语文教学讨论会，讨论主题为"在培养学生读写过程中促进学生发展"。（《大事记（第一学期）》，1983 年，案卷号：66）

10 月　教学录像《燕子》获得全国电化教材评比一等奖。（刘燕妮提供，2023 年 12 月 19 日）

11 月 2 日—12 月 3 日　为江苏省小学语文骨干教师研究班讲课。（《大事记（第一学期）》，1983 年，案卷号：66）

11 月 15 日—18 日　在陕西临潼参加全国小学语文教学研究会第一届理事会第三次全体会议。23 日，回校上班。（《大事记（第一学期）》，1983 年，案卷号：66）

12 月 5 日　为江苏省幼教学会年会开课做准备。（《大事记（第一学期）》，1983 年，案卷号：66）

12 月 6 日　在一（1）班上语文训练课。（《大事记（第一学期）》，1983 年，案卷号：66）

12 月 8 日　为江苏省幼教学会年会上示范课《小小的船》。（《大事记（第一学期）》，1983 年，案卷号：66）

12 月 10 日　与陈文志一起帮助学校青年教师备课。（《大事记（第一学期）》，1983 年，案卷号：66）

12 月 12 日—16 日　与中央电教馆、江苏省电教馆人员商量拍电影事宜，讨论分镜头脚本。（《大事记（第一学期）》，1983 年，案卷号：66）

12 月 20 日—24 日　在南京参加省第六届人民代表大会常务委员会第四次会议。（《大事记（第一学期）》，1983 年，案卷号：66；《江苏省志·议会　人民代表大会志》，第 588 页）

12 月 29 日　在五（1）班试教《长征》。（《大事记（第一学期）》，1983 年，案卷号：66）

12 月 30 日　为南通市小学语文教学研究会年会上示范课《长

征》。(《大事记（第一学期）》，1983 年，案卷号：66）

　　下半年　根据南通市教育局意见，未承担授课任务，主要进行五年实验工作总结。[1]（李吉林：《情境教育的诗篇》，第 110 页）

---

　　[1]　李吉林回忆说："此后的一年，根据教育局秦局长的意见，学校没有给我排课，让我将整个五年的实验进行总结。"

1984 年　46 岁

4月　通师二附将"探索教育、教学过程的最优化，充分发展儿童的共产主义道德情操与创造才能，以促使儿童整体和谐地发展"确立为总课题，从当年9月开始进行整体性发展的教改实验。

5月4日　中共中央、国务院批转《沿海部分城市座谈会纪要》，决定进一步开放南通等14个沿海港口城市。

8月15日　教育部印发《关于全日制六年制小学教学计划的安排意见》和《全日制六年制小学教学计划（草案）》，强调当前初等学校教学改革的重点，应是减轻学生过重的学业负担，提高教学质量，使少年儿童能够生动活泼地、主动地发展。

1月3日下午　参加学校语文教研组活动，介绍语文复习计划。（《大事记（第一学期）》，1984年，案卷号：66）

1月7日　同事顾明珍开始休假，与潘玲一起为其代教语文课。（《大事记（第一学期）》，1984年，案卷号：66）

1月11日　参加实验工作总结讨论会，市教育局、区教育局、市教育局小教科、教研室、师范部、南通中学和南通市第一中学的老师参加讨论。（《大事记（第一学期）》，1983年，案卷号：66）

1月14日　在《中国教育报》发表随笔《我是播种者》。文章认为，教育工作就像把金色的理想种子播种在儿童的心田上，播下爱国主义思想的种子，就能在奇异的土地上萌发。[1]

---

[1]　该文收录于《我是播种者》。

1月16日　在《湖南教育》第1期发表《具体—抽象—具体》。文章指出，指导学生作文的过程，实际上是启发学生从"具体"到"抽象"再到"具体"的思维活动过程。第一个"具体"是指要拓宽选材面，力求写出新意。选材时，引导学生重新回到具体的、丰富多彩的生活情境中，选取富有新意的题材，为学生写出有情有意的习作打下基础。第二个"抽象"是指要引导抽象的概括，明确叙述的中心。可以通过弄清概念，明确"写什么"、多举实例，弄清要表达什么意思两方面帮助学生明确中心。第三个"具体"是指要沟通题材和中心的联系，学好写好重点段。可以通过把"中心"的概念具体化、以重点段为实例等方法帮助学生形成中心与题材的联系。①

1月26日　通师二附党、政、工评选小组召开联席会议，建议对李吉林予以记大功、升级和通令嘉奖。(《大事记（第一学期）》，1984年，案卷号：66)

1月　在江苏人民出版社出版著作《训练语言与发展智力》。该书分阅读教学和作文教学两个方面，汇编介绍了自己于1978年至1983年间使用五年制部编教材教学时的探索成果，指出情境教学就是"把学生带到具体的情境中，进行句型和会话的训练，为学生提供了具体生动的语文环境"。

2月21日　在《光明日报》发表《蜜蜂·山泉·硕果》。文章就四川奉节黄村乡李坪村民小教师谭显富坚持在山区办学17年的动人事迹，畅谈阅读后的感想，号召小学教师学习谭显富，像蜜蜂一样无私奉献，像山泉一样浇灌学生的心田，只要倾注心血与智慧，教育园地里定会结出累累硕果。②

2月23日　参加市教育局小教科在通师二附召开的学校工作计划讨论会。在会上汇报第二轮实验设想，一是新生入学前在幼儿园教会学生识拼音，进行早期语言训练，幼儿园与小学教学衔接问题；二是

---

① 该文收录于《我是播种者》。
② 该文收录于《我是播种者》。

在一至五年级研究情境教学最优化问题。(《本校支部会议、教改情况汇报及学生转学的有关规定》, 1984 年, 案卷号: 81)

2 月 26 日　上午, 与周琪、李定和范建等一起向南通市人大常委会主任徐超汇报教改情况。下午, 与施建平、安建越、顾学玖和李定等到市教研室参加实验教师茶话会。(《校志 (第二学期) 》, 1984 年, 案卷号: 77)

2 月 27 日　汇报实验情况, 市政协副主席王太祥、副秘书长吴志仪, 市教育局秦同、陈鹤琴、龚宝珍、周见一, 城中区教育局程泽民、周允仁, 市教研室莫惠昌、陈文志、何新霞、胡道清, 南通市第一中学程敷玮等听取报告。(《校志 (第二学期) 》, 1984 年, 案卷号: 77)

2 月 29 日下午　通师二附全体教师政治学习, 分组讨论李吉林五年语文教学改革经验, 讨论题为: (1) 李老师五年来教改实践中所得到的启示是什么; (2) 主要经验是什么; (3) 我如何运用。(《校志 (第二学期) 》, 1984 年, 案卷号: 77)

2 月　在《广东教育》1984 年第 2 期发表《运用情境教学法, 培养儿童的阅读能力》。文章指出, 情境教学就是充分利用形象, 为儿童创设具体、生动的情境, 激起儿童的情绪, 从而引导他们从整体上理解和运用语言的一种教学手段, 它具有 "有形、有情、有境、理寓其中" 的特点。情境的创设应遵循从需要出发、因材而异和针对儿童特点的三个原则。运用情境教学法时, 要把儿童带入情境陶冶情操, 引导儿童凭借所创设的情境加深对词语的理解, 运用情境训练儿童的语言, 结合情境指导儿童朗读。①

同月　在《小学语文教改通讯》第 2 期发表《小学语文教学中的爱国主义教育》。文章提出, 爱国主义教育应当渗透在学校的各科教学之中。在小学语文教学中, 可通过三种方式加强爱国主义教育。一是要纵观整套小学语文教材, 梳理出有关爱国主义教育不同类型的课

---

①　该文收录于《训练语言与发展智力》和《美·智·趣的教学情境》。《美·智·趣的教学情境》收入该文时将 "有形、有情、有境、理寓其中" 的特点修改为 "形真、情切、意远、理寓其中"。

文，明确教育内容。二是可以通过以假想旅行激起情绪、以祖国地图带入情境、以图画音乐再现情境、以语言描述强化情境等方式来创设情境，在具体情境中，激发学生的爱国主义情感。三要通过语言表达，加深学生爱国主义的内心感受。①

3月5日下午　与李静到市政协参加教改问题讨论会并作情况介绍，王太祥、秦同等出席讨论会。（《校志（第二学期）》，1984年，案卷号：77）

3月6日—8日　参加市教研室组织的实验小学、附属小学教改老师参观团，到上海静安区第一中心小学参观。期间，访问杜殿坤，请其对五年教改总结进行指导。（《校志（第二学期）》，1984年，案卷号：77）

3月15日下午　参加学校的政治学习，汇报上海参观体会，谈自己对教改实验的认识和设想。（《校志（第二学期）》，1984年，案卷号：77）

3月　文章《我是播种者》获得中国教育报刊社"我和我的学生""校园纪事"散文征文大赛一等奖。

4月6日　参加市教育局召开的"李吉林教改经验推广会"②。上午上两节汇报课《桂林山水》，下午汇报实验工作情况。李静汇报通师二附的推广工作，莫惠昌作会议小结。会议期间，通师二附举行"李吉林教改成果展览会"，展出其备课笔记、自编补充教材、发表的文章、学生作文本、学生发表的习作、学生考试成绩数据等。（《校志（第二学期）》，1984年，案卷号：77；《情境教育的诗篇》，第450页）

4月9日　参加校党支部会议，面对校党支部成员对第一轮教改实验取得成功的祝贺，表态说："成绩是支部和老师们支持的结果，我不会沾沾自喜。作为一名党员，党培养了我多年，取得成果是理所应该，我没有辜负希望，也乐在其中。'最好的球'应该是下一次。"（《本校支部会议、教改情况汇报及学生转学的有关规定》，1984年，案卷号：81）

4月　在《小学语文教师》第4期发表《作文教学中的爱国主义

---

① 该文后又以《在具体情境中进行爱国主义教育》为题发表于《江苏教育》1984年第13期，收录于《美·智·趣的教学情境》。

② 一说"李吉林教改成果报告会"，见《让更多的李吉林式的人才脱颖而出》，《江苏教育》1987年第23期。

教育》。文章提出，在作文教学中，必须有意识地渗透爱国主义教育，要引导儿童懂得"为什么要爱祖国"和"怎样去爱"，具体做法分三个步骤。一是引导儿童从身边开始，认识祖国的可爱，获取写作题材。二是引导儿童加深体验，激起热爱祖国的情感，产生表达的欲望。三是指导儿童"按层次、方位描写"和"在记叙事物中适当展开联想"等方法，表达对祖国的爱，加深内心感受。①

春　写作《春天的笔记》，指出语言在情境中产生，是最丰富、最具活力的，离开了情境的语言训练是抽象的、枯燥的，作文教学要通过生动的形式、具体的情境，激发学生表达的欲望，促使学生带着热烈的情绪进行训练。②

5 月 1 日　在《新华日报》发表散文《油菜花又黄了》，回忆童年在油菜花黄时节的快乐生活，描绘自己从教后在油菜花黄时节带领学生走进田野进行教学的情况。文章指出，孩子们可以在春的田野里，寻求科学的奥秘，展开想象的翅膀，步入美的境界。③

5 月 5 日　为南通师范学校和海门师范学校的实习生上示范课《桂林山水》。（《校志（第二学期）》，1984 年，案卷号：77）

5 月 19 日　在《中国教育报》发表散文《彩翼》，将学生比喻成身带闪光彩翼的小鸟，闪烁着智慧，蕴藏着理想，教师应该珍爱他们，为之鼓动，为之指引航程。④

5 月 22 日　与一、二年级语文教师备一年级课外阅读指导课。（《校志（第二学期）》，1984 年，案卷号：77）

5 月 24 日　上一年级课外阅读指导公开课，江苏省推广普通话工作会议代表看课。（《校志（第二学期）》，1984 年，案卷号：77）

5 月 25 日　出席城中区在南通师范学校礼堂召开的李吉林经验推广会。（《校志（第二学期）》，1984 年，案卷号：77）

---

① 该文收录于《美·智·趣的教学情境》。
② 该文未发表，收录于《我是播种者》。
③ 该文收录于《我是播种者》。
④ 该文收录于《我是播种者》。

6月12日　为学校毕业班学生上作文指导课。(《校志（第二学期）》，1984年，案卷号：77)

7月27日　在北京参加中国教育学会第一次全国学术讨论会，会议的主题是坚持以"三个面向"为指导改革普通教育。(《蓬勃发展30年——中国教育学会的历史回顾》，2009年编印，未出版，第202、264页)

8月16日　在《新华日报》发表《普及初等教育要有一支合格的教师队伍》。文章指出，初等教育之所以在不同程度上存在"教得死，练得杂"的现象，造成"繁琐、低效"的现象，是与尚未形成一支合格的教师队伍分不开的。普及初等义务教育，必须有一支合格的教师队伍。在教师进修条件有限的情况下，教育行政部门应积极鼓励小学教师走自学提高的道路。省教育厅可根据小学教育工作的特点，确定自学科目，提供自学丛书，分别进行中师、大专，以及本科教师的自学考试，考试合格者发给毕业证书。为了激发广大教师自学和进修的积极性，还必须努力提高小学老师的政治地位和物质待遇，树立小学教师的光荣感、责任感，立志终身从事小学教育工作。

8月31日　在《光明日报》发表《着力培养儿童的创造精神》。文章指出，智能正常的儿童都具有一定的创造才能，如果儿童的创造性在智力发展的最佳时期，得不到培养，甚至受到压抑，这种能力就会逐渐枯竭。文章介绍了自己在小学语文教学中培养儿童创造精神的主要做法，一是指导观察周围世界，储存创造性思维的表象。二是启发拓宽想象空间，提供创造思维的契机。三是安排、设计富有创造性的语言训练，指导儿童运用语言表达思想培养创造性。

9月8日　付200元为实验年级买教学玩具。(《校志（第一学期）》，1984年，案卷号：78)

9月25日　在学校与李静一起和广西梧州教育局人员座谈。(《校志（第一学期）》，1984年，案卷号：78)

9月　通师二附《一九八四学年第一学期学校工作意见》提出以"整体性发展"作为学校教育改革的总课题，分三个层次展开，其中一年级对学制、教学计划、教材和教学方法进行改革，李静主任负责，明确由李吉林任年级指导，探索儿童"整体性发展"的规律。二、三年级改革部分课程设置，加强听、说、读、写、算等单项能力的训练。四、五、六年级主要研究各科教学方法改革，贯彻"学生为主体，教师为主导，训练为主线"的原则，教会学生学习的方法，进一步培养自学能力。语文科开设课外阅读指导课，数学科开设趣味数学课。(《本校党政工作计划、总结及校领导的重要讲话》，1984 年，案卷号：79)

同月　第二轮教改实验开始，实验主题为"创设情境，优化结构，充分发展儿童的共产主义道德情操与创造才干，以促进儿童整体和谐地发展"。[①] 在一年级开设过渡课，试行三周。过渡期，每节课安排 30 分钟，主要原则是将室内短课与室外观摩相结合，组织孩子们的学习和生活。课间休息 20—25 分钟，下午 3 时上课，4 时半前全部放学。课程安排力求动静搭配，活泼有趣，形式多样，相互调节。有课堂学习，有课外阅读，有趣味游戏，有野外观察。每周还外出一次开展野外活动。(江苏省南通师范学校第二附属小学：《坚持教改　探索前进——进行整体发展实验的情况汇报》，载《关于党支部、学校工作、教学改革计划总结、规划、汇报、讲话》，1986 年，案卷号：89；《让更多的李吉林式的人才脱颖而出》，《江苏教育》1987 年第 23 期)

10 月 1 日　在通师二附会堂向学校老师赠书《训练语言与发展智力》。(陈志萍：《李老师为我打开一扇窗》，载成尚荣《我们是长大的儿童——情境教育中走出的名师》，教育科学出版社 2012 年版，第 62—67 页)

10 月 15 日—18 日　在广西南宁参加中国教育学会小学语文教学研究会第二次会员代表大会暨第三届学术年会，当选研究会副理事长。在会上作题为《从整体出发，着眼儿童发展——试论改革小学语文教学的途径》的学术报告。报告指出，若干年来，小学语文教学先

---

① 李吉林主持的第二轮教改实验在一年级的四个班级进行，是通师二附整体性教改实验中的一部分。1986 年将实验的主要做法概括为：开设过渡课，促进低幼衔接；自编注音汉字阅读教材，采取"说学—阅读—表达"三线同时起步；实行开放教学，定期进行野外活动；早期进行语文能力的培训，促进儿童全面发展（见严清《追求——关于李吉林的报告》）。另《光明日报》1987 年 3 月 15 日刊发文章《识字 阅读 作文三线并进——特级教师李吉林改革小学语文教学成效显著》，认为实验主题是"探索小学语文教学的最优化，全面提高小学语文教学质量"。

后在语文基础知识教学、能力培养、智力开发，以及文与道、知识与能力、能力与智力等方面做了许多有益的探讨，对语文教学的科学化起了一定的推动作用，但这些往往都是从局部或单一角度提出的，致使有些老师感到头绪纷繁，顾此失彼。报告认为，小学语文教学的根本任务是培养儿童理解和运用祖国语言文字的能力。儿童在学习祖国语言时，不仅可以掌握一定数量的词，而且可以领悟关于许多事物的概念和观点，感受蕴含在语言中的丰富的思想情感、艺术形象以至逻辑的哲理，从中汲取精神的力量和民族的气质。她提出，由于20世纪80年代儿童信息储存量不断增加，统编教材分量还可相应加重。尤其是第三类课文更可大幅度增加。这不仅顺应了儿童的发展趋势，而且可以有效地把儿童带入"最近发展区"，使语文教学促进儿童发展。报告建议，运用辩证唯物主义的观点，指导小语教学的改革工作，把促使儿童发展的许多因素统一在语文教学中，必须遵循五条基本原则：以培养兴趣为前提，诱发主动性；以指导观察为基础，强化感受性；以陶冶情感为动因，渗透教育性；以发展思维为重点，着眼创造性；以训练语言为手段，加强实践性。[①]

11月2日　自广州讲学回校。(《校志（第一学期）》，1984年，案卷号：78)

11月3日下午　参加学校的业务学习会，传达近期参加的有关会议的精神。(《校志（第一学期）》，1984年，案卷号：78)

11月7日　拍电影，上海科教电影制片厂录制。(《校志（第一学期）》，1984年，案卷号：78)

11月17日　与来校的江苏省电教馆张馆长商谈拍电影事宜。(《校志（第一学期）》，1984年，案卷号：78)

11月22日　为来校见习的南通师范学校两个班的学生上示范课。(《校志（第一学期）》，1984年，案卷号：78)

11月27日　在一（4）班上公开课，来自广西河池凤山的老师

---

① 该文后摘要发表于《湖南教育》1985年第1期，全文发表于《教育研究》1985年第1期，并收录于《我在实践中研究教育——〈教育研究〉发表李吉林论文专集》。

看课。(《校志（第一学期）》，1984 年，案卷号：78)

11 月 28 日　在通师二附校长例会上传达北京会议精神。(《校志（第一学期）》，1984 年，案卷号：78)

12 月 7 日晚　与秦同、莫惠昌一起讨论电影拍摄问题。(《校志（第一学期）》，1984 年，案卷号：78)

12 月 9 日　参加李吉林教学电影文字本审稿会议。出席者：电影摄制组全体人员，市委宣传部苏子龙①，市教研室莫惠昌、张祖彤、胡道清，市教育局小教科周见一，区教研室郑永，南通师范学校刘秉熔、曹祖清、曹振东，通师二附周琪、王秀芳②、李定、施建平、吴云霞。(《校志（第一学期）》，1984 年，案卷号：78)

12 月 11 日—19 日　拍摄教学电影。(《校志（第一学期）》，1984 年，案卷号：78)

12 月 21 日　到如皋参加南通市小学语文教学研究会会议。(《校志（第一学期）》，1984 年，案卷号：78)

12 月 27 日　参加通师二附二届五次教代会，作为先进代表汇报自己"在共产主义思想指引下，用创造性劳动培育创造型人才"的经验和体会。(《校志（第一学期）》，1984 年，案卷号：78)

12 月　被聘为江苏省教育科学研究所兼职研究员。(江苏省教育科学研究所《聘书》，1984 年 12 月)

冬　在陕西西安参加全国小学语文教学研究会常务理事会会议。会议期间，应西安小学语文教学研究会邀请上示范课《桂林山水》，因听课教师太多发生拥挤而中止，改至渭南一所小学上课。后又在西安大剧院做报告。(李吉林：《情境教育的诗篇》，第 443—445 页)

---

①　苏子龙，1941 年生，江苏新沂人，1964 年毕业于江苏新闻专科学校，历任《南通日报》记者、南通市委秘书、江苏省委秘书、南通市委宣传部文艺新闻科科长、南通电视台台长、江苏省广播电视厅副厅长兼江苏电视台台长等职，兼任中国电视艺术家协会副主席、中国散文学会理事、江苏省文联副主席、江苏省作协理事、中国书法家协会会员、江苏省书法家协会常务理事。

②　王秀芳，女，1942 年生，江苏沙州人，1964 年毕业于南通师范学校，先后在通师二附、城中小学工作，1982 年任通师一附校长，1984—1994 年任通师二附校长兼党支部书记，1996 年改任校党支部书记。

1985 年　47 岁

1 月 11 日　教育部印发《全国中小学教材审定委员会工作条例（试行）》，对中小学教材实行编写和审定分开制度。

1 月 21 日　第六届全国人大常委会第九次会议在北京召开，会议审议通过了国务院关于建立教师节的议案，将每年的 9 月 10 日确定为教师节。

5 月 15 日—19 日　中共中央、国务院在北京召开全国教育工作会议，这是我国改革开放后召开的第一次全国教育工作会议。

5 月 27 日　中共中央颁布《关于教育体制改革的决定》。

8 月 1 日　南通市教育局印发《关于调整南通师范学校两所附属小学领导体制的意见》，将通师一附、通师二附（包括两校附设幼儿园）划归南通师范学校领导。

10 月 31 日　江苏省教育厅颁发《江苏省中小学教学改革纲要》。

11 月 7 日　江苏省人民政府批转《江苏省实行九年制义务教育的意见》和《江苏省普通教育实行分级办学、分级管理若干问题的意见》，着力推进实施九年制义务教育。

本年　通师二附再次试行五年制，并参加马芯兰小学数学教学实验。

1 月 5 日　在学校参加华东师范大学吴慧珠、罗老师和 3 名学生及常州市局前街的 24 名语文教师来校召开的交流会。上午，上公开

课，60 余人看课。下午，参加座谈会，介绍第一轮实验情况。(《校志（第一学期）》，1985 年，案卷号：78)

1 月 10 日　开设观察说话公开课，淮阴县小学校长培训班的 32 名学员看课。(《校志（第一学期）》，1985 年，案卷号：78)

1 月 12 日　上作文教学公开课，来自河南沈丘县的 3 名教师看课。(《校志（第一学期）》，1985 年，案卷号：78)

1 月 17 日　在校党支部会议上讨论实验班的改革问题时说：

我们应天天起步，面临工改，不能坐失时机，要提高教师的积极性，并利用寒假做好准备。

实验课题是"探索小学教育教学过程的最优化，充分发展儿童的共产主义道德情操和创造性"的整体性实验。教材、课程设置必须改革，语文、数学、科学常识各科要有一套新教材。教学手段要有新意，方法要新颖。各科从创造性、发展性出发，教学任务的完成达到最优化。要进行考试方法改革和学校管理改革。

成立教育科学研究室，校长、书记任主任，专门管理教学。权力下放到各科组长，物色得力的人。

成立家长委员会，设几个部，再设家长学校。

兴趣小组活动分两个层次，即拔尖性的和普及性的。

政治学习的形式要改革，学习效果也要讲最优化，星期六要不要排课，兴趣小组如何搞，要研究。(《市府、市局、区委、区局、本校关于建制、奖励、干部年报、办公会、支部会的通知、光荣册、决定、纪要、意见、名册记录》，1985 年，案卷号：85)

1 月 23 日下午，参加通师二附改革方案讨论会议。(《本校支部会议、教改情况汇报及学生转学的有关规定》，1985 年，案卷号：81)

1 月 24 日下午　周见一向通师二附转告省教育厅意见，要求学校进一步研究李吉林到北京参加全国小学教育研究班的问题。为此，周

见一和王秀芳专门到李吉林家中走访。[①]（《校志（第一学期）》，1985 年，案卷号：78）

1 月　省教育厅在南通召开各市教育局局长和部分学校负责人会议，为会议代表上公开课。（《南通市教育志》，第 490 页）

同月　在《教育研究》第 1 期发表《从整体出发，着眼儿童发展——试论改革小学语文教学的途径》。文章对在全国小学语文教学研究会第二次会员代表大会暨第三届学术年会上的报告略作修改，较为系统地梳理了自己 1978—1983 年间围绕小学语文教学改革所做的探索。一是增选教材，在实验班加重教材分量，增选了 214 篇补充教材（其中古诗文 103 篇、名家名篇 18 篇、儿童文学 42 篇、自编 18 篇、说明文 8 篇、其他 1 篇），并按照写人、记事、写景、状物四种类型将课文重新归类编排单元。二是创设情境教学法，即遵循反映论的原理，充分利用形象，创设具体生动的场景，激起学生的学习情绪，从而引导他们从整体上理解和运用语言的一种教学方法。该方法的特点是言、形、情融为一体，理念寓于其中。文章提出，运用情境教学法促进儿童发展经历四个阶段：（1）在阅读教学中，创设情境，把"言"和"形"结合起来，进行片断的语言训练。（2）通过"观察情境教作文"引导儿童观察时，在情境中加深体验，在情境中展开联想；习作时在再现情境中构思，在进入情境中陈述，促使儿童情动而辞发。（3）通过"生活显示情境，实物演示情境，音乐渲染情境，图画再现情境，扮演体会情境，语言描述情境"六种不同途径，创设和教材有关的情境，对儿童进行美感教育，促使儿童由感受美而入境→爱美而动情→理解美而晓理。（4）在前三个阶段的基础上，坚持

---

① 1985 年 9 月—1986 年 7 月，国家教委在中央教育行政学院举办了全国首期小学教育研究班，研究班的学员主要是：各省、自治区、直辖市选送的优秀小学教师、校长和教研人员，部分教育行政部门领导干部，中央教育科学研究所、高等师范院校、教师进修院校的研究人员和教学人员等，共 200 人。研究班以《中共中央关于教育体制改革的决定》和"三个面向"为指导方针，组织学员通过学习马克思主义教育理论，从理论和实践的结合上，总结和研究我国初等教育的经验，研究我国小学教育的理论和实际问题。李吉林考虑到整体改革实验的工作需要，放弃了参加这次研究班的机会（见《情境教育的诗篇》，第 117 页）。

情境教学"形式上的新异性，内容上的实践性，方法上的启发性"的原则，进一步促进儿童整体发展，情境教学法的核心是"激起儿童的情绪"，所谓"带入情境"即有效地调动儿童的主观能动性。三是将报告中提出的"促进儿童发展的五要素"的表述改为"促进儿童发展的基本原则"，其具体内容则保持不变。①

同月　主编的小学第二课堂三、四年级用书《小学生读写辅导》由江苏少年儿童出版社出版。②

2月1日　参加城区召开的1984年度先进集体、先进个人表彰大会。(《校志（第一学期）》，1985年，案卷号：78)

2月　《训练语言与发展智力》获江苏省哲学社会科学优秀成果二等奖。(《获奖证书》，1985年2月5日)

同月　被《小学生语文学习》月刊聘为编辑委员。(江苏教育出版社《聘书》，1985年2月)

2月—4月　在《武汉教研》第2—4期发表《运用情境教学　提高作文水平》。文章将提高小学生作文水平的方法概括为：激发动机，认识世界，拓宽思路，范文引路，逐步训练。③

3月13日　参加市教研室召开的市区中小学教改实验教师新春茶话会，代表通师二附汇报实验工作。(《校志（第二学期）》，1985年，案卷号：83)

3月22日　讨论中央电教馆下达的《李吉林情境教学课例》教学影片的拍摄问题。④接省教育厅电话通知到上海讲学。(《校志（第二学期）》，1985年，案卷号：83;《李吉林同志一九八五年先进事迹》，1985年，案卷号：无)

3月25日晚　赴南京开会。(《校志（第二学期）》，1985年，案卷号：83)

3月30日　在校党支部会议上汇报思想时说：

---

① 该文收录于《儿童·知识·社会的和谐建构》。
② 这套书由李吉林主编，每年级一册，共五册。
③ 该文收录于《美·智·趣的教学情境》。
④ 该教学影片于1985年拍摄完成。

　　我汇报两点。一是思考一年级改革的步伐跨大点。学校从领导管理到教师，开始迈新步伐，一年级上学期改革先行，这学期如何扎扎实实地进行，而且总结要在全省讲，应该拿出成套的东西，如计划等。二是去年在全国小语会上当选为副理事长，各方邀请开会的太多，我希望能定下心来，和学校的老师一起上上课，研究研究教学。我一一满足外地的邀请，不可能。但不去，显得架子太大。外出生活也不适应。我既要顾外面，又要顾学校，负担太重，矛盾尖锐，招架不住。希望领导为我把关，讨论一下这个问题，解决信多、会多、外出多、实践少的问题。①

（《市府、市局、区委、区局、本校关于建制、奖励、干部年报、办公会、支部会的通知、光荣册、决定、纪要、意见、名册记录》，1985年，案卷号：85）

　　3月31日　被评为江苏省劳动模范，在南京参加江苏省1984年度先进集体、劳动模范表彰大会和江苏省普教战线先进集体和劳动模范茶话会。（钟实、徐为民：《省教育厅举行茶话会邀请先进集体代表劳动模范回"家"团聚——交流改革经验 共表育才决心》，《江苏教育》1985年第4期；《南通市教育志》，第490页）

　　4月4日　在《光明日报》发表散文《是教师，也是诗人》。文章指出，老师是"用心血写诗，写着人们最关注的明天的诗，写在学生的心田里"。②

　　4月7日—10日　在南京参加江苏省教育学会会员代表会议及江苏省教育科研工作会议，当选江苏省教育学会副会长。（《省教育学会会员代表会议及省教育科研工作座谈会在南京召开》，《江苏教育》1985年第6期）

　　4月26日　参加演讲比赛，演讲题目为《假如我年轻三十岁——致未来教师》，获一等奖。在演讲中，寄语中师生要"当孩子的好老

---

　　①　本年8月27日开会时再次表示："来我这里看课问题不大，但要我外出赴会很为难。不去，外界有影响。"市教育局副局长朱培元提出，以后遇到这种事情，可先由李吉林说明情况，再由教育局出面回复对方。针对这种情况，通师二附开始有计划地开展集中性教研活动。
　　②　该文收录于《我是播种者》。

师"，抓住一切可能的机会锻炼口才、学习知识、积极参加各种活动，做一个精神世界丰富的人，珍惜光阴，练就当教师的本领。① （《校志（第二学期）》，1985 年，案卷号：83）

4 月 27 日　上午，开设公开课，来自山东的老师看课。下午，参加与山东老师的座谈会。（《校志（第二学期）》，1985 年，案卷号：83）

5 月 3 日　上午，与周琪到南通师范学校参加教育部师范司、江苏省教育厅联合举行的中师教育研讨会。下午，回校备课。（《校志（第二学期）》，1985 年，案卷号：83）

5 月 4 日　与周琪继续到南通师范学校参加中师教育研讨会。（《校志（第二学期）》，1985 年，案卷号：83）

5 月 6 日　开设观察说话公开课，上海徐汇区干训班、黄浦区干训班、杭州和泰州等地的 100 多名教师看课。② 晚，赴南京参加省人民代表大会。（《校志（第二学期）》，1985 年，案卷号：83）

5 月 8 日—13 日　在南京参加省第六届人民代表大会第三次会议。（《校志（第二学期）》，1985 年，案卷号：83；《江苏省志·议会　人民代表大会志》，第 589 页）

5 月 14 日　自南京回校。（《校志（第二学期）》，1985 年，案卷号：83）

5 月 25 日　上午，开设注音阅读公开课，上海卢湾区和无锡民进党员教师看课。下午，参加座谈会。（《校志（第二学期）》，1985 年，案卷号：83）

5 月　被评为全国优秀教育工作者，获得全国"五一"劳动奖章。（《校志（第二学期）》，1985 年，案卷号：83；《南通市教育志》，第 490 页）

6 月 14 日　参加学校召开的南通市家庭教育经验交流会，做题为《在观察中发展儿童的语言》的讲座。③ （《校志（第二学期）》，1985 年，案卷号：83）

① 该演讲稿发表于《师范教育》1985 年第 6 期，收录于《我是播种者》。
② 该课可能是为中师教育研讨会开设。
③ 1984 年，通师二附试办家长学校，从当年秋季起每月讲课一次，1984—1985 学年共举行了八讲，李吉林做第六讲，讲课内容以《和小学生谈观察》为题收录于《训练语言与发展智力》一书。

6月　再对《从整体出发，着眼儿童发展——试论改革小学语文教学的途径》一文作修改补充。

同月　在《小学语文教学》第6期发表《观察情境教作文》。文章指出，观察情境教作文是提高儿童作文水平的有效方式，教学时要努力选取鲜明的观察对象，确定好观察点，合理安排观察程序和观察时间，考虑好富有启发性的观察导语。①

7月　第二轮实验班经过一年级的学习，学生学完了140篇课文，阅读量是五年制部编版教材量（40篇）的3.5倍，不但掌握了小学第一、二册课本中的702个生字，而且默写的正确率高达98.7%，此外还通过注音阅读方式进行延伸识字，人均延伸识字470个，总平均识字量接近1200个。（《坚持教改，探索前进——进行整体发展实验的情况汇报》，载《关于党支部、学校工作、教学改革计划、总结、规划、汇报、讲话》，1986年，案卷号：89）

同月　散文《是教师，也是诗人》获得《光明日报》"老师和我"征文活动佳作奖。（《证书》，1985年7月）

8月12日　天津师范大学教育学院田本娜教授回信说："见到您新的实验效果很好，非常高兴。孩子们进到这样的实验班太幸福了。识字、阅读可以同步走。低年级以识字为重点，并不是不读书，识字不是目的，是手段，识字的目的就是要发展学生的书面语言——能读、能写。识字、读书相互促进，识的字只有在读、写运用中才能巩固。同时，我希望您能从孩子们学习语言的规律上加以总结，把总结重点放在教学原理的改变和教学方法的更新方面。如果我们在理论上说清楚，根据儿童的智能水平，应该把识字、阅读量加大些，小了倒有害。那么不仅是李吉林能完成这项任务，就是一般教师也能完成。"（丁伟：《在小学里"读大学"——李吉林老师信函侧记》，《未来教育家》2020年第7期）

8月27日　与秦同、朱培元、周见一、曹振东、徐广明、周琪、

---

① 该文收录于《美·智·趣的教学情境》。

王秀芳、李静和范建等开会，讨论五年制教学实验的衔接问题。提出建议：（1）安排一所中学与通师二附衔接，开展"五四"制教育实验；（2）实验年级的教材与学制要保持一致，五年实验结束时未能考取重点中学的仍应继续读完六年级；（3）实验年级定点，以点带面，相关问题以实验班定点为主考虑。会议讨论提出五种方案：（1）通师二附采用五年制，安排一所中学配套为四年制；（2）一个班与重点中学挂钩，其他班级参加统考另行安排；（3）一年级一班为五年制，其他班级为六年制；（4）全部参加统考，录取重点中学的单独编班，其他学生统分；（5）五年实验后由师范部组织初中教学，即可坚持实验，又不影响全市全局。（《市府、市局、区委、区局、本校关于建制、奖励、干部年报、办公会、支部会的通知、光荣册、决定、纪要、意见、名册记录》，1985年，案卷号：85）

8 月 29 日　在《江苏教育》第 16 期发表《"指挥棒"的"阻"与"导"》。文章批评小学语文教学搞题海战术，指出根子在于片面追求升学率，是升学考试在发挥"指挥棒"作用。文章主张，要通过考试的改革，引导促进教学的改革，让广大教师通过考试，明确提高质量、促进儿童发展的基本途径和着力点。文章强调，考试的目的是促进学生知识的应用。考试内容要简明扼要，切忌繁琐，尽量体现知识的综合性、应用性和灵活性。考试的形式可以是笔试，也可以是口试。[1]

9 月 8 日　20 年前的一群学生来家中看望，从早晨八点欢聚至晚上八点。[2]（李吉林：《因为我是孩子的老师》，《山东教育》1986 年第 7—8 期）

9 月 10 日　在市文化宫电影院参加南通市委、市政府召开的教师节庆祝大会。（《校志（第一学期）》，1985 年，案卷号：84）

9 月　教改项目"在小学语文教学中运用情境教学法促进儿童发展"获得江苏省普通教育改革优秀成果个人一等奖。（江苏省教育厅《获

---

[1]　该文收录于《我是播种者》。

[2]　李吉林自述是"教师节那天"，但教师节当天是星期二，其本人参加南通市教师节庆祝大会，故推测学生来访的时间是星期天，即 9 月 8 日。

奖证书》，1985年9月10日）

同月　在《福建教育》第9期发表《献给教师节的礼物》，简要介绍第二轮实验开展一年来的基本情况，以此作为献给教师节的礼物。①

10月10日　开设观察说话示范课，来自浙江省湖州市教育局、湖州师范学校和吉安师范学校的老师看课。（《校志（第一学期）》，1985年，案卷号：84）

10月20日　开设公开课《狼和小羊》，来自上海虹口区的4名老师看课。（《校志（第一学期）》，1985年，案卷号：84）

11月2日　参加通师二附大型教研活动，开设观察说话公开课。（《校志（第一学期）》，1985年，案卷号：84）

11月5日—9日　在武汉参加中国教育学会第二次学术讨论会。会议的中心议题是：以"三个面向"为指导，以教学改革（包括教育思想、内容和方法）为重点，进一步研讨普通教育的改革。会议期间，主动拜访顾明远和江山野，受到鼓励。顾明远指出："情境教学的前景是很好的，情境教学不仅可以用在语文教学中，在国外还运用到了理科和数学教学中去。你应该充满信心地去做。"（中国教育学会秘书处：《中国教育学会（1979—1989）》，人民教育出版社1990年版，第298—299页；《情境教育三部曲》，第116—117页）

11月16日下午　在南通市第一中学传达中国教育学会第二次学术讨论会精神，秦同、莫惠昌、曹振东，通师二附行政领导、科研室主任和工会主席参加会议。（《校志（第一学期）》，1985年，案卷号：84；《市府、市局、区委、区局、本校关于建制、奖励、干部年报、办公会、支部会的通知、光荣册、决定、纪要、意见、名册记录》，1985年，案卷号：85）

11月18日　参加校党支部会议，在围绕党性学习谈体会时说：

在任何战线，对党员来讲，党性考验是无止境的。在教育战

---

①　该文收录于《我是播种者》。

线上，自己是坚定共产主义信念教育学生和投身到当前的改革当中。二附从改革中找出路，起步早，困难多。第一轮试验离不开书记和同志们的支持与帮助，使我产生力量能够坚持下来。第一轮试验后怎么办？一是第一轮试验的成绩好的，激流勇退，到此为止。二是带带班。三是从单科走向整体，心中有一种朦胧的蓝图。

多年来，我在二附这个土壤上成长，老书记常说我，一是共产党员，二是特级教师。前两年，许多同志走了，我感到釜底抽薪。但是，在实力不太雄厚的情况下，我还是走上了整体性改革的路子。我对二附的许多事很有热情，（有）当家作主（的意识），前一阶段对学校提了一些建议。但我毕竟是一个教师，和校长有区别，不能与行政干部一样指手划脚。我在此做自我检查，这有一个很痛苦的过程。我对整体性试验很焦虑。首先要从领导开始全力以赴。我对整个学校来讲还是一颗螺丝钉，不是主件。这样想，是否党性不纯？我做自我检查是纯的，但实验必须讲科学性。

整党学习，增强党性。为了改革，争取领导重视，要有斗争性。整党是为了把我们的事业搞好，这是最终目的。（《市府、市局、区委、区局、本校关于建制、奖励、干部年报、办公会、支部会的通知、光荣册、决定、纪要、意见、名册记录》，1985 年，案卷号：85）

11 月 23 日　开设阅读公开课《太阳的话》，来自江苏省政协教育组、广西桂林、盐城市教育局、连云港市教育局、上海第四师范学校、上海静安区行政干部培训班的老师及南通师范学校的部分学生看课。（《校志（第一学期）》，1985 年，案卷号：84）

11 月 27 日—12 月 4 日　在南京参加省第六届人民代表大会常务委员会第十六次会议。（《校志（第一学期）》，1985 年，案卷号：84；《江苏省志·议会　人民代表大会志》，第 590 页）

12 月 4 日　向省教育厅初等教育处成尚荣、张建明和市教育局秦同、朱培元、周见一等汇报点班实验工作，周琪、王秀芳和范建等参加会议。成尚荣指出："实验小学学制还是以五年为好，过去有经验，现在还有个改革问题。……所谓大改，并不是指全面的改，而是指触及本质的改。……八六年新生不必连续搞实验，以现有一、二年级为点作为一轮试验，不然力量分散。而现有一年级对二年级实验要有所发展。幼儿园改革工作要重视。"（《市府、市局、区委、区局、本校关于建制、奖励、干部年报、办公会、支部会的通知、光荣册、决定、纪要、意见、名册记录》，1985 年，案卷号：85）

12 月 5 日　开设公开课《天上的街市》，常州教师进修学院的 16 名老师看课。（《校志（第一学期）》，1985 年，案卷号：84）

12 月 6 日　赴如东讲学。（《校志（第一学期）》，1985 年，案卷号：84）

12 月 18 日下午　参加学校教工政治学习会，介绍自己的教改历程。（《校志（第一学期）》，1985 年，案卷号：84）

12 月 19 日　与施建平、秦兴林到海安参加南通市小学语文教学研究会年会。（《校志（第一学期）》，1985 年，案卷号：84）

12 月　第二轮实验开展来的一年半内，在不增加课时的前提下，学生不但学完了教育部规定的 3 本教材中的 180 篇课文、1462 个生字，全班默写正确率达 98%—99%，而且还学完了自编的 3 本注音汉字阅读教材中的 150 篇课文，人均多识字 910 个，使得学生入学一年半来识字量达 2300 余个，能写 250—300 字的短文，多的能达 500 字。（《李吉林同志一九八五年先进事迹》，1985 年，案卷号：无）

同月　论文《语文教学上的创设情境》被评为《教育研究》研究教育现实问题优秀文章。

1986 年　48 岁

2 月 25 日—28 日　国家教委、广播电影电视部、国务院电子振兴领导小组等九单位在京召开卫星电视教育工作会议，决定积极采用先进技术，开展卫星电视教育。

4 月 12 日　六届全国人大四次会议通过《中华人民共和国义务教育法》，要求"经济、文化较发达地区，在 1990 年左右实现九年义务教育"。

7 月 28 日—8 月 4 日　江苏省教育厅在南京召开江苏省普通教育体制改革研讨会，要求在继续抓好体制改革的同时，不失时机地把教育改革的重点转移到教育思想、教育内容、教育方法的改革上来。

10 月 1 日　卫星电视教育正式开播。

12 月　国家教育委员会颁布《全日制小学语文教学大纲》。

1 月 8 日　参加学校教工政治学习会，传达中国教育学会第二次学术研讨会精神。（《校志（第一学期）》，1986 年，案卷号：84）

1 月 10 日　参与讨论学校整体性发展实验的工作总结，提出："现在灌输、低效的劳动确实存在，思想认识不平衡。有些人对改革有要求但认识并不高，有些领导与群众积极参加教改。因此，情况主要分三种。按系统论的观点来研究教育才是最好的出路，系统论的一个观点是整体发展，那么，系统的横向与纵向如何渗透？整个学校的管理，校内外、课内外如何渗透？第一学期着重激发儿童的兴趣，第二年有了深入，各科也在研究单科整体发展与相互渗透的问题。……德智体美劳，并非平均相加，而是融于一体，注意渗透。全面提出教学任务，要成体系又有整体观念。……整体实验的整体与发展不可分割。"（《本校党支部会、办公会议记录》，1986 年，案卷号：91）

1 月 15 日　省教育厅在南通召开各市教育局局长和部分县教育局局长、中学校长会议，省教育厅副厅长吴椿带领与会人员到通师二附考察。为参加会议的 12 所改革试点学校的校长开设阅读复习公开课。（江苏省教育志编纂委员会：《江苏教育大事记（1949—1988）》，江苏教育出版社 1989 年版，第 359 页；《校志（第一学期）》，1986 年，案卷号：84）

1 月 18 日　赴南京参加省第六届人民代表大会常务委员会第十七次会议。（《校志（第一学期）》，1986 年，案卷号：84；《江苏省志·议会　人民代表大会志》，第 590 页）

1 月中旬　根据中国教育学会第二次学术讨论会的精神，中国教育学会学术委员会评选出 40 篇获奖论文，提交的论文《从整体出发着眼儿童发展——试论改革小学语文教学的途径》入选。（《中国教育学会（1979—1989）》，第 271—273、298—299 页）

同月　实验班学生已经能够阅读《小朋友》《好儿童》《儿童周报》和《少年报》等一般儿童书报，能写 150—300 字的观察短文。（《坚持教改，探索前进——进行整体发展实验的情况汇报》，载《关于党支部、学校工作、教学改革计划、总结、规划、汇报、讲话》，1986 年，案卷号：89）

2 月 2 日　在《新华日报》发表《必须重视和加强基础教育》。文章指出，基础教育是整个教育的基础，也是个人成才和培养劳动力素质的基础，对经济发展的作用不可低估，因此要重视和加强基础教育。①

2 月—4 月　在《武汉教研》第 2—4 期发表《运用情境教学　提高作文水平》。文章总结了自己在 1978—1983 年间运用情境教学指导学生作文的具体做法，主要是激发动机，认识世界，拓宽思路，范文

---

①　该文收录于《我是播种者》。

引路，逐步训练。

3 月 7 日　赴南京。(《校志（1985—1986 年度第二学期)》，1986 年，案卷号：88)

3 月 8 日　在南京参加"三八妇女节"庆祝大会，作为省先进妇女代表介绍事迹。(《关于报请李吉林同志"通令嘉奖"的事迹材料》，南通市教育局，1987 年 2 月)

3 月 13 日　在市里宣讲劳模事迹。(《校志（1985—1986 年度第二学期)》，1986 年，案卷号：88)

4 月 9 日　上午，为出席南通市教育系统表彰大会的近 100 名代表开设作文评讲公开课《下春雨啦》。下午，参加大会。(《校志（1985—1986 年度第二学期)》，1986 年，案卷号：88)

4 月 16 日　在通师二附八十周年校庆活动中开设公开课《故乡的小园》，播放教学影片《李吉林情景教学课例》。(《校志（1985—1986 年度第二学期)》，1986 年，案卷号：88)

4 月 19 日　上午，开设说话公开课，来自广西天桃小学的 6 名教师和凤山县的 4 名教师看课。晚，赴南京参加省人大会议。(《校志（1985—1986 年度第二学期)》，1986 年，案卷号：88)

4 月 22 日—29 日　在南京参加省第六届人民代表大会第四次会议。(《校志（1985—1986 年度第二学期)》，1986 年，案卷号：88;《江苏省志·议会　人民代表大会志》，第 369 页;《出席证》)

4 月 28 日　在《语文报》发表《写人的文章应注意什么》。文章提出，指导学生写人的文章要注意写事、写形、写情。①

5 月 4 日　制订《二年级下半学期实验工作计划》，内容如下：

一、基本指导思想

1. 巩固一年半来整体性实验的成果，将实验建筑在更科学、更合理、更符合实际的基础上，促使实验向纵深发展。

2. 继续贯彻以点促面、以点带面的方针，以二（4）班课堂

---

① 该文收录于《我是播种者》。

教学过程最优化的研究带动其他三个班；以语文学科的实验带动其他学科的同步前进。切实减轻课业负担，提高教学质量。

3. 加强横向联系，鼓励相互了解，因材施教，进一步发展学生的个性，陶冶共产主义道德情操，培养创造才能，促进和谐发展。

4. 为三年级的深入改革实验做好必要的准备工作。

二、几项主要打算

1. 思想先行

进一步进行实验动员，统一认识，端正教育思想，激发实验的积极性和自觉性。深入做好实验年级老师的思想工作，增强教改实验的光荣感和责任感。在人员短缺、指导力量薄弱的暂时困难下，从实际出发，依靠人的革命精神和创造才能，同心协力，紧抓五、六两个月，创造出新的成绩。

2. 加强学习

用先进的教育和教学思想武装头脑、指导实践，是实验的首要问题，必须抓紧时间，组织学习。自十二周始，实验年级的老师，坚持隔周一次一小时教改信息学习制度，时间为星期四下午课毕以后，学习材料由学校科研室提供。

3. 适当变动课程设置，减轻课业负担

根据前阶段的实践，我们感到，实验年级必须首先做到，语数课堂作业力争在课堂内留出适当时间完成。为此，教师必须讲究课堂教学结构的科学与实效，讲求整体效应，减少无效劳动，真正使教学过程趋于最优化。

上午原定的学科辅助活动课，曾产生一定的效果，但为了将主要精力花在课堂教学的优化上（实际上，这种激发兴趣的辅助手段完全可以有机地穿插在课堂教学之中），现决定仍改为自习课，让学生从小培养自己独立支配时间的能力。这课时间，可以让中下生用来继续完成课堂上未完成的作业，也可以让优等生用来阅读、绘画或钻研其他感兴趣的事情，有利于因材施教。当然，班主任必须作好组织与引导工作，有请其他级科任老师指导的，也可先联系。其他科任老师必须经常关心，以发现和培养本门学科的拔尖人才。

语数学科在星期一、星期五均不布置书面家庭作业。为充分发挥语文基础学科的领头作用，每天回家仅布置写观察日记，星期六与星期天除观察日记外，语数可布置总量不超过一小时的家庭作业，内定以总结巩固一周内的知识技能为主。

平时原有家庭作业，可布置听（广播）、看（报纸书籍、个别电视节目）、做（小实验、下棋、绘画、书法、锻炼、学乐器）等趣味作业，扩大知识视野，陶冶身心。

4. 进一步改革课堂教学

按照本学期初确定的而未能实行的典型课研究，各科继续加强集体备课，围绕课题，在后半学期付诸实施，搞好评课活动，扎扎实实拿出样子来，提高课堂教学效果。

5. 恢复健全课外、兴趣小组活动

从十二周开始，恢复朗诵、器乐、剧艺、舞蹈、美术兴趣小组活动，另增加书法、体育兴趣小组，并积极筹备成立"小小文学家""小小数学家"兴趣小组，做到组员、辅导员、时间、地点、内容五落实，做到每个兴趣小组有辅导老师辅导的活动，每周至少一次，书法、小器乐争取两次，具体安排如下表：

二年级课外兴趣小组活动一览表

组别	时间		地点	组织	辅导
朗诵	星期五		三厅	潘玲	黄沄
器乐	星期	三六	二（2）	秦兴林	钱冰
剧艺	星期六		二（4）		胡道清

续表

组别	时间		地点	组织	辅导
舞蹈	星期二		音乐室		李波
美术	星期一				宋竞莉
体育	星期	二六	大操场体操房	王海泉	严美华
书法	星期	二四	学生饭堂	刘翠民	蒋长春

每周下午安排有体育活动的日子，兴趣小组活动放第三课后，其余均在下午第二课后。

学期结束前，各兴趣小组进行成果汇报。

兴趣小组活动时间，为照顾大面积学生的兴趣爱好，促其个性发展，每周安排两次开放小蜜蜂图书馆和棋类活动室，由二年级科任老师轮值，各班可选定两名小小服务员一同服务。学会自己管理自己。

周二：二（1）、二（2）

周四：二（3）、二（4）

6. 加强调查研究

为了进一步了解目前教改实验教与学双方的现状，学校领导决定深入班级解剖"麻雀"，十三周首先深入二（4）班一周，看一日活动安排，看教学，看作业，开座谈会，进行必要的数据统计和分析，以便更好地开展下一步的实验工作，将措施落到实处。

学期结束，做好实验与非实验的对比摸底工作。

7. 关心实验班教师，尽量将实验教师的负担控制在上班时间内，以保证实验得以顺利而健康地进行。（《李吉林教改实验计划、总结》，1986 年，案卷号：146）

5月21日　经南通市人大常委会审定，被评为南通市 1985 年度

劳动模范。(《南通市教育志》第 331 页；《南通市人大志》，第 39 页)

5 月 23 日　参加学校全体党员大会，介绍周琪的先进事迹。(《校志（1985—1986 年度第二学期）》，1986 年，案卷号：88)

5 月　主编的《注音阅读》教材开始在山东教育出版社出版。①

7 月—8 月　在《山东教育》第 7—8 期发表《因为我是孩子的老师》。文章表示，自己把青春献给孩子是美好的人生，是富有诗意的篇章；自己爱学生是源于自己对祖国的热爱；自己是属于党的，属于孩子的，为了孩子，为了未来，要继续坚持改革，大胆实验。

7 月起　鲁南陆续在《山东教育》发表 10 篇"李吉林语文教学评介"系列文章，内容分别为《孩子爱上她的课》《因为我是孩子的老师》《把学生带入情境》《拨动学生心弦的教学语言》《让孩子插上想象的翅膀》《打好扎实基础 促进儿童发展》《让美陶冶儿童的情操》《播下爱国主义的种子》《情境教学理论的新跨步》和《在训练语言中发展创造性思维》等。

8 月 4 日下午　参加李吉林教改实验讲习班筹备会议。(《李吉林教改实验计划、总结》，1986 年，案卷号：146)

8 月 10 日—14 日　南通市教育局举办"李吉林教改实验讲习班"，讲习班成员来自省内南京、无锡、徐州、常州、苏州、南通、连云港、淮阴、盐城、扬州、镇江等 11 市的 120 多人，南通所属各县（区）均分别设立推广李吉林"识字、阅读、作文三线并进"整体优化语文教改实验领导小组和实验点班。② 10 日下午，在讲习班介绍第一轮实验情况及主要经验。11 日上午，介绍情境教学法。12 日上午，介绍第二轮实验情况。13 日上午，介绍《注音阅读》的教学

---

① 这套教材共出版四册，一、二年级每学期一册。

② 南通市小学推广李吉林整体优化语文教改实验点班及实验老师为：南通县：南通县实验小学王笑梅，金沙小学王雅梅，石港小学沈锦萍；海门县：海师附小陶德钧、施伟尊，三厂中心小学沈翠萍、倪首芳；启东县：启东县实验小学严勇，和合中心小学张红梅；海安县：海安县实验小学陈萍、殷卫东，明道小学张筱贞；如皋县：如师附小三年级许友兰，丁堰小学三年级张杰俊，城西乡中心小学一年级袁国剑；如东县：掘港小学一（3）班顾国芳，滨山小学一（2）班陈小平；城区：跃龙桥小学程建环，虹桥小学刘炎平，天生港小学何福珍，二工小马雪华，城南小学蔡桂华；郊区：文亮小学陈晓凤，西郊小学张健美。

及其课例。14日上午，介绍《观察说话》教学及其课例。(《李吉林教改实验计划、总结》，1986年，案卷号：146)

9月5日　赴南京参加省人大常委会。(《校志（1986—1987年度第一学期）》，1986年，案卷号：87)

9月6日—9日　在南京参加省第六届人民代表大会常务委员会第二十一次会议，参与审议《江苏省实施〈中华人民共和国义务教育法〉办法》。(《校志（1986—1987年度第一学期）》，1986年，案卷号：87；《江苏省志·议会　人民代表大会志》，第590页)

9月24日　出席"李吉林教改经验试点工作会议"，介绍教改情况。(《校志（1986—1987年度第一学期）》，1986年，案卷号：87)

9月　在《小学语文教学》第9期发表《必须重新认识作文教学的性质任务》。文章认为，作文教学的任务，不仅要培养儿童的思维和创造力，养成儿童健康的审美情趣，还要积极开展共产主义思想教育。文章强调，抓好作文教学，必须正确处理好语言与思维、语言与情感、语言与训练的关系。[1]

同月　任学校语文教学研究组指导老师，改由施建平、花爱民任教研组长。(《校志（1986—1987年度第一学期）》，1986年，案卷号：87)

10月3日　赴南京参加江苏省教育管理信息讨论会。[2]　(《校志（1986—1987年度第一学期）》，1986年，案卷号：87)

10月15日　在学校向全体教工传达教改信息。(《校志（1986—1987年度第一学期）》，1986年，案卷号：87)

10月20日　参加南通市教育局召开的特级教师座谈会，汇报学校及自己的教改实验工作。(《校志（1986—1987年度第一学期）》，1986年，案卷号：87)

---

[1]　该文收录于《儿童·知识·社会的和谐建构》。

[2]　1986年10月5日—10日，江苏省教育厅根据联合国教科文组织亚太地区办事处和中国联合国教科文组织全国委员会的活动计划，举办了江苏省教育管理信息讨论会，围绕如何实现教育管理现代化及如何改革学校教育、教学工作，以适应经济和社会发展需要问题进行了研讨。会前，美国心理学家、教育家本杰明·S·布鲁姆作学术报告并座谈。联合国教科文组织亚太地区办事处官员朱小奇出席会议，吕型伟、金世柏、张复荃、金一鸣、吴也显等学者作学术报告。见《江苏教育大事记（1949—1988）》，第373页。

10 月 27 日　在三（4）班开设公开课《寒号鸟》第一课时，广州越秀区教育代表团看课。(《校志（1986—1987 年度第一学期）》，1986 年，案卷号：87)

10 月 28 日　在三（4）班开设公开课《寒号鸟》第二课时，广州越秀区教育代表团看课，课后参加座谈会，介绍教改情况。(《校志（1986—1987 年度第一学期）》，1986 年，案卷号：87)

10 月　在通师二附承担的 2 项江苏省教育科研项目中，主持课题"实现最优化，全面提高语文教学质量"，另一项课题"探索最优化，进行小学教育的整体改革"由王秀芳主持。(《李吉林教改实验计划、总结》，1986 年，案卷号：146)

11 月 1 日—2 日　在南京参加江苏省教委举办的吴天石教育思想研讨会，作题为《加强基础　讲究整体　注重应用——重温天石厅长语文教学论述有感》的发言，重温吴天石对她的关心培养及其在"常州会议"上的报告精神。(江苏省教育学会、江苏教育杂志社、江苏省教育科学研究所、江苏省中小学教学研究室合编：《吴天石和他的教育思想——吴天石教育思想研讨会文章专辑》)

11 月 19 日　与施建平应福建省电化教育馆邀请赴福州讲学。在福州期间，拍摄教学录像课《我是什么》《寒号鸟》《月光曲》和《桂林山水》，拍摄情境教学讲座和作文教学专访，点评福建省小学语文青年教师教学评比一等奖获得者的教学。(《校志（1986—1987 年度第一学期）》，1986 年，案卷号：87；《关于报请李吉林同志"通令嘉奖"的事迹材料》，南通市教育局，1987 年 2 月)

11 月　与施建平合作在《福建教育》第 11 期发表《教学也是艺术》。文章提出，教学艺术是教学方法、技能、技巧在教学过程中恰到好处地运用；教学艺术的运用是创造性的劳动，往往带有执教者鲜明的个人特点；娴熟地运用教学艺术，要求教师认真钻研教材、掌握儿童心理、加强文学修养、拓宽知识面。①

同月　制订《"识字、阅读、作文三线并进"实验计划》，内容

---

①　该文收录于《我是播种者》。

如下：

"识字、阅读、作文三线并进"实验计划

李吉林小学语文教改实验小组

一、课题

在第一轮实验基础上，通过第二轮实验，一方面验证第一轮实验，另一方面进一步实现小学语文的最优化，实现小学语文教学任务、内容、方法、过程、形式、速度的最优化，以培养语文能力为中心，促进儿童在学习语文过程中，获得知识、能力、情感、意志的全面发展，以建立小学语文教学的新体系。

二、设想

通过小学阶段五年轻松愉快的学习，在为学生扎扎实实学好语文基础知识，培养语文能力的同时，充分挖掘儿童的潜在能力，发展儿童的创造性，在教学中通过高尚的审美情趣的培养，对学生进行共产主义的理想教育，初步形成共产主义道德情感和道德行为，使学生发展获得尽可能的效果，为适应未来世界的人才的需要打好基础。

三、具体目标

1. 语文知识方面

（1）学会汉语拼音、掌握识字和学习普通话的工具

（2）认识三千五百个常用汉字

（3）掌握常用词汇（一万个）

（4）掌握陈述、祈使、感叹、疑问主要单句句式以及简单复句的几种主要句式，包括并列、承接、递进、条件、因果、选择、转折、假设。

（5）学习运用几种常用的修辞手法：比喻、比拟、排比、设问、反问、反复、夸张、对比；在用词炼句方面，具有初步的感性知识，并在实际中加以运用。

（6）掌握记叙文、书信、条据、日记、简单说明文、读后感、小报导、实验报告等文体的初步的知识。

2. 能力方面

（1）能读通、读懂一般儿童读物、通俗读物、报纸及儿童科普读物。

（2）具有一定扫视速读的能力，对以上读物，读后能抓住中心和文章层次，并能编写简要提纲。

（3）具有初步精读能力，对一般难度的优秀文艺作品及名家名篇有初步欣赏的能力。

（4）具有正确、流利、有感情地朗读课文及一般难度的文艺作品的能力，能背诵100篇优秀名篇与古诗文。

（5）能当众响亮地、有条理地、具体地或简要地发表自己的意见，能把读过的故事复述给他人听。

（6）能写书信、条据、实验小报告、记录、读后感、黑板报稿、小报导、日记、观察日记等应用文体。

（7）能写一般的记叙文、描写文，做到中心明确、条理清楚、语言通顺，正确使用各种标点符号，具有文章加点的良好习惯，书写格式正确，基本没有错别字。

3. 智力方面

（1）发展观察力。对周围世界有一定的认识，储存有关周围世界的丰富的表象，具有按一定顺序观察事物的能力，培养留心周围事物的良好习惯。

（2）展开联想与想象的能力。发展想象力及创造性，能在观察中促进创造性思维的发展，并学会按一定逻辑顺序思考问题，分析问题，促进形象思维向逻辑思维的过渡。

以上智力诸品质的发展都与语言的发展结合进行。

4. 教育方面

（1）热爱家乡的山川、田野，热爱伟大的祖国，懂得我们的祖国山河秀丽、物产丰富、历史悠久，激发民族的自尊心、自豪感。

（2）热爱大自然，充分感受大自然赋予的美感，启迪智慧，激发探索大自然奥秘的志趣，培养热爱科学的感情。

（3）热爱集体，尊敬老师，关心小伙伴，关心家人长辈，关心世界上受苦受难的人们，培养热爱人民的思想感情。

（4）懂得祖辈昔日的苦难，认识中国共产党是中国人民的救星，体会生活在社会主义社会的幸福，培养学生热爱社会主义、热爱共产党的思想情感，初步树立共产主义的信念，培养共产主义的道德情感和道德行为。

（5）认识劳动创造了人类世界，培养学生热爱劳动人民、热爱劳动的思想感情，激发学生长大后用自己的劳动去创造更美好的世界，为人民造福，为祖国争光。

四、阶段指标

1. 一、二年级

（1）掌握汉语拼音，学会用音序查字典。

（2）认识二千五百个字。

（3）掌握四种主要单句的类型。

（4）认识、，。？！：""……《》九种标点。

（5）对运用比喻、拟人、设问、修辞手法有一定的感性认识。

（6）能阅读一般低幼读物，培养阅读兴趣及良好的阅读习惯。

（7）能完整地说一句话，写一句话、几句话到一篇课文，能写观察日记及请假条、便条。

2. 三、四、五年级（略）

五、实验措施

1. 调查摸底

2. 开设过渡课

3. 采取识字、阅读、作文三线同时起步的做法，开设多种课型，做到多层次、多结构。

（七课时语文课，三课时阅读课，一课时观察说话课）

4. 自编注音汉字阅读教材，要求内容健康、文字优美，使审美教育与创造教育在教材中得到落实，每册 50 课。

5. 实行开放教学，设野外活动。

6. 重视基础对发展的影响，遵循识字规律，打好识字基础。

7. 课内外活动结合，因材施教。

根据班级组织课外兴趣小组，设写作小组、朗诵小组、书法小组、故事小组、图画小组、长跑小组、乐器小组、棋类小组。

8. 加强各学科间相互渗透，共同把握儿童发展要素，充分发挥语文学科作为领头学科多功能作用。（《李吉林教改实验计划、总结》，1986 年，案卷号：146）

同月　冒大雨赴南通县观音山镇讲学。（《关于报请李吉林同志"通令嘉奖"的事迹材料》，南通市教育局，1987 年 2 月）

12 月 1 日　中国教育学会委托上海市教育学会、上海市教育局、华东师范大学在上海金山召开全国普通教育整体改革学术讨论会，与王秀芳一起参加会议。会议期间请刘佛年指导，刘佛年说："整体改革是一个相对的改革，你可以在全校搞，也可以在你的年级里搞，甚至在你这个班和你的数学教师两个人一起搞。"受此启发，开始将情境教学向情境教育拓展。（《中国教育学会（1979—1989）》，第 300 页；《校志（1986—1987 年度第一学期）》，1986 年，案卷号：87；《情境教育的诗篇》，第 117 页）

12 月 16 日—20 日　参加省第六届人民代表大会常务委员会第二十三次会议。（《校志（1986—1987 年度第一学期）》，1986 年，案卷号：87；《江苏省志·议会　人民代表大会志》，第 591 页）

12 月 20 日—31 日　应邀赴杭州参加浙江省小学语文教学研究会年会。（《校志（1986—1987 年度第一学期）》，1986 年，案卷号：87）

12月　被《课程·教材·教法》杂志聘为通讯员。（课程教材研究所《聘书》，1986年12月）

本年　主编的《注音阅读》教材第1—4册由山东教育出版社出版。（《关于报请李吉林同志"通令嘉奖"的事迹材料》，南通市教育局，1987年2月）

同年　在泰州师范学校上示范课《桂林山水》并做演讲。（陈萍：《永恒的标高》，载成尚荣《我们是长大的儿童——情境教育中走出的名师》，教育科学出版社2012年版，第398—403页）

1987 年　49 岁

2 月　李鹏在国家教委工作会议上提出，今年教育战线要抓好反对资产阶级自由化和教育领域的各项改革两件大事。

11 月 14 日　国家教委印发《关于推广小学语文"注音识字，提前读写"教学改革实验的通知》，要求面向农村地区、边远地区和少数民族地区推广小学语文"注音识字，提前读写"教学改革实验。

1 月 9 日　与李静到市政协开会。（《校志（1986—1987 年度第一学期）》，1987 年，案卷号：87）

1 月　论文《情境教学的探索过程及其理论依据》被评为江苏省优秀教育论文一等奖。（江苏省教育学会《获奖证书》，1987 年 1 月 20 日）

2 月 9 日下午　与王秀芳、黄银土、施建平开会讨论实验工作。（《校志（第二学期）》，1987 年，案卷号：98）

2 月 18 日—20 日　在山东济南参加全国小学语文教学研究会第二届理事会第二次全体会议。会议期间，放弃登泰山的机会，应山东省教研室特级教师朱敬本老师的邀请作情境教育报告。（李吉林：《情境教育的诗篇》，第 445—446 页）

3 月 2 日　与省教育科学研究所所长穆嘉琨讨论学校整体改革情况。与王秀芳、李定等参加市教育科学研究所成立大会。（《校志（第二学期）》，1987 年，案卷号：98）

3 月 3 日　被南通市教育科学研究所聘为特约研究员。（《校志（第二学期）》，1987 年，案卷号：98；南通市教育科学研究所《聘书》）

3月15日 《光明日报》发表胡道清的文章《识字 阅读 作文三线并进——特级教师李吉林改革小学语文教学成效显著》。文章介绍了李吉林第二轮小学语文教学改革实验的主要做法：从语文教学的整体出发，利用汉语拼音与阅读之间的相互作用，强调在运用中加以巩固。每周用7课时教统编教材，按独体字、合体字学词学句为序列，扎扎实实地教好识字；用3课时上注音阅读课。她自编了《注音阅读》教材一至四册，凭借汉语拼音提早阅读。另外，每周用1课时上作文课（观察说话、观察写话）。教学改革实验的主要成效：两年来，在未增加课时的情况下，实验班除学完统编教材外，还通过《注音阅读》，多学了200篇思想健康、文字优美的作品。经先后3次测验，统编教材一至四册要求的四会字1660个，学生的默写正确率平均达97.8%；通过四册《注音阅读》延伸识字人均达1028个。实验班学生的总识字量人均超过2500个，学生们都可阅读一般的书报。

3月19日—23日 到南京参加学会会议。（《校志（第二学期）》，1987年，案卷号：98）

3月25日下午 在学校做情境教学讲座，上海吴淞区16名校长参与听讲。（《校志（第二学期）》，1987年，案卷号：98）

3月 在《小学语文教改通讯》第3期发表《浅谈情境教学的特点》，并改题为《情境教学特点浅说》获得南通市1986年度优秀教育论文一等奖。文章将小学语文情境教学的特点总结为"形真""情深""意远"和"理寓其中"，"形真""情深""意远"分别与"有形""有情""意境广远"——对应。所谓"形真"，是指形象鲜明，可见可闻，产生真切感。所谓"情深"，是指教师以真切的情感去感染儿童，从而激起儿童相应的情感，教师的言语和眼神要对学生饱含着希望与期待，使教师的情感成为促使学生心理品质变化的心理因素。所谓"意远"，是指创设的情境有一定的深度与广度，意境深远。所谓"理寓其中"，是指情境教学蕴含的理念是课文中心，教学从教材中心出发，由教材内容决定情境的形式。文章指出，情境教学四大特点的理论基础是人脑左右两半球的协调工作和儿童表象思维的认识

规律，使学生学习语文感到易、趣、活。① (南通市教育学会《获奖证书》，1987 年 3 月 1 日)

4 月 1 日　市教研室在通师二附召开"识字、阅读、作文"三线并进实验点班研讨会，省教育厅副厅长薛守固，省教研室倪老师、汪老师，市教育局李炎、秦同等出席会议。上午，执教观察说话公开课《我和小树交朋友》；下午，参加交流，介绍实验过程。(《校志 (第二学期)》，1987 年，案卷号：98)

4 月 2 日下午　参加薛守固在通师二附召开的调研座谈会，详细汇报实验情况。薛守固希望她"冲出中国，走向世界"。(《校志 (第二学期)》，1987 年，案卷号：98)

4 月 4 日　上午，开设公开课《麻雀》，来自广西奉县的 12 名教师看课；下午，播放教学录像《燕子》和《我是一棵蒲公英》。(《校志 (第二学期)》，1987 年，案卷号：98)

4 月 10 日　参加学校举办的教研活动。上午，执教公开课《海底世界》《海底的冷灯》和《人类的秘密仓库》；晚上，播放教学录像《燕子》和教学影片《李吉林情境教学课例》。(《校志 (第二学期)》，1987 年，案卷号：98)

4 月 11 日　通师二附继续举办教研活动。上午，继续上公开课，播放教学录像《我是一棵蒲公英》；晚，与王秀芳赴南京开会。(《校志 (第二学期)》，1987 年，案卷号：98)

4 月 14 日—17 日　在南京市江宁区参加江苏省普通教育整体改革研讨会暨省中、小、幼教改试点学校经验交流会。(《校志 (第二学期)》，1987 年，案卷号：98；《着眼学生素质的全面提高 认真进行学校的整体改革——省召开普通教育整体改革研讨会》，《江苏教育》1987 年第 18 期)

4 月 17 日—19 日　参加在河南郑州召开的小学语文教学理论研讨会。会议由全国小学语文教学研究会、河南省教研室、河南省小学语文教学研究会联合举办。会议期间，放弃到洛阳看牡丹的机会，应邀冒雨为洛阳教师上示范课《桂林山水》。进行课前师生交流时，发

---

① 　该文后又发表于《课程·教材·教法》1987 年第 4 期，收录于《美·智·趣的教学情境》。

现学生已经学习过《桂林山水》一课，遂临时改上教法课。① （中国教育学会小学语文教学研究会秘书处：《世纪之交的回眸——中国教育学会小学语文教学研究会成立二十周年纪念》，未出版，2000 年，第 364 页；李吉林：《情境教育的诗篇》，第 445—449 页）

4月　被《小学教学》期刊聘为顾问。（小学教学编辑部《聘书》，1987 年 4 月 20 日）

4月—5月　在《福建教育》第 4、5 两期发表《略谈创设情境的途径》。文章指出，创设情境有生活展现情境、实物演示情境、图画再现情境、音乐渲染情境、表演体会情境和以语言描绘情境等六种途径，这六个直观途径，可单独选取一种，也可把几种有机结合起来进行。②

5月16日　上午，在城区举办的"雏燕杯"教研活动中执教公开课"写景单元的学用课"，来自上海闵行、浙江湖州、新疆和江苏兴化等地的教师看课；下午，与看课老师座谈。（《校志（第二学期）》，1987 年，案卷号：98）

5月19日　家中房屋变成危房，周琪与王秀芳来家中实地察看。（《校志（第二学期）》，1987 年，案卷号：98）

5月27日—29日　在市供销学校参加教育局召开的实验小组整体改革座谈会，与王秀芳分别传达全国、江苏省普教整体改革学术讨论会精神。（《校志（第二学期）》，1987 年，案卷号：98）

5月　在《小学语文教师》第 5 期发表《情境的优化选择》。文章指出，只有用整体性的观点、相互联系的观点以及教与学处于发展变化的动态观点来看待情境教育，才能实现情境教学的最优化。情境教学的最优化有两个标准，一是效率高，二是耗费低。情境教学方案的优化要注意三个方面，首先要从传授知识、培养能力、发展智力、陶冶情操等四个方面全面提出教学任务，其次要依据教学任务、教学内容、教学对象和教师自身的素质优选教学方案，尤其是要优选情境

① 李吉林记述此次会议为济南会议召开的两年以后，应有误。
② 该文收录于《美·智·趣的教学情境》。

的创设途径，再次要注意与思路教学、暗示教学、程序教学等其他教学方法结合运用。①

　　5月—6月　在《湖南教育》第9、10和12期连载《我是怎样提高小学生作文水平的》。文章总结了1978—1983年间指导小学生提高作文水平的具体做法。一是激发动机。让孩子做到"有话要说"，"有话会说"，并逐步做到"有话能说好"，让孩子们在自己的作文实践中，感受到创造的愉快，树立起写作的信心和自尊感。二是引导学生认识世界。根据孩子的思维特点、心理特点以及学习语言的特点，指导学生观察情境，同时注意选取鲜明的感知目标，安排合理的观察顺序，考虑好启发性的导语。三是拓宽思路。通过"确定范围，各自选材命题""活用提纲，提倡多种组合""抓住重点段，帮助生发开去"和"鼓励创造，适当进行想象性作文"四种方式，拓宽学生思路。四是范文引路。充分发挥范文的作用，把读和写结合起来。五是逐步训练。注重训练的渐进性、整体性和独立性。强调只有通过逐步训练，才能逐步提高。

　　5月—6月　在《山东教育》第5、6期发表《情境教学与语言发展》。文章指出，情境是发展语言不可缺少的广阔场景，教师在语文教学过程中，应充分利用创设的情境，有步骤、有目的地全面提高儿童的语言能力，包括发展儿童的内部语言和外部语言（口头语言与书面语言）。具体实施方法是：创设情境，通过描述画面发展独自语言；体验情境，通过扮演角色发展对话语言；带入情境，把观察与思考结合起来发展内部语言，通过强化感受发展书面语言。②

　　春　到天津上示范课《月光曲》，做关于情境教学的报告。田本娜认为她上了一堂既有传统，又有创新，并具有现代化语文教学思想的独具风格的语文课。其主要特点是：重指导学生读书，读书与情境结合；重说话训练，用词、造句与情境结合；重思维训练，在情境中

---

① 该文收录于《美·智·趣的教学情境》。
② 该文收录于《儿童·知识·社会的和谐建构》，改题为《情境教学着力全面提高儿童的语言能力》收录于《激情萌发智慧——李吉林教育论文选》。

启发思维；重美感陶冶，运用音乐、绘画及教师生动的语言描绘等直观教学手段再现情境。教学设计自始至终贯彻语言训练和情境的结合，教学过程不仅体现出了学生的全认知过程，而且将知、情、理统一于一个过程之中，目的在于训练学生的语言、思维、想象能力，提高学生的认识水平，丰富陶冶学生的情感。（田本娜：《评述李吉林的情境教学》，载周一贯主编《中国小学语文教学名师精品录》，杭州大学出版社1998年版，第258—262页）

6月6日　南通师范学校党委书记成楷民到通师二附调研李吉林家危房翻修问题。（《校志（第二学期）》，1987年，案卷号：98）

6月20日—25日　在南京参加省第六届人民代表大会常务委员会第二十六次会议。25日返校。（《校志（第二学期）》，1987年，案卷号：98；《江苏省志·议会 人民代表大会志》，第591页）

7月23日　副省长杨詠沂到通师二附调研，充分肯定学校的实验工作，希望进一步推广李吉林的先进教改经验。（《校志（第二学期）》，1987年，案卷号：98）

7月28日　与王秀芳一起到居委会参加房屋问题调解会议。（《校志（第二学期）》，1987年，案卷号：98）

8月16日—20日　江苏省教育委员会普教局在通师二附举办"李吉林教学实验讲习班"，大规模地推广情境教学实验成果。在讲习班培训中讲述了小学语文教改第一轮和第二轮前三年的实验情况与体会，做了《情境教学的探索过程及理论依据》《略谈创设情境的途径》和《情境教学的最优化》等学术报告。在讲习班结业仪式上说："我是一棵小草，如果没有阳光，没有雨露，没有土壤我将如何生长呢？如果说李吉林情境教育有了一点成绩，这个成绩应该属于大家，属于所有小学语文界的朋友们！"（本刊记者：《一朵盛开的小学语文教改实验之花——"李吉林教学实验讲习班"侧记》，《江苏教育》1987年第23期；朱家珑：《为了心中的不舍——痛悼敬爱的李吉林老师》，《七彩语文》2019年第8期；《情境教育的诗篇》，第451—456页）

8月—9月　在《小学语文教学》第8、9期发表《情境教学与创造性思维的发展》。文章以自己的教学实验为依据指出，运用情境教学，可以促进儿童形象思维、抽象思维和创造性思维的发展。①

9 月 3 日　在《中国教育报》发表《让儿童迈好认识阶梯的第一级》。文章总结了自己在实验班一年级开设"过渡课"的做法，主要是：增加户外活动时间，定期开展室外活动；主要学科增设不同课型，拓宽授课途径；室内短课运用多种手段，培养学习兴趣。文章认为，开设过渡课，可以使一年级新生较好地进入小学阶段的学习。②

9 月 12 日　出席市教研室举办的"三线并进"实验点班教研活动，介绍注音阅读和观察说话的课例与教法。（《校志（第一学期）》，1987 年，案卷号：97）

9 月 24 日　参加学校组织开展的教研活动，执教公开课《太阳》，上午和下午各上一节课，中央教育科学研究所研究员、全国小学语文教学研究会副秘书张田若等 40 人看课。（《校志（第一学期）》，1987 年，案卷号：97）

9 月 26 日　应安徽省当阳县政协邀请讲学。（《校志（第一学期）》，1987 年，案卷号：97）

9 月　在《人民教育》第 9 期发表《值得憧憬的美好事业》。文章结合自己的成长经历，鼓励师范生热爱崇高的教育事业，苦练扎实的基本功，讲究教学的艺术。③

10 月 5 日　徐州矿务局教育处派人来校邀请讲学。（《校志（第一学期）》，1987 年，案卷号：97）

10 月 12 日　袁微子来信说："这次在病中，于病床上读到《湖南教育》上您的谈提高小学生作文水平的文章，虽然只有半篇，但感到味道醇、路子正，已经拓宽了自己的思路。特此写这封信向您祝贺。"（丁伟：《在小学里"读大学"——李吉林老师信函侧记》）

---

①　该文收录于《儿童·知识·社会的和谐建构》；改题为《情境教学与儿童思维品质的发展》收录于《激情萌发智慧——李吉林教育论文选》。
②　该文收录于《我是播种者》和《40 年情境教育在路上：倾听时代的声音快乐前行》。
③　该文收录于《我是播种者》和《40 年情境教育在路上：催开教育智慧的花蕾》。

10月23日　上午，第二节课上公开课《蚕和蜘蛛》，来自广西的3名校长看课，课后与3名校长座谈。(《校志（第一学期）》，1987年，案卷号：97)

10月24日　与王秀芳、杨曙明到南通县实验小学讲学。(《校志（第一学期）》，1987年，案卷号：97)

10月28日　与王秀芳到市政府汇报学校教工住户困难和建立童话室等问题。(《校志（第一学期）》，1987年，案卷号：97)

10月29日　赴南京。(《校志（第一学期）》，1987年，案卷号：97)

10月31日—11月6日　在南京参加省第六届人民代表大会常务委员会第二十八次会议，参与审议《江苏省中等职业技术教育条例》。(《校志（第一学期）》，1987年，案卷号：97；《江苏省志·议会　人民代表大会志》，第591页)

10月　在《广东教育》发表《加强学科横向联系的尝试》。文章指出，小学整体改革的主体部分是各科教学的整体化，关键在于打破各学科之间相互隔绝的封闭状态，进行学科间的相互渗透，相互沟通，使其成为协调和谐的整体。具体做法是：适当加大学前教学容量，提前教学汉语拼音；坚持"室外观察与室内短课相结合"原则，开设过渡课；领头学科加速打好基础，促进各学科相互发展；依据儿童发展一般规律，共同把握基本要素。[1]

11月28日　与王秀芳走访市房产开发公司经理，联系落实房产问题。(《校志（第一学期）》，1987年，案卷号：97)

11月　《江苏教育》第23期开设"李吉林教改经验专辑"[2]，集中刊发李吉林的文章《"从整体出发，着眼儿童发展"——第一轮实验的回顾》《创设情境优化结构——"识字·阅读·作文"三线同时起步初探》《情境教学在阅读教学中的运用》《情境教学的探索过程及其理论依据》以及南通市教育局《让更多的李吉林式的人才脱颖而出》和记者报道《一朵盛开的小学语文教改实验之花——"李吉林教学实验讲习班"侧记》。

---

① 该文收录于《儿童·知识·社会的和谐建构》。
② 该专辑发表后影响较大，通师二附感到压力大，预计明年的接待任务较重。

《"从整体出发，着眼儿童发展"——第一轮实验的回顾》分年回顾了小学语文教学改革的第一轮实验方案，第一年提出"怎样在低年级语文教学中发展智力"，概括出的要点是：以培养兴趣为前提，以指导观察为基础，以发展思维为重点，以训练语言为手段。第二年提出"把训练语言与发展智力结合起来"，概括出的要点是：提早起步，提高起点；创设情境，带入情境；着眼发展，促进发展；逐步训练，逐步提高。第三年提出"运用情境教学，进行审美教育"，概括出的要点是：带入情境，感知美的表象；分析情境，理解美的实质；再现情境，表达美的感受；驾驭情境，诱发审美动因。第四年提出"从整体出发，着眼儿童发展"，概括出整个实验的主要目标和个性。总结出促进儿童发展的"五要素"：以培养兴趣为前提，诱发主动性；以指导观察为基础，强化感受性；以发展思维为重点，着眼创造性；以陶冶情感为内因，渗透教育性；以训练语言为手段，贯穿实践性。

《创设情境优化结构——"识字·阅读·作文"三线同时起步初探》介绍了 1984 年以来开展的第二轮教改实验，即从小学一年级开始各科横向渗透的整体实验，分低年级和中高年级两步走。该文主要介绍了在低年级采取"识字·阅读·作文"三线同时起步的实验情况。一是通过开设过渡课，搞好低幼衔接。二是将小学语文从原来的单结构、直线序列，改为多向结构、螺旋式序列，实行"识字·阅读·作文"三线同时起步，促进儿童以思维为核心的智力诸多因素的发展，有效地提高了小学语文教学的效能。

《情境教学在阅读教学中的运用》提出了"带入情境读全篇""强化情境抓重点""凭借情境品语感"的阅读情境教学程序，以期达到"初读—读通—弄清作者思路""细读—读懂—理解关键词句段""精读—读深—学会欣赏课文精华"的效果。

《情境教学的探索过程及其理论依据》批评传统的"注入式+谈话+单项训练"的灌输式教学，把学习变成连续不断地积累知识和训练记忆，使得内容极为丰富的小学语文教学，被分析讲解、重复性抄写、名目繁多的习题以及不求甚解的机械背诵所替代，偏离了语文教学的根本任务，造成小学语文教学"呆板、繁琐、片面、低效"的弊端，压抑了儿童的发展，延误了儿童发展的最佳期，而情境教学则是一种促进儿童智能及心理品质和谐发展的有效方法。论文指出，情境教学的探索经历了四个过程。第一阶段是创设情境，进行片断语言训练。实验表明，在课堂教学中展现生活的情境，使学生感到新奇有趣，学习情绪倍增。第二阶段是带入情境，提供作文题材。实验表明，观察情境教作文是提高学生作文水平的有效途径。这一阶段初步概括出创设情境的六个途径，摸索出情境教学的理论依据是人的大脑左右两半球分工合作、儿童意识是客观世界的反映及儿童的思维处于表象思维阶段。第三阶段是运用情境，进行审美教育。实验表明，运用情境教学进行审美教育，使语文教学中文道两方面的任务在统一中相得益彰。这一阶段概括出情境教学"形真""情深""意远""理寓其中"的四个特点，明确了实体情境、模拟情境、想象情境、推理情境、语表情境的五种类型，把情境教学界定为"遵循反映论的原理，充分利用形象，创设典型场景，把认知活动与情感活动结合起来，引导学生从整体上理解和运用语言的一种教学"。第四阶段是凭借情境，促进整体发展。实验表明，情境教学能够促进儿童的整体和谐发展。论文指出，经过四个阶段的实验，情境教学开始上升到理论上加以概括。[①]

《让更多的李吉林式的人才脱颖而出》认为李吉林小学语文教改实验具有三大启示，一是教改实验是其教学的生命，二是教改实验一步一个台阶，螺旋式上升，三是教改实验是理论和实践相结合的范例。南通市有关领导和教育行政部门对其秉持"一培养、二支持、三推广"的态度，做到六个支持："支持她立足教学第一线，不安排行政职务；支持她进行教改实验；支持她选苗带徒；支持她进修提高；支持她在学术活动中发表学术见解；支持她著书立说"。

《一朵盛开的小学语文教改实验之花——"李吉林教学实验讲习班"侧记》指出，李吉林教学实验的价值在于冲击了片面追求升学率的倾向，揭示了小学语文教改的方向，为探讨语文教学，促进学生全

---

① 该文收录于《美·智·趣的教学情境》。

面发展开辟了途径。教学实验的内容是优化结构、创设情境、促进发展，基本思想是以创设情境为前提，调动学生学习的积极性、主动性，鼓励儿童去创造，教学过程中注重教学与实践活动紧密结合，引导学生走向"蓝天下的学校"，读"大自然的书"，去寻找思维活动的活水源头，在和谐融洽的教学气氛中，注意各学科有机的渗透，加强综合训练，促进学生整体发展。

12 月 14 日—16 日　参加南通市小学语文教学研究会第三届年会，当选理事长。会议认为，李吉林潜心研究的情境教学，让学生置于有声、有色、有情、有味的语言环境中，通过眼看、耳听、口诵、心惟的过程，经受阅读、思考、分析、表达的训练，以达到深刻地感知教材，准确地理解教材，创造性地运用教材，为小学语文教学优化课堂教学结构提供了范例。（《优化课堂结构　深化小语改革——南通市小学语文教学研究会第三届年会纪要》，1988 年 1 月 5 日）

12 月　在《师范教育》第 12 期"小学语文教材教法辅导讲座"栏目发表讲稿《写话教学的要求和方法》。讲稿指出，写话教学的要求是语句通顺完整、语意清楚连贯、书写工整、标点正确，提出指导儿童写话的基本原则：从"写一句话"开始，训练遣词造句的基本功；引导观察，为写话提供丰富的题材；抓住实质，把训练语言与发展智力结合起来。强调教师指导儿童写话，大量工作是在阅读范文时进行的，因此教师必须十分重视课本及自身语言的示范作用。①

同月　在《小学语文教学》第 12 期发表《从审美教育着手体现语文教学的教育性》。文章指出，小学语文教学因其本身蕴含的情感因素和教育性而成为对学生进行政治思想教育的重要课程。强调对儿童进行审美教育，必须从感受美开始，侧重进行爱国主义教育，必须教好描写革命领袖、英雄人物、先进模范的教材，以感受社会之美。②

---

① 该讲稿收录于《美·智·趣的教学情境》。《师范教育》从 1987 年第 7 期起，开设"小学语文教材教法辅导讲座"，共分六讲，每期一讲，分别是：第一讲"教学目的的确定"（顾黄初）、第二讲"谈谈课堂检测"（陈良璜）、第三讲"识字教学的要求和方法"（田本娜）、第四讲"听说教学的要求和方法"（戴宝云）、第五讲"阅读教学的要求和方法"（杨九俊）、第六讲"写话教学的要求和方法"（李吉林）。

② 该文收录于《我是播种者》和《儿童·知识·社会的和谐建构》。

本年　提出教学改革实验的三点设想。一是根据学龄前儿童语言模仿力强、智力发展快的特点，适当加大学前教学的内容，提前教学汉语拼音，以室外游戏和室内短课相结合，通过观察说话，观察数数，唱歌学句，绘画表述等形式，把语、数、音、体、美融合起来。二是打破小学各学科之间相互隔绝的封闭状态，加强学科间的相互渗透、相互沟通，创设各科教学协同起步的优化教学环境。三是基础课打好基础，促进各学科相互发展。（宋方：《她从事着一等的工作——访特级教师李吉林》，《湖南教育》1987 年第 5 期）

1988 年　50 岁

5 月 6 日—11 日　国家教委在山东泰安召开九年制义务教育教材编写工作会议，要求利用四五年的时间，逐步完成适合"六三"学制和"五四"学制学校使用的三种教材，一是适合一般学校使用的、面向全国大多数地区的教材，二是适合办学条件较好的学校使用的、面向经济文化发达地区的教材，三是适合办学条件较差的学校使用的、面向经济文化基础较为薄弱的边远地区、农牧地区和山区的教材。

9 月 20 日　国家教委印发《义务教育全日制小学、初级中学教学计划（试行草案）》和 24 个学科教学大纲（初审稿）。

1 月 22 日—29 日　参加省第七届人民代表大会第一次会议，当选省人大常委会委员、国民经济社会发展计划和财政预算审查委员会委员、大会主席团成员①和第七届全国人大代表。（《江苏省志·议会　人民代表大会志》，第 270—271、385 页）

1 月　与吴立岗合著的《苏联教育家改革语文教学的理论和实验》由上海教育出版社出版。该书收录了李吉林的文章《苏霍姆林斯基教学论对我的启示》。文章介绍了自己在语文教学中借鉴苏霍姆林斯基的有关论述进行尝试的体会，主要有：以词语教学为基础，发展学生理解和运用祖国语言的能力；从审美教育着手，发展学生的情感意志；着力培养创造精神，发展学生的创造才能。

---

①　李吉林在江苏省第七届人民代表大会的历次会议中均当选主席团成员。

2月1日　参加学校实验工作会议，秦同、曹振东、杨曙明、王秀芳等出席。(《校志（第一学期）》，1988年，案卷号：97)

2月4日　参加学校四届二次教代会，在会上传达省第七届人民代表大会第一次会议精神。(《校志（第一学期）》，1988年，案卷号：97)

2月　在四川教育出版社出版《情境教学实验与研究》。该书阐述了情境教学的提出和发展过程、认识与实践过程，情境教学的特点与理论基础、类型与教学原则、创设的方法与优化途径，情境教学与儿童发展的关系，促进学生发展的要素及其在识字、阅读、作业教学中的应用。[①] 杜殿坤在该书序中肯定了"情境教学"的概念，指出"情境"意味着教师有意识地为儿童的全面发展创设最佳场景，其内涵比较充实，应该得到承认。他同时希望继续进行实践和理论探索，提出新的教学理论，形成新的教学流派。

3月17日　在南京参加江苏省哲学社会科学成果授奖大会。论文《从整体出发　着眼儿童发展——试论改革小学语文教学的途径》获得江苏省第二次哲学社会科学优秀成果三等奖。(《省政府召开哲学社会科学成果授奖大会》，《江苏社联通讯》1988年第4期)

3月24日　参加第七届全国人民代表大会第一次会议预备会议，当选主席团成员。[②] (全国人民代表大会办公厅：《全国人民代表大会及其常务委员会大事记（1954—2014）》，中国民主与法制出版社2014年版，第315页)

3月25日—4月13日　参加第七届全国人民代表大会第一次会议。(《本校1987—1988年度第二学期校志》，1988年，案卷号：108)

3月　论文《我是怎样提高小学生作文水平的》获得南通市1987年度优秀教育论文一等奖。(南通市教育学会《获奖证书》，1988年3月10日)

4月5日　《中国教育报》刊发记者张玉文、李晋华的采访报道《人大主席团里的小学教师——访人大代表、南通师范二附小特级教师李吉林》。报道介绍了李吉林对小学教师队伍建设的看法："党和政

---

① 该书实际于1986年完成写作。
② 李吉林在第七届全国人民代表大会的历次会议中均当选主席团成员。

府把教育放到了首要位置，的确鼓舞人心。但政府工作报告中对教师待遇问题没有具体讲，只是谈到知识分子可以通过包括有偿形式在内的社会服务逐步改善自身的生活条件。这就不能不令人忧虑。小学是基础教育，需要教师投入全部精力去工作。如果开展有偿服务，势必分散教师精神，影响育人质量。现在小学教师虽然待遇较低，但还是默默地以献身精神辛勤工作着，才使小学教育出现了改革的新局面。对他们这种精神应当引导社会给予尊重。要向社会做工作，提高教师待遇，这是关系到子孙后代的大问题。最近，铁道上接连发生恶性事故，这正反映了那里的一些职工在责任心、职业道德等方面的问题，说明提高劳动者素质已迫在眉睫。而要做好这项工作，离不开广大小学教师。如果开展有偿服务，小学教育将出现何种局面是可想而知的。"

4 月 11 日下午　放弃全国人民代表大会组织参观长城的机会，在北京第三师范学校做题为《让青春在孩子们中间闪光》的报告，讲述自己走上小学教师岗位以及开展教改实验的情况、探索情境教学法的过程，强调要当一名好老师，就要有扎实的基本功，要一专多能，会说、会画、会拉、会唱，会写文章，还得有一手好字。特别是对儿童要由衷热爱，对事业要执着追求，只要坚定信心，在事业上是会取得成功的。为学生留言："把青春献给孩子，我以为是一种莫大的幸福"。（王劲松：《让青春在孩子们中间闪光——人大代表李吉林与师范学生一席谈》，《光明日报》1988 年 4 月 13 日）

4 月 12 日　在《中国教育报》发表《小学高年级归类识字的尝试》。文章提出了"按偏旁归类认字"和"用熟字带出同音生字"两种教学方法，强调这两种方法充分利用了迁移规律和学生已学知识，效果较好。①

4 月 16 日　自北京开完会返校。（《本校 1987—1988 年度第二学期校

---

①　该文收录于《美·智·趣的教学情境》和《40 年情境教育在路上：催开教育智慧的花蕾》。

志》，1988年，案卷号：108）

4月18日　参加学校晨会，对学生讲话，并与幼儿园小朋友见面。（《本校1987—1988年度第二学期校志》，1988年，案卷号：108）

4月19日下午　在学校传达第七届全国人大一次会议精神。（《本校1987—1988年度第二学期校志》，1988年，案卷号：108）

4月29日　与王秀芳到市财政局联系落实省财政厅拨款10万元建设童话室的经费问题。（《本校1987—1988年度第二学期校志》，1988年，案卷号：108）

5月6日　为来校的浙江金华32名老师做专题讲座。（《本校1987—1988年度第二学期校志》，1988年，案卷号：108）

5月11日　在《南通日报》发表《我的喜和忧》。文章表示，为中国教育事业即将得到进一步发展、教师的社会地位和待遇即将得到提高而欣喜，为教育经费不足、学生精神食粮不佳和教师待遇不高而忧虑。①

5月12日　与杨曙明应邀到如东县掘东区讲学。（《本校1987—1988年度第二学期校志》，1988年，案卷号：108）

5月22日　上午，在学校举行的教研活动中上公开课，讲长文速读篇《老人与海》，全校教工参与听课。下午，与省电教馆人员讨论录像拍摄准备工作。（《本校1987—1988年度第二学期校志》，1988年，案卷号：108）

5月23日　拍摄教学录像《海底世界》，下午及晚上各一课。（《本校1987—1988年度第二学期校志》，1988年，案卷号：108）

同日　恽昭世来信说："我去温州开会，买了两双皮鞋，一双是我的，一双送给你，但一直遇不到你，不知何时能见面。""这次你在北京开会，我天天看专题节目，寻找你的身影。有两次镜头非常清楚，一次是大会，一次是主席团会议。看你还是那个模样一点不增老。"（丁伟：《在小学里"读大学"——李吉林老师信函侧记》）

5月26日　上午，继续与王秀芳到市财政局联系落实省财政拨款

---

① 该文收录于《我是播种者》。

的 10 万元经费问题。下午，与学校六年级老师研究作文复习计划。（《本校 1987—1988 年度第二学期校志》，1988 年，案卷号：108）

5 月—6 月　在《小学教学》第 5—6 期发表《把握特点　突出重点》。文章提出，语文教学成败的关键，是教师要根据教材的特点、儿童的特点和语文学科的特点，把握教材的主体部分，突出重点。重点可以通过选准突破口、强化感知、注重语感、发展思维和设计训练等五个方面来突出，这样才能出色地完成教学任务。[①]

6 月 8 日　开设公开课，从北京来校交流的 13 名老师看课。（《本校 1987—1988 年度第二学期校志》，1988 年，案卷号：108）

6 月 14 日　到南京参加南京市整体改革研讨会。（《本校 1987—1988 年度第二学期校志》，1988 年，案卷号：108）

6 月 24 日—27 日　出席在无锡召开的全国小学语文不同教学风格学术交流会。会议由全国小学语文教学研究会、无锡市教育科学研究所、无锡市崇安区文教局联合举办。在致开幕词时指出，召开不同教学风格、不同流派的学术交流会，是为了适应我国改革开放的新形势，促进小学语文教学研究工作的发展，深化小学语文教学改革，进一步促进小学语文教学研究的繁荣。希望通过百家争鸣，达到百花齐放；通过发扬学术民主、学术自由，促进学术发展。在专题发言时，结合自身的实践和探索，畅谈了小学语文教学整体改革的问题。（《世纪之交的回眸——中国教育学会小学语文教学研究会成立二十周年纪念》，第 365 页；顾美云：《全国小学语文教学学术交流会在无锡召开》，《江苏教育》1988 年第 22 期）

6 月 30 日　接受杜殿坤赠书《苏联关于教育思想的论争》[②]。（刘燕妮提供，2023 年 11 月 26 日）

6 月　在上海教育出版社出版《课文重点的教学》。该书从课文的确定、把握和教学等方面说明如何掌握教材，改进教法，同时通过 26 篇课文重点的教学实例，介绍了把握课文重点的基本方法：利用

---

① 该文收录于《美·智·趣的教学情境》。
② 该书由杜殿坤与朱佩荣主编，教育科学出版社 1988 年 3 月出版。

学生的实际感受；抓住中心句；理思路，抓动词；抓住人物对话；直观演示，弄清因果；从感性到理性；精细地观察比较；鲜明地感知目标；指导习作与指导观察；直观演示与语言描绘相结合；把握寓意，设计语言训练；体会意境，加强诵读；展开想象，丰富美感；适当补充材料，增加信息量；了解作品与作家的关系；着重形象的感染；渲染气氛，激起情感；重视情感因素的作用；体会语感，学习鉴赏；认识物，体会情；感受山水美，培养爱国情；针对实际，揭示规律；介绍资料，突破难点；重在形象的再现；幻想与现实的鲜明对比；抓住中心不放。

7月　为配合教改实验，主编的《小学语文补充阅读》开始在江苏教育出版社出版，同时开始编写第8册。① （《学校工作总结（1988—1989年度第二学期）》，载《本校党支部学校工作计划总结教师工作奖励条例教工大会校长讲话决议》，1989年，案卷号：110）

8月　在《广东教育》第7—8期合刊发表《情境教学与儿童形象思维的发展》。文章分析了情境教学促进儿童形象思维发展的机制，认为情境教学通过展示大自然的场景可以形成儿童表象的广阔性，通过多种形式作用于儿童感官有利于提高感知的强度，通过缩短时空距离有助于增强形象的现实感。②

同月　在《小学语文教学》第7—8期合刊发表《情境教学与抽象逻辑思维的发展》。文章分析了情境教学促进儿童抽象逻辑思维发展的机制，认为情境的逻辑程序有利于思维的条理化，情境蕴含的理念能够促进形象思维向逻辑思维过渡，情境中的语言训练有助于儿童学会分析判断。③

同月　经南通市中学高级教师职务评审委员会评审，具备中学高级教师任职资格。（《关于公布中学高级教师任职资格的通知》，通教职改办〔1988〕17号）

---

① 这套教材每学期一册，共十二册，至1989年出齐。
② 该文收录于《儿童·知识·社会的和谐建构》。
③ 该文收录于《儿童·知识·社会的和谐建构》。

9月3日　收到中央教育科学研究所来函，被聘为中央教育科学研究所兼职研究员。(《市政府、中央教科所、通师关于本校任兼职、奖励、赴港的决定、批件信、本校教工党员名册、年报、离休材料》，1988 年，案卷号：112)

9月7日　上午，参与接待省教研室副主任朱文章一行 3 人来校检查开学工作。下午，在学校业务学习会上介绍本学期拟开展的"让情感进入各科教学，帮助儿童获得成功"的实验构想。会后，教师分组讨论领会贯彻问题。(《本校 1988—1989 年度第一学期校志》，1988 年，案卷号：109)

9月13日　开始在实验班拍摄教学录像，江苏省电教馆录制①。(《本校 1988—1989 年度第一学期校志》，1988 年，案卷号：109)

9月21日下午　为全校教师做"合作教育"讲座。(《本校 1988—1989 年度第一学期校志》，1988 年，案卷号：109)

9月　在《人民教育》第 9 期发表《改革结构，提高小学语文教学的功效——"识字、阅读、作文三线并进"初探》。文章总结了自己在第一轮教改实验中采取识字、阅读、作文三线并进提高小学语文教学效能的探索性做法，主要是：改革学前语言教学的结构，以游戏形式教学汉语拼音；改革起步阶段教学内容的单一结构，实行"三线"并进；改革语文教材体系的结构，自编汉字注音阅读教材；改革学科间各自封闭的结构，逐步形成综合开放的系统。②

同月　《小学语文补充阅读》获得全国中小学教改"金钥匙奖"③。(《中国教育学会（1979—1989）》，第 274 页)

10月12日　为全校教师做"怎样启发学生的学习兴趣"讲座。(《本校 1988—1989 年度第一学期校志》，1988 年，案卷号：109)

10月18日　组织召开"李吉林三线并进实验班总结表彰会议"，

---

①　这次拍摄的录像内容有《桂林山水》和《小音乐家扬科》等。

②　该文收录于《美·智·趣的教学情境》和《40 年情境教育在路上：催开教育智慧的花蕾》。

③　"金钥匙奖"评选活动由中国教育学会和《教师报》共同发起、举办，旨在鼓励和表彰近年来立志改革、勇于探索，在教书育人中做出新贡献的先进个人和集体，总结和推广先进的教改新成果，以深化教改，促进群众性教改活动更加广泛地开展。

顾学玖为与会代表开设展示课。会议期间，与杨曙明一起和南通市副市长王湛①讨论"五四"学制改革问题，王湛要求分别召开家长会、学校领导会议和任课教师会议讨论改革方案。(《本校1988—1989年度第一学期校志》，1988年，案卷号：109)

10月19日　与《江苏教育报》记者管向群交流。(《本校1988—1989年度第一学期校志》，1988年，案卷号：109)

10月27日　在《江苏教育》第19—20期合刊发表文章，介绍《长征》一课的教学。文章指出，教学诗歌应注重情感因素，要将诗人抒发的情感感染给学生，宜采取再现情境、渲染气氛的手段。

10月29日　市教育局政工科与南通师范学校派人来校召开座谈会，征求推荐李吉林申报国家级有突出贡献的中青年专家的意见。(《本校1988—1989年度第一学期校志》，1988年，案卷号：109)

11月3日　市委书记吴镕到校视察，建议成立李吉林教育基金会，并表示捐赠100元。(《本校1988—1989年度第一学期校志》，1988年，案卷号：109)

11月16日　学校青年教师培训中心开学，为青年教师上示范课《太阳、地球、月亮》。(《本校1988—1989年度第一学期校志》，1988年，案卷号：109)

11月18日　上公开课《小小的船》，来自江西、扬州和海门等地的老师看课。(《本校1988—1989年度第一学期校志》，1988年，案卷号：109)

12月17日—24日　出席在仪征举办的江苏首届青年语文教师课堂教学大赛，指导一等奖获得者孙双金、施建平等准备展示课。②(孙双金：《亦师亦友 如切如磋》，《江苏教育》2020年第58期；《本校1988—1989年度第一学期校志》，1988年，案卷号：109)

---

① 王湛，1946年生，江苏南通人，1966年毕业于南京师范学院中文系，先后在黑龙江省宁安市东京城林业局子弟中学、江苏省如皋县龙舌中学、南通师范专科学校任教，1984年—1987年任南通师范专科学校副校长、校长，1987年任南通市副市长，1991年任江苏省政府副秘书长，1995年任江苏省教委主任，1997年任江苏省委宣传部部长，2000年任教育部副部长，2004年任江苏省副省长，2006年任江苏省人大常委会副主任，2010年当选江苏省文联主席。

② 参会期间，由学校出面发加急电报给云南省文山州教研室，说明李吉林因外出开会多日，不能前往云南。

12 月 23 日　《教育研究》编辑部来信说："党的十一届三中全会之后，您在教学方面，勇于探索，敢于创新，闯出了语文教学的一条新路。您的情境教学法实验在本刊发表后，全国产生了极大反响，对于全国的教改实验，以及教学理论界开展关于智力因素与非智力因素的关系问题的讨论，都起到了推动作用。您十年来的辛勤劳动，受到了教育界的赞扬。"（《教育研究编辑部信函》，1988 年 12 月 23 日）

12 月 28 日下午　参加学校教师业务学习会，介绍江苏首届青年语文教师课堂教学大赛情况。（《本校 1988—1989 年度第一学期校志》，1988 年，案卷号：109）

12 月 31 日晚　与成尚荣、王秀芳、周琪等参加学校民进党支部的包饺子聚餐活动。（《本校 1988—1989 年度第一学期校志》，1988 年，案卷号：109）

12 月　论文《小学语文教学和儿童的发展》获得南通市 1988 年度优秀教育论文一等奖。（南通市教育学会《获奖证书》，1988 年 12 月 31 日）

1989年　51岁

7月20日　国家教委办公厅印发通知，要求全国各地小学校认真组织开展教育活动，引导学生"热爱中国共产党、热爱社会主义祖国、热爱中国人民解放军"。

10月19日　国家教委印发《关于做好1990年研究生招生工作的通知》，规定哲学、经济学、法学、教育学、文学、历史学等各门学科类的硕士生，原则上只从在职人员中招收。

11月8日　国家教委印发《关于在中小学语文、历史、地理等学科教学中加强思想政治教育和国情教育的意见》，强调要通过各科教学活动加强对学生进行思想政治教育和国情教育。

12月16日　国家教委再次印发通知，将哲学、经济学、法学、教育学、文学、历史学等学科门类从应届本科毕业生中招收硕士生的比例，调整为不超过20%。

1月13日　担任学校"童牛奖"影评顾问指导老师。（《本校1988—1989年度第一学期校志》，1989年，案卷号：109）

2月　被评为江苏省有突出贡献的中青年专家。（《本校1988—1989年度第二学期校志》，1989年，案卷号：124）

3月10日　出发赴香港。（《本校1988—1989年度第二学期校志》，1989年，案卷号：124）

3月12日—19日　在香港考察基础教育，先后参观耀中国际学校幼儿园、小学部，旺角劳工子弟学校幼儿园、小学部、中学部及教卫堂幼儿园。考察后认为这些学校的幼儿园具有注重启发式教学、注重环境的洁净、注意接触社会、注重道德教育、鼓励学生认真读书、教师课务很重、教师上下班管理制度严格、教师待遇很高等特点。此外，还参观了香港中国语文研究会及香港公署语文学院，互赠书籍和资料。① (《考察香港基础教育情况报告》，1989 年，案卷号：无)

3 月 29 日　国家教委副主任柳斌收到《情境教学实验与研究》一书后回信表示："我非常赞成你的教育思想和教学方法，认为这对于提高教育质量是有效的和有益的。" (李吉林：《情境教育的诗篇》，第 160 页)

4 月 8 日　《中国教育报》"教育名人录"栏目以《美的情境陶冶美的心灵——特级教师李吉林速写》介绍李吉林及其情境教学的实验与研究。

4 月 11 日　王秀芳到李吉林家中协调处理房产问题。(《本校1988—1989 年度第二学期校志》，1989 年，案卷号：124)

4 月 21 日　在全校教工会议上传达七届全国人大二次会议精神，并介绍赴香港考察教育情况。(《本校 1988—1989 年度第二学期校志》，1989年，案卷号：124)

4 月 22 日　与王秀芳、杨曙明到市政府向王湛汇报五年制毕业生问题。(《本校 1988—1989 年度第二学期校志》，1989 年，案卷号：124)

4 月　在南京参加省第七届人民代表大会第二次会议。② (《出席证》)

同月　南京师范大学吴也显在《课程·教材·教法》第 4 期发表《我国中小学教学模式试探》。文章总结了我国中小学常用的五种基本教学模式："传递——接受式"、"自学——辅导式"、"引导——发现式"、"情境——陶冶式"、"示范——模仿式"。其中，"情境——陶冶式"即指李吉林的情境教学模式。

---

① 李吉林本已申请参加 1988 年 12 月中旬由香港教育署语文教育学院主办的第四届国际研讨会，后未见相关记载，似因故未能与会。

② 江苏省第七届人民代表大会第二次会议于 1989 年 4 月 20 日—26 日在南京召开，从李吉林的活动日程来看，她应未参加省人民代表大会全程。

同月　为庆祝《教育研究》创刊十周年，撰文感谢《教育研究》的支持，将对杂志的崇敬与感激之情概括成四句话："《教育研究》为我师，引我研究新教育；深感教育需研究，共探中国教改路。"①

（李吉林：《感谢〈教育研究〉的支持》，《教育研究》1989 年第 4 期）

5 月 7 日—10 日　在湖北武昌参加全国小学语文教学研究会第三次会员代表大会暨第四届学术年会，当选理事会副理事长。（《世纪之交的回眸——中国教育学会小学语文教学研究会成立二十周年纪念》，第 367—368 页）

5 月 10 日　在市文化宫电影院传达七届全国人大二次会议精神。

（《南通市人大志》，第 47 页）

5 月 22 日　借一（6）班上阅读公开课《我是什么》，上海市长宁区教育学院美育研究实验组的老师看课。（《本校 1988—1989 年度第二学期校志》，1989 年，案卷号：124）

5 月 29 日　与王秀芳、杨曙明一起接待吴椿来校视察。（《本校 1988—1989 年度第二学期校志》，1989 年，案卷号：124）

5 月 30 日　与王秀芳看望来通的省部分中师校长培训班学员。

（《本校 1988—1989 年度第二学期校志》，1989 年，案卷号：124）

5 月　张焕庭主编的《教育辞典》在江苏教育出版社出版。该书收录"情境教育"辞条，将"情境教育"界定为"遵循反映论的原理，充分利用形象，创设具体生动的场景，激起学生的学习情绪，从而引导学生从整体上理解和运用语言的一种教学法。主要用于小学语文教学。情境法的核心是激起学生的情绪。它通过生活显示情境、实物演示情境、音乐渲染情境、扮演体会情境，把学生带入一定的情境之中，使他们产生一定的内心体验和情绪，从而加强对教材的理解和体验，产生表达的欲望，同时也使学生受到性情陶冶"。

8 月 21 日—24 日　出席省教委在南通纺织博物馆召开的"江苏省李吉林小学语文教改经验推广工作会议"，在会上做报告《十年历程：实践与认识》《情境教学与促进儿童发展》和《优化结构，引导

---

① 该文以《〈教育研究〉为我师》收录于《我是播种者》和《我在实践中研究教育——〈教育研究〉发表李吉林论文专集》。

儿童迈好第一步》等。吴椿在书面讲话稿中指出，"她着眼于学生的素质提高，立足于培育'四有'新人，热爱学生，提出了'教学为学生发展服务'的教学思想是非常正确的。我们推广李吉林的教改经验，首先就是要学习李吉林同志的热爱小学教育事业的献身精神。"（《本校党支部行政工作计划总结、负责同志讲话、李吉林教改经验实施意见》，1989年，案卷号：126；刘燕妮提供，2023年12月19日）

9月5日　出发赴北京。（《本校89—90年度第一学期校志》，1989年，案卷号：125）

9月9日上午　在北京参加中国教育学会部分常务理事和学术委员座谈会，反思新时期的教育理论与实践。在会上被聘为中国教育学会第三届学术委员会委员。会议期间，刘佛年对她说："张健副部长这次到会了，你进修的问题应该和他谈一谈。"（锄禾：《反思新时期的教育理论与实践——记中国教育学会部分常务理事、学术委员座谈会》，《中国教育学刊》1989年第6期；李吉林：《一代宗师的拳拳之心》，《江苏教育》2003年第5期）

9月13日　自北京返校。（《本校89—90年度第一学期校志》，1989年，案卷号：125）

9月16日　向学校建议更改作息时间，增设综合课。学校召开年级主任会议征求意见后，决定按照她的建议实行新的作息时间。（《本校89—90年度第一学期校志》，1989年，案卷号：125）

9月19日　上午，参加一年级组过渡课备课。下午，接受市电视台采访。（《本校89—90年度第一学期校志》，1989年，案卷号：125）

9月21日　填报科研成果申报表。（《本校89—90年度第一学期校志》，1989年，案卷号：125）

9月22日　在学校作情感理论讲座，介绍苏联合作教育学（谢季宁的《教育实验》）①。（《本校89—90年度第一学期校志》，1989年，案卷号：125）

9月23日　出发赴北京。（《本校89—90年度第一学期校志》，1989年，案卷号：125）

9月28日　被评为"全国先进工作者"，在北京人民大会堂参加

① 《外国教育资料》1989年第2期、第3期分两期刊登杜殿坤的文章《谢季宁的教育实验》。

全国劳动模范和先进工作者表彰大会。当天在给母亲的信中写道:
"女儿的成长,靠党的培养,其间也有母亲的功劳。"撰写个人思语:
"我们工作的对象是儿童,只有掌握儿童的心理特点,才能真正地搞
好基础教育。"(《全国劳动模范和全国先进工作者名单》,《人民日报》1989 年 9
月 29 日;《我省教育界 14 位同志当选全国先进工作者》,《江苏教育报》1989 年 10
月 4 日)

9 月 29 日下午　在北京人民大会堂参加首都各界群众庆祝中华人
民共和国成立 40 周年大会。(《入场券》)

同日　在《工人日报》发表 9 月 26 日—28 日的日记,详细记述
了自己在北京参加全国劳动模范和先进工作者表彰大会的情形和内心
感触。[①]

9 月 30 日下午　在北京中国少年儿童活动中心参加中华全国妇女
联合会向全国女劳动模范和先进工作者授予全国"三八"红旗手荣誉
称号大会,第三次获评全国"三八"红旗手。这是为庆祝建国 40 周
年特别举行的大会,共有 435 名全国女劳动模范和先进工作者获此殊
荣。(全国妇联办公厅:《中华全国妇女联合会四十年 (1949—1989)》,中国妇女
出版社 1991 年版,第 363—364 页)

10 月 1 日　上午,在北京中山公园、劳动人民文化宫等处参加中
华人民共和国成立 40 周年庆祝活动。晚,在天安门广场参加庆祝中
华人民共和国成立 40 周年群众联欢和焰火晚会。(《首都庆祝建国 40 周年
活动领导小组办公室请柬》)

10 月 5 日　自北京返校。(《本校 89—90 年度第一学期校志》,1989 年,
案卷号:125)

10 月 7 日下午　向全校教师介绍全国劳动模范和先进工作者表彰
大会情况及部分劳模的先进经验。(《本校 89—90 年度第一学期校志》,1989
年,案卷号:125)

10 月 13 日　江苏省教委印发《关于推广李吉林小学语文教改经

---

① 该日记部分收录于《我是播种者》。

验的实施意见》。意见指出，李吉林教改实验的精髓和实质在于她对小学语文教学思想进行了一次有效的变革，她遵循"教学为促进儿童发展服务"的教学思想，促进儿童在知识、能力、智力以及其它心理品质等方面的和谐协调发展，而不是孤立的语文知识的传授。推广的目的在于激发广大小学语文教师特别是青年教师，像她那样勤于学习，勇于创新，努力探索小学语文教学改革的有效途径，以小学语文这门基础学科为先导，把"升学教育"转到"素质教育"的轨道上来，培养新一代社会主义的建设者并以此带动小学各学科的改革，提高义务教育的质量。确定首批在全省布点 27 个实验班，加上南通已有的 23 个点，共 50 个点班左右。① 首批推广计划用 4—6 年的时间分三个阶段来完成。第一阶段为学习阶段，一年左右时间，主要任务是学习她的教改精神、经验和有关论著，领会李吉林的语文教改思想，掌握全套小学语文教材和补充教材的编写体系，同时迈好教改的第一步，较好地完成教学任务。第二阶段为专题研究阶段，约二至三年的时间，主要任务是在学习、实验的基础上，根据小学语文教学任务和特点，以及存在的问题，联系各自教学实际，形成研究专题，开展深入的研究。第三阶段为总结创新阶段，约一至二年的时间，主要任务是整理实验素材，较为系统地总结自己的实验，写出专题研究的有关论文。为了加强对教改实验的领导，省教委普教局成立推广李吉林教改实验领导小组，由省教委普教局副局长袁金华、省教研室主任郑君威、省教委初教处副处长成尚荣、省教科所副所长毛家瑞、南通市教育局副局长王建明等组成，袁金华任组长。（《本校党支部行政工作计划总

---

① 江苏省推广李吉林小学语文教改经验实验点班为：淮阴市：淮阴市实验小学一（1）班，淮阴师范附小一（2）班，淮阴县实验小学一（1）班；盐城市：盐城市第一小学一（5）班，滨海县实小一（4）班，盐城城区实小一（3）班；徐州市：徐州市青年路小学，徐州市大马路小学；苏州市：苏州市郊区实验小学；无锡市：无锡市连元街小学，无锡市崇安寺小学；南京市：建邺路小学，浦口区实验小学一（1）班，扬子石化公司小学；镇江市：镇江市实小一（3）班，镇江市中山路小学一（4）班；常州市：常师附小一（2）班，常州天宁区兰陵小学一（1）班；扬州市：扬州市育才小学，泰州师范附小，兴化市新生小学；南通市：南通县实验小学，如皋县如师附小；连云港市：待定。

结、负责同志讲话、李吉林教改经验、实施意见》，1989年，案卷号：126)

10月24日　在学校对青年教师作备课指导。(《本校89—90年度第一学期校志》，1989年，案卷号：125)

10月28日　在学校开设一年级补充阅读公开课《电工多神气》，天津市特级教师、如东拼茶教研室、市实验中学的老师和南通师范学校大专班学生看课。(《本校89—90年度第一学期校志》，1989年，案卷号：125)

同日　刘佛年来信说："读研究生的事没有成功……他们主张由我们学校聘请你担任一定的职称（就像中央教科所请的担任兼职研究员一样）。有时间来这里一起进行讲学、研究工作，或认一个科研课题单独去做，不知道你认为这个办法是否合适？我准备和袁校长谈谈。"(丁伟：《在小学里"读大学"——李吉林老师信函侧记》)

10月　在《人民教育》发表短文《对学生的爱　对祖国的情》。文章结合自己1980年秋天到日本考察的经历，指出自己对学生的爱，归根结底源于对祖国的情。强调教师的平凡工作，是具体地和祖国的命运紧紧地联在一起。①

同月　方展画在《教育理论与实践》第5期发表《当代中国教学观的嬗变：三种趋势》，认为李吉林的情境教学是用情感活动统领教学过程思想的代表。

同月　被聘为江苏省中小学教材审查委员会委员。(江苏省教育委员会《聘书》，1989年10月1日)

11月2日下午　出发赴四川成都。(《本校89—90年度第一学期校志》，1989年，案卷号：125)

11月6日—13日　在四川成都参加中国教育学会小学语文教学研究会主办的全国第一届中青年教师阅读教学观摩研讨活动，执教示范课《小小的船》②。会议期间，成立全国小学语文教学研究会第三届理事会学术委员会，当选学术委员会主任。(《世纪之交的回眸——中国

----

①　该文收录于《我是播种者》和《40年情境教育在路上：催开教育智慧的花蕾》。
②　《小小的船》课堂实录发表于《湖南教育》1990年第8—9期合刊，收录于《李吉林情境教学详案精选》。

教育学会小学语文教学研究会成立二十周年纪念》，第 369—370 页）

11 月 22 日　在四（1）班为本校教师上示范课。与中青年教师交流，介绍自己的成长过程，鼓励青年教师努力学习，安心工作，严格要求，热爱本行，热爱学生。（《本校 89—90 年度第一学期校志》，1989 年，案卷号：125）

11 月 23 日　在三（4）班上示范课。（《本校 89—90 年度第一学期校志》，1989 年，案卷号：125）

11 月　张廷凯在《课程·教材·教法》第 11 期发表《小学教学语言儿童化问题初探》。文章指出，李吉林首创的情境教学基本上就是一种表演式的教学，在这种教学中，教师注重把学生引入特定的情境之中，或唤起注意，或渲染气氛，或显示形象，或陶冶情感，或训练思维语言。

同月　被《家庭》杂志社聘为家庭文化教育基金"教育世家评委会"委员。（家庭杂志社《聘书》，1989 年 11 月 9 日）

12 月 2 日　参加国家语言文字工作委员会副主任王均来校召开的座谈会。（《本校 89—90 年度第一学期校志》，1989 年，案卷号：125）

12 月 5 日　上午，华中师范大学副教授雷实来校讨论情境教学的评价问题。下午，在学校教职工会议上谈外出感想。（《本校 89—90 年度第一学期校志》，1989 年，案卷号：125）

12 月 7 日上午　与三年级语文老师一起备课。（《本校 89—90 年度第一学期校志》，1989 年，案卷号：125）

12 月 19 日　与任美琴、施建平备课。（《本校 89—90 年度第一学期校志》，1989 年，案卷号：125）

12 月 20 日　与陈志平备语文公开课。（《本校 89—90 年度第一学期校志》，1989 年，案卷号：125）

12 月 26 日—27 日　参加学校举办的"创设情境优化结构"语文教学研讨活动。全国教育学研究会美育专业委员会、江苏省各市李吉林实验点班、省市兄弟学校和南通市部分中心小学教师，上海、河南、江西、浙江、山东等地特级教师、高校学者等约 500 人参加活动。27 日，上午开设写景单元综合课《我们去寻找美》，下午做情况介绍。(《本校 89—90 年度第一学期校志》，1989 年，案卷号：125)

12 月 29 日　应邀与同事姜学兰、杨悌和施建平等 7 名老师一起到市文化宫为电视台"青年之友"栏目拍电视。(《本校 89—90 年度第一学期校志》，1989 年，案卷号：125)

12 月　论文《情境教学的探索过程及其理论依据》获得纪念中国教育学会成立 10 周年优秀论文奖二等奖。(《中国教育学会 (1979—1989)》，第 276 页)

本年，开始策划将情境教学向情境教育发展。(李吉林：《情境教育三部曲 (二)：云雀之歌——纪实：情境教育的拓展》，教育科学出版社 2013 年版，第 125 页)

1990 年　52 岁

　　2 月 15 日　国家教委印发通知，重申解决小学生课业负担过重问题的主要依据，仍然是 1988 年颁发的《关于减轻小学生课业负担过重问题的若干规定》，必须认真贯彻落实。

　　12 月　江苏省印发《关于当前小学教育改革的意见（试行）》，提出要在全省有目的、有计划地实施素质教育。

　　1 月 4 日　在《小学语文报》发表《当新年到来的时候》。文章指出，儿童长成少年后，要懂道理，长知识，学本领。①

　　2 月 2 日　被学校行政例会确定为记大功人员。（《1990 年 8 月—1991 年 2 月学校大事记》，1990 年，案卷号：137）

　　2 月 15 日　在《光明日报》发表散文《明天，充满希望》。文章指出，进行两轮小学语文教改实验，目的是通过小学语文教学，促进儿童全面和谐地发展。具体做法是根据学生的认识规律和学习语文的特点，把训练语言与发展智力结合起来，有机地渗透思想教育，既突出语文能力培养，又重视儿童心理品质发展，充分发挥语文的功能。在教法上创建了"情境教学法"，促使学生带着情感学习，使其在学习活动中得到更加充分、主动的发展。提出今后要把培养青年教师作为自己的一项重要工作，因为她相信"希望是成功的奥秘。青年教师

---

　　①　该文收录于《我是播种者》。

们的明天一定比今天好！"①

2月24日 刘佛年来信说："大约两个月前我和袁运开校长在北京开会，有一次谈到你，首先回溯了几年来想录取你做博士生遇到的困难……不如另找一条出路，我们的意见是可以聘请你做我校教育科学院的兼职研究员，不脱离你现在的实际工作，每年在一定的时间内到这里来读书、研究、写论文。我们供给你地方，或者还能供给一点生活上的补助。"（花爱民：《为了儿童的飞翔：李吉林与她的情境教育》，外语教学与研究出版社 2008 年版，第 41 页）

2月 《情境教学实验与研究》获江苏省教育科学研究优秀成果一等奖。

春季开学后 建议学校实行以德育为主导、以语文学科为龙头、以年级为单位的综合管理教育模式。（《李吉林同志的优秀事迹》，1990 年 6 月 25 日，通师二附档案馆藏：案卷号：无）

3月10日 通师二附成立青年教师培训中心并举行拜师会，被聘为"情境教学青年教师培训中心"辅导员②，市教研室数学教研员陈文志被聘为"数学青年教师培训中心"辅导员。市委副书记李明勋和王湛、李炎、莫惠昌、市教科所所长何广余、羌以任等出席会议。青年教师撰写诗歌《我们播种明天——"拜师会"上的心里话》：

> 东风染绿柳枝
>
> 燕子衔来春天
>
> 其实，春天早已注入我们心田
>
> 春天早就铺满珠媚古园
>
> 在春光明媚的春天
>
> 镜心楼内

---

① 该文收录于《我是播种者》。

② 李吉林在组织青年教师培训中心第一次活动时，要求每人制订一份个人成长规划和作息时间表，并将培训活动分成教学基本功、教学艺术、教育理论和教育科研四大块进行辅导和演示。

站起我们

通师二附的一代青年

用真诚

用钦佩

用热血

用信仰

写成拜师报告

连成春的诗篇——

当年，

我们漫步在师范校园

多少憧憬

多少向往

李吉林的名字

散发着醉人的芬芳

于是

我们用童心

连成一串串金色的理想

我们用梦幻

编成一行行成才的乐章

转眼

我们竟站到了通师二附的课堂

多少欢欣

多少遐想

幼芽要破土

花蕾要开放

雏鹰要展翅

青春要闪光！

心中久久藏着美好的秘密

几分羞涩

几分大胆

几分期待

几分心慌……

终于

盼到了今天

李老师

陈老师

收我们为徒啦

是光荣？

是褒奖？

是幸福？

是紧张？

说不清

理还乱……

高飞有头雁

成才有导航

两位老师，将用辛勤的汗水

用智慧的琼浆

用崇高的追求

用艺术的眼光

教我们做人

教我们自强

教我们穿越知识的海洋

教我们驾驭绚丽的课堂

我们也深知——

花蕾含苞

浸透汗水，才能开放

头雁领航

怎能替代自己的飞翔

我们会，格外珍惜

这美好的时刻

这肥沃的土壤

我们会，格外热爱自己的事业

把火红的年华

献给教育，献给党

当一辈子

"娃娃司令" 孩子王

我们会，格外刻苦磨砺

让粉笔铺就大路

让蜡烛化为霞光

让教案叠成阶梯

让小溪汇入海洋

也许

我们永远达不到师傅的造诣

但是，请你相信

我们会产生神奇的飞跃

我们会步入新秀的殿堂

我们会为珠媚古园增色添彩

我们会为四化大厦输送栋梁

为了紫琅的秀丽

为了华夏的兴旺

今天，我们拜师

明天，我们翱翔

我们是春天的使者

我们是崛起的希望

我们播种明天

我们托起朝阳

做一个大写的人

做一束奇异的光

做一颗闪烁的星

做一支奋进的桨

向前

向前

向着未来

向着远方 （李吉林：《情境教育的诗篇》，第467—468页；《本校1990年2月—9月学校大事记》，1990年，案卷号：136；《市委宣传部、本校关于编写李吉林和"情境教学"（南通的全国之最）、拜师会、运动会规程、教师任课表、结束工作安排》，1990年，案卷号：107）

3月20日—4月4日　在北京参加第七届全国人民代表大会第三次会议。（《南通市人大志》，彩插；《出席证》）

3月　被评为南通市"四自"新女性荣誉奖。（南通市妇女联合会、《南通日报》社《荣誉证书》，1990年3月）

4月10日　《情境教学实验与研究》获得全国首届教育科学优秀成果一等奖。[①]（国家教育委员会政策法规司：《中华人民共和国现行教育法规汇编：1990—1995（上卷）》，人民教育出版社1997年版，第63页）

4月10日—13日　出席在南通召开的第二届全国教育实验学术讨论会。会议由中央教育科学研究所、华中师范大学《教育研究与实验》编辑部和南通市教育科学研究所联合主办。在会上提请专家鉴定"情境教学是不是一个教育实验"。（晓苇、夕浪：《改进教育实验评价 推进教育实验研究——第二届全国教育实验学术讨论会纪要》，《教育研究与实验》1990年第2期；裴娣娜：《李吉林情境教育与现代教学论研究》，载顾明远主编《李吉林和情境教育学派研究》，福建教育出版社2011年版，第246—254页）

---

① 该书曾在联邦德国参加书展。

　　4 月 11 日　在学校青年教师培训中心的第一次读书会上赠送每人一本书。参加与中央教育科学研究所副所长潘仲茗、江苏省教育科学研究所副所长毛家瑞、北京师范大学桑新民、南京师范大学陈社贵、如东县教科室主任陈敬朴及教育改革实验讲习班 5 名代表的座谈。①（《本校 1990 年 2 月—9 月学校大事记》，1990 年，案卷号：136）

　　4 月 12 日　在《小学语文报》发表《值得我们爱的人》。文章指出，语文课本中栩栩如生、可敬可爱的人物就是值得我们爱的人，希望小朋友能够弘扬英雄的革命精神。②

　　4 月 26 日　王策三来信说："您热情坦诚，虚心而又自信，勇敢执着追求，创新而永不满足。这些给我留下深刻印象，我要好好向您学习。""我国教学理论受苏联和我国自己的老传统的影响，向来主要在科学认知方面着力，而在艺术与情感领域十分薄弱。我个人更比其他同志落后了一些。您创造情境教学的方法和理论，可贵之处和先进性正在于此。"（《王策三信函》，1990 年 4 月 26 日）

　　5 月 7 日　带队到南京扬子石化公司教育中心参加江苏省李吉林小学语文教改经验推广工作现场交流会，指导帮助姜雪兰等青年教师备课，将自己的新衬衫借给姜雪兰作为上课服装。③（《李吉林同志的优秀事迹》，1990 年 6 月 25 日，通师二附档案馆藏，无案卷号；《本校 1990 年 2 月—9 月学校大事记》，1990 年，案卷号：136；《国家教委、教育学会、市教委、通师关于本校干部任免、国家优秀教师、专业技术任职、定级、调资、抚恤金等方面的通知、审批表》，1991 年，案卷号：151）

　　5 月 15 日　参加学校业务学习会，介绍与周琪等一起参加江苏省李吉林小学语文教改经验推广工作现场交流会的情况及感想。（《本校 1990 年 2 月—9 月学校大事记》，1990 年，案卷号：136）

　　5 月 28 日　开设公开课《萤火虫》，来自杭州的老师看课。（《本

---

　　①　4 月 12 日，潘仲茗在市科技大楼做讲座《我国中小学教改实验现状分析》，桑新民做讲座《现代教育观念和教改超前实验》。4 月 13 日，桑新民又在通师二附做同题讲座。

　　②　该文收录于《我是播种者》。

　　③　《学校大事记》只记为"赴南京参加实验工作会议"，根据《李吉林同志的优秀事迹》推断应为"江苏省李吉林小学语文教改经验推广工作现场交流会"。

校 1990 年 2 月—9 月学校大事记》，1990 年，案卷号：136）

5 月—9 月　在《师范教育》第 5、6、7、8、9 期分别发表"与未来教师通信"的 5 篇系列文章，以通信方式介绍小学语文情境教学的探索过程。①

《情境教学的探索过程——与未来教师通信之一》介绍了自己在小学语文教学中移植情景教学法开展教改试验的情况和认识发展变化的过程。文章将小学语文情境教学分为运用情境教学语言、通过观察情境引导儿童获取作文题材、运用情境教学进行审美教育三个阶段，每一个阶段中都包含着语文的知识教学、能力培养、智力发展和情感意志的陶冶等多种因素。整个试验中都坚持以教学论、心理学和美学理论为指导，并从古代诗词"境界学说"中汲取丰富的营养。

《情境教学的探索过程——与未来教师通信之二》再次归纳了创设情境的六种途径，即生活展现情境、实物演示情境、图画再现情境、音乐渲染情境、表演体会情境和语言描绘情境。文章指出，运用情境教学法进行语文教学，使得教学的内容变得丰富有趣、形象鲜明生动、情意真切感人、哲理耐人寻味，教学就变为一种富有吸引力的、有趣而有意义的活动，学生学习语文就会感到易、趣、活。

《情境教学的特点和理论依据——与未来教师通信之三》指出，情境教学具有"形真""情切""意远"和"理蕴"的特点，情境教学的理论依据是心理学中的人脑左右两半球分工合作原理、反映论原理、儿童表象思维原理。

《情境教学在阅读教学中的运用——与未来教师通信之四》介绍了在阅读教学中运用情境教学的操作方法，概括出"带入情境读全篇""强化情境抓重点""凭借情境品语感"的教学程序，明确了"初读—读通—弄清作者思路""细读—读懂—理解关键词句段""精读—读深—学会欣赏课文精华"的教学要求。

《情境教学在作文教学中的运用——与未来教师通信之五》介绍

---

①　该系列文章收录于《我是播种者》。

了在作文教学中运用情境教学的操作方法。文章指出，观察是儿童认识世界的主要途径，"观察情境作文"是进行作文教学的有效方式，只有着力引导学生认识周围世界，才能切实提高他们的作文水平。而要引导学生认识周围世界，就要引导学生学会观察大自然和社会生活，此外还要注意发展学生的思维能力，拓宽学生的思路。

6月7日　与学校青年教师杨曙明、曹桂林、杨金萍等应邀去海门讲学。（《本校1990年2月—9月学校大事记》，1990年，案卷号：136）

6月20日　《实现最优化，全面提高小学语文教学质量》与其他7项研究一起被国家教委列为推广应用的教育科学优秀成果①。国家教委办公厅印发《关于认真做好教育科学优秀成果推广应用工作的通知》，要求全国各地积极组织推广应用。（国家教育委员会政策法规司：《中华人民共和国现行教育法规汇编：1990—1995（上卷）》，人民教育出版社1997年版，第75—82页）

6月　被授予江苏省海门县厂洪中心小学荣誉教师称号。（中共海门县厂洪乡委员会、海门县厂洪乡人民政府《荣誉证书》，1990年6月8日）

同月　被评为1989年度优秀共产党员。（中共南通市教育局党组《荣誉证书》，1990年6月29日）

8月6日　就教育科研受苏联影响的问题，原中央教育科学研究所伍棠棣教授来信说："……思想和经验的有关文章，把题目改一改，加一段开场白，引一两句洋人的话，我对这种做法是非常气愤的。你自己也屈从于这种做法，是违背你的心意的。试问，你是借鉴了苏霍姆林斯基的有关论述才体会到'以词语教学为基础，发展学生理解和运用祖国语言的能力'的？我是很尊重苏霍姆林斯基的，但我也尊重李吉林一辈子的创造性劳动。科学就是要实事求是嘛。"（丁伟：《在小学里"读大学"——李吉林老师信函侧记》）

---

①　另7项研究成果为：郝克明、汪永铨等的《中国高等教育结构研究》，《上海教育发展战略研究》，任小艾的《我的班主任工作》，顾泠沅等的《上海市青浦县大面积提高数学教学质量的改革实验》，丁日新等的《生机勃勃的山东平度教育》，吕敬先等的《小学生语文能力整体发展实验》，赵裕春等的《小学生数学能力的测查与评价研究》。

8月　在福建教育出版社出版《李吉林情境教学详案精选》。该书全面展现了30个阅读教学教案和20个作文教学教案。[①]

9月11日　通师二附举行"创设情境 优化结构 整体发展"教育成果汇报展览。(《本校1990年8月—1991年2月月学校大事记》,1990年,案卷号:137)

9月　被聘为江苏省第三批特级教师评审委员会副主任委员。(江苏省教育委员会《聘书》,1990年9月10日)

10月10日　杜殿坤来信说:"不要怕争论,不要怕非议。这是有其有利方面的。回答这些问题,就是进展和深入。"(丁伟:《在小学里"读大学"——李吉林老师信函侧记》)

10月　在《人民教育》第10期发表《我用孩子的眼睛去看呀》。文章讲述了自己作为小学老师,始终站在孩子的角度和立场,用孩子的眼睛去认识世界的做法;提醒教师要善于捕捉孩子眼里世界的样子,孩子的眼睛是通往童话世界的门扉,要积极揣摩孩子的心理,只有了解孩子,才能引导他们。[②]

11月6日　在校青年教师培训中心语文组做讲座《运用童话情境进行语文教学》。(《本校1990年8月—1991年2月月学校大事记》,1990年,案卷号:137)

11月10日　上午,在学校一(1)班开设公开课《小小的船》,来自淮阴、南京等地的老师看课。下午,参加座谈。(《本校1990年8月—1991年2月月学校大事记》,1990年,案卷号:137)

11月16日　在学校一(2)班开设公开课《小小的船》,来自连云港的老师看课。(《本校1990年8月—1991年2月月学校大事记》,1990年,案卷号:137)

11月30日　迎接国家教委主任朱开轩来校视察,开设汇报课《小小的船》。(《本校1990年8月—1991年2月月学校大事记》,1990年,案卷号:137)

---

① 该书以1981年《李吉林教案选》为基础进一步增删而成。

② 该文收录于《我是播种者》,《成才之路》2008年第4期重刊。

秋　应邀到吴县东山实验小学参加《江苏教育》编辑部举办的第二届"我与教改"征文比赛颁奖活动，上教学示范课并做专题讲座。[1]（孔陶：《"探航"简史》，《江苏教育》2018 年第 62 期）

12 月 27 日　与杨曙明及各年级主任一起研究童话节的安排问题。（《本校 1990 年 8 月—1991 年 2 月月学校大事记》，1990 年，案卷号：137）

12 月　北京师范大学王策三教授在《教育研究》第 4 期发表《教育实验评价标准初探》。文章指出："李吉林老师的情境教学实验，除了自然性的特点，我还感到它是一种属于艺术认识范畴的教育实验。艺术的认识是以形象或直观形式表现理性的内容，是一种理性直观或理性的感性化，用常规的科学概念和方法去套，是对不上号的。这类实验似乎更充分地显示了它是教育的实验，体现了教育活动是活生生的丰满的整体，是一种社会文化活动，是在一定社会关系和生动情境中进行的，是一群充满了情感、表现出多样个性的人的积极活动，并且往往是生气盎然、乐趣横生的活动。他们在活动中认识世界和发展自身。对这类艺术性的教育实验，如果其变量及控制也像训练具体技能的教育实验那样去做，未免机械了，不仅是不合理的甚至是有消极作用的。这类教育实验当然不是教育实验的唯一形式，只是教育实验中的一种一类。但是，反过来说那些可以实行程序、行为、数量的严格控制的教育实验，也不能认为是教育实验的全部。自然科学实验的一套方法和技术必须引进教育实验，但要细心研究其应用的范围和条件，不能都用，不能原封不动，还要改造。"

本年　主持课题"运用情境教学，全面提高语文教学质量的实验与研究"获得江苏省教育科学规划"八五"重点课题立项。

同年　《情境教学实验与研究》获得全国第二届优秀教育图书评选一等奖。（李吉林：《拓宽教育空间　追求教育的整体效益》，《山东教育》1995 年第 5 期）

---

[1]　该活动系江苏省"教海探航"征文活动的早期形式。

1991 年　53 岁

1月　江苏省教委召开第一次素质教育研讨会，颁发《关于当前小学教育改革的意见（试行）》，明确提出了素质教育的概念，确立了当前小学实施素质教育的基本要求，即"起点要低，训练要实，面要宽，方法要科学，要求要严"。

8月13日　国家教委颁发《中小学教师职业道德规范》。

1月23日　参加学校五届一次教职工大会，作为党支部代表在开幕式上讲话。（《本校党政工作计划、总结、领导讲话及五届一次教代会日程》，1991年，案卷号：148）

1月　《情境教学实验与研究》获得江苏省第三次哲学社会科学优秀成果二等奖。（《江苏省第三次哲学社会科学优秀成果获奖项目》，《江苏社会科学》1991年第2期）

同月　被南通市委、南通市人民政府授予南通市科技先进红旗称号。（《荣誉证书》，1991年1月）

3月6日　南通市教育局教研室举办李吉林教改经验推广试点班教师培训活动。（南通市教学研究室《关于举办"李吉林教改经验推广试点班教师培训活动"的通知》，通教研〔1991〕字第7号）

3月14日　被聘为华东师范大学兼职研究员。（《为了儿童的飞翔：李吉林与她的情境教育》，第42页）

3月21日　在《小学语文报》答小读者问《知心老师谈观察》，希望小朋友要重视观察，要有选择、有重点地观察，通过仔细察看积累素材。①

3 月 25 日—4 月 9 日　在北京参加第七届全国人民代表大会第四次会议。(《全国人民代表大会报到卡》)

4 月 21 日—24 日　出席在山东青岛举办的全国小学语文教学研究会十年工作回顾大会暨全国第二届中青年教师阅读教学观摩活动。在会上致开幕词，简要回顾了全国小语会成立 10 年来的工作，指出事业的成功，需要意志、耐力和勤奋，也需要许多人的帮助和扶持。②在这次活动中，指导施建平参赛获得优胜奖。③(施建平：《成长在生命的溪流里》，《江苏教育》2012 年第 5 期)

4 月　在南通市评树"百面红旗"活动中被树为红旗标兵。(中共南通市委员会、南通市人民政府《荣誉证书》，1991 年 4 月)

同月　被评为南通市女知识分子联谊会"四个一"活动先进个人。(南通市女知识分子联谊会《荣誉证书》，1991 年 4 月 27 日)

5 月 16 日　与秦兴林等一起指导帮助曹桂林备语文公开课。(《本校大事记（第二学期）》，1991 年，案卷号：146)

5 月 19 日　与王秀芳一起接待南京师范大学教授。(《本校大事记（第二学期）》，1991 年，案卷号：146)

5 月 27 日　浙江宁波海曙区老师来校送教语文课，参与评课。(《本校大事记（第二学期）》，1991 年，案卷号：146)

5 月　在《人民教育》第 5 期发表《情境教学的理论与实践》。文章系统地介绍了情境教学体系的理论构建与实践探索过程，总结出"形真""情切""意远""理念寓于其中"的特点，确立了人脑两半球分工合作、意识是客观存在的反映论原理、儿童感知发展规律的情

---

①　该文收录于《我是播种者》。

②　该讲话稿后以《像大海一样后浪赶前浪》发表于《小学语文教学》1991 年第 7—8 期合刊，收录于《我是播种者》。

③　施建平说，参赛课题《泊船瓜洲》由李吉林帮助选定，备课教案写了 14 遍，李吉林对每一遍都做了精心指导和修改。李吉林始终惦记着施建平备赛的事，在参加全国人民代表大会时，利用休会时间请假带施建平先到天津 3 所学校试上。参赛途中路过上海，李吉林将施建平安顿在亲戚家，自己上街买菜做菜，以便让施建平吃点可口的饭菜；到了青岛，怕他营养不够，每天早晨省下一只鸡蛋，悄悄塞给他（李吉林：《情境教育的诗篇》，第 470—471 页）。

境教学理论依据，揭示了情境教学的内在机制：以培养兴趣为前提诱发主动性、以指导观察为基础强化感受性、以发展思维为重点着眼创造性、以陶冶情感为动因渗透教育性、以训练语言为手段贯穿实践性，提出了情境的创设路径以及情境教学在阅读、作文教学中的运用方式。①

同月　为了推广李吉林教改经验，交流点班信息，培训教师，全面提高小学语文教学质量，通师二附创办刊物《珠媚林》。(《珠媚林》1991 年第 1 期)

6 月 17 日下午　与王秀芳商量童话楼问题。②(《本校大事记（第二学期）》，1991 年，案卷号：146)

6 月 24 日　在《光明日报》发表《优化结构，提高语文教学效率》。文章指出，小学语文教学效率不高，主要原因是采用了单一的"汉语拼音—识字—阅读—作文"教学的结构和直线性的序列。文章主张，运用系统论的原理，从优化结构入手，以多向结构替代单一的结构，方能从根本上提高语文教学的功效。所谓优化结构，是指将汉语拼音作为识字的拐棍，提前到幼儿园大班教学，小学低年级采取"识字、阅读、作文"三线同时起步的做法，中高年级则通过"四结合大单元教学"强化，在汉语拼音、识字、阅读和作文形成"你促我"—"我促他"—"他再促你"的良性循环。同时将每周的 11 课时分成三种课型：7 课时的语文课，3 课时的注音阅读课和 1 课时的观察说话、写话课，此外，从每两周课外活动中，辟一次为野外活动课。中高年级的"四结合大单元教学"是指"文"与"道"的结合、"读"与"写"的结合、"课内"与"课外"的结合、"训练语言"与"发展智力"的结合，并将统编教材和自编补充阅读教材合并使

①　该文收录于《儿童·知识·社会的和谐建构》和《40 年情境教育在路上：催开教育智慧的花蕾》。

②　为了配合教改实验，发展学生的想象力和创造力，李吉林提议建设一座童话楼（室）。1991 年 4 月，通师二附向省、市政府提交建设童话楼（室）的报告，得到明确支持，省财政为此特别拨款 10 万元。

用，划分为"写人""记事""写景""状物""说明应用""古诗文诵读"六种单元。

6月25日　拍摄语文教学录像课。(《本校大事记（第二学期）》，1991年，案卷号：146)

6月　在《教育研究》第6期发表《教育科研的成功之路——理论与实践的结合》。文章通过描述自己把外语中的情景教学移植到小学语文教学中来，受古代文论"境界说"的启发运用情境法教学作文，进而基于美学原理创设情境对儿童进行审美教育的过程，说明中小学教育科研必须注意的几个问题。文章认为，中小学教师开展教育科研，必须坚持理论与实践相结合，这既包括理论工作者广泛地与实际工作者相结合，也包括实际工作者要与理论工作者相结合。实际工作者只有在理论工作者的带动、帮助和促进下，走理论与实践相结合的道路，才能开辟一个崭新的、更加广阔的教育天地，开创出充满生机的中国基础教育发展的成功之路。①

7月26日　当选第二届全国教育科学规划领导小组基础教育组成员。(《中国教育科学规划回顾与展望——从"六五"到"十五"》，教育科学出版社2006年版，第1042页)

8月7日　在《小学语文报》答《小学生学习报》小记者问，提出最好的读书方法是精读与博览相结合，写好作文要在语言上下功夫，反复推敲词语，琢磨语言。②

8月16日—18日　在北京参加中国教育学会第四次全国会员代表大会，当选中国教育学会副会长。会上，国家教委副主任何东昌作题为《认识我国基本国情 加强反和平演变教育》的报告，中国教育学会会长张承先作题为《总结经验 深化改革 为培养社会主义事业接班人而奋斗》的工作报告。(《蓬勃发展30年——中国教育学会的历史回顾》，第272页、69—75页；何东昌：《认识我国基本国情 加强反和平演变教育——在中国教育学会第四次全国会员代表大会上的报告（摘要）》，《中国教育学刊》1991年

① 该文收录于《我是播种者》。
② 该文收录于《我是播种者》。

第 6 期。）

8 月 27 日　学校召开行政扩大会议，明确行政组分工，被安排与李定、秦兴林、吴和平①等组织教育、教学、科研各项工作领导小组。（《本校行政、党支委会议记录》，1991 年，案卷号：149）

8 月 29 日　在《人民教育》第 7—8 期合刊发表《我心中神圣的日子》。文章回顾了自己在中国共产党的帮助和培养下上学、工作不断成长进步的历程，表达了对中国共产党的感激之情，强调指出中国共产党的诞生之日和自己的入党日期，是深深印刻不曾忘记的神圣日子。②

8 月 31 日　参加学校教职工会议，宣读论文。（《本校大事记（第二学期）》，1991 年，案卷号：146）

9 月 12 日　在《小学语文报》发表《愿你们快快长大》。文章表示，希望少年朋友珍惜宝贵时光，为长大长好练好本领而努力，长大后要懂得人民的利益高于一切、祖国的利益高于一切。③

9 月 13 日　与王秀芳、李定等一起同李炎讨论工作。（《本校大事记（第一学期）》，1991 年，案卷号：147）

9 月 17 日　上午，与三年级老师备单元组合教学课。下午，在全校教工会议上传达何东昌在中国教育学会第四次全国会员代表大会的报告内容。（《本校大事记（第一学期）》，1991 年，案卷号：147）

9 月 24 日—27 日　在北京参加《我爱我的家乡》大型作文丛书编委会会议，担任编委会编委。会议由中国教育学会小学语文教学研究会、教育科普研究所和《作文导报》编辑部联合举办。（《世纪之交的回眸——中国教育学会小学语文教学研究会成立二十周年纪念》，第 374 页）

9 月　被聘为中国教育学会第四届学术委员会委员。（《聘书》，中国教育学会，1991 年 9 月 10 日）

---

　　① 吴和平，女，1957 年生，江苏海安人，1982 年自如皋师范学校毕业后分配至海安县曲塘小学任教，1983 年调至通师二附，1994 年—2016 年任通师二附校长，2011 年起兼任南通市崇川学校校长、书记。

　　② 该文收录于《我是播种者》和《40 年情境教育在路上：催开教育智慧的花蕾》。

　　③ 该文收录于《我是播种者》。

10 月　在《江苏教育》第 10 期发表《着眼基础　着力发展》。文章对当时语文教学中流行的"分析法+题海式训练"进行了批判。文章提出，小学语文教学，既要重视质量的提高，又不能加重学生的负担，既要尽可能促进学生的全面发展，又要指导帮助学生把基础打活、打实。①

11 月 6 日　应日本"日中农林水产交流协会"邀请，受中国教育学会委派，担任代表团团长赴日访问，考察日本城市和农村普通教育改革情况，参观有关学校，访问部分城市。②（《蓬勃发展 30 年——中国教育学会的历史回顾》，第 273 页）

11 月 27 日　结束访日回校。（《本校大事记（第一学期）》，1991 年，案卷号：147）

11 月 29 日　传达访日情况。（《本校大事记（第一学期）》，1991 年，案卷号：147）

11 月　在《教育研究》第 11 期发表《情境教学：学得生动活泼的有效途径》。文章认为，情境教学是促进儿童生动活泼学习的有效途径。把学生引入情境，可以使学生享受探索的乐趣，从而不断激发学生的学习动机。优化教学情境，可以使学生在体验审美的过程中，加深对教材的认知和理解。依托教学情境，可以让儿童在情境中创造，从而在创造的乐趣中使大脑两半球得到协调发展。拓宽教学情境，可以让学生进一步认识周围世界，在享受观察的乐趣中使自己的两个信号系统得到平衡发展。③

12 月 17 日　向学校青年教师培训中心成员布置具体准备工作。（《本校大事记（第一学期）》，1991 年，案卷号：147）

---

　　①　该文收录于《儿童·知识·社会的和谐建构》。
　　②　中国教育学会访日代表团由李吉林任团长，山东省教育学会副会长、山东省教育委员会副主任王恩大任副团长，成员有：中国教育学会秘书处办公室主任、北京应用技术大学董事会董事蔡润发，中国教育学会秘书处编辑室副主任、编辑赵闻先，中国人民大学外语教研室主任李宗惠副教授。
　　③　该文收录于《儿童·知识·社会的和谐建构》和《我在实践中研究教育——〈教育研究〉发表李吉林论文专集》。

约 12 月　为了让孩子从小懂得珍惜时间，在学校操场上组织开展"和时光老人赛跑"的主题性大单元活动。[①]（李吉林：《情境教育的诗篇》，第 331—332 页）

[①] 早在 1986 年 1 月 9 日上午，通师二附就组织一、二年级学生开展了"我们和时间赛跑"的活动，创设情景写作文，要求一年级学生观察说话。见《校志（第一学期）》，1986 年，案卷号：84。

1992 年　54 岁

1 月 18 日—2 月 21 日　邓小平先后在武昌、深圳、珠海和上海等地发表重要谈话。

8 月　国家教委印发《九年制义务教育全日制小学、初级中学课程计划（试行）》和 24 个学科教学大纲，从 1993 年秋季起在全国逐步试行。

10 月 12 日—18 日　中国共产党在北京召开第十四次全国代表大会，提出必须把教育摆在优先发展的战略地位，努力提高全民族思想道德和科学文化水平。会议强调，到 20 世纪末，全国要基本普及九年义务教育、基本扫除青壮年文盲。

11 月　国家教委印发《关于九年制义务教育小学、初级中学教材选用工作的意见》，要求从 1993 年秋季起，全国初中和小学各科都要逐步使用新编的教材。

12 月 3 日—6 日　江苏省教委在南通召开全省中小学语文教改座谈会，印发《关于改革和加强中小学语文教学的意见》，要求各地以语文学科为突破口，深化教学改革。

1 月　被南通市教育学会小学语文专业委员会聘为顾问。（南通市教育学会小学语文专业委员会顾问《聘书》，1992 年 1 月 14 日）

2 月 15 日　在学校行政扩大会上谈教改实验工作，主要内容如下：

我们搞实验，不是走别人的路，不是验证别人的实验，而是创造性的劳动。现在群众积极性高，新的方案出台有了基础。全国整体实验单位较多，但必须有各自的特色。而特色是不可强加的。对于情境教学，许多老师开始熟悉并实践。

一、情境教育的培养目标

使客观世界对儿童产生推动……学习负担不重且学得好；科研方面，要研究情境理论，培养一支年轻的科研队伍，同时建立办学网络。

二、情境教育的主要举措

1. 把德育渗透到各科教学中；

2. 以语文教学为龙头，实行文道结合；

3. 以培养儿童的共产主义道德情操和创造精神为侧重点；

4. 情境教育优化育人的环境是实验的特点（美感教育是突破口，师生情感活动是纽带，儿童的实践活动是主要手段）。

三、情境教育的原则

1. 诱发主动性；

2. 强化感受性；

3. 渗透教育性；

4. 贯穿实践性；

5. 着眼发展性；

6. 体现综合性。

四、课题实验的范围

1. 课堂教学情境的优化（乐）；

2. 学校班队、课外活动的优化（趣）；

3. 校园情境的优化（洁）；

4. 家庭情境的优化（净美）；

5. 校内外人际情境的优化。

五、课题实验的步骤

1. 确定点班

一年级：（原文缺）

二年级：唐颖颖

三年级：吴秀兰

四年级：曹桂林

五年级：施建平

2. 德育为主导

确定德育的侧重点

3. 语文为龙头

制订全学期计划，划分侧重点，做到主题突出，有侧重点，与其他学科配合，一学期搞2—3次教学活动。

在点班进行各科教学运用情境教学的实验：

数学：把数和形结合，促使儿童把数伴随形象，加强数学的操作，在特定的环境中运用数学

科学常识：培养学生对科学的热爱

音乐：进入歌曲描写的情境

图画：创设情境，激发动机，在创造过程中培养能力

体育：根据各课教学创设情境

史地：缩短时空距离，再现情境

六、结合班队、课外活动等渲染学校生机勃勃的向上气象

1. 建立校级兴趣组；

2. 强化学校文体活动；

3. 研究班队活动；

4. 设置主题鲜明的教育节，如3月5日雷锋节、4月中旬鲜花节、5月中旬创造周、6月底—7月初幸福节、9月教师节、10月爱国月、12月童话节、2月爱书周。（《本校行政、党支委会议记录》，1992年，案卷号：157）

2月16日　继续在学校行政扩大会上谈教改实验工作，讨论课题研究的形式，建议培训处主抓教师素质，教育教学处抓学校管理，强调要重视教学环境建设，指出课堂和校园是隐性教育的重要途径，要做到清、洁、美、齐，校内校外、课内课外要紧密配合。(《本校行政、党支委会议记录》，1992年，案卷号：157)

2月18日　继续在学校行政扩大会上谈教改实验工作，主要内容如下：

> 实验如何做？主要有两种方式，一种是分步实验，另一种是螺旋式上升。实验分两步，第一步是一个班级、一个年级、面上整体，第二步是在第一步的基础上，发挥自己的特点，从情境教学到情境教育，目标是着眼发展、着力基础，促使儿童素质全面发展。
>
> 实验的目前情况是：思想品德已运用多年，美术获得成绩，其他学科逐步运用；校园环境；校外环境从野外活动到社会的每个角落，在各个环境中突出情感、审美，优化环境、情境，使儿童在负担不重的情况下和谐地发展；培养一支年轻的科研队伍。

(《本校行政、党支委会议记录》，1992年，案卷号：157)

2月24日　上午，陪伍棠棣在学校随堂听课。下午，伍棠棣在通师二附作学术报告。(《本校大事记（第二学期）》，1992年，案卷号：155)

2月25日　上午，继续陪伍棠棣随堂听课。下午，伍棠棣继续作学术报告。(《本校大事记（第二学期）》，1992年，案卷号：155)

2月28日　赴北京参加教育部师范教育司组织的教材审查会议。(《本校大事记（第二学期）》，1992年，案卷号：155)

3月20日—4月3日　在北京参加第七届全国人民代表大会第五次会议。(《出席证》)

3月　论文《情境教学：学得生动活泼的有效途径》获得南通市1990—1991年科研成果一等奖。(南通市教育科学研究所《获奖证书》，1992

年 3 月)

　　5 月 11 日　　杜殿坤来信说："我意，你的情境教学已扩展为情境教育，已经运用于各科，渗透到德、智、美各育，下一步是否计划发展为写一部《情境教育学》，作为一个对教育的新的视角，创立一个学派？如果这样安排，则近几年的新进展和新的研究结果，就放在第二部书里。"(《为了儿童的飞翔：李吉林和她的情境教育》，第 39 页)

　　5 月 16 日下午　　在南通师范学校九十周年校庆教研活动中做讲座《师范生的继续教育——介绍本校青年教师培训中心》。(《本校大事记(第二学期)》，1992 年，案卷号：155)

　　5 月 27 日—28 日　　出席在淮阴召开的第三次"江苏省推广李吉林小学语文教改经验现场交流会"，作情境教学专题讲座，执教示范课《萤火虫》。① (元新：《江苏省教委举办第三次推广李吉林教改经验现场交流会》，《江苏教育》1992 年第 19 期)

　　6 月 8 日　　与李定到上海讲学。(《本校大事记(第二学期)》，1992 年，案卷号：155)

　　6 月 16 日　　与来校参观青年教师培训中心的省师范学校校长交流，介绍相关情况。(《本校大事记(第二学期)》，1992 年，案卷号：155)

　　6 月 24 日　　在《光明日报》发表《优化结构　提高语文教学效率》。文章指出，"汉语拼音→识字→阅读→作文"的单一结构、直线序列的教学方式，是导致小学语文教学效率不高的重要原因。文章依据系统论原理，提出了"优化结构"教学的主张。所谓"优化结构"，就是将小学语文教学分为低年级和中高年级两个部分。在幼儿园的大班提前教学拼音，汉语拼音字母教学要采用游戏的方式，不要求会书写，只要求能够认识字母，能够拼读。小学低年级同时采用"识字、阅读和作文"三线并进的方法，将每周的 11 课时分为使用部

────────────

　　①　淮阴从 1987 年开始推广李吉林教改经验，1989 年在全市大面积铺开，成立了"李吉林教改经验推广工作领导小组"，制定了《淮阴市关于学习和推广李吉林小学语文教改经验的实施方案》，将推广工作从市一级推至县一级，再到乡一级，甚至到村里小学，取得了可喜的成绩。见《情境教育的诗篇》，第 456—461 页。

编教材的语文课、使用自编教材的注音阅读课以及观察说话、写话课等三种课型，另外在每两周的课外活动中，选择一次开设野外活动课。中高年级则实行"四结合大单元教学"，"四结合"是指文道结合、读写结合、课内课外结合以及"智力发展与语言训练结合"。"大单元"是指阅读、作文、课外活动和班队活动揉成一个整体，分为"记事""写人""状物""写景""古诗文诵读"和"说明应用"六种单元进行教学。

8月　在《小学教学》第8期发表《奔腾的涌浪》。文章回顾了自己"文革"前的成长经历和"文革"后的教改实验过程。文章指出，自己的教改实验一方面切中传统教育的弊端，另一方面又会受到传统的束缚而步履维艰，就像奔腾的涌浪，更能磨练人的意志，检验人的情感，感受人的力量以及生活的意义与欢乐。①

10月31日　杜殿坤来信说："中国之小学教育，首先要使儿童愿学、乐学、会学，激发兴趣，形象生动，符合年龄特征。情境教学在这方面有成套经验，有稳定良好的教学效果。因此，是值得大力推广的。我想，过去有点书呆子气，总想在什么国内外著作中找到'原则'什么的东西，而忽视了'实践出真知'。这是我的一点新认识：不能唯书唯上，而是'中国特色的教育学'。偶见杂志《上海教育科研》1991—No.2有一篇《教育科学研究不宜苛求定量分析》② 一文，可找来一看。"（丁伟：《在小学里"读大学"——李吉林老师信函侧记》）

10月21日—27日　出席1992年全国"愉快教育"研讨会并应邀作学术报告。（惠珍：《1992年全国"愉快教育"研讨会概述》，《江苏教育》1993年第13期）

11月4日下午　接待北京市"形象思维"科研小组成员，介绍情境教育有关情况。（《本校各部门工作计划、总结、体锻、运动会总分及"教仪杯"有关资料》，1992年，案卷号：281）

---

① 该文收录于《我是播种者》。
② 见《上海教育科研》1991年第2期，栗玉香、冯国有著。

11 月 19 日　省、市电教馆开始拍摄"李吉林情境教学"系列讲座电视录像 20 讲。（《本校大事记（1992 年 8 月—1993 年 1 月）》，1992 年，案卷号：156）

11 月 29 日　与王秀芳、潘玲、曹桂林、唐颖颖等研究确定全省中小学语文教改座谈会开设公开课的内容。①（《本校大事记（1992 年 8 月—1993 年 1 月）》，1992 年，案卷号：156）

11 月 30 日　与王秀芳、周琪等讨论参加全省中小学语文教改座谈会教改材料的版面内容。（《本校大事记（1992 年 8 月—1993 年 1 月）》，1992 年，案卷号：156）

11 月　在《山西教育》第 11 期发表《运用情境教学　教好重点段》。文章介绍了实验班运用情境教学法教好课文重点段的主要做法。一是强化感知，充分利用学生情绪，加深儿童内心体验；二是提供契机，引导儿童展开联想和想象，丰富课文内涵；三是把训练语言与发展思维结合起来，加深学生对重点段的理解。②

12 月 1 日　上午，为青年教师培训中心学员布置任务。下午，听唐颖颖和曹桂林的语文试教课。课后，与唐铁生、潘玲、施建平、王秀芳等一起进行评课并讨论教案修改方案。（《本校大事记（1992 年 8 月—1993 年 1 月）》，1992 年，案卷号：156）

12 月 8 日　在青年教师培训中心做素质教育讲座。（《本校大事记（1992 年 8 月—1993 年 1 月）》，1992 年，案卷号：156）

12 月 11 日　《江苏教育》第 23 期开辟"李吉林和她的青年教师培训中心"专栏，刊发李吉林的文章《我身边的一群年轻人》和几位青年教师的文章，讲述通师二附青年教师培训中心的成立过程以及青年教师的成长故事。③

12 月 29 日　杜殿坤来信说："寄上一篇翻译稿件，系初稿，仍需

---

①　12 月 4 日，出席全省中小学语文教学改革座谈会的领导和代表到通师二附听曹桂林和唐颖颖上的小学语文公开课，观看青年教师培训中心青年教师的基本功汇报展示。

②　该文收录于《美·智·趣的教学情境》。

③　该文收录于《我是播种者》。

修改。联系到'情境教学'，我觉得，苏霍姆林斯基的许多原理，在你的体系里都已解决，他的融'知、情、意'于一体的思想，仍是我国中小学面上存在的现实问题。"（《为了儿童的飞翔：李吉林和她的情境教育》，第 39 页）

　　12月　在《上海教育》第 12 期发表《要努力塑造自己》。文章指出，教师的素养就是爱生乐业、博学多才、善思尚美。①

_____

① 该文改题为《高境界的追求》收录于《我是播种者》。

1993 年　　55 岁

2月13日　中共中央、国务院印发《中国教育改革和发展纲要》，明确了我国到20世纪末的教育发展主要目标。

3月24日　国家教委发出《关于减轻义务教育阶段学生过重课业负担，全面提高教育质量的指示》，要求转变教育观念，深入推进教育教学改革，确实解决好义务教育阶段学生负担过重的问题。

1月5日　在江苏省第七届人民代表大会第六次会议上被选举为第八届全国人大代表。(《江苏省志·议会　人民代表大会志》，第386页)

2月20日　市教研室在通师二附召开"推李"工作会议。(《本校大事记（1993年2月—8月）》，1993年，案卷号：177)

2月22日—24日　在北京参加全国教育科学规划领导小组（扩大）会议，北京师范大学教授黄济鼓励她申报课题。(李吉林：《情境教育的诗篇》，第236—237页)

2月　当选南通市第十届人民代表大会代表。(《南通市人大志》，第184—185页)

同月　被省妇联评为"江苏省双十佳（十佳女企业家，十佳女科技、教育工作者）"新女性。(《新华日报》1993年3月4日)

3月15日—31日　在北京参加第八届全国人民代表大会第一次会议。(《南通市人大志》，彩插)

4月3日　自北京返校，与王秀芳、李定、吴和平等开会讨论童话节的安排。(《本校大事记（1993年2月—8月）》，1993年，案卷号：177)

4月5日　参加学校五（6）班举行的升旗仪式，介绍全国八届人大会议概况。（《本校大事记（1993年2月—8月）》，1993年，案卷号：177）

4月6日下午　在学校会议上传达全国人大会议精神。（《本校大事记（1993年2月—8月）》，1993年，案卷号：177）

4月26日　北京市石景山区永乐小学校长与5名教师到通师二附学习情境教学法。（《本校大事记（1993年2月—8月）》，1993年，案卷号：177）

春　柳斌为通师二附题词"创设情境 启迪智慧 学会创造 走向成功"。（江苏情境教育研究所提供，2023年4月24日）

6月1日　策划并筹建的童话楼在通师二附落成。（刘燕妮提供，2023年12月19日）

6月14日　参加学校毕业班作文试卷批阅工作。（《本校大事记（1993年2月—8月）》，1993年，案卷号：177）

6月16日　与吴和平到毕业班谈复习要求。（《本校大事记（1993年2月—8月）》，1993年，案卷号：177）

6月22日　参加毕业班推荐考试的阅卷工作，负责批改作文。（《本校大事记（1993年2月—8月）》，1993年，案卷号：177）

6月23日　继续阅卷，汇总分数，讨论决定上重点中学的学生推荐名单。（《本校大事记（1993年2月—8月）》，1993年，案卷号：177）

6月30日下午　与王秀芳、李定、吴和平、潘玲等商量暑假招生工作。（《本校大事记（1993年2月—8月）》，1993年，案卷号：177）

6月　在《人民教育》第6期发表《如诗如画》。文章指出，教师绝不只是像蜡烛那样"照亮了别人，毁灭了自己"的比喻，而是比蜡烛永恒，照亮了别人，升华了自己；也不绝不是"春蚕到死丝方尽"，而是丝虽尽，却身不死；蚕化作蛹，蛹变成蛾，蛾又孕育出蚕宝宝，无穷无尽……那真是如诗如画，而且是长长的"画卷"，是叙事、抒情融于一体的"诗集"。①

---

① 该文收录于《我是播种者》。

暑假　带病撰写《情境教学——情境教育的思考与探索》。(《学习〈决定〉，加强"堡垒"建设——近两年党支部工作回顾之一》，载《本校党政工作计划、总结》，1994 年，案卷号：185)

9 月 21 日—25 日　在上海参加中国教育学会举办的纪念邓小平同志"三个面向"题词发表十周年学术研讨会，宣读论文《情境教学——情境教育的探索与思考》。论文正式提出情境教育的概念，全面回顾从情境教学到情境教育的发展历程，明确提出情境教育目的在于优化儿童成长环境，让儿童主动、欢乐地学习，并根据实践与感悟，借鉴心理学中的暗示、移情以及心理场等理论，创造性地归纳出情境教育的基本模式：拓宽教育空间，追求教育的整体效应；缩短心理距离，形成最佳的情绪状态；通过角色效应，强化主体意识；注重应用操作，落实全面发展的教育目标等。[1]（李吉林：《情境教育的诗篇》，第 137—157 页）

10 月 26 日—29 日　出席在仪征举办的江苏省首届小学青年教师基本功大赛，在开幕式上作为评委代表发言，在闭幕式上带领 20 余名青年教师登台朗诵《桂林山水》。徒弟生家琦比赛时，主动将儿媳邬帆的新衣服借给她作为参赛服。（陈兆兰：《当希望升起的时候——记江苏省小学青年教师教学基本功大赛》，《江苏教育》1993 年第 24 期；生家琦：《温暖相随》，载成尚荣《我们是长大的儿童——情境教育中走出的名师》，第 106—109 页）

12 月 23 日上午　在南通北阁饭店做作文讲座，通师二附全体语文教师参与听讲。(《本校大事记（1993 年 8 月—1994 年 1 月）》，1993 年，案卷号：178)

12 月　《李吉林情境教育详案精选》获得江苏省第二次教育科学研究优秀成果二等奖。（江苏省教育委员会《证书》，1993 年 12 月）

本年　在教育部的组织下，拍摄 15 集《小学语文情境教学》录像，由中央电教馆录制，通过卫星向全国播放。

---

① 该文分别刊登于 1993 年 11 月 25 日《新华日报》、《教育研究》1994 年第 1 期和《中国教育学刊》1994 年第 1 期，改题为《情境教育的探索与思考》收录于《儿童·知识·社会的和谐建构》。李吉林将会议时间记为 10 月，实际应为 1993 年 9 月 21 日—25 日。

1994 年　56 岁

8 月 23 日　中共中央印发《爱国主义教育实施纲要》，提出要把爱国主义教育作为提高全民族整体素质和加强社会主义精神文明建设的基础工程。

1 月 4 日下午　为学校全体教师做情境教育讲座。（《本校大事记（1993 年 8 月—1994 年 1 月）》，1994 年，案卷号：178）

3 月 10 日—22 日　在北京参加第八届全国人民代表大会第二次会议。（《本校大事记（1994 年 2 月—1995 年 1 月）》，1994 年，案卷号：184）

3 月 17 日　在《光明日报》发表《拓宽教育空间》。文章指出，情境教育把儿童活动空间中的每一个区域，构成一个连续的、目标一致的大空间，使教育从"封闭"走向开放，从"单一"走向"综合"，以充分利用环境，优化环境，提高教育的整体效应，其主要措施包括主题性大单元活动、多样性的自主教育活动和系列性野外活动等。[1]

3 月 29 日　在学校全体教工会议上传达八届全国人大二次会议精神。（《本校大事记（1994 年 2 月—1995 年 1 月）》，1994 年，案卷号：184）

3 月　获得南通市人民政府记大功奖励。（南通市人民政府《奖励证书》，1994 年 3 月）

4 月 1 日　与吴和平、王秀芳到市教委汇报全国情境教学研讨会

---

① 该文收录于《我是播种者》和《40 年情境教育在路上：倾听时代的声音快乐前行》。

筹备工作。(《本校大事记(1994 年 2 月—1995 年 1 月)》,1994 年,案卷号:184)

4 月 22 日—26 日 在石家庄陆军参谋学院参加全国教育科学规划领导小组(扩大)会议暨全国第二次教育科研工作座谈会。(全国教育科学规划领导小组办公室:《中国教育科学规划回顾与展望——从"六五"到"十五"》,教育科学出版社 2006 年版,第 893 页;李吉林:《儿童·知识·社会的和谐建构》,人民教育出版社 2006 年版,彩插)①

4 月 主持课题"情境教育研究与实验"获得全国教育科学"八五"规划教育部课题(94 年滚动)立项。(《中国教育科学规划回顾与展望——从"六五"到"十五"》,第 698 页)

同月 在《教学研究》发表《与青年教师谈情境教学的备课》。文章强调,运用情境教学法,备课时特别注意要钻研和把握教材,要充分利用想象,指导学生进入角色,要精心设计情境,不断优化情境。②

5 月 3 日 在学校全体教工政治学习会上介绍当前教改情况和教材审查工作概况。(《本校大事记(1994 年 2 月—1995 年 1 月)》,1994 年,案卷号:184)

5 月 5 日 邀请南京师范大学教授朱小蔓③到校做情感教育讲座。(《本校大事记(1994 年 2 月—1995 年 1 月)》,1994 年,案卷号:184)

5 月 18 日 通师二附召开"情境教育实验与研究"课题组会议,与李庆明④、王秀芳、吴和平、施建平、王智等被确定为课题组成员,

---

① 《儿童·知识·社会的和谐建构》"彩插"将会议时间标为"1993 年",有误,实际应为 1994 年。

② 该文收录于《美·智·趣的教学情境》。

③ 朱小蔓于 1996 年—2002 年间任南京师范大学副校长时,聘任李吉林为南京师范大学兼职教授。

④ 李庆明,1959 年生,江苏南通人,江苏省特级教师,哲学博士。1980 年毕业于南通师范专科学校,同年分配至南通师范学校任教。1999 年创办海门县海永实验小学,践行乡村情境教育。2003 年任中央教育科学研究所南山(深圳)附属学校校长,2012 年任宁波滨海教育集团校长。现任江苏情境教育研究所副所长、江苏省教育学会情境教育专业委员会副理事长、新教育研究院副院长。

王建明和严清①为顾问，聘请上海有关教授为学术顾问。(《本校大事记(1994 年 2 月—1995 年 1 月)》，1994 年，案卷号：184)

春 在台湾参加会议，提交论文《运用情境教学 发展儿童语言》。文章指出，情境教学是指以生动的直观与语言描绘相结合的手段，创设典型的场景，激起儿童热烈的学习情绪，从而促其主动参与教学过程的一种教学模式。运用情境教学发展儿童的语言，巧妙地把儿童的认知活动与情感活动结合起来，可以获得意想不到的效果。其具体途径包括：观察情境，在认识周围世界中获取语言材料；体验情境，在审美愉悦中激发表达欲望；优化情境，在观察与表达指导中拓宽思维空间；描述情境，在各种形式的语言训练中练好语言基本功。②
(李吉林：《美·智·趣的教学情境》，人民教育出版社 2006 年版，第 207—232 页)

6 月 7 日 在学校全体教工会议上做情境教育讲座第二讲"缩短心理距离"。(《本校大事记(1994 年 2 月—1995 年 1 月)》，1994 年，案卷号：184)

6 月 14 日 在学校全体教工会议上做情境教育讲座第三讲"拓宽教育空间 追求整体效益"。(《本校大事记(1994 年 2 月—1995 年 1 月)》，1994 年，案卷号：184)

8 月 18 日 在光明日报发表《语文教学中的爱国主义》。文章表示，在语文教学中进行爱国主义教育是语文教师责无旁贷的任务，教学时要把握教材，构建有机的爱国主义教育整体；让学生在特定情境中感受教材描写的形象，激发情感，加深学生认识；引导学生表达热爱祖国的情感并进行有关语文训练。

8 月 论文《从"情境教学"到"情境教育"的探索与思考》获得纪念中国教育学会成立 15 周年优秀论文一等奖。(《中国教育学会举办优秀论文(专著)和西南信息杯学会研究优秀论文评奖》，《中国教育学刊》1994 年第 4 期)

---

① 严清，1950 年生，江苏南通人，历任南通中学教导处副主任、南通中学副校长、南通市教育科学研究所所长、南通市教育局副局长、南通市教育学会会长、江苏情境教育研究所顾问、江苏省教育学会情境教育专委会副理事长、南通中小学名师培养导师团导师、南通市崇川区名师培养导师团团长。

② 该文摘要发表于《中国教育学刊》1995 年第 6 期，收录于《美·智·趣的教学情境》。

同月　在安徽黄山参加中央教育科学研究所主办的"首届小学汉字教育国际研讨会"。会议期间，向潘仲茗建议由中央教育科学研究所出面举办情境教育学术研讨会，得到支持。（李吉林：《情境教育的诗篇》，第 158 页）

10 月 20 日　在《光明日报》发表《缩短心理距离》。文章认为，运用情境教学法，创设亲、助、乐的人际情境，可以缩短师生之间以及学生之间的心理距离；创设美、趣、智的教学情境，可以缩短学生与教育内容之间的距离。[1]

10 月 28 日　与李庆明指导青年教师培训中心成员制订科研计划。（《本校大事记（1994 年 2 月—1995 年 1 月）》，1994 年，案卷号：184）

10 月　享受国务院政府特殊津贴。（国务院《证书》，政府特殊津贴第〔94〕93207181 号）

同月　吉峤柯在《教育研究》第 10 期发表《"七五"期间基础教育研究与实验进展述评》。文章指出："李吉林同志的情境教学是对小学语文教学的新探索，为语文教学改革找到了一条新途径，而且比较符合我国的国情，有较高的实用价值"。

11 月 1 日　在学校全体教工会议上做情境教育讲座第四讲"注重应用操作"。（《本校大事记（1994 年 2 月—1995 年 1 月）》，1994 年，案卷号：184）

11 月 7 日—12 日　在杭州大学参加中国教育学会教育实验研究会成立大会，当选研究会副理事长。[2]（李吉林：《儿童·知识·社会的和谐建构》，彩插）

11 月 15 日—18 日　在江苏苏州参加全国小学语文教学研究会第四次会员代表大会暨第五届学术年会，代表理事会做工作报告[3]，回顾了 1989 年以来第三届理事会的主要工作。会议期间，当选全国小

---

① 该文收录于《我是播种者》和《40 年情境教育在路上：倾听时代的声音快乐前行》。

② 《儿童·知识·社会的和谐建构》"彩插"将会议时间标为"1993 年"，有误，实际应为 1994 年。

③ 该工作报告发表于《小学语文教学》1995 年第 2 期。

学语文教学研究会第四届理事会副会长和学术委员会主任，朱作仁、杨再隋、吴立岗任学术委员会副主任。（《世纪之交的回眸——中国教育学会小学语文教学研究会成立二十周年纪念》，第 378—379 页）

11 月 18 日　出席在江苏张家港举办的'94 东渡杯·教海探航征文评选颁奖大会，做如何提高课堂教学效率的讲座。（陈兆兰：《初冬涌起的春潮——'94 东渡杯·教海探航征文评选颁奖活动散记》，《江苏教育》1995 年第 1 期）

11 月 19 日　在张家港实验小学上示范课《萤火虫》。（陈兆兰：《初冬涌起的春潮——'94 东渡杯·教海探航征文评选颁奖活动散记》）

11 月 21 日　出席由上海市闸北区教育局主办的'94 全国"作文大王"杯小学生作文竞赛组委会成立大会，担任竞赛组委会顾问。（王幼舫：《'94 全国"作文大王"杯小学生作文竞赛组委会成立大会隆重举行》，《上海教育》1995 年第 1 期）

秋　出席在浙江宁波召开的全国教育科学规划领导小组基础教育学科专家组会议。会议期间，向中央教育科学研究所所长卓晴君建议由中央教育科学研究所出面举办情境教育学术研讨会，得到支持。[①]（李吉林：《情境教育的诗篇》，第 158—159 页）

12 月 13 日　在学校教师业务学习会议上传达杭州教授讲话的主要精神。（《本校大事记（1994 年 2 月—1995 年 1 月）》，1994 年，案卷号：184）

12 月 20 日　与吴和平、王秀芳、施建平和杨悌等一起听唐颖颖的试教课《要是你在野外迷了路》，课后指导唐颖颖修改教案。（《本校大事记（1994 年 2 月—1995 年 1 月）》，1994 年，案卷号：184）

12 月 28 日—30 日　江苏省教育厅在通师二附召开推广李吉林教改经验总结表彰大会，进一步向全省城乡小学推广李吉林教学法。[②]（《江苏大力推广李吉林教改经验》，《中国教育报》1995 年 1 月 5 日；《本校大事记

[①]　这次会议就是 1996 年 12 月在通师二附举行的"全国情境教学——情境教育学术研讨会"。

[②]　会议于 12 月 28 日—29 日安排了 12 节公开课，分别由全省各地小学语文老师执教。其中，唐颖颖于 28 日上午执教《要是你在野外迷了路》，青年教师培训中心成员于 30 日表演课本剧《我是播种者》。施建平、王智与花爱民获得会议论文评比一等奖，通师二附被评为"推李"经验先进集体。

（1994 年 2 月—1995 年 1 月）》，1994 年，案卷号：184）

12 月　在《湖南教育》第 12 期发表《走出语文教学的误区》。文章指出，小学语文教学对教育科研成果的应用和教育科学理论的普及缺乏得力的措施，因而不同程度地存在着"重知识传授，轻思想教育；重分析讲解，轻形象感染；重习题式练习，轻实际能力培养"的"三重三轻"现象，有些老师分析求深求透，板书滴水不漏，练习防漏求全，结果老师教得累，学生学得苦，到头来文章写不通，错字不算少，整篇文章要领抓不住。文章提出"淡化分析，强化感受"的主张，强调充分利用语文教学，坚持不懈地对学生进行思想情感教育，做到渗透其中，日积月累。

同月　《如诗如画》获得《人民教育》"教师——美好的职业"散文征文一等奖。①

同月　被评为江苏省教育科研先进工作者。（江苏省教育委员会《证书》，1994 年 12 月）

本年　在参与讨论苏教版语文教科书编写工作时提出，小学语文课文要短，不能太长，读起来要上口，要有童趣。课后练习要简明扼要，作业要控制量，不宜繁杂。（朱家珑：《为了心中的不舍——痛悼敬爱的李吉林老师》，《七彩语文》2019 年第 8 期）

---

①　这次征文活动自 1992 年 4 月起，至 1994 年 12 月结束，历时 2 年多，共收到来稿 5000 余件，在以柳斌为主任的评委会的评选下，共选出获奖作品 44 件。见叶水涛：《李吉林语文教学艺术研究》，福建教育出版社 2002 年版，第 351—352 页。

1995 年　57 岁

3 月 18 日　八届全国人大三次会议审议通过了《中华人民共和国教育法》。

12 月 21 日　江苏省委印发《关于进一步办好实验小学的意见》，要求全省各实验小学全面贯彻国家的教育方针，实施素质教育，率先实施教育现代化工程。

2 月　《江苏教育》第 3 期开设 "李吉林教改经验专辑"，集中刊发江苏省教委召开的推广李吉林教改经验表彰大会上评选出的优秀论文和李吉林的学术报告《情境教学与小学语文教学任务的实现》。在学术报告中主张，不能把小学语文上成工具课，还应当使学生得到美的熏陶，体验蕴含在语言中的思想情感，逐步建立起认识世界的正确观念。报告指出，情境教学以促进儿童整体和谐发展为主要目标，忠实地为小学语文教学的任务服务，从而为全面提高人才素质打好基础，已逐渐形成具有民族的以情景交融为主要特色的新的小学语文教学体系；情境教学服务于小学语文教学任务，应当以 "趣" 为前提，让学生主动参与教学过程；以 "情" 为纽带，在体验教材的美感中动情晓理；以 "练" 为主线，在语文双基的训练中发展思维。

同月　方展画在上海教育出版社出版著作《教育科学论稿》。该书认为，李吉林在实践中形成并完善的情境教学，是 "用情感活动（而不是认知活动）统领整个教学过程，在教学中强调活动、兴趣和熏陶，体现愉快原则"教学思想的代表。(方展画：《教育科学论稿》，上海教育出版社 1995 年版，第 271—272 页)

3 月 5 日—18 日　在北京参加第八届全国人民代表大会第三次会议，参加代表团讨论时做题为《德育工作需要法律保障》的发言。①(《全国人民代表大会及其常务委员会大事记（1954—2012）》，第 459 页)

3 月 28 日　在学校教工政治学习会上传达八届全国人大三次会议精神。(《本校大事记（1995 年度）》，1995 年，案卷号：192)

3 月　在《课程·教材·教法》发表《创设情境　教好童话》。文章认为，只有充分体现童话的趣味性、科学性、幻想性和教育性，才能教好童话。情境教学法具有美、趣、智的特点，是教好童话的有效方法和理想途径。创设情境教学童话，要突出鲜明的形象，使学生感受到童话的趣和美；要引导儿童进入童话世界，展开丰富的联想和想象；要开展系列功能训练，不断提高儿童的判断能力、语言能力和创造能力。②

4 月 10 日　在《光明日报》发表《利用角色效应》。文章指出，在灌注式的教育中，学生很难形成主体意识，往往处于一种被动接受、被动学习的状态，处于一个"我是学生"的单一的被动角色中，情境教育利用角色效应，让学生担当向往的角色、童话角色和现实中的角色等，可使其由"被动角色"转变为"主动角色"。③

5 月　在《课程·教材·教法》第 5 期发表《创设情境　教好寓言》，指出运用情境教学法教寓言，可以利用寓言手法上的讽刺夸张再现寓体情境，可以凭借寓体可笑的形象在情境中揭示寓意，可以针对寓言语言简洁的特点进行多种语言训练。④

5 月—8 月　在《山东教育》第 5、6、7—8、9 期开辟专栏，发表《拓宽教育空间　追求教育的整体效益》《缩短心理距离　形成最

---

① 该发言稿刊载于《中国教育报》1995 年 3 月 5 日，收录于《我是播种者》。
② 该文收录于《美·智·趣的教学情境》。
③ 该文收录于《我是播种者》和《40 年情境教育在路上：倾听时代的声音快乐前行》。
④ 该文收录于《美·智·趣的教学情境》。

佳情绪状态》《通过角色效应 强化主体意识》和《注重应用操作 落实全面发展的教育目标》等四篇文章，介绍情境教育。

《拓宽教育空间 追求教育的整体效益》主张，从课堂这一教育的主体区域延伸开去，拓展教育空间，构成连续的、目标一致的和谐整体，提升教育的整体效益。具体方式是：通过多样性的课外活动，渲染学校欢乐向上的氛围；通过主题性大单元教育活动，强化教育的效果；通过系列性野外活动，丰富课堂认知活动的源泉。

《缩短心理距离 形成最佳情绪状态》指出，长期以来，学校的教育活动多是被动式的进行，给学生一种"距离感"，影响了儿童主动投入教育教学活动的积极性。主张通过创设亲、助、乐的人际环境，缩短教育者与被教育者之间的距离；创设美、趣、智的教学情境，缩短教学内容与学习者之间的距离。

《通过角色效应 强化主体意识》指出，通过让学生担当教材中向往的角色、扮演童话角色和现实生活中的角色等方式，顺应了儿童的情感活动和认知活动的规律，有助于帮助学生逐渐形成主体意识，从而获得自我的充分发展。

《注重应用操作 落实全面发展的教育目标》提出了实体性现场操作、模拟性相似操作和符号性趣味操作等三种应用操作情境的方式。

春 撰写文章《诗歌的情境教学》。文章提出，利用情境教学法教诗歌，要能够利用儿童的积累将他们带入诗境，要进行适当铺垫让儿童弄清诗意，要凭借情境引导学生反复咀嚼诗句，要引导儿童表达抒发诗情。[①]

6月13日 在学校教工业务学习会上介绍复习方法。（《本校大事记（1995 年度）》，1995 年，案卷号：192）

6月 论文《"情境教育"的探索与思考》获得南通市第三届哲

[①] 该文未发表，收录于《美·智·趣的教学情境》。

学社会科学优秀成果一等奖。（南通市人民政府《获奖证书》，通社科奖第03003 号）

8 月　被聘为新字帖编写委员会首席顾问。（新字帖编写委员会《聘书》，1995 年 8 月）

同月　配套苏教版语文教材主编的六年制小学通用《语文补充阅读》开始在江苏教育出版社出版。①

9 月 4 日　在《人民教育》第 9 期专栏"九月心曲"中发表短文《微妙的工程——致恩师》，畅谈教师节，感谢师恩，指出自己之所以热爱学生、热爱教育事业，是恩师播种的结果。②

9 月 26 日　王策三来信说："您完全可以自信，您对情境教学的创造和发挥的作用，谁也否认不了的（当然也不是唯一模式）。古诗有云'莫愁前路无知己，天下谁人不识君。'"（《王策三信函》，1995 年9 月 26 日）

9 月 27 日　王智在《江苏教育报》发表《李吉林和她的"情境教育"》。文章介绍了李吉林从情境教学到情境教育的探索过程，分析了情境教育的理论基础、研究进展与研究成果，较为全面地揭示了情境教育的基本概况。

9 月　在天津参加全国中小学教材审定委员会第三届全体会议暨九年义务教育教材复审会。③（《全国中小学教材审定委员会第三届全体委员会议在津召开》，《人民教育》1995 年第 10 期；国家教委《关于召开九年义务教育教材复审会的预备通知》，教基材室〔1995〕16 号）

10 月 10 日　母亲去世。（刘飞鸣提供，2023 年 4 月 27 日）

10 月　指导唐颖颖参加全国第一届青年教师阅读教学观摩活动获

---

①　这套教材由李吉林主编，成尚荣和朱家珑副主编，每学期一册，共 12 册，2000 年出齐。2001 年经教育部中小学教材审定委员会语文学科专家审查通过鉴定后开始出第 2 版，2003 年出第 3 版。

②　该文收录于《我是播种者》和《40 年情境教育在路上：催开教育智慧的花蕾》。

③　国家教委中小学教材审定委员会办公室寄发给李吉林的《请审查（定委员复核有关教材的通知）》（教基材室〔1995〕14 号）显示，李吉林复核的教材为：北师大版小学语文第七、八册，内地版小学语文第七、八册，人教社版教学挂图、生字卡片。

得优秀奖。① (李吉林:《情境教育的诗篇》,第 471 页)

12 月 18 日　在《光明日报》发表《忠实的读者　幼稚的作者》。文章记述了自己改革开放以来从读者到作者的转变过程,以纪念《光明日报》"教育"专刊创刊 500 期。文章强调,"教育是一门科学,单凭经验掌握不了它;掌握不了它,也就会失去教育的主动权。"②

12 月　在《课程·教材·教法》第 12 期发表《优化教材结构,进行"四结合"大单元教学》。文章进一步提出了把"读与写""文与道""课内与课外""语言训练与思维发展"相结合的大单元教学主张。文章认为,运用情境教学法,优化教学结构,可以实现内容与形式的紧密结合,增强语文教学的科学性和艺术性,使学生不再感到学习是痛苦的,而会变得乐于学习,学得多,学得好。③

同月　论文《观察情境教作文》获得南通市优秀教育论文一等奖。(南通市教育学会《获奖证书》,1995 年 12 月 27 日)

本年　接收北京市海淀区二里沟实验学区 27 名优秀青年教师集体拜师。(《李吉林京城收徒》,《基础教育研究》1995 年第 5—6 期)

---

①　这次比赛于 10 月 10 日—12 日在辽宁沈阳举行,因江苏此前推荐参赛的南京选手临时生病,至国庆节才临时改派唐颖颖参加,李吉林亲自为她选定课题,陪她钻研教材,指导备课四五遍。另据唐颖颖回忆,她备赛时,恰逢李吉林因胃出血病在家休息,遂在病床上帮助她修改教案,指导她备课。(见唐颖颖:《你是我生命中的一盏明灯》,《教育研究与评论》2019 年第 4 期)

②　该文收录于《我是播种者》。

③　该文收录于《美·智·趣的教学情境》。

1996 年　58 岁

1 月 19 日—21 日　江苏召开全省教育工作会议，要求以乡镇为重点推进教育现代化建设，在全国率先实现教育现代化。

10 月　江苏省"两基"工作通过国家"两基"评估验收组检查，全省各项指标达到国家规定标准，成为全国首批实现"两基"的省份之一。

1 月 22 日　在《江苏教育报》发表《语文教学应以全面提高学生素质为己任——突出工具性 渗透教育性 着眼发展性》。文章指出，小学语文教学存在着"轻思想教育重知识传授、轻形象感染重讲解分析、轻能力培养重题海训练"的现象，必须加以改进。改进小学语文教学，要突出工具性，渗透教育性，着眼发展性，具体做法是：淡化"习题式"练习，加强语文能力的训练；摒弃"发胖式"的分析，注重感受熏陶；反对"封闭式"读书，提倡到源头中学语言。①

1 月　应《人民教育》约请，开设"李吉林教艺录"专栏，首先发表《以训练替代分析》。文章反对语文教育中"发胖式的分析"，主张以训练替代分析，训练要抓好三种方式。一是基础训练，突出以词句为主。二是整体训练，注意以应用为目的。三是思维训练，注重以感知为媒介。文章强调，一切教学都要从学生的发展实际出发，通

---

① 该文后又发表于《小学语文教师》1996 年第 5 期，收录于《儿童·知识·社会的和谐建构》和《40 年情境教育在路上：倾听时代的声音快乐前行》。

过"突出重点练""体现特点练""连贯持续练""多种形式练"和"激发情趣练"等"五练",帮助学生打好基础。文章主张,要用训练强化知识的应用,促进教学过程的展开和儿童的发展。①

同月 在人民日报出版社出版《李吉林情境教学理论与实践》。该书汇编了探索情境教学的 6 篇论文、20 份教案(教学纪实)和 22 篇随感。

2月4日 在《人民教育》发表"李吉林教艺录"第二篇文章《让艺术走进语文教学》。文章提出将艺术运用于小学语文教学的三个途径,即图画再现情境、以音乐渲染情境和以表演体验情境,强调艺术手段的运用必须忠实于语文教学目标的实现,教师运用艺术调动学生的学习主动性后,要善于把握时机,引导学生带着热烈的情绪去理解课文语言,及时进行语言训练。②

3月5日 在《光明日报》发表《情境教育与应用操作》。文章指出,情境教育强调"着眼发展,着力基础",各科教学应以训练学生能力为手段,贯穿实践性,把现在的学习和未来的应用联系起来,进行有序的、系统的应用操作,具体包括实地性现场操作、模拟性相似操作和趣味性符号操作。③

4月 在《人民教育》发表"李吉林教艺录"第三篇文章《教学成功的诀窍:情感为纽带》。文章指出,教学成功的诀窍,除了靠"水磨的功夫"和掌握教学规律之外,尚需以情感为纽带,具体地说,就是要在初读课文、激发动机中入情,在感受课文描写的形象中动情,在领悟课文语言的神韵中移情,在表情朗读、语言训练中抒情。④

同月 在《课程·教材·教法》发表《在散文的情境中教散文》。文章认为,散文创作的核心是情感、形神和意境,运用情境教学散文是

---

① 该文收录于《40 年情境教育在路上:催开教育智慧的花蕾》。
② 该文收录于《儿童·知识·社会的和谐建构》和《40 年情境教育在路上:催开教育智慧的花蕾》。
③ 该文收录于《我是播种者》和《40 年情境教育在路上:倾听时代的声音快乐前行》。
④ 该文收录于《儿童·知识·社会的和谐建构》和《40 年情境教育在路上:催开教育智慧的花蕾》。

最合适不过的，具体做法就是要从"美"入手，以"情"相联，以"神"贯穿，以"境"拓宽，充分体现"情""神""境"。①

5 月 10 日　被南通市人大常委会评为在科教领域有突出贡献的科教人员，获得 1995 年度南通市人民科教奖励基金，参加基金首次颁奖大会。(《南通市人大志》，第 68 页；南通市人民科教奖励基金管理委员会《荣誉证书》，1996 年 5 月)

6 月 6 日　到如皋师范学校讲学。(中国师范教育博物馆提供)

6 月 12 日—14 日　在南通师范学校参加江苏省教委召开的五年制师范课程论证会，对南通师范学校的五年制师范教育及其课程进行论证，在 14 日的专家评议阶段作重点发言，认为"五年制师范生具有热爱教育事业、成熟快、冒尖早和具有较高教育理论素养与研究能力的特点，适应教育现代化的需要，小学需要这种专科学历的新师资"。(朱嘉耀：《南通师范学校史（第一卷·纪事）》，第 361—370 页)

6 月　被南通师范学校聘为客席教授。(南通师范学校《聘书》，1996 年 6 月 12 日)

7 月 3 日—5 日　出席在香港大学教育学院召开的第三届中文课程教材教法研讨会。会议主题是"高效能语文教学"，由香港中文教育学会主办、香港大学课程学系及课程发展处协办。在会上发表题为《情境教学：儿童学习中文的有效途径》的演讲，介绍了小学语文情境教学的探索与研究历程，提出儿童潜在的智慧得到发展、审美情感和道德情感得到培养、精神世界日益丰富起来是顺应儿童天性的小学语文教育的完美境界，强调要让儿童学好中文，首要的是激发他们的学习动机——将学生带入情境中便是一个好方法，教师可以根据不同教材，采用不同的形式，或创设问题情境造成悬念，让儿童因好奇而要学；或描绘画面呈现形象，产生美观，因爱美而要学；或揭示实物，在观察中引起思考；又或联系儿童已有的经验，产生亲切感等，均可激起儿童学习的动机；随后则需进行巩固。这样便可使学生在学

---

① 　该文收录于《美·智·趣的教学情境》。

习语文的过程中，获得探究、创造、审美的乐趣，从而使教学真正成为生动活泼自我需要的活动。① (《内地港台语文学者聚首参与中文教材教法研讨》，《文汇报》(香港) 1996 年 7 月 4 日)

7 月　入选的丛书《中国著名特级教师教学思想录·小学语文卷》在江苏教育出版社出版。该书收录了丁有宽、王企贤、曲卫英、李吉林、张玉洁、郑祖读、袁瑢、斯霞、靳家彦、滕昭蓉、霍懋征等 11 位新中国成立以来的小学语文著名特级教师，首次全面、系统地总结了他们的教学思想。论文《探索面向 21 世纪的小学语文教学新体系》和教学实录《蝙蝠和雷达》被收入书中。论文将情境教学促进儿童发展的要素概括为：以 "趣" 为前提，在探索的乐趣中激发学习动机；以 "思" 为核心，在创造的乐趣中，协同大脑两半球的相互作用；以 "情" 为纽带，在审美体验的乐趣中感知教材；以 "练" 为主线，在儿童自己的语文实践中学好语言；以 "生活" 为源泉，在认识周围世界的乐趣中，平衡两个信号系统。(杨再隋：《中国著名特级教师教学思想录·小学语文卷》，江苏教育出版社 1996 年版，第 211—298 页)

9 月 8 日上午　在北京师范大学英东会堂参加 "全国十杰中小学中青年教师" 颁奖大会。(全国十杰中小学中青年教师评委会《邀请函》，1996 年 8 月 22 日)

9 月　在《人民教育》发表 "李吉林教艺录" 第四篇文章《教学的特殊任务：把孩子教聪明》。文章指出，人的潜在智慧作为一种 "可能" 能力，有其发展的最佳期，小学阶段就是人的潜在智慧发展的最佳期，小学教育的特殊任务，就是要在教授知识、培养能力的过程中，开发儿童潜在的智慧，把孩子教聪明。小学语文教师把孩子教聪明，就应当注意四个方面，即：倾注期待与激励的情感，形成儿童激发自我潜在智慧的心理倾向；渲染热烈的学习氛围，促使儿童思维

---

① 该演讲稿以《情境教学：儿童学习语文的高效能的途径》为题收录于《儿童·知识·社会的和谐建构》和《激情萌发智慧——李吉林情境教育论文选》，收录时标注为 "1998 年在香港 '中文科课程教材教法国际研讨会' 上的演讲"，实际时间应为 1996 年。另该文又以原题收录于《高效能中文教学——第 3 届中文科课程教材教法国际研讨会论文选》(欧阳汝颖主编，1998 年编选)。

活动进入最佳的心理状态；强化教材描绘形象的感受，有效地激活右脑，提高儿童的悟性；结合多种语言训练，提高儿童的思维品质。①

同月　由教学录像《小学语文情境教学》转化成的专著《李吉林与青年教师系列谈：小学语文情境教学》在江苏教育出版社出版。该书以对话形式详细介绍了小学语文情境教学的探索过程、理论依据、教学手段、情境设计和结构组合，并具体地描述了情境教学法在识字、阅读、散文、诗歌、童话、寓言和作文教学中的运用，总结了从情境教学到情境教育的探索历程，提出小学低年级采取"识字—阅读—作文"三线同时起步，中高年级强化"四结合大单元教学"，以优化小学语文教学结构的思想。

10 月　王秀芳在《人民教育》第 10 期发表《让李吉林教改成果之花开满整个校园》。文章指出，李吉林从情境教学运用于语文单科的成功经验中抽象概括出符合儿童心理特点的带有共性的创设情境的"四为"和"五要素"，可以看作是情境教学与教育的有机构成和它的核心思想。其中的"四为"是指：以"形"为手段，以"美"为突破口，以"情"为纽带，以"周围世界"为源泉。

同月　《情境教学与小学语文教学任务的实现》获得第六届（1994—1995 年）全国教育期刊优秀作品论文类一等奖。(《全国教育期刊 '94~'95 优秀作品评选揭晓》,《人民教育》1996 年第 12 期)

同月　当选第三届全国教育科学规划领导小组基础教育学学科规划组成员。(《中国教育科学规划回顾与展望——从"六五"到"十五"》,第 1046 页)

11 月　接受梅仲荪赠书《爱国情境教育心理学初探）》②。(刘燕妮提供，2023 年 11 月 26 日)

12 月 11 日—13 日　出席在通师二附召开的全国"情境教学——情境教育"学术研讨会。会议由中央教育科学研究所和江苏省教育委

---

①　该文收录于《儿童·知识·社会的和谐建构》和《40 年情境教育在路上：催开教育智慧的花蕾》。

②　该书由梅仲荪和段惠芬主编，人民教育出版社 1996 年 1 月出版。

员会联合主办，南通市教育委员会、江苏省教育科学研究所和《教育研究》编辑部联合承办，柳斌等全国70多名专家学者和近300名教师代表参加了会议。在会上作题为《为全面提高儿童素质探索一条有效途径——从情境教学到情境教育的探索与思考》的学术报告。报告共分为两大部分。第一部分是情境教学，将探索过程分为四个阶段。第一阶段"创设情境，进行片断语言训练"研究表明，在课堂教学中展现生活情境，易使学生的学习情绪倍增，学生在生活情境中学习，易于理解和运用，效果显著。第二阶段"带入情境，提供作文题材"借鉴古代"意境论"研究表明，观察情境作文是提高学生作文水平的有效途径，初步概括出创设情境的六个途径，即以生活展现情境、以实物演示情境、以图画再现情境、以音乐渲染情境、以表演体会情境、以语言描绘情境。第三阶段"运用情境，进行审美教育"研究表明，情境教学利用儿童的情感活动，加深了对课文的理解，通过语言训练，引导儿童表达美的感受和情感体验，可使单调枯燥的语言学习成为审美活动，概括出情境教学"形真""情切""意远""理寓其中"的四个特点和实体情境、模拟情境、想象情境、推理情境、语言情境的五种类型。第四阶段"凭借情境，促进整体发展"研究概括出情境教学促进儿童发展的诱发主动性、强化感受性、着眼发展性、渗透教育性、贯穿实践性的"五要素"，构建了以"美"为突破口、以"情"为纽带、以"思"为核心、以"练"为手段、以"周围世界"为源泉的情境教学操作模式，概括了情境教学操作体系的主要内容：通过低年级三线同时起步、"四结合单元教学"强化和自编补充教材来优化教学结构，借助音乐、图画、戏剧等艺术形式创设情境来优化教学途径，在识字、阅读和作文教学中优化过程。第二部分是情境教育，讲述了实验整体概貌以及自己的真切感受和体悟，归纳了情境教育的情感驱动原理、暗示倾向原理、角色转换原理与心理场整合原理。明确了情境教育的基本模式：拓宽教育空间，追求教育的整体效益；缩短心理距离，形成最佳的情绪状态；通过角色效应，强化主体意识；注意实际操作，落实全面发展的教育目标。提出了开发情境课程的主张，概括出学科情境课程的主体作用、大单元情境课程的联动作用、野外情境课程的源泉作用、专项训练情境课程的强化作用、过渡情境课程的衔接作用等情境课程的四个领域，并对各自的功能进行了阐释。报告最后提出，中国的教育科学实验就是要用最少的投入，"让占世界各国中最多的中国儿童受到尽可能好的教育，使他们各方面的素质从小就得到培养和提高，从而能在 21 世纪的国际国内大潮中出色地到达胜利的彼岸。""应该有具有中国特色、又富有时代气息的研究方法，使教育研究更具有科学性、应用性、艺术性、大众性。"① 与会专家认为，"情境教学——情境教育"是全面提高儿童素质的有效途径，充分体现了素质教育的基本思想和基本要求，是一种较高层次、较高境界的教育思想和教育实践，为全面实施素质教育提供了一种成功的典型和范例。（陈瑞昌：《情境教学—情境教育：全面提高儿童素质的有效途径——专家学者聚会南通专题研讨，国家教委副主任柳斌到会讲话》，《江苏教育报》1996 年 12 月 23 日）

国家教委副主任柳斌认为，"情境教学"把因"应试"而被淡化了的中华民族的道德规范、情感、意志、情操等文化要素重新确定为语文教学的有机构成，使儿童的兴趣、特长、志向、态度、价值、目标等素质的重要方面在教学中摆上了应有的位置，从而使语文教学达到了一个新的更高的境界，比较符合新的教学大纲的要求。他指出，从"情境教学"到"情境教育"的探索是成功的，是古今中外优秀的进步的教育理论与教育实践相结合的结果，是植根于中国大地的，有中国特色的，对于解决中国基础教育中的一些问题是有效的。"情境教育"的好处是把教材教活了，把课堂教活了，把孩子们教活了，

---

① 李吉林的学术报告分两期发表于《教育研究》1997 年第 3 期和第 4 期，《课程·教材·教法》摘录了其中的《"情境教学"的操作体系》（1997 年第 3 期）和《情境课程的开发》（1997 年第 6 期）两个部分进行发表，《儿童·知识·社会的和谐建构》和《我在实践中研究教育——〈教育研究〉发表李吉林论文专集》收录该文。马樟根将李吉林的学术报告和参会专家的发言汇编成《李吉林与情境教育》一书，2000 年 3 月由人民教育出版社出版。该书出版时，部分文章在会议发言稿的基础上进行了补充和修改。

把教学过程的育人功能充分体现出来了，"情境教学—情境教育"是对素质教育的一种有效的探索。（柳斌：《重视情境教育，努力探索全面提高学生素质的途径——在全国"情境教学—情境教育"学术研讨会上的讲话》，载马樟根《李吉林与情境教育》，第7—14页）

中央教育科学研究所所长阎立钦认为，李吉林是一位出色的语文教师和颇有成就的语文教改专家，她的成就的启示是要正确把握自己所从事工作的实质和意义。（阎立钦：《李吉林的启示》，载马樟根《李吉林与情境教育》，第55—58页）

中央教育科学研究所副所长潘仲茗认为，"情境教学—情境教育"的探索是用教师的心血书写出的明天的诗。李吉林用诗人般的美好理想、哲人般的头脑去不断地作理论上的思考和实践上的探索，路越走越坚实。[1]（潘仲茗：《用心血写出的诗篇》，载马樟根《李吉林与情境教育》，第59—62页）

北京师范大学教授王策三认为，李吉林是热情的教学实践改革创造者、对实际问题自觉进行理性思考的教育理论工作者和卓越的教学实验工作者，把探索教学实践改革、教育理论学习研究和开展教学实验融为一体，集于一身，具体体现了现代教师的新追求和新特色。她创造的情境教学，使教学活动艺术化，为教学艺术认识论的探索，作了开拓而又扎实的工作，具体体现了现代教育的新成就。情境教学与苏联维列鲁学派和西方皮亚杰、布鲁纳等人的活动学说相比较，将"情"贯穿全活动过程，弥补了教学论一大块缺陷。情境教学的纵深发展要从教材改革和教学评价等方面推进。[2]（王策三：《现代教师的新追求　现代教育的新成就——李吉林情境教学实验的启示》，载马樟根《李吉林与情境教育》，第63—74页）

杭州大学教授张定璋认为，从小学语文情境教学发展为情境教育，意味着从分科教学法进到学科教学论中的一个有独创性的流派，它的理论构建不但促进了语文教学论的学科建设，而且创造了一个有

---

[1]　该文收录于《李吉林和情境教育学派研究》。
[2]　该文收录于《李吉林和情境教育学派研究》。

有机统一和全面发展的素质教育目标；从生动直观的形象思维到抽象深刻的逻辑思维，把右脑开发与左脑开发有机地统一在一起；以文启人、以情动人、以理育人的有机结合，打破了简单划一的传统教育模式；把生动活泼的乐学形式与扎实刻苦的基本功训练，辩证地统一在一起。①（高惠莹：《再论李吉林情境教学——情境教育实验》，载马樟根《李吉林与情境教育》，第105—118页）

杭州大学教授董远骞认为，情境教学是从小学语文教学论流派发展到普通教学论流派的典型。情境教育既是科学，又是艺术，它回答了认识与情感结合的难题，在培养学生情感和发展儿童素质中，显示出旺盛的生命力。②（董远骞：《从情境教学看中国教学流派》，载马樟根《李吉林与情境教育》，第119—128页；李吉林：《时代的哺育——感悟情境教育从萌生到发展的历程》，《未来教育家》2015年第4期）

北京师范大学教授裴娣娜认为，情境教学构建了以"情"为中介的教学认识进程新模式，揭示了现代教学认识的主体性、实践性和文化性特征，提供了可资借鉴的教育实验的方法论范式。③（裴娣娜：《情境教学与现代教学论研究》，载马樟根《李吉林与情境教育》，第129—135页）

南京师范大学教授郝京华认为，语文情境教学以厚实的理论功底和翔实的实证材料，成为中国语文教坛的一朵奇葩，不仅为语文教学的改革提供了一种可借鉴的范式，也为教学论体系和教学方法的改革提供了有益的启示。④（郝京华：《情境教学的教学论意义》，载马樟根《李吉林与情境教育》，第136—144页）

浙江省教委主任兼党委书记邵宗杰认为，李吉林在情境教育的研究中，不仅为探索教育教学工作客观规律、推进教育教学改革作出了贡

---

① 该文以《小学语文教改的一面旗帜——再论李吉林"情境教学——情境教育"实验》为题发表于《小学语文教学》1998年第9期。高惠莹因病不能外出，由其子、北京大学哲学系教授王东代为出席。

② 该文以《略谈中国教学流派——参加全国"情境教学—情境教育"学术研讨会有感》为题发表于《课程·教材·教法》1997年第3期。

③ 该发言发表于《课程·教材·教法》1999年第1期。

④ 该发言发表于《教育研究与实验》1998年第2期。

献，也为探索如何应用实验方法于研究教育教学方面作了贡献。① (邵宗杰：《从情境教学到情境教育》，载马樟根《李吉林与情境教育》，第 145—150 页)

南京师范大学副校长朱小蔓认为，"情境教学—情境教育"的探索经验及其所体现出的思想，是对当代人类教育中困惑和危机的回应，具有鲜明的时代性。它们构成的物（境）—人（情）—辞（思）关系有助于保证人的素质的全面发展，有助于在儿童期奠定人格的基础。其实践操作对小学教育有极大的普适性，其观念思想对高等教育、成人教育如何实现素质教育也极富启发意义。"情境教学—情境教育"能够促进儿童情感发展有四大原因。一是在思维活动阶段，情感发展与认知发展浑然不分，水乳交融。二是创设富有美感、具有强烈感染性的情境，保留了儿童的情绪感受性，有助于促进儿童情感的发展。三是创设的情境是语言符号和情感（价值）之间重要的中介，具有直觉性、形象性、整体性、感染性，弥补了儿童思维抽象程度不够的局限，帮助儿童把握抽象概念，把握知识背后的价值负载，使儿童在这一特定学习中产生的情感经验巩固下来，储备起来。四是创设的情境构成一个浓郁的情感场，激发了儿童的情绪感受，促进了师生之间的情感沟通。② (朱小蔓：《情境教育与人的情感性素质》，载马樟根《李吉林与情境教育》，第 151—155 页)

浙江省教育科学研究院院长方展画认为，情境教育模式的提出，与人类的情感问题成为日益突出的社会问题并引发关注的社会大背景，以及人脑两半球协同活动的认识大背景是相吻合的。情境教育对建构教育原理具有如下启示：教育有其内在的多样性的原理，人们对教育原理的原有的认识可能是不够的，或是片面的；情境教育的内在运作机理是以情感的激发与调动为核心，它是一种典型的重视过程的"情感型"教育。③ (方展画：《情境教育模式对建构教育原理的启示》，载马樟根《李吉林与情境教育》，第 156—169 页)

---

① 该文又收录于《李吉林和情境教育学派研究》。
② 该发言发表于《课程·教材·教法》1999 年第 1 期。
③ 该发言发表于《课程·教材·教法》1999 年第 7 期。

中央教育科学研究所实验研究中心主任田慧生认为，"情境教学—情境教育"的时代特色集中体现在三个方面。一是注重情感因素，通过"育人以情"，实现育人目标的有机整合。二是强调主动发展，通过情境创设，开辟学生生动活泼主动发展的现实途径。三是立足本土，注重实践，丰富了有中国特色的教育理论与实践。"情境教学—情境教育"为教育科研工作者提供了"如何走出一条有中国特色的教育科研路子，如何使教育科研在教育改革与发展中真正发挥作用"的重要启示。[①]（田慧生：《情境教学—情境教育的时代特征与意义》，载马樟根《李吉林与情境教育》，第170—179页）

华中师范大学教授杨再隋认为，情境教育具有十分重视儿童观察力的培养、与儿童语言发展紧密结合、注意发掘教育的审美价值等特色。（杨再隋：《论情境教育的主要特色》，载马樟根《李吉林与情境教育》，第180—188页）

南京师范大学教授郭亨杰认为，李吉林可能是在国内小学语文教学领域，系统、娴熟和富有创意地运用心理学知识的第一人。情境教学的心理学内涵包括缩短心理距离、激发探究动机、提供成功机会、优化心理素质、情绪促进认知。（郭亨杰：《试论情境教学的心理学内涵——对李吉林《小学语文教学的》初步研究》，载马樟根《李吉林与情境教育》，第189—188页）

南京师范大学教授吴也显认为，从情境教学发展情境教育，是情境教学的内在活力与活动机制使然，也是教学的教育性这一客观规律的反映。情境教育教学思想同样适用于自然学科。建议引进"自主创新性学习"这一复合的核心概念（或范畴），进一步丰富和完善情境教育、教学思想的范畴体系。（吴也显：《情境教育对未来挑战的回答》，载马樟根《李吉林与情境教育》，第208—216页）

南通市教委副主任严清认为，情境本身就是儿童身心成长的摇篮，是儿童心灵世界的培养基，具有"教育源"的意义。情境教学理

---

① 该发言发表于《课程·教材·教法》1999年第7期。

论体系的构建，汲取了中国传统美学思想中"境界说"的营养，她的实践探索，充分体现了东方美学思想的特征及其功能。（严清：《走进儿童心灵的教育探索》，载马樟根《李吉林与情境教育》，第 217—225 页）

南京师范大学讲师边霞认为，情境教育的境界在于关注人的全面发展和对培养人的审美素质的重视。[①]（边霞：《境界——有感于李吉林老师的情境教育》，载马樟根《李吉林与情境教育》，第 226—231 页）

江苏省海安县教育局副局长柳夕浪认为，李吉林的情境教学实验对情感培养的探索具有扎根实验、灵魂借鉴、突出民族个性等启示。（柳夕浪：《情感培养与情境教学实验》，载马樟根《李吉林与情境教育》，第 232—242 页）

南通师范专科学校教授徐应佩认为，情境教学不仅有着我国传统的特色，体现了民族接受心理，符合我国传统的语文教学规律，而且吸收了西方新兴的接受理论的有益成份。（徐应佩：《李吉林情境教学探奥》，载马樟根《李吉林与情境教育》，第 243—247 页）

南通师范专科学校教授周溶泉认为，情境教学与情境教育是以美学依据来构架其理论体系的，情境教学的美学特征在于入"境"生"情"，使学生产生心理效应，最终在理解的基础上进行情感交流，从而完成从感知到认知的教学任务。情境教育的美学形态，则表现为引起学生心灵的激荡及体验，让思想道德教育效果通过审美效果发生。情境教学与情境教育的审美活动，主要是在从生理到心理、从感性到理性、从情感到思想这三个层面上展开的，体现了李吉林的"使教学与教育象艺术那样吸引学生"的美学观"。[②]（周溶泉：《李吉林情境教学与情境教育的美学观》，载马樟根《李吉林与情境教育》，第 248—255 页）

南通师范学校科研处副主任李庆明认为，"情境教育"的一个最根本的特点是高度重视教育教学过程中的情感维度，"以情感为纽带"是情境教育思想的核心，从语文情境教学到整个儿童情境教育的探索历程，就是对情感的教育价值与功能的发现、深化认识和不断完善的

---

① 该发言发表于《课程·教材·教法》1999 年第 1 期。
② 该发言发表于《南通师专学报》（社会科学版）1998 年第 2 期。

过程。① (李庆明:《探寻儿童成长的秘密:"情感为纽带"——情境教育的一个基本思想》,载马樟根《李吉林与情境教育》,第 256—280 页)

《学习的革命》译者顾瑞荣认为,李吉林的创造之所以有效,主要是因为她的深入而独到的颖悟,是积淀几十年教育实践所发生的颖悟。她的创造与主要建立在心理学、脑科学在 20 世纪 80 年代以来的新成就基础上的西方情商教育合拍相应。大面积推广应用情境教育模式的障碍,既有对改革的迫切性认识不足、教育工作者的使命感不强、对学生的慈爱不够等原因,也有教育工作者对情境教育的创造性质及它对教育改革的意义认识不足的原因,缺少对自身视点、眼光的反省和认识。推广情境教育必须以解决模式、整合原则来进行,必须区分成果的总结与推广。总结成果可以用模式来概括,而推广必须以原则来运行。从创造教育、再发明教育的角度看,教师应该先改造自己的人性,先蜕变自己,做一个责任者、分享者和指导者三位一体的人。(顾瑞荣:《李吉林的创造给我们什么启示——放眼世界看成功的教育模式的创造与推广》,载马樟根《李吉林与情境教育》,第 281—291 页)

全国小学语文教学研究会常务副理事长兼秘书长崔峦认为,创设情境是提高语文教学效率和质量的突破口,"情境教学—情境教育"实验的基本经验是:以提高学生素质、促进全面发展为目标,以语文教学为核心,以"创设情境"为基本途径,拓宽教育空间,优化教育环境,实行课程、教材、教法的全面改革。(崔峦:《在"全国情境教学——情境教育学术研讨会"上的贺辞》,《小学语文教学》1997 年第 4 期)

江苏省教委副主任周德藩认为,"情境教学—情境教育"是一项既有实践意义又有理论价值的实验研究,为全面实施素质教育探索了一条科学、有效的途径,提供了一种成功模式。这项实验研究丰富了中小学教育理论,在教育思想观念、教育教学原则以及课程内容等方面,揭示了小学教育的规律,提供了鲜活的研究材料,同时生动地说明,教育理论只有同教育实践相结合,才能有新的发展。教育家只有

---

① 该发言发表于《课程·教材·教法》1999 年第 9 期。

在校园丰厚的土壤里才能得以诞生和发展。（李吉林：《情境教育的诗篇》，
第 185—186 页）

12 月 16 日　邵宗杰来信说："大作有一段话似可再酌，写点意见
供你参考。在'第一部：情境教学，一、探索过程（一）创设情境，
进行片断语言训练'中，讲汉语和外语'它们都是音义结合的符号系
统'。如果仅指口头语，这句话完全正确；用于书面语，这个命题就不
完全对了。因汉语文更是'形义结合'，不只是'音义结合'系统……
（外文）认字母只是为读声音，它是无法'望文生义'的。字与'情'
的关系，外文是绝没有'望文生情'的可能；汉语文则不同，可能读
不出音，读不准，甚或读错了，但是却可能懂其义，甚至直接生出
'情'来。"（丁伟：《在小学里"读大学"——李吉林老师信函侧记》）

本年　主持项目"情境教育促进儿童素质发展的实验与研究"获
得全国教育科学"九五"规划教育部课题立项。（《中国教育科学规划回
顾与展望——从"六五"到"十五"》，第 721 页）

1997 年　59 岁

5月10日—11日　为庆祝香港回归，全国小学语文教学研究会和广东省小学语文教学研究会在广东深圳联合举办"面向21世纪中国小学语文教学研讨会"。会议提出，要加强对语文学科功能的认识，促进学生基本素质不断提高；要加大教育改革力度，重新建构小学语文教学体系；要以素质教育为核心，转变对考试功能的认识。

10月　江苏省政府批转《江苏省教委关于在全省中小学实施素质教育的意见》。

11月　《北京文学》第11期"世纪观察"栏目刊发一组"忧思中国语文教育"的文章，在语文教育界引发了一场大讨论。

1月10日　《光明日报》"名师剪影"栏目介绍李吉林教育成就。①

1月13日　《中国教育报》发表张玉文的长篇报道《奔腾的涌浪——记"情境教学法"创立人、特级教师李吉林》。②

1月27日　在《中国教育报》发表《不断塑造自我，提高自身素质》。文章指出，做好老师的秘诀就是不断塑造自我，提高自身素质，要塑造心灵，追求高尚的精神境界，提高思想素质、业务素质和

---

① 该文影印收录于《40年情境教育在路上：倾听时代的声音快乐前行》。
② 该文影印收录于《40年情境教育在路上：倾听时代的声音快乐前行》。

文化素养。①

　　1 月 29 日　学校举办庆祝李吉林老师从教四十年暨拜师活动，市教委主任王建明，南通师范学校党委副书记周见一、副校长沈行恬等出席。(《本校大事记（1996 年）》，1997 年，案卷号：199)

　　1 月　在《人民教育》发表"李吉林教艺录"第五篇文章《崇高的使命：教文，也要教做人》。文章认为，孩子最大的特点是具有可塑性，塑造孩子头等重要的是教其"学做人"，小学语文是人文性很强、占课时最多的学科，教师在教文的同时，教孩子"学做人"是责无旁贷的。文章主张，以师之品，传情导引；以文之情，熏陶感染；以文之理，区分是非。②

　　同月　在《小学教育理论与实践》发表《切实提高小学语文教学质量之我见》。文章提出，语文教育要突出工具性，渗透教育性，着眼发展性。③

　　同月　被南通教育学院聘为兼职教授。(南通教育学院《聘书》，1997 年 1 月 18 日)

　　2 月　在《江苏教育》第 4 期发表《学生给我上了第一课》，回忆任教初期遭遇的窘境以及通过自己的努力走出困境、取得成功的过程。④

　　3 月 1 日—14 日　在北京参加第八届全国人民代表大会第五次会议。(《出席证》)

　　4 月 3 日　接受叶澜赠书《教育概论》⑤。(刘燕妮提供，2023 年 11 月 26 日)

　　4 月 26 日—30 日　出席在杭州召开的全国小学语文名师精品课观摩会，与周一贯、吴立岗等人在会上做专题讲座，施建平和于永正

---

　　①　该文收录于《40 年情境教育在路上：倾听时代的声音快乐前行》，改题为《你们一定比我干得更出色》收录于《我是播种者》。
　　②　该文收录于《儿童·知识·社会的和谐建构》。
　　③　该文收录于《我是播种者》。
　　④　该文收录于《我是播种者》。
　　⑤　该书著者为叶澜，人民教育出版社 1991 年 6 月出版。

利于出成果、出科研型教师队伍的研究范式；不但在实践上取得全面提高学生公民素质的效验，而且在理论上也为构建具有中国特色的教学论提供范例性的实验材料、教学原则和教学模式。情境教学融合了实证主义和人本主义两种研究范式，但实际遵循了一条以"边探索实践，边总结提高"为核心，反复循环贯彻马克思主义的"实践—认识—再实践—再认识"的辩证唯物主义认识路线的研究范式。情境教学"五要素"原则在一定程度上填补了教学论文化适应性原则的空白。他建议，将情境教育模式调整为：拓宽教育空间，形成情境教育合力；在价值目标导向下，着眼发展，着力基础；创设美的情感背景，力求学科内容特性与文化性统一；强化主体意识，让儿童在教学教育过程中有充分的活动；注意反馈调整，优化素质教育目标的实现。情境课程开发的特色要体现在：以马克思主义全面发展思想和活动论为指导，将实施素质教育的课程内容与活动形式结合起来构建情境课程的体系；与大课程思想相呼应，情境课程吸收现代心理学中的"一元"和"中介"思想，优化组合小学的课程结构，并指明其功能作用，即学科情境课程的主体作用、大单元情境课程的联动作用、野外情境课程的源泉作用、专项训练情境课程的强化作用、过渡情境课程的衔接作用。[①]（张定璋：《情境教育的教学论发展观》，载马樟根《李吉林与情境教育》，第 75—92 页）

天津师范大学教授田本娜认为，情境教学充分体现了境界学说，具体表现为："形真"与"情切"体现了境界的核心，语言训练体现了境界的媒体。情境教学体现了语言美和情境美的统一，语言美和生活美的统一。[②]（田本娜：《李吉林小学语文情境教学评述》，载马樟根《李吉林与情境教育》，第 93—104 页）

全国小学语文教学研究会理事长高惠莹认为，"情境教学——情境教育"实验通过知、情、意统一的教学教育途径，走向真、善、美

---

① 该发言发表于《教育研究》1998 年第 5 期。
② 该发言发表于《小学语文教学》1997 年第 12 期和 1998 年第 1 期。

等 10 位特级教师上了 20 节精品课。（范如意：《"全国小语名师精品课观摩会"在杭州举行》，《小学语文教学》1997 年第 9 期）

4 月　出席在山西太原召开的全国中小学教材审查会。（全国中小学教材审查会《出席证》）

5 月　在《人民教育》第 5 期发表"李吉林教艺录"第六篇文章《重要的观念：教学过程中必须让学生充分活动》。文章认为，学生往往是通过自身的活动去认识世界、体验生活、学习本领的。在素质教育深入推进的当今时代，应该树立"在教学过程中让学生充分地活动"的重要理念，把活动融入学科课程，与能力培养相结合，让学生在活动中主动发展，取得实效。①

同月　专著《小学语文情境教学》获得南通市第四届教育科学优秀成果一等奖。（南通市教育委员会《证书》，1997 年 5 月 20 日）

7 月 22 日　伍棠棣来信表示，想自费到通师二附来为情境教学实验做资料分析工作，不用分数或复杂的数量统计，而是要用长期追踪的若干个案分析报告来说明师生在情境教学实验中的发展情况。（《伍棠棣信函》，1997 年 7 月 22 日）

8 月 12 日　在学校行政例会上介绍课题研究情况，内容要点如下：

> 首先，是目标问题，要有先进的教育思想、规范的教育管理，最终目标是全体儿童素质的提高。
>
> 其次，我们搞了这么多年实验，有许多先进经验，如德育为主导，语文教学为龙头，情境教育为基本途径，课堂教学为中心，等等。
>
> 情境教育的特点是：以美为突破口，以情为纽带，以思维为核心，以能力训练为手段，以周围世界为源泉。

---

① 该文收录于《儿童·知识·社会的和谐建构》和《40 年情境教育在路上：催开教育智慧的花蕾》。

通过课题研究，能把学校搞上去，涌现出一批优秀教师，一代又一代的人把情境教育搞下去，走向全国，走向世界。青年教师要潜心研究、学习，科研意识要强，把情境教育紧紧抓在手中不放，做到有始有终，有因有果。

课题研究采用定量与定性相结合的方法，野外活动的进行要斟酌、比较、优选，课题的研究要有改革性、控制性、因果性，要抓课题研究的过程、计划、实验报告、个案和阶段总结，科研的生命就是进行实验，要有连续性，要有发展变化，处于一个动态的过程。

关于备课，要有创新。

各部门在管辖范围内要做好工作，要有突破性的贡献。部门要有打得响的子课题，要有数据来体现实验结果，各部门也要有点班。培训处要为完成科研任务进行师资培训，包括业务和师德方面。

野外活动、专项训练、过渡课和环境优化等，要充分调动儿童的主体性，已有的大单元组合、三线并进的成果要在面上进行。

实验一定要为了学生，一定要体现学生的发展。(《本校行政、党支委会议记录》，1997 年，案卷号：209)

8 月 12 日　南京师范大学心理学系郭亨杰教授来信说："心理教育要真正普及，学科渗透是关键的一着。似乎可以说，您的语文教学，不仅渗透着德育、美育、智育，而且渗透着心理教育。因为您通过情境教学法，激发了学生的学习动机、学习兴趣等，而这属于心理素质、心理品质的培育。""我从心理教育角度看，认为至少可以说，李老师为学科教学如何渗透心理素质教育提供了很好的范例。"(《郭亨杰信函》，1997 年 8 月 12 日)

8 月 23 日—25 日　市教委在通师二附举办"推广李吉林情境教育成果讲习班"。23 日，在会上做主报告《为全面提高儿童素质探索一条有效途径》。25 日，与南通及外省市有关学校领导谈点班实验计划。在这次讲习班上，唐颖颖、陈志萍和杨建勋上展示课，严清和李庆明做专家报告①，海安县南莫小学、海门市实验小学、如皋市丁堰小学、如皋师范附属小学、启东市实验小学、启东市南苑小学等学校分别介绍了本校的实验情况和取得的成绩。(《本校大事记》，1997 年，案卷号：207；柯言：《市教委推广李吉林情境教育成果》，《南通教育报》1997 年 9 月 5 日)

9 月 8 日　在学校业务学习会上做科研实验辅导报告。(《本校大事记》，1997 年，案卷号：207)

9 月 17 日　主持的全国教育科学"九五"规划教育部课题"情境教育促进儿童素质发展的实验与研究"举行开题会，张定璋、郝京华、严清等参加会议。在会上做主题报告《从情境教学到情境教育的探索》。(《本校大事记》，1997 年，案卷号：207)

10 月 15 日—17 日　在安徽马鞍山参加中国教育学会小学语文教学专业委员会主办的全国第二届青年教师阅读教学观摩研讨活动，在致开幕词时指出：长期以来，小学语文教学深受"应试教育"和凯洛夫教育学的影响，产生了"重分析、轻感悟""重理解、轻训练""重理性、轻情感"的弊端，使得原本丰富多彩、生动活泼的小学语文教学变得单调、枯燥、无情无趣，影响、阻碍了学生主体性的充分体现，造成小学语文教学"耗时多、效率差"的后果。她呼吁，大家要共同努力，使中国小学语文教学改革走出一条属于自己的理想道路。(李吉林：《全国第二届青年教师阅读教学观摩活动开幕词》，《小学语文教学》1997 年第 12 期)

12 月　著作《小学语文情境教学》获江苏省第五次哲学社会科学优秀成果一等奖。(《江苏省哲学社会科学优秀成果获奖证书》，苏社科奖第 050019 号)

本年　丁伟上公开课《可爱的池塘》的第二天，带丁伟到上海讲

---

① 严清的报告题目为《情境教育与情境教学的背景透视》，李庆明的报告题目不详。

学，在去上海的客轮上为她评点公开课。到上海后，自己先做报告，后让丁伟上课，晚上在宾馆为她评课。次日，再带丁伟到上海实验学校和上海外高桥新区实验学校上课，均获好评。（李吉林：《情境教育的诗篇》，第473页）

　　约同年　应四川省筠连县某小学教师罗旋要求，为其寄赠《情境教学理论与实践》和《小学语文情境教学》。[①]（罗旋：《我与李吉林老师的一段往事》，《中国民族教育》2007年第3期）

---

　　①　罗旋在文中未明确李吉林赠书的时间，但据文中作者读到《"情境教学"的操作体系》推测，应发生在1997年。

1998 年　60 岁

2月6日　国家教委印发《关于推进素质教育调整中小学教育教学内容，加强教学过程管理的意见》，决定在不改变现行课程结构、课时、教材体系的前提下，本着有利于实施素质教育，促进学生全面发展，有利于减轻学生过重的课业负担，有利于教育教学秩序稳定的原则，调整中小学部分教育教学内容和教学要求，并加强对教学过程的指导与管理。

1月　被南通光华学校聘为顾问。（南通新世纪光华学校《聘书》，1998年1月1日）

2月　在《江苏教育》第2期发表《黎明中的我》。文章描述自己为了组织学生观看日出而思考、寻找观看点、预先探路和实地观看，进而调整教学构想的过程，剖析了自己在老师和学生两个角色间来回转换以寻找点拨学生思路时的心理状态。①

3月13日　《上海教育报》刊发记者商友敬对李吉林的采访稿《小学语文应尽快走出误区》。在接受采访时指出，"分析法+题海"是小学语文教学目前最大的弊端。所谓"分析法"，就是连续地提出各种问题让学生回答。"分析法"盛行的根源在于20世纪从苏联引进的"谈话法"，该方法后来演变为"问答式"。1957年提出的把语文课上成政治课，也是搞的架空分析。"题海"产生的根源在于应试教

---

① 该文收录于《我是播种者》。

育。强调"多读多写"是我国传统语文教育的精华，是传家宝。①

3月　在《江苏教育》第6期发表《以训练替代"分析"促进儿童全面发展》。文章主张，以训练替代"分析"，必须保证训练得法、有效，要好好研究"练什么、怎么练"。文章提出，训练要抓好三个措施：一是突出以词句为主的基础训练，将词、句的训练贯穿至小学、初中、高中全过程；二是加强以运用为目的的整体训练，通过运用使学生对语言文字的掌握由生疏达到熟练；三是注意结合以感知为媒介的思维训练，激活儿童的形象思维，需要丰富语言资源，并拓展儿童的视野，把观察、思维、语言三者融为一体来进行训练。文章强调，教师指导学生训练，要突出重点、体现特点、持续贯性、形式多样、激发情趣；做到以训练来推进教学过程，以训练强化知识运用，以训练促进儿童发展。

同月　在通师二附《情境教育之窗》第3期发表《心育爱心》。全文如下：

> 让下一代健康成长，是社会各界共同的心愿。这需要根据孩子的特点，学校、家庭、社会齐心合力，以爱心育爱心。
>
> 大人们常常习惯以成人的思维方式教育孩子。"说教""吩咐""告诉""训斥"等方式是常见的教育孩子的方法。结果是大人费尽口舌，却收效甚微。大人们常为此而苦恼、忧虑、生气。
>
> 其实，孩子是最富感情的，一位教育家曾说："孩子是情感的王子"，这话并不过分。著名作家巴金小时候，就曾为厨师杀了他心爱的一只鸡，而伤心痛哭，这便是典型的一例。在现实生活中，我们只要稍加留心就会发现，孩子真是太可爱了。孩子会给老师递上一张照片，悄悄地在老师的耳边说："今天是我的十岁生日"；孩子会冷不防从背后把一块糖塞到奶奶的嘴里；孩子

---

① 该文影印收录于《40年情境教育在路上：倾听时代的声音快乐前行》。

会缠在妈妈身边，给妈妈一个吻；班上有孩子病了，大家会捎上一只苹果，一块巧克力去看望……，这些不起眼的小事，对于我们大人来说太熟悉了，然而，它的背后，却是孩子的"情"，是发自幼小心灵的"真情"。但是我们在教育孩子时，却往往忘却了孩子的这一最宝贵的特点，大人们随口的一句"你放着""走开""别烦了"等都会伤了孩子的心。有些家长训斥起来总是"看你就好不了""你怎么跟人家比""你这作业写得就像你这个人"，这些都会伤了孩子的自尊心、自信心。看来大人们在教育孩子时是很容易犯错误的。

孩子的心灵是稚嫩的，情感是脆弱而不稳定的，因此，在教育孩子的过程中，怎么既利用儿童的情感，又培养儿童的情感，以爱心育爱心是很值得大人思考和实践的课题。

看来，要大人们爱孩子是不难的。但爱心并不仅仅是大人对孩子的爱，还包含着大人的情感示范。大人对周围事物的情感态度，往往成为孩子的表率。在抗洪救灾中，热心的妈妈翻找出棉衣、棉被，叠了一大包送到单位，又带着自己的孩子到商店买了书包、文具、簿本，让孩子交到学校送给灾区的小伙伴。大人们看着抗洪斗争中解放军高尚的英雄行为，热泪盈眶，孩子就动笔给解放军叔叔写慰问信，看到奶奶拿出自己的积蓄交到居委会，孩子打碎储蓄罐，也是以情动情的事例。前不久，在我们学校开展的"情系灾区"的活动中，孩子们捐助的衣物堆得象小山，我从中看到好些崭新漂亮的书包，其中有一个书包里整整齐齐地放着厚厚的四本书和一只新文具盒，文具盒里面整齐地放着钢笔、铅笔和橡皮。这只书包我拿在手上感到沉甸甸的，孩子并没有留名。我知道在孩子的身边有一个热心善良的妈妈的引导，这倒不是说，以爱心育爱心就是"做好事"，但是以上所述，也可以让我们看到教育的效果。孩子的情感就是这样一点一滴地铺垫、润泽而发展起来并趋于稳定的。

以爱心育爱心，就是用善良、真诚、美好的情感去哺育、影响孩子，让他们从小感受爱，懂得追求美好的高尚的事物，讨厌、憎恨丑恶低俗的现象。可以说在爱的感悟下，孩子将会有一颗善良的心，懂得分辨美丑、是非，这就为他的茁壮成长奠定了重要的情感和道德的基础。

同月　在指导生家琦备课时指出，老师要能够改编脱离生活实际和儿童经验的教材，使教学素材贴近生活，贴近儿童。（生家琦：《温暖相随》）

4月1日　在《光明日报》发表《搬掉语文园地的"两座山"》，要求搬掉语文教学中"问答式的分析"和"习题式的训练"两座山。文章指出，所谓"问答式的分析"，是指根据课文的思想内容提出一连串问题，进行"分析"，一问一答，追求表面的热闹，深究微言大义。所谓"习题式的训练"，是指量大、名目多、无意义的习题。①

4月6日—8日　在上海参加全国小学语文教学研究会举办的语文教学讨论会。会议对小学语文教学进行了反思，主张小学语文教学必须进行全方位的改革。（《引领小学语文教学的三十年小语会大事记（1998 年—2000年）》，《小学语文》2010 年第 10 期）

4月　在《人民教育》发表"李吉林教艺录"第七篇文章《一个值得倡导的教学原则：美感性》，同期发表《沃野与花草》。

《一个值得倡导的教学原则：美感性》提出，教学应当遵循美感性原则，显现美的教育内容，选择美的教学手段，运用美的教学语言，表现美的教师仪态。②

《沃野与花草》回顾了《人民教育》对自己的扶持、指导和信

---

①　该文收录于《我是播种者》。

②　该文写文 1997 年冬，收录于《世纪之交的回眸——中国教育学会小学语文教学研究会成立二十周年纪念》（2000 年）、《儿童·知识·社会的和谐建构》和《40 年情境教育在路上：催开教育智慧的花蕾》。

任，祝贺《人民教育》创刊 400 期。①

同月　被南通市教委记三等功。（南通市教委《荣誉证书》，1998 年 4 月）

4月—5月　在通师二附《情境教育之窗》1998 年第 4、5 期发表《情境教学怎样设计情境》。文章指出，情境教学必须忠实于教材与学生，设计情境时要注意展开想象、进入情境，优选途径、讲究效果，设计角色、充分活动。②

5月　获得南通市教育科研特别荣誉奖。（南通市教育委员会《关于表彰南通市教育科研先进集体、先进个人的决定》，通教发〔1998〕字第 40 号）

6月9日　接受王策三赠书《教学实验论）》③。（刘燕妮提供，2023年 11 月 26 日）

6月　在通师二附《情境教育之窗》1998 年第 6 期发表《创造的启示》文章指出，每一个大脑功能健全的孩子，都蕴藏着潜在的智慧，蕴藏着创造的活力。孩子的创造活动是在宽松的无拘无束中进行的，老师的宽容、期待、激励，是孩子创造的至关重要的诱发因素。师生之间建立起亲和、融洽的关系，会给孩子带来敢于创造的勇气、乐于创造的热情、"我能创造"的自信以及创造成功的快乐。设置人为优化的诱发创造的情境，会使孩子们的思维活动处于最佳的心理状态，并需通过形象给学生获得直接的印象，形成需要的推动。此时老师即时提供想象的契机，美感与愉悦的情趣，便会使孩子浮想联翩，内心一系列的画面在脑际流动、组合，最终迸发出创造的火花。④

同月　在云南昆明参加人教版九年义务教育小学语文教材研讨会，认为这套教材回答了小学阶段应掌握的语言规律的内容问题，在推进语言现象和语言规律结合方面做得较好。（《学术动态》，《课程·教材·教法》1998 年第 9 期）

---

① 该文收录于《我是播种者》和《40 年情境教育在路上：催开教育智慧的花蕾》。

② 该文又发表于《人民教育》1999 年第 2 期，收录于《我是播种者》和《40 年情境教育在路上：催开教育智慧的花蕾》。

③ 该书由王策三主编，人民教育出版社 1998 年 2 月出版。

④ 该文又发表于《光明日报》1999 年 1 月 20 日，收录于《我是播种者》和《40 年情境教育在路上：倾听时代的声音快乐前行》。

7 月 16 日—20 日　组织承办全国"情境教学"培训班，采取学术报告、专项培训和经验介绍等形式进行培训，其中专项培训以诗歌、童话、散文、寓言等文学体裁为主题，分别采取讲座、观摩课、说课、评课相结合的方式。① 邀请叶澜、周德藩、陆志平和严清等做报告，自己也多次做讲座或授课，具体活动如下：

　　16 日下午，做主题报告《情境教学促进儿童素质全面发展的要素（上）》。

　　17 日上午，做主题报告《情境教学促进儿童素质全面发展的要素（下）》和讲座《运用情境教学教诗歌》。

　　18 日上午，做讲座《运用情境教学教童话》；下午，做讲座《运用情境教学教散文》。

　　19 日上午，做讲座《运用情境教学教寓言》；下午，做讲座《掌握特点优选途径，精心设计教学过程》。

　　20 日上午，上示范课《萤火虫》。（《省市编委关于情境研究所批复及成立庆典资料》，1998 年，案卷号：221）

7 月　刘黎明在《高等师范教育研究》第 4 期发表《主体性研究对教学论的影响》。文章指出，李吉林情境教学之所以取得很大成功，一个重要的原因就是注重学生的自主活动，通过活动使儿童进入情境，进入角色，从而强化儿童的主体意识。

同月　被南通地区开发促进会聘为特邀会员。（南通地区开发促进会《聘书》，1998 年 7 月 17 日）

8 月 8 日晚　与刘锬自南京启程乘火车赴北京。（李吉林：《情境教育的诗篇》，第 206 页）

8 月 9 日　抵达北京，入住国谊宾馆。当天晚上参加国务院秘书

_____

　　①　这次培训由全国小学语文教学研究会和人民教育出版社联合举办，培训活动为 10 月举行的全国情境教学观摩活动作了准备。

长王忠禹召开的预备会。(李吉林:《情境教育的诗篇》,第206页)

8月10日—20日   自北京赴北戴河参加党中央、国务院组织的部分科学家、教师休假活动。在此期间,分别参加科技部和教育部召开的座谈会以及教育部人事司召开的师资队伍建设座谈会。(李吉林:《情境教育的诗篇》,第207—208页)

8月21日下午   在北京人民大会堂受到江泽民等党和国家领导人的接见。会见后参加由李岚清等领导同志召开的部分科学家、教师座谈会,作为小学教师代表做题为《运用情境教育,着力提高学生素质》的发言,建议:大力推广现有的成功经验,进一步推行素质教育;教材建设要加强宏观调控,坚持优质;根据国力增加教育投入,保证基础教育投入要有适当比例;提高中小学教师的社会地位和待遇;学校与社会要协同起来加强青少年道德教育。①

8月22日   自北京抵达南京。(李吉林:《我是播种者》,第385—392页)

8月24日   在南京向省政府和省教委领导汇报中央领导接见和北戴河休假情况,建议成立江苏情境教育研究所。(李吉林:《我是播种者》,第385—392页)

8月   获得江苏省"红杉树"园丁奖金奖。(江苏情境教育研究所提供,2023年12月13日)

同月   在《未来与发展》第4期发表《发展儿童的创造活力》。文章指出,中国教育长期以来受凯洛夫教育观点的影响极深,注重认知,忽略情感,学校成为单一传授知识的场所,导致教育的狭隘性、束缚性,影响了人才素质的全面提高,尤其是缺少情感意志及创造性的培养和发展。主张借助优化的情境,着力发展儿童的创造活力,具体做法包括训练感觉、培养直觉、发展创造。(李吉林:《发展儿童的创造活力》,《未来与发展》1998年第4期)

同月   杭州市卖鱼桥小学、杭州大学教育系课题组在《教育研究与实验》第3期发表《情境教育促进儿童主体性发展实验研究》。论

①   该发言稿收录于《我是播种者》。

文报告了"情境教育促进儿童素质全面发展的实验与研究"总课题的子课题"情境教育促进儿童主体性发展研究"的实验情况。

同月　拍摄《李吉林与小学语文教师谈情境教学》系列片，中央电教馆录制。（刘燕妮提供，2023 年 12 月 19 日）

同月底　南通市举办李吉林情境教育讲习班。（《百年校庆资料》，2006 年，案卷号：298）

9 月 8 日下午　在学校介绍中央领导接见的情况和个人体会。（《本校大事记、党政工作计划》，1998 年，案卷号：215）

9 月 9 日　收曹桂林、任美琴、黄小君、杨娣、唐颖颖、陈志萍、杨金萍、刘洪、张洪涛、唐晓益和陈迎等 11 人为徒。[1]（李吉林：《情境教育的诗篇》，第 474 页）

9 月 10 日　中午，接受校领导慰问；下午，参加南通市庆祝第 14 个教师节大会，在会上介绍中央领导接见的情况[2]。（《本校大事记、党政工作计划》，1998 年，案卷号：215）

9 月 18 日　《上海教育报》刊发记者商友敬的报道文章《李吉林及其语文情境教育》。文章介绍了情境教育的探索路径和理论基础，指出情境教学活动的基本要点就是形真、情深、意远和理念寓于其中。[3]

9 月　天津市教育局党校党建研讨班在《天津教育》第 9 期发表《情境教育是全面推进素质教育的一条重要途径》。文章认为，李吉林情境教育是以创设情感氛围达到最佳教育教学目的的活动。它超越了以知识为本位、以能力为本位的教育传统，突出情感的要素，实质上是一种既以情感为手段，又以情感为目的的全人教育，是全面推进素质教育的一条重要途径。情境教育的特点是：以"爱心"为基点，以

---

①　李吉林自述是教师节收徒。但据通师二附大事记 9 月 10 日载，教师节开展"真心关心学生，真情回报社会"的系列活动，包括给学生发联系卡、教师下午全部进行家访等，且下午还有离退休老同志回校等活动，但未有关于青年教师拜师的记载。综合各种信息，推测其收徒时间为 9 月 9 日。

②　该发言稿以《北戴河归来》为题收录于《我是播种者》。

③　该文影印收录于《40 年情境教育在路上：倾听时代的声音快乐前行》。

"思"为核心，以"形"为手段，以"美"为突破口，以"情感"为纽带，以"周围世界"为源泉。情境教育的基本模式可概括为：拓宽教育空间，追求教育的整体效益；缩短心理距离，形成最佳的情绪状态；通过角色效应，强化主体意识；注重应用操作，落实全面发展的教育目标。情境教育的最大特色，是以"育人以情"为中介和纽带，把德育、智育、美育融汇于情境之中，在教学生学会求知的过程中学会做人，形成高尚的情操。

10月16日　上午，在通师二附组织召开情境教育座谈会，潘仲茗、田慧生、钟启泉、朱小蔓、郭亨杰、郝京华、桑新民、袁金华、陈兆兰、朱曦、王靖、丁锦宏、李亮等参加会议。下午，举行江苏情境教育研究所、江苏省小学教师情境教育培训基地成立大会，担任江苏情境教育研究所所长。(《本校大事记、党政工作计划》，1998年，案卷号：215)

10月23日—25日　在南京参加全国小学语文教学研究会第五次会员代表大会暨第六届学术年会，当选研究会副理事长。(《世纪之交的回眸——中国教育学会小学语文教学研究会成立二十周年纪念》，第390—391页)

10月26日—30日　出席在南京举办的全国情境教学观摩活动。活动由全国小学语文教学研究会、人民教育出版社共同主办，江苏省南京市小学教师培训中心承办，来自全国29个省、自治区、直辖市的30名语文教师上了30堂阅读、作文课，1100多名语文教研员、一线教师进行了现场观摩。在会议总结发言时指出，30堂课表明青年教师的素质日益提高，情境教学给课堂教学带来勃勃生机，青年教师学习、运用情境教学的水平达到新的高度，情境教学受到学生的欢迎。运用情境教学要追求小学语文教学的完美境界，确立全面正确的小学语文教育观；要根据教材重点、难点和特点去设计情境；创设的情境应是整体的、连续的、有效的；要充分利用情境，凭借所创设的情境，进行生动的、扎实的语言文字训练。①

---

①　该发言稿以《转变教育观念　把握情境教学实质——全国情境教学观摩活动总结》为题发表于《小学语文教学》1999年第3期，改题为《追求完美境界　把握情境教学实质——全国情境教学观摩活动总结》收录于《我是播种者》。

全国小学语文教学研究会理事长崔峦在活动开幕式上指出，情境教学实验已进行了近 20 年，形成了以优化结构、优化途径、优化过程为主要内容的情境教学操作体系，构建了以形真、情切、意远、理寓其中为主要特点，旨在体现主动性、强化感受性、着眼发展性、渗透教育性、贯穿实践性的情境教学理论框架，为全面提高小学生的素质开辟了一条有效的途径，为创造具有中国特色的小学语文教学体系提供了宝贵经验。（《世纪之交的回眸——中国教育学会小学语文教学研究会成立二十周年纪念》，第 391—392 页）

国家副总督学、中国教育学会常务副会长陈德珍在闭幕式上指出，情境教育是非常突出的、理蕴丰实的一种教学流派，运用情境教育的思想和方法进行语文教育，有利于克服教学弊端，有利于实现素质教育的培养目标。（《世纪之交的回眸——中国教育学会小学语文教学研究会成立二十周年纪念》，第 391—392 页）

11 月 7 日　陈德珍和中国教育学会副秘书长赵闿先到通师二附调研了解情境教育实验进展情况。（《本校大事记、党政工作计划》，1998 年，案卷号：215）

11 月 10 日　在通师二附举办的素质教育论坛上做报告《转变教育观念　把握情境教育的实质》。（《本校大事记、党政工作计划》，1998 年，案卷号：215）

11 月 26—27 日　在北京参加教育部组织召开的全国教育系统纪念党的十一届三中全会 20 周年学术研讨会。（《教育部召开全国教育系统纪念党的十一届三中全会 20 周年学术研讨会》，《中国教育学刊》1998 年第 6 期；全国教育系统纪念党的十一届三中全会 20 周年学术研讨会《出席证》）

12 月 30 日　翁文艳在《华中师范大学学报（人文社会科学版）》发表《情境教育中情感要素的心理学分析》。论文分析指出，情境教育是促进人的全面发展的一种教育思想，它注重突出情感要素，强调以情感熏陶为手段，以情感培养为目标。文章认为，情境教育的心理学基础是情感必须存在于一定的情境氛围中，其本身具有情境前提特征；情感作为一种非智力因素，对学生的学习成绩和未来成就的影响要比智力因素大；道德情感体验能力以道德敏感性为基础，是学生道德品质形成的重要心理基础。情境教育是培养学生情感的有效途径。

12月　获得"全国王丹萍教育基金优秀教师奖"①，用奖金为通师二附的百余名下岗职工子女每人准备了一个新年大礼包，为每人订了一年的《百家作文》杂志。（孙晓玲：《李吉林：中国本土教育家的典范》，《教育家》2019年第8期；丁伟：《生活中的李吉林》，《人民教育》2019年第22期）

本年　据生家琦转述，李吉林在指导青年教师陈建林备课《体积知识在生活中的应用》时说："数学的学习必需不断地引领儿童去思考、去探究。我们创设的情境，应具有鲜明的探究特点，有利于儿童思维的发展。""探究并不意味着抽象，并非仅仅是逻辑。儿童学数学，应该伴随着生动形象去探究，也就是在情境中探究，在境中生情，以情启智，这样，儿童的探究就可以伴随着乐趣，探究便易于产生顿悟。"（生家琦：《温暖相随》）

同年　我国长江流域发生特大洪涝灾害后，组织开展主题性大单元活动"情系灾区，牵起友爱的小手"。（李吉林：《情境教育的诗篇》，第333—335页）

①　1998年，为支持国家在中小学推行素质教育，爱国侨胞王丹萍与教育部合作设立了"王丹萍教育基金优秀教师奖"，奖励在素质教育中作出突出成绩的优秀教师。

1999 年　　61 岁

1月13日　国务院批转教育部《面向21世纪教育振兴行动计划》。

6月13日　中共中央、国务院发布《关于深化教育改革，全面推进素质教育的决定》。

6月15日—18日　中共中央、国务院召开全国教育工作会议，提出以提高民族素质和创新能力为重点，深化教育体制和结构改革，全面推进素质教育。这是我国改革开放以来召开的第三次全国教育工作会议。

1月3日　在《南通教育》发表《兔年寄语》，希望小朋友树立小白兔"飞奔向前"的精神，从小养成"抓紧"的好习惯。①

1月5日　在《江苏教育报》发表"情境教育选讲系列文章"之一《形真·情切·意远·理蕴》。文章指出，情境教学正是触及了长期被忽略的儿童的情绪领域，形成了"形真、情切、意远、理蕴"的独特个性。所谓"形真"，主要是要求形象富有真切感，即神韵相似，能达到"可意会，可想见"的程度。所谓"情切"，是指教师也需进入课文描写的情境，以自己真切的情感激起儿童的情感，促使儿童的情感参与认知活动。所谓"意远"，是指情境教学顺应作者的思路，体验作者情感的脉搏，创设相关情境，从而把学生带入作者创作时所处的情境之中，使创设的情境意境深远。所谓"理蕴"即"理寓其

①　该文收录于《我是播种者》。

中"，是指创设的情境要围绕教材中心展现，要富有内涵、具有内在联系。①

1月15日 在《江苏教育报》发表"情境教育选讲系列文章"之二《使教育像艺术那样吸引儿童》。文章指出，教育应该借助图画、音乐、戏剧等艺术形式创设情境，让艺术走进课堂，使教育像艺术那样吸引儿童，成为儿童主动、乐意参与的活动。②

2月2日 在《江苏教育报》发表"情境教育选讲系列文章"之三《以"美"为突破口》。文章强调，各科教学都负有促进学生素质全面发展的任务，在实践中应以"美"为突破口，可以再现美的教学内容、运用美的教学手段和美的教学语言。③

2月26日 在《江苏教育报》发表"情境教育选讲系列文章"之四《以"情"为纽带》。文章认为，传统教育注重理性，忽略情感，造成教师与学生之间、学生与教材之间、学生与学生之间的隔膜，使学生难以形成热烈的情绪，主动地投入教学过程。文章提出以"情"为纽带、缩短心理距离的理论，主张老师与学生之间真情交融，教材与学生之间引发共鸣，学生与学生之间学会合作。④

3月9日 在《江苏教育报》发表"情境教育选讲系列文章"之五《以"思"为核心》。文章指出，教师在教育中注意以儿童思维发展为核心设计组织教学过程，有利于发展儿童的创新精神，可以促进儿童素质全面发展。⑤

3月19日 在《江苏教育报》发表"情境教育选讲系列文章"之六《以"儿童活动"为途径》。文章认为，学生往往是通过自身的活动去认识世界、体验生活、学习本领的，情境教育促进儿童素质发展，就应以儿童活动为途径，将活动融入学科课程以求保证，活动要

---

① 该文收录于《40年情境教育在路上：倾听时代的声音快乐前行》。
② 该文收录于《我是播种者》和《40年情境教育在路上：倾听时代的声音快乐前行》。
③ 该文收录于《我是播种者》和《40年情境教育在路上：倾听时代的声音快乐前行》。
④ 该文收录于《我是播种者》和《40年情境教育在路上：倾听时代的声音快乐前行》。
⑤ 该文收录于《我是播种者》和《40年情境教育在路上：倾听时代的声音快乐前行》。

利用角色效应以求主动，应结合能力训练以求扎实。①

3 月 30 日　在《江苏教育报》发表"情境教育选讲系列文章"之七《以"周围世界"为源泉》。文章认为，大自然蕴含着取之不尽、用之不竭的智慧源泉，教育不能切断源头，必须带学生到源泉中去，应带领学生渐次认识大自然，激发儿童潜心思考启迪智慧，并与道德教育、审美教育相结合。②

4 月 8 日　在《中国教育报》发表《师范院校的生存价值》。文章指出，师范教育只有面向基础教育才有生存的价值。③

同日　在学校校长、书记联席会议上就师徒结对问题指出，新教师从一开始起步就要正。(《本校大事记、行政会议记录》，1999 年，案卷号：224)

4 月 9 日　在《江苏教育报》发表"情境教育选讲系列文章"之八《暗示·陶冶·转换·整合——情境教育的基本原理》。文章指出，"情境教育"之"情境"实质上是人为优化了的环境，是促使儿童能动地活动于其中的环境。情境教育不但在哲学上找到依据，即马克思主义关于人的活动与环境相一致的哲学原理，还从科学上借鉴现代心理学研究成果，构成情境教育的基本原理，即暗示倾向原理、情感陶冶原理、角色转换原理和心理场整合原理。④

4 月 17 日—18 日　出席"浙江省义务教育课程教材改革的理论与实践"的成果鉴定会。(《学术动态》，《课程·教材·教法》1999 年第 6 期)

4 月 20 日　在《江苏教育报》发表"情境教育选讲系列文章"之九《空间·距离·角色·操作——情境教育的基本模式》。文章介绍了情境教育的基本模式，即：拓宽教育空间，追求教育的整体效应；缩短心理距离，形成最佳的情绪状态；通过角色效应，强化主体

---

① 该文收录于《我是播种者》和《40 年情境教育在路上：倾听时代的声音快乐前行》。

② 该文收录于《我是播种者》和《40 年情境教育在路上：倾听时代的声音快乐前行》。

③ 该文收录于《我是播种者》。

④ 该文收录于《潺潺清泉——李吉林教育随笔》和《40 年情境教育在路上：倾听时代的声音快乐前行》。

意识；注意实际操作，落实全面发展的教育目标。①

4月30日　在《江苏教育报》发表"情境教育选讲系列文章"之十《情境课程的设置》。文章指出，情境教育模式努力追求将外显的课程与内隐课程的影响结合在一起，从学校各个不同的区域、时空，体现课程的基础性、操作性及多样性，发挥学科情境课程的主体作用、大单元情境课程的联动作用、野外情境课程的源泉作用、专项训练情境课程的强化作用和过渡情境课程的衔接作用。②

5月　《小学语文情境教学》获中国教育学会"东方杯"优秀科研成果一等奖。（《中国教育学会举办"东方杯"优秀科研成果评奖揭晓》，《中国教育学刊》1999年第3期）

同月　在《南通教育研究》第5期发表《大眼睛的老师》，推介和鼓励徒弟、青年教师唐颖颖。③

6月　被评为优秀共产党员。（中共南通市教育工作委员会《荣誉证书》，1999年6月28日）

7月10日　在《河南教育》第7期发表《情境教育的基本原理》。文章重点介绍了情境教育的情感驱动、暗示倾向、角色转换和心理场整合等四个基本原理及其各自作用于儿童情境教育的方法。文章指出，情境教育是依据马克思关于人的活动与环境相一致的基本原理，借鉴现代心理学的研究成果，在十年教学实践探索的基础上构建而成的。④

8月　拍摄录像片《情境教学实施素质教育的操作要义》（六集），中国教育电视台录制。（刘燕妮提供，2023年12月19日）

9月9日　在《南通日报》开辟的"南通市第一中学八十校庆专版"发表《老师，让我学会当老师》，回忆自己在一中读书时的老

---

① 该文收录于《40年情境教育在路上：倾听时代的声音快乐前行》。
② 该文收录于《40年情境教育在路上：倾听时代的声音快乐前行》。
③ 该文收录于《我是播种者》。
④ 该文摘要转载于《教育文摘周报》1999年8月25日，收录于《40年情境教育在路上：倾听时代的声音快乐前行》。

师，强调是母校的老师让她学会当老师。

9 月 10 日　被评为首批江苏省名师，参加全省庆祝第十五个教师节大会。(《南通日报》1999 年 9 月 10 日)

9 月 30 日　参加学校升旗仪式，发表国旗下的讲话，希望小朋友学好本领，学会做人，学会生活，学会创造。① (《本校大事记、行政会议记录》，1999 年，案卷号：224)

9 月　《小学语文情境教学》获第二届全国教育科学优秀成果一等奖。(《中国教育科学规划回顾与展望——从“六五”到“十五”》，第 873 页)

10 月 16 日上午，参加校友聚会，共同庆祝南通市第一中学八十华诞，作为校友代表发表演讲。② (李吉林：《我是播种者》，第 462—468 页)

10 月 18 日　在学校青年教师培训中心做讲座《教学相长，共攀高峰》。(《本校大事记、行政会议记录》，1999 年，案卷号：224)

10 月 19 日　在学校全体教师会议上谈个人学习体会。(《本校大事记、行政会议记录》，1999 年，案卷号：224)

11 月 22 日　教育部部长陈至立为马樟根主编的《李吉林与情境教育》题词“搞好语文教学　促进素质教育”。(马樟根：《李吉林与情境教育》，彩插)

11 月　在南京参加斯霞九十华诞暨从教七十二年庆祝活动。

12 月 8 日　在《光明日报》发表《孩子的笔，孩子的话》和《水到渠成——谈作文课以外的作文指导》。③

《孩子的笔，孩子的话》针对学生为作文而苦恼的现象，主张通过丰富写作源泉、注重启发引导打开学生思路和打破命题作文“一统天下”的办法，克服作文教学“重形式、轻内容”“重模仿，轻创造”和“重指导，轻评讲”的弊端。

———————

①　该讲话稿收录于《我是播种者》。

②　李吉林在文末标注时间为 1999 年 9 月，但在文中又说“在一九九年九九重阳节这个传统登高的日子里，我衷心祝愿母校在素质教育的大道上登高再登高”。据《南通日报》1999 年 10 月 18 日载，南通一中于 10 月 16 日上午举办校友聚会，17 日上午举办建校 80 周年庆典，李吉林是在 16 日校友聚会上发言的。

③　这两篇文章均收录于《我是播种者》。

《水到渠成——谈作文课以外的作文指导》针对学生写作文没有内容可写和不懂写作方法两种情况，提出"丰富生活，范文引路"两种指导方式。

12月　论文《为全面提高儿童素质探索一条有效途径》获1997—1998年度江苏省哲学社会科学优秀成果二等奖。(《江苏省哲社会科学优秀成果获奖证书》，苏社科奖第 060044 号)

2000 年　62 岁

1月 3日　教育部印发《关于在小学减轻学生过重负担的紧急通知》，要求在加快推进课程教材改革的同时，首先把小学生过重的负担减下来。

2月 1日　江泽民发表《关于教育问题的谈话》，指出：正确引导和帮助青少年学生健康成长，使他们能够德、智、体、美全面发展，是一个关系我国教育发展方向的重大问题。教育是一个系统工程，要不断提高教育质量和教育水平，不仅要加强对学生的文化知识教育，而且要切实加强对学生的思想政治教育、品德教育、纪律教育、法制教育。

3月　教育部颁布《九年义务教育全日制小学语文教学大纲（试用修订版）》。

1月　参加中国教育代表团江苏专家组赴美国、加拿大考察访问。（刘燕妮提供，2023 年 12 月 19 日）

3月 17日　拍摄专题片，中央电视台"铸造师魂"拍摄组来校录制。（《本校大事记、行政会议记录》，2000 年，案卷号：230）

4月 13日　出席在扬州召开的苏教版小学语文教材培训会议。在致开幕词时强调，有了好的教材，还要有好的教法，希望语文老师率先摒弃半个世纪以来一直风行的繁琐分析的教法，通过形象，强化感受，引导学生体会作者的思想感情，注意知识、能力、情感之间的联系，培养语感，注重语言的感悟，加强学生自主的语文实践活动，发展学生的创造力，促使全体学生的个性得到健康发展。（李吉林：《培养学生的人文精神——苏教版小语教材培训会议开幕词》，载《我是播种者》，人民教育出版社 2006 年版，第 105—107 页）

4 月　在山东教育出版社出版《李吉林小学语文"情境教学—情境教育"》。该书从探索过程、操作体系和理论框架等三个方面详细介绍了情境教学的基本情况，并从拓展路径、基本原理、基本模式、课程开发和操作要素等五个方面详细阐述了情境教育思想的主要内容。

同月　被聘为人教版九年义务教育五、六年制小学语文教科书（试用修订本）顾问。（人民教育出版社课程教材研究所《聘书》，2000 年 4 月 6 日）

5 月 8 日下午　为来校访问的新疆教育代表团做讲座。（《本校大事记、行政会议记录》，2000 年，案卷号：230）

5 月 23 日—24 日　在北京参加中国教育学会第五次会员代表大会，当选中国教育学会副会长。（《迎接新世纪　开创新局面——中国教育学会第五次会员代表大会在京召开》，《中国教育学刊》2000 年第 3 期）

5 月　出席教育部举办的全国省级教研员培训会，做报告《把握小学语文教学规律，从整体上提高学生语文素质》。（刘燕妮提供，2023 年 12 月 19 日）

6 月　在《南通教育研究》第 6 期发表《她的名字叫雪兰》，推介和鼓励青年教师姜雪兰。①

7 月　在河南教育音像出版社出版《素质教育·小学情境教学典型课例及评点》（6 集）。

8 月　王健敏在《教育研究》第 8 期发表《社会规范学习心理与品德建构》。文章将情境教学模式界定为："通过营造一定的情绪场，在情绪氛围中展开社会规范教学，使学生身临其境，感受体验，移情共感，达到情感升华。"提出情境教学可以通过创设人为情境、利用艺术情境、渲染现实情境等多种手段实现。

----

① 该文收录于《我是播种者》。

9 月 10 日　收祝禧为徒。(祝禧：《借一双圣洁的"童年的眼睛"》，《中国教育报》2019 年 8 月 4 日)

9 月 27 日　在《中国少年报》发表《爽爽俱乐部欢迎你》的信，向少年朋友推荐"爽爽俱乐部"。①

9 月 27 日—29 日　在山东烟台参加中国教育学会小学语文教学研究会成立 20 周年庆祝大会，主持开幕式，获颁对学会工作做出突出贡献的纪念牌，并就"情境教学"教改实验做报告。报告讲述了情境教育的由来以及自己在情境教学和情境教育探索中的四点体会，即"初生牛犊"，大胆创新；自知之明，扬长补短；锲而不舍，持续发展；辛勤耕耘，保护成果。②(陈先云：《世纪之交的盛会——中国教育学会小学语文教学专业委员会成立 20 周年庆祝活动综述》，《课程·教材·教法》2001 年第 2 期)

9 月　在《人民教育》第 9 期发表《把握语文学习的规律致力于学生语文素养的整体提高》。文章对修订版《九年义务教育全日制小学语文教学大纲》进行了解读，总结了《新大纲》的四大特点：只拼不默，多识少写，让学生在启蒙教育中获益更多；少做题，多读书，让学生在积累中打下读写的基础；体会情感，培养语感，让学生在阅读中受到人文精神的熏陶；热爱生活，展开想象，在习作中开发潜在创造力。③

11 月 24 日　参加在上海市闵行区召开的"面向 21 世纪'新基础教育'现场研讨会"。会议由中国教育学会、华东师范大学基础教育与改革发展研究所、上海市闵行区教育局、上海市新基础教育研究

---

①　该信写于 2000 年 9 月 23 日，9 月 27 日发表，改题为《写给爽爽俱乐部的小伙伴》收录于《我是播种者》。

②　该报告原文以《初生牛犊——在全国小语会成立二十周年庆祝大会上的发言》为题收录于《我是播种者》，并以《大胆创新　持续发展——情境教学、情境教育的探索之路》为题摘要发表于《小学语文教学》2001 年第 1 期。

③　该文同时发表于《江西教育》2000 年第 7—8 期合刊，收录于《儿童·知识·社会的和谐建构》和《40 年情境教育在路上：催开教育智慧的花蕾》。

所共同主办，出席会议的有顾明远、吕型伟、谈松华、郭永福、叶澜、卓晴君和张民生等人。（《蓬勃发展 30 年——中国教育学会的历史回顾》，第 291 页）

11 月 26 日　在《光明日报》发表自述《早播种　早生根》，强调热爱祖国的教育必须及早进行，早播种，才能早生根。①

11 月　在北京参加教育部基础教育课程教材发展中心主办的全国小学语文识字教学研讨会，做题为《识字教学的发展》的发言，主张各种不同流派的识字教学应该形成一个开放的系统，同时用大语文教育的观念改革识字教学。②

秋　参加通师二附"镜亭"落成典礼，发表演讲《明镜一般的心》，深情回忆自己与通师二附老校长缪镜心的交往经历，寄望老师们像缪镜心的名字那样，有明镜一般的心，没有灰尘，没有阴影，明净而坦荡。③

秋　就《九年义务教育全日制小学语文教学大纲（试用修订版）》的认识问题接受《中小学教材教学（小学版）》记者采访。④

12 月初　在太仓参加全国教育科学规划领导小组基础教育学科组会议。（李吉林：《情境教育的诗篇》，第 218 页）

12 月 5 日—6 日　主持的全国教育科学"九五"重点课题"情境教育促进儿童素质全面发展的实验和研究"在通师二附召开结题鉴定会，在会上做结题报告，共分三个部分。第一部分"从情境教学向情境教育的拓展"剖析了情境教学促进儿童发展的"五要素"，概括出"情境说"讲究"真""情""思""美"的基本特点。第二部分"情境教育的探索历程"介绍了从学科教学着手、从课堂教学向课外活动延伸、从一校向多所学校辐射的过程。第三部分"情境教育的理论与

---

① 该文收录于《我是播种者》。

② 该发言稿收录于《美·智·趣的教学情境》。

③ 该文后发表于《南通日报》2014 年 6 月 17 日，收录于《我是播种者》。

④ 该访谈于 2000 年秋进行，以《语文教学大纲与教学——"情境教学—情境教育"创立者李吉林访谈录》为题发表于《中小学教材教学（小学版）》2001 年第 1 期，收录于《美·智·趣的教学情境》。

实践成果"介绍了暗示诱导、情感驱动、角色转换和心理场整合等四大原理,"拓宽教育空间,追求教育的整体效益""缩短心理距离,形成最佳的情绪状态""利用角色效应,强化主体意识""注重创新实践,落实全面发展的教育目标"的基本模式,分析了以"美"为境界、以"思"为核心、以"情"为纽带、以"儿童活动"为途径、以"周围世界"为源泉的操作要素,概述了情境教学在德育、数学、音乐、美术、体育、英语、自然等领域的应用情况,以及情境课程的初步开发情况。随后,课题组展示了语文和数学学科教学、青年教师学术沙龙等活动。[1] （李吉林：《情境教育的诗篇》,第 218—228 页）

华中师范大学党委副书记翟天山认为,情境教育实现了对教育功能、教育与人的发展的关系认识的突破,体现了一种人格化的教育精神。（李吉林：《情境教育的诗篇》,第 228—229 页）

北京市教育科学研究院副院长张铁道认为,情境教育体现了参与性学习、教学民主化的思想,情境教育应该加强国际交流,走向世界。（李吉林：《情境教育的诗篇》,第 230—231 页）

人民教育出版社副总编吕达认为,从情境教学到情境教育,不仅要研究教学,还要研究教材,促进课程改革。（李吉林：《情境教育的诗篇》,第 231—232 页）

江苏省教育科学研究所所长成尚荣认为,要有目的有计划地使这

---

[1]　课题组共设立了 18 个子课题学校,分别是：天津市北辰区北仓小学的"情境教育课程理论与研究"、浙江省嘉兴市实验小学的"创设和谐的教育情境　促进学生主动发展"、浙江省杭州市求是小学的"情境教育促进儿童个性发展"、上海浦东新区第二中心小学的"语文学科的情境教学与活动"、华北工学院附小的"小学体育情境教学的实验与研究"、杭州市卖鱼桥小学的"情境教育与儿童主体发展实验研究"、杭州市娃哈哈小学的"小学生情境作文的实验与研究"、湖南省宜章县教研室的"情境教育在中小学各科教学中的实验与研究"、浙江省兰溪市实验小学的"情境教育促进儿童心理素质的全面和谐发展"、常熟市白茆中心小学的"情境教育在学科教学中的研究与实践"、张家港实验小学的"主题性大单元情境教育活动——促进儿童素质整体和谐发展的实验与研究"、启东市南苑小学的"对'情境教育中师生人际情境优化研究'的初步思考"、启东市实验小学的"在情境教育中实现儿童教育审美化的研究"、海门市实验小学的"针对农村特点优化活动情境与儿童素质发展的实验研究"、如皋师范附属小学的"情境教育与儿童主体性发展的研究"、如皋市丁堰小学的"优化德育情境提高儿童思想道德素质的研究"、如东县掘港小学的"阅读教学中儿童良好情感品质的培养研究"、通州市实验小学的"创设和谐美好的校园情境——促进儿童全面生动的发展"。

个研究更扎实，使之成为大家普遍实践的一种行为。（李吉林：《情境教育的诗篇》，第 232 页）

中央教育科学研究所所长卓晴君宣读鉴定意见，认为该课题"根据马克思主义关于人在主体活动与客观环境相互作用、和谐统一中获得全面发展的哲学原理，吸纳、借鉴了古今中外合理的教育思想，创造性地运用'暗示'、'移情'、'心理场'等当代心理学、美学、语言学、社会学等方面的研究成果，在实践中，较为全面地进行了情境教育的理论、模式、课程、课堂教学的操作要素以及各个学科的不同层次的情境教学的可贵探索。情境教育以其独树一帜的理念和操作体系，在许多领域作了富于开拓性、独创性的研究，丰富、发展了当代教育、教学理论和教育改革实践，为江苏省乃至全国素质教育的深入实施，为促进儿童素质全面和谐、生动活泼的发展，探索出了一条具有普遍意义的途径，发挥了示范作用，产生了重大影响。李吉林同志的开创性研究所取得的丰硕成果，已经成为具有中国特色的社会主义教育的一笔宝贵财富。""李吉林同志和课题组成员，坚持奋斗在儿童教育第一线，以炽热的赤子之心和严谨的科学态度，执着地追求教育的理想境界，从实际出发，脚踏实地地进行艰辛而富有价值的科学实验，作出了自己的理性思考，逐步形成了'李吉林教育主张'。在实践与理论的有机结合中，使研究更具有科学性、应用性、艺术性和大众性，为广大实际教育工作者提供了一种十分有效的教育研究范式。"

（李吉林：《情境教育的诗篇》，第 232—234 页）

12 月 28 日　在《光明日报》发表《目标与执著》。文章强调，一个人无论在困境中、逆境中，还是在顺境中，都必须执着地向前，如同一个长跑运动员①，脚踏实地向着远方的目标迅跑。②

---

① 李吉林为了进一步强调脚踏实地，后来将"长跑运动员"的说法改为"竞走运动员"，并从竞走与长跑区别的角度说："我就像个竞走运动员，脚跟不离地，一步紧跟一步，快快地、不停地走。"见萧玲、忻叶：《敬礼，李老师——献给李吉林老师从教 50 年》，《江苏教育》2006 年第 22 期。

② 该文收录于《我是播种者》。

12 月　出席海门市实验小学"青年教师教育研究中心"成立仪式并讲话，担任研究中心导师，收周益民为徒。(周益民:《李吉林老师的几件小事》,《小学语文教师》2019 年第 9 期;《海门市实验小学工会"青蓝合同"》, 2000 年 12 月)

2001 年　63 岁

5月29日　国务院发布《关于基础教育改革与发展的决定》，提出"实行国家、地方、学校三级课程管理"，"在保证实施国家课程的基础上，鼓励地方开发适应本地区的地方课程，学校可开发或选用适合本校特点的课程。"

6月8日　教育部印发《基础教育课程改革纲要（试行）》，决定调整和改革基础教育的课程体系、结构、内容，构建符合素质教育要求的新的基础教育课程体系。

7月　教育部颁布全日制义务教育各科课程标准。

8月28日　南通市政府将通师一附、二附、三附和市聋哑学校划属崇川区政府管理。

9月　义务教育课程标准实验教科书开始在全国38个实验区展开试验。

11月　教育部印发《义务教育课程设置实验方案》，提出了均衡设置课程、加强课程的综合性和选择性的原则，构建符合素质教育要求的新的基础教育课程体系。

1月　在《江西教育》第1期发表《促进儿童素质全面发展的有效途径——情境教学》。文章指出，情境教学是促进儿童素质全面发展的有效途径，具体从四个方面操作。一是优选手段，可借助图画、音乐、戏剧等艺术形式创设情境。二是掌握过程，情境的创设与优化贯穿在整个阅读教学过程中，具体可分为：初读时可创设情境抓全篇，重在激发动机；细读时可强化情境，理解关键词、句、段；精读时可通过比较和诵读两种方式，凭借情境体味语感，欣赏课文精华。三是体现特点，创设情境要体现情境教学"形真""情切""意远""理寓其中"的特点。四是精心设计，教师备课时要精心设计、优化情境，遵循耗费低和效率高两个标准。

同月　在《江苏教育研究》第 1 期发表《教学需要美》。文章指出，教学需要美，以"美"为境界，就是从"美"着手，选择"美"的教学手段，运用"美"的教学语言，显现"美"的教学内容，让学生感受美，理解美，热情地创造美，最终达到教学的完美境界。①

2 月 12 日　在学校业务学习会上做专题讲座。(《本校大事记、行政会议记录》, 2001 年，案卷号：239)

2 月 21 日　在学校业务学习会上做专题讲座。(《本校大事记、行政会议记录》, 2001 年，案卷号：239)

3 月 7 日　在学校业务学习会上做专题讲座。(《本校大事记、行政会议记录》, 2001 年，案卷号：239)

3 月　在《江苏教育研究》第 3 期发表《情境教育基本模式的构建》。文章进一步分析了构建情境教育的四种模式。一是拓宽教育空间，追求教育的整体效益。二是缩短心理距离，形成最佳的情绪状态。包括：创设亲、助、乐的人际情境，缩短教育者与被教育者之间的距离及学习者之间的距离；创设美、趣、智的教学情境，缩短教学内容与学习者之间的距离。三是利用角色效应强化主体意识。四是注重实际操作，落实全面发展的教育目标。

5 月 28 日　给《中国少年报》"爽爽俱乐部"的少年读者写信，建议少年多看多想，下定学好本领的决心，要爱动脑筋，学会创造，学会动手。②

---

① 该文同时刊载于通师二附校刊《珠媚园》第 1 期，收录于《我是播种者》。
② 该文收录于《我是播种者》。

5月　撰写文章《忆友兰老师》，深切怀念在南通女子师范学校读书时的语文老师史友兰。(李吉林：《我是播种者》，第454—455页)

同月　题写座右铭"师德为上，真情倾注，终身乐学，方为人师"①。

6月1日　在学校庆祝儿童节活动中发表讲话，鼓励小朋友要学会动脑筋，开发潜在智慧。②

6月　担任学科顾问的《义务教育课程标准实验教科书　语文》(一~六年级) 开始在人民教育出版社出版。③

7月　被江苏省委宣传部等部门授予"江苏省哲学社会科学优秀工作者"称号。(江苏情境教育研究所提供，2023年12月13日)

同月　李庆明所著的《李吉林与情境教育》一书被列入"中国当代著名教学流派"丛书，由中国青年出版社出版。该书共分三个部分。第一部分为"走进儿童心灵的教育探索"，较为详细地介绍了情境教育的探索历程，从哲学根基、科学依据和文化渊源三个方面分析了情境教育的思想渊源，从在追求真善美的统一中实现儿童发展的理想目标、在活动与环境的统一中确立儿童发展的主体地位、在激活与塑造的统一中开发儿童的生命潜能等方面阐述了情境教育的基本主张，指出情境教育的基本模式、课程模式和教学模式具有开放的特点。第二部分为"课堂教学集粹"，收录了李吉林的7个教学课例和4个课堂纪实。第三部分为"儿童教育诗"，对情境教育模式进行了深入分析，认为情境教育通过"孩子的眼睛"重新发现了儿童世界，"以情感为纽带"是促进儿童成长的秘密，"让学生充分活动"是促进儿童发展的根基，美是教育理想境界的追求，其研究范式充分体现了科学性、应用性和艺术性的特点。

8月9日　李吉林情境教育网（www.lijilin.com）正式开通。

9月—10月　在《人民教育》第9、10期发表《教育的灵魂：培

---

① 该题词悬挂于江苏情境教育研究所。
② 该发言稿以《"六一"致辞》为题收录于《我是播种者》。
③ 该套教科书由人民教育出版社课程教材研究所、小学语文课程教材研究开发中心编著。

养学生的创新精神》。文章指出，小学生的创新不同于科学家、艺术家以及能工巧匠的创新，是在有意无意间进行的，小学课堂教学主要是培养学生创新的精神、创新的愿望、求异的思维品质，让其初步体验到创新的快乐。具体做法是：在审美愉悦中培育创新的土壤，让思维进入最佳的创新心理状态；在和谐的师生关系中，激活创新的潜能，让情感点燃智慧的火花；在观察与想象中，拓宽创新的空间，让思维插上翅膀；在学科训练中，培养扎实的实践能力，为创新打下必要的基础。[①]

10 月 11 日　出席南通师范学校和江苏情境教育研究所共同承办的第三期小学语文骨干教师国家级培训活动开学典礼并讲话[②]，做讲座《奔腾的涌浪——我的成长道路》，强调当今社会已进入学习化时代，教师一定要加强学习。[③]（李吉林：《潺潺清泉——李吉林教育随笔》，第324—325 页；朱嘉耀：《南通师范学校史（第一卷·纪事）》，第 384 页）

10 月　参加中国教育国际交流协会举办的中国国际教育论坛。（《代表证》）

11 月 10 日—11 日　出席在苏州举办的"21 世纪教育论坛"，论坛主题是"国际化、数字化与基础教育"，由中国教育学会、江苏省教育厅、苏州市人民政府和中锐集团联合主办。（《21 世纪教育论坛在苏州举行》，《中国教育学刊》2001 年第 6 期；《情境教育的诗篇》，第 463 页）

11 月 26 日　中央电视台播放专题片《李吉林与情境教育》。

同日　在《光明日报》发表《早播种　早生根》。文章主张，作为

---

① 该文收录于 2003 年人民教育出版社为纪念邓小平"三个面向"题词发表 20 周年而出版的文集《开辟中国教育新航道》、《儿童·知识·社会的和谐建构》和《40 年情境教育在路上：催开教育智慧的花蕾》。

② 该讲话稿以《我从心底里羡慕你们》为题收录于《我是播种者》。

③ 第三期国家级小学语文骨干教师培训分散在全国 17 个培训点，南通培训点以"条件优良、服务优质、水平优秀、质量优等"为工作目标，采取"自主研修、专家指导、课题研究、实践探索"相结合的模式和情境再现、情境考察、情境建构、情境反思、情境对话、情境评价等情境策略，培训课程包括理论与技能学习、实践与考察、教育科学研究三大模块，由李吉林和李刚任培训项目负责人，培训专家包括沈白榆、朱永新、朱小蔓、方展画、崔峦、高文和滕守尧等近 40 人，培训时间为期一年，其中集中培训期三个月。

语文老师，更应该通过语文教学来渗透爱国情感的教育。①

12月17日　在学校一年级上示范课。（《本校大事记、行政会议记录》，2001年，案卷号：239）

12月　《教育研究》第12期"特级教师访谈录"栏目刊发《脚踏实地　追求卓越——访特级教师李吉林》。在接受采访中表示，作为学者型的教师，应具备思想道德素养、理论素养和业务素养，强调情境教学、情境教育是一个开放的系统，"因为只有开放，才能发展；封闭则意味着僵化、消亡。"②

12月　《李吉林情境教学——情境教育》获江苏省1999—2000年度哲学社会科学优秀成果三等奖。

---

① 该文改题为《让"爱"在心底生根》收录于《我是播种者》。

② 该文收录于《我是播种者》和《我在实践中研究教育——〈教育研究〉发表李吉林论文专集》。

2002 年　64 岁

12 月 27 日　教育部发布《关于积极推进中小学评价与考试制度改革的通知》，要求充分发挥评价促进发展的功能，使评价的过程成为促进教育发展与提高的过程。

1 月　在《江苏教育》第 1 期发表《早播种　早生根——爱国信念从娃娃抓起》。文章批评以往的爱国主义教育存在三大不足，一是注重形式，讲究实效不够；二是抽象概念，激发情感不够；三是时冷时热，持久连续不够。文章指出，对儿童进行爱国主义教育要及早进行，早播种才能早生根。进行爱国主义教育，要结合爱国教育的特点和儿童少年的特点，重在培育情感，要贴近儿童生活，有序安排教材。①

2 月　主持项目"开发情境课程的实验与研究"获得全国教育科学"十五"规划 2001 年度教育部重点课题立项。(《中国教育科学规划回顾与展望：从"六五"到"十五"》，第 759 页)

同月　在《小学教学设计》第 2 期发表《萤火虫》教学设计，特级教师、高级讲师刘秉德进行评析。

同月　《小学语文教学研究》第 2 期刊发汪晓铅的采访报道《教师是课程资源的开发者——访〈小学语文补充阅读〉主编李吉林》。

---

① 该文收录于《我是播种者》。

在接受采访中指出，多读是我国千百年来语文教学的一个宝贵经验。①

3月14日—15日　出席在香港举办的第一届海峡两岸及港澳地区小学语文教学观摩活动。活动由香港小学中国语文教育研究会主办，全国小学语文教学研究会协办。（《中国小学语文教学改革30年》，第202—203页）

3月21日—22日　在北京参加中国教育学会2002年工作会议。（《中国教育学会2002年工作会议在京召开》，《中国教育学刊》2002年第2期）

3月30日　主持江苏情境教育研究所例会，讨论部署全国教育科学规划课题"开发情境课程的实验与研究"和中国教育学会"十五"科研重点规划课题"在优化的情境中，提高德育实效性"的分层管理问题，强调："德育要有实效，要内化，变成行为的，变成情感的。""年级课题要考虑层次性、阶段性（渐次认识）。""孩子究竟得到了什么？是德育活动应思考的问题。"（刘卫锋：《小楼三层能望远——回忆和李吉林老师共事的日子》，《南通日报》2019年7月20日）

3月　在《教育研究》第3期发表《谈情境教育的课堂操作要义》。文章提出，在情境教育的课堂教学中，要通过艺术的直观与教师的语言描绘，连同教师的情感，创设一种美、智、趣的教学情境，并与亲、助、和的人际情境交融在一起，使儿童感到亲切、轻松、愉快，参与到教学过程中去，以至达到全身心地沉浸其中的境界。文章强调，在课堂教学的具体操作中，要以"美"为突破口，以"思"为核心，以"情"为纽带，以"儿童活动"为途径，以"周围世界"为源泉。②

4月12日　在谈论学习维果茨基理论的思考时提出，教师应不断地赞赏有进步的学生，用"心血"来爱孩子；教师的语言就是理性、情感的，而不是低俗、随意的；语文教学的"问题情境"不能与分析等同起来，应从更宏观的角度来设计，而不是陷入分析泥潭。（刘卫

---

① 该文收录于《我是播种者》。

② 该文收录于《我在实践中研究教育——〈教育研究〉发表李吉林论文专集》，改题为《情境教育的课堂教学操作要义》收录于《美·智·趣的教学情境》。

锋：《小楼三层能望远——回忆和李吉林老师共事的日子》）

5 月 17 日　参加南通师范学校建校 100 年庆祝大会并演讲。①
(《通师隆重举行百年庆典》,《南通日报》2002 年 5 月 18 日)

5 月　《江苏教育》刊发记者张建的长编采访报道《从这里飞向蓝天——李吉林与通师二附》。

6 月 11 日　出席李庆明主持的江苏省教育科学规划“十五”重点课题“田园式乡村小学建设的个案研究”开题论证活动暨江苏情境教育研究所乡村小学教育实验基地（海永乡）揭牌仪式。在揭牌仪式上讲话时指出，李庆明是情境教育的播种者，把情境教育的种子播种到海永这块偏僻而贫穷的乡村土地上。海永的乡村、田野和“儿童村”的孩子本身就构建了一个充满美感、智慧和童趣的情境，李庆明优化了这个典型的场景，3 年的实践就已经体现出情境教育的操作要素，即以“美”为突破口，以“情”为纽带，以“思”为核心，以“儿童活动”为途径，以“周围世界”为源泉。希望李庆明利用情境教育实验基地的建立和课题研究的开展，为情境教育创造出新的、更为鲜活的理论和个案。朱小蔓、成尚荣、冯建军等学者参加了活动。
(李吉林：《在江苏情境教育研究所乡村小学教育实验基地（海永）揭牌仪式上的讲话》,《儿童村》2002 年第 2 期；李吉林：《我是播种者》,第 315—316 页)

6 月　中国教育报刊社常务副社长刘堂江来南通讨论策划《李吉林传》的编撰工作。(刘堂江：《李吉林八大成长基因》,《未来教育家》2015 年第 4 期)

同月　为配套教育部课程标准苏教版实验教材而主编的《小学语文新补充读本》开始在江苏教育出版社出版。②

同月　《银潮》杂志第 6 期封面介绍李吉林，并刊登记者对李吉林的采访录《儿童教育的领头雁》。在接受采访中表示，最终希望有情境教育特点的教材，这是自己事业的一部分，同时强调谦虚谨慎始

---

① 该演讲稿以《女师，我成长的摇篮》收录于《我是播种者》,文末标注为 2001 年 5 月,实际应为 2002 年 5 月 17 日。

② 这套读本由李吉林主编、朱家珑和成尚荣副主编，每学期一册，共 12 册。

终是自己严守的生活法则。①

　　同月　在浙江杭州参加"面向未来的基础学校的研究"开题会。（开题会《代表证》）

　　8月9日—10日　在黑龙江哈尔滨参加全国小学语文教学研究会第六次会员代表大会暨第七届学术年会，当选副理事长。（《中国小学语文教学改革30年》，第203—204页）

　　8月13日—14日　在苏州参加首届学习科学国际论坛，并做题为《让儿童在美·智·趣的情境中学习》的演讲。在演讲中表示，自己向往的完美教育是："教育不仅为了学生能学习，还要会学习，主动学习。教育不仅为了学生习得文化知识，还要丰富他们的精神世界。教育不仅为了学生的明天作准备，还为了孩子的今天，为了能获得本该属于他们的最初的幸福人生。"情境教育揭示出一些促进儿童学习的规律："环境会直接影响儿童的学习情绪和效率。美、智、趣的情境，极大的激发了他们的学习热情。儿童爱美，他们的活动需要美。美给儿童的学习带来了快乐，情境利用'美'这块磁石，使教育充满了无限的魅力。儿童是富有情感的，儿童的情感参与了认知活动，可以获得意想不到的效果；而没有情感的学习是无奈的、僵化的，是一种苦役。观察情境可以训练儿童的感觉，而训练感觉又可以培养直觉。儿童总是富有想象力，想象是会飞的思维，广远的情境会激起儿童的想象，他们创造的潜能随着想象得到了开发。"②（李吉林：《儿童·知识·社会的和谐建构》，第415—420页）

　　8月　基于教育部新颁《义务教育语文课程标准》指定篇目而主编的《古诗词70首赏析（插图本）》在人民教育出版社出版。

　　同月　在《人民教育》第8期发表《花圃边的童话——我又迎来了一年级新生》。文章介绍了自己开设过渡课程、搞好低幼衔接，使一年级新生很快适应小学阶段生活的主要做法。过渡课程主要有三

---

　　① 该文收录于《我是播种者》。

　　② 李吉林将该文收录于《儿童·知识·社会的和谐建构》时，标注为"2002年春在'学习科学国际论坛'上的演讲"。而该论坛实际举办时间为2002年8月13日—14日。

种：一是主要学科分设各种课型，语文设识字课、注音阅读课、观察说话课、"观察、说话、阅读"综合课，数学增加趣味数学课、野外数学启蒙课，注意各科间的渗透，必要时适当进行融合。二是各科教学均上成室内 30 分钟。三是增设户外活动时间，开展野外活动。①

9 月 9 日　与学校领导及有关部门负责人讨论"开发情境课程的实验与研究"课题申报材料的论证部分，再次带领大家学习情境课程的四大理论支撑，强调学科情境课程要突出"镶嵌在情境之中"。(刘卫锋：《小楼三层能望远——回忆和李吉林老师共事的日子》)

9 月 12 日　再次开会强调，要将知识镶嵌在"情境"之中，使学生进入其中，老师转变角色，成为指导者、合作者……（实现）师生间的真情交融，师生互动。要"坚定不移搞科研，儿童的发展包括特殊能力、一般能力，两者应互相融合统一，而不是对立。""对'情境'的理解要加深，一切知识存在于情境之中，一切知识运用于情境之中。""情境课程的五块是不同的领域，但其设置的目的是一致的，用'美智趣'构建生活的世界，利用儿童经验，强调体验，突出'个性'，使学生成为人、社会、自然的融合，和谐统一，构成自主性、社会性、自然性相统一的新主体。""要通过科研调动学生的主动性，开发创造性，从而确保质量，向四十分钟要质量。要抓本质：调动学生主体性；抓关键：基础知识少而精；抓手段：教学形象、鲜明、生动，在优化的情境中理解和运用，教学与现实生活相沟通。"(刘卫锋：《小楼三层能望远——回忆和李吉林老师共事的日子》)

9 月 28 日　主持的两个课题"开发情境课程的实验与研究"和"在优化的情境中，提高德育实效性"同时举行开题论证会，朱小蔓、谈松华、巢宗祺、郝京华、成尚荣、周德藩等专家出席会议。在会上汇报情境课程开发与实验的研究方案，分析了基础教育课程存在的问题，揭示了情境的哲学、科学和文化内涵，把情境界定为人性化的教育环境，是特别适应儿童作为一个完整的人，全身心地活动其中的教

---

① 该文收录于《我是播种者》。

育环境，具有亲和性、审美性和体验性，阐发了情境课程开发的儿童、知识和社会三个维度及其关系。研究方案提出了以情境为取向的课程新范式，概括了情境课程的整合作用、熏陶作用、启智作用和激励作用，对学科情境课程、主体性大单元情境课程、野外情境课程以及过渡情境课程等四类情境课程的开发和统整、情境课程的校本化、开发情境课程与促进教师专业成长以及情境课程开发的管理等方面进行了具体设计。"在优化的情境中，提高德育实效性"提出了校园情境、教学情境、家庭情境、社区情境等五种德育情境的优化领域。（李吉林：《情境教育的诗篇》，第238—261页；王金霞：《情境教育无止境——两项国家级重点课题在二附开题》，《江海晚报》2002年9月30日）

朱小蔓认为，李吉林的研究是21世纪中国教育创新中的学校教育研究规范性的典范，解答了学校的功能与界限是什么的百年难题，正在走一条中国化的道路，希望她同时能够进一步回应世界。（王金霞：《情境教育无止境——两项国家级重点课题在二附开题》；李吉林：《情境教育的诗篇》，第253—255页）

郝京华认为，这个课题可以实现从学科课程到生活课程和经验课程的突破，从分科课程到综合课程的突破，从学科逻辑到生活逻辑的突破。（李吉林：《情境教育的诗篇》，第251—253页）

成尚荣认为，要对现有的课程通过情境加以认识、开发、实施甚至改进，找到实施现有课程的有效途径；李吉林找到了整合国家、地方和学校三类课程整合的较好路子；把情境课程作为校本课程来研究，开拓了校本课程的研究思路，非常有价值；让更多的老师参与到课程的开发与实施中去，生成一种新的课程，非常有启发；要把批判生成作为情境教育的一个重要特点。（李吉林：《情境教育的诗篇》，第255—256页）

谈松华认为，如果只让学生看到美的一面，就会使他们缺乏判断能力和选择能力，因此在让学生追求美的同时，要知道美和丑是同时存在的。此外，还要处理好情境教育与培养学生的批判能力和创造能力的关系，重视批判能力和创造能力的培养。（李吉林：《情境教育的诗篇》，第256—257页）

袁金华认为，情境课程的特色在于回归生活世界，与生活融为一体。(李吉林:《情境教育的诗篇》，第 257 页)

巢宗祺认为，课题将来的成果一方面要看课题培养的学生，另一方面要看提出的理论、原则和方法。此外，还要重视情境课程资源的开发与利用。(李吉林:《情境教育的诗篇》，第 257—258 页)

朱小蔓代表专家组宣读开题论证意见:"情境教学、情境教育在经过 20 多年的探索取得令人瞩目的成就的基础上，积极回应国际国内基础教育课程改革的呼唤，根据马克思关于人在活动和环境的相互作用中得到全面发展的原理，吸收现代科学的最新研究成果和国际先进的课程理念和模式。更加全面、辩证地把握知识、儿童和社会的内涵及其关系，提出了开发情境课程的主张，试图通过实验研究，克服课程开发和实施中的工具主义、经验理性主义、学科本位等倾向，促使课程资源在优化的情境中实现融会和统整，从而构建具有时代特色、民族特色和学校特色的基础教育课程体系，最大限度地发挥课程促进儿童素质全面发展的功能，同时转变教师的角色，培育教师的课程理念，提高教师的课程开发、实施和研究能力，使教师由课程的忠实执行者转变为课程的开发者和建设者，促进教师的专业成长，并通过课题的研究，推动学校管理的深刻变革，确立以课程管理为核心的学校管理新战略和新思维，推进学校、教师和学生的共同发展，课题具有挑战性、开创性，体现了理论与实践相结合的重要研究价值。"(李吉林:《情境教育的诗篇》，第 258—260 页)

9 月　为迎接庆祝建国 53 周年和南通市港口经济洽谈会的召开，组织开展"我爱长江、我爱濠河"主题性大单元教育活动。(李吉林:《情境教育的诗篇》，第 338 页)

10 月 9 日　在全校业务学习会上向教师提出:"以学习为荣，以钻研为乐，以儿童的发展为心灵的寄托。"(刘卫锋:《小楼三层能望远》，载成尚荣《我们是长大的儿童——情境教育中走出的名师》，第 358—361 页)

10 月 27 日　出席南通师范学校和江苏情境教育研究所共同承办的第三期小学语文骨干教师国家级培训活动结业典礼。在讲话中表示，希望培训班老师创造新的理论财富，成为新世纪的学者型教师。
（李吉林：《我是播种者》，第 320—323 页；李吉林：《潺潺清泉——李吉林教育随笔》，第 402—404 页；朱嘉耀：《南通师范学校史（第一卷·纪事）》，第 382 页）

10 月　在《人民教育》第 10 期发表《秋叶的故事》，讲述了自己利用秋叶促进学生创造性思维发展的故事。[1]

同月　主编的小学作文教学参考资料《李老师教你学读写》开始在江苏文艺出版社出版。[2]

初秋　为《新课程优秀教学设计和案例》丛书写序《春的信息》。[3]

12 月 15 日　在学校做专题报告。（《学校大事记、行政会议记录（2002年 1 月—12 月）》，2002 年，案卷号：247）

12 月 16 日　出席在华东师范大学召开的"国际建构主义与课程教学改革研讨会"，做题为《情境教育：促进儿童—知识—社会的完美建构》的学术报告。报告全面回顾了从真实情境到模拟情境再到网络式情境的探索历程，揭示了暗示诱导、情感驱动、角色转换和心理场整合等情境教育的四大基本原理，并从建构的角度，进一步完善了情境教育的基本模式："拓展教育空间——社会是儿童知识建构不可替代的情境""缩短心理距离——情感是儿童知识建构的纽带""利用角色效应——儿童是知识建构的主体""注重创新实践——'发展'与'基础'是儿童知识建构的双翼"。报告主张，小学语文教学，应把孩子带到生活中去，儿童进入大自然、进入社会生活的真实情境，语言便逐渐丰富而且生动；应将图画、音乐和戏剧等艺术形式引进课堂，使模拟课文的情境罩上了审美的光环，能够让学生具体感受到美；应让儿童学习知识、认识社会和未来的应用紧紧相联，将"儿童—知识—社会"有机地融合在一起。报告强调，从学校各个不

---

[1]　该文改题为《秋姑姑的故事》收录于《我是播种者》。
[2]　这套教材参考资料由李吉林主编、施建平副主编，每学期一册，共 12 册，至 2003 年 1 月出齐。
[3]　该文收录于《我是播种者》。

同的区域、时空，包括基础区域、综合区域、源泉区域，通过开发学科情境课程、主题性大单元情境课程、野外情境课程，充分发挥整合、熏陶、启智的激励的作用，创造出具有中国特色和时代特色的基础教育课程模式。①

12 月 18 日　在江苏省通州高级中学参加南通市第三届"名师之路"大型教研活动，为刚认识的崔益林留言"愿你在名师之路上迅跑"。（崔益林：《跟您在语文之路上迅跑——追忆李吉林老师》，《语言文字报》2019 年 8 月 2 日）

12 月　在通师二附 2002 年童话节开幕式上做题为《走进童话世界》的讲话，号召小学生展开想象的翅膀，走进童话世界。（李吉林：《潺潺清泉——李吉林教育随笔》，第 222—223 页）

---

①　该报告后以《情境教育：儿童—知识—社会》为题发表于《中国教育报》2003 年 3 月 21 日，以《情境教育：促进儿童—知识—社会的完美建构》为题发表于《全球教育展望》2003 年第 4 期，收录于《儿童·知识·社会的和谐建构》和《40 年情境教育在路上：倾听时代的声音快乐前行》。

2003 年　65 岁

9月19日　国务院总理温家宝在全国农村教育工作会议上讲话时提出，要像宣传劳模、科学家那样宣传优秀教师和教育家，要在全社会进一步推动形成尊师重教的优良风尚。

9月　教育部国家教育发展研究中心启动"中国当代教育家"项目，选择一批当代教育家，用书的形式展现他们的教育理念、教育智慧、教育探索、教育经验和教育成果。

同月　南通市各小学起始年级全部进入课程改革实验。

1月1日　在《中国教师报》发表《中国教师的精神家园》，表示为全国教师有了自己的报纸而高兴，期盼该报成为广大教师心灵的寄托和精神的家园。

1月　在《江苏教育》第1期发表《书写教育事业的壮丽篇章》，介绍自己阅读江泽民在中国共产党第十六次全国代表大会上的报告的学习体会。文章认为，教师要满足亿万父母的要求，体现教育为最大多数人利益服务的宗旨，就要做到报告中提出的"提高教师的师德和业务水平"，而提高教师师德水平，就要求教师能够用"心"去爱学生，用"情"和"智"去培育学生。①

2月20日　在《中国教育报》发表为《新课程优秀教学设计与案例》丛书所写的序《课堂设计不要"一槌定音"》，强调课堂设计

---

①　该文收录于《我是播种者》。

要注意坚持以学生为本、启迪儿童智慧、加强人文熏陶和开展综合实践，不能搞"一槌定音"。

2 月 23 日　在《南通日报》发表《情境与儿童知识建构》。文章指出，传统教学体现出的理念是"儿童—知识"、"知识—儿童"，这是一种封闭的"唯知识"的教学理念，必然造成"高分低能"的恶果，不仅影响儿童对知识内在规律的掌握和知识的迁移，而且影响儿童的全面而充分的发展。文章强调，人类的一切知识都是在一定的情境中产生，最终又回到情境中去运用，情境教育的基本模式为"儿童—知识—社会"的建构，提供了最佳的操作保证，具体表现为四个方面。一是基于社会是儿童知识建构不可替代的情境，情境教育致力于拓展儿童的生活和发展空间，从学校向家庭和社会延伸开去。二是基于情感是儿童知识建构的纽带，情境教育通过创设"亲、助、乐"的师生人际情境和"美、趣、智"的学习情境来缩短儿童与老师、同学及教学内容之间的心理距离。三是基于儿童是知识建构的主体，情境教育让儿童在创设的特定情境中扮演角色、进入角色，利用角色效应成为学习活动的主体。四是基于"发展"与"基础"是儿童知识建构的双翼，情境教育强调"着眼发展，着力基础"，注重创新、实践活动。

2 月 26 日—27 日　在北京参加中国教育学会 2003 年工作会议。
（《中国教育学会 2003 年大事记》，中国教育学会网站）

2 月　出席学校青年教师培训中心假期读书交流活动，畅谈学习李秉德《一个老年教师的心声》的体会，提出："在有限、宝贵的时间里，让儿童学习优质的内容，要超越课本，超越教材。""减负之所以未能深入继续，在于未在同时提出对'提高质量'的要求。""情境教育是创新的产物，它本身也需要创新，否则就没有生命力。""数学方面，如何带学生到真实的情境中，在生活中学数学，在实际的活动中让学生体验，从而明白其中的科学道理。""以实践为根基，以创新为动力。"（刘卫锋：《小楼三层能望远——回忆和李吉林老师共事的日子》）

3 月　在《江苏教育》第 5 期发表《一代宗师的拳拳之心》，回忆与刘佛年的交往经历，指出刘佛年对自己的关心与指导，实质是对小学老师的关爱，是对实际教育工作者的挚爱。①

4月13日晚　在南通参加中央电视台为庆祝"五一"国际劳动节而拍摄的特别节目《我们都有一双手》。（刘锬：《当年幸会袁隆平》，《南通日报》2003年5月4日）

4月　出席在南通举行的江苏省第二届青年教师优秀阅读教学展示观摩活动，在开幕式上讲话时指出，小学语文虽小犹深，它不是凝固的、静止的，是不断变化、不断向前发展的。（李吉林：《我是播种者》，第312—314页）

同月　在四川教育出版社出版教育随笔《如诗如画》。该书共分8辑，前2辑为自撰随笔，后6辑为团队成员所撰随笔。

春　出席苏教版小学语文教材培训会，在讲话中表示，为用好苏教版小学语文教材，实施新课标，要做到教师有情、学生主体、手段生动、练习扎实。②

7月　受邀参加朱永新"新教育"实验首届研讨会，因病未能出席，致贺信。（朱永新：《诗意地耕耘在教育大地上——我眼中的李吉林老师》，《新教师》2014年第4期）

8月　李庆明撰写的《李吉林与情境教育》经修订和补充后，再被列入"中国当代著名教学流派"丛书，由国际文化出版公司出版。该丛书由中国中小学幼儿教师奖励基金会、中国教育报刊社图书编辑中心和全国学习科学学会联合编辑。

同月　著作《李吉林与青年教师系列谈：小学语文情境教学》更名为《小学语文情境教学：李吉林与青年教师的谈话》，经教育部人事司、课程教材研究所组织评审，被列入《中国特级教师文库》，在人民教育出版社出版。柳斌为该书题词"有情有境导童稚，无怨无悔见精神"。

---

① 该文收录于《我是播种者》。
② 该讲话稿以《春天里的聚会》为题发表于《小学语文研究》2003年第6期，收录于《我是播种者》。

9 月 15 日　　在《人民教育》第 17 期 "名师人生" 栏目发表《我，长大的儿童》。文章通过回忆自己童年、青年、中年和老年阶段的感想，指出儿童的眼睛、情感和心理，构筑了自己的内心世界，童心给了自己智慧，强调自己就是一个 "长大的儿童"。

9 月下旬　　与江苏省通州市 "名师之路" 教育科研协会全体会员进行专题对话，强调自己了解儿童，热爱儿童，千方百计地为儿童着想。关于自己成功的因素，认为一个很重要的原因，就是始终觉得自己是一个 "长大的儿童"。强调文章《我，长大的儿童》全写的是真心话，是对自己人生阅历，尤其是从教四十多年阅历的真实概括，也是自己内心世界的一个写照。关于自己的特点，她认为自己一是很自信，也很谦虚。"看到短处能补短，能由弱到强，由短到长；看到自己的长处，就能在克服短处当中有驱动力。如果我们一味的谦虚、过分的谦虚，那就做不成事，就没有自信心。" 二是很执着，也很开放。"我要使自己形成一个开放的系统，教授的话、学者的话、领导的话，就是小朋友的话、徒弟的话，我都要听得进。这是自己一种开放的观念，一个开放的心态。" 三是非常崇尚纯净，崇尚圣贤，鄙视低俗，鄙视矫揉造作。关于成长高原期的突破，指出自己搞整体改革时，在专家学者阐述的理论背景中产生困惑，经过刘佛年、杜殿坤、顾明远和江山野等专家的鼓励与点拨，才逐步走出迷津。关于如何克服社会不良影响、守住自己心灵的净土，她表示："我非常崇尚纯净，非常崇尚圣洁，鄙视低俗，鄙视矫揉造作。这里关键就是自己怎么去看，要舍得放弃，不要受诱惑。……你出去讲学，你会获得掌声，会获得人们对你的尊敬，当然现在还有酬劳。讲学会获得金钱、荣誉、掌声，都对你有很多的诱惑。但时间就这么多，所以我们要学会拒绝。要做事情，就得有时间，时间是常数，这边多了那边就少了。再比方说，我们女同志并不是一个不爱生活的人，我也不是女强人，我也很有生活的情趣，我很喜欢我的儿孙们，我也爱我的家，但我不能把所有的时间都放在家里。我尤其对不起我的妈妈，当她年事已高时，腿脚又很不方便，我却很少有时间陪她。我有时感到很愧疚，甚至很伤心。作为女同志我没时间打扮，我也不能尽情地去逛街，这一切都被我割舍了。自从搞了研究我也没有时间陪爱人散步了。我觉得，一个就是要拒绝诱惑，另一个就是要舍得割爱。同时，人还要有自己的审美标准。面对花花绿绿的世界，要保持自己的一种生活的风格。"关于自己得到的支持与帮助，她表示，1958 年在省教育厅参加教学资料编写期间，范伯群、马莹伯和吴天石对自己的影响最大；在教改实验起步阶段，上海师范大学的三位女教授对自己启发很大；张焕庭、朱刚、新华社记者、刘佛年、杜殿坤及省市、学校领导提供了很大的帮助与支持。关于情境教育的探索历程，她认为是一个顺乎自然的过程，即从概括小学语文促进儿童发展的五个要素入手，逐步将情境教学从小学语文向德育、数学等学科拓展，进而发展成情境教育、情境课程。她强调，自己是在实践中思考研究，而不是走的理论假设与验证的道路。"实践工作者学理论，只要去挤时间，持之以恒，就会逐渐有所提高""我们既要憧憬未来，更要脚踏实地地去学习、去实践，我们总是可以做一番事业。我们不求轰轰烈烈，但求脚踏实地，要能做出别人没有想到、或想到而没有做成的事情。我觉得，这就是成功。"（秦德林、张伟：《解读"名师" 感悟"成功"——通州市"名师之路"教育科研协会会员与著名特级教师李吉林、李庾南专题对话纪实及评价》，载王铁军主编《名校长名教师集体性个案研究》，第 285—308 页）

9 月 在《江苏教育》第 18 期发表《学习李庆明，讴歌李庆明》。文章指出，李庆明怀着对教育赤诚的爱，对乡村儿童无与伦比的爱，把情境教育的种子播到海永，是情境教育的播种者。

10 月 28 日 参加教育部基础教育课程教材发展中心举办的"小学语文评价"会议，做报告《我对"新课标"的认识》。报告认为，"新课标"突出了学生为本、开发潜能、人文熏陶和整体实践四个方面的内容。（李吉林：《儿童·知识·社会的和谐建构》，第 456—470 页）

10 月 对于新教材中是否应该大量选用新作品的问题，表示："在审查的过程中，我们把老教材中比较经典的名家作品保留了下来。

但是以前一些比较普通的文章就被新作品替代了。我觉得这是应该的，时代在发展，应该增加新的内容，这样才能激发孩子们的兴趣。至于新教材中选取的文章究竟好还是不好，这还需要通过教学过程中老师与学生的反应，不断地完善、修订，现在下结论还有点早。但是新教材在刚刚起步的时候，还是希望大家能够给予更多的扶持和帮助。"（邓亦繁：《教材如何"与时俱进"》，《外滩画报》2003 年 10 月 8 日）

同月　在杭州参加中国教育学会第 16 次学术年会。（中国教育学会第 16 次学术年会《代表证》）

同月　被宁波神舟学校聘为教育顾问。（《杨剑、邱学华信函》，2003 年 10 月 28 日）

11 月　在香港大学参加"亚太地区中文教学工作坊"，做报告《情境教育：体现工具性与人文性统一的范型》。（李吉林：《儿童·知识·社会的和谐建构》，第 471—475 页）

秋　出席上海校长国际论坛并做题为《儿童的思维是会飞的》演讲。在演讲中指出，幼儿、小学阶段是发展儿童想象的最好时期，小学教育要给予儿童想象的环境、空间和老师的引导，让儿童的思维飞起来，使他们成为具有创新精神、创新能力、创新乐趣的一代新人。（李吉林：《我是播种者》，第 196—198 页）

12 月 5 日—7 日　在南通参加全国小学语文教学论文（论著）比赛评审会议。（《中国教育学会小学语文教学研究会邀请函》，2003 年 11 月 22 日）

12 月 19 日—21 日　"百年来中国教育现代化与教育实验"学术研讨会暨中国教育学会教育实验分会第三届理事会会议在广东深圳召开，在会上当选理事会副理事长。（王学：《教育实验百年：困境与出路——"百年来中国教育现代化与教育实验"学术研讨会综述》，《教育研究与实验》2004 年第 1 期）

12 月 20 日—21 日　在北京市北京小学参加第二届两岸四地小学语文教学观摩交流活动。21 日下午，就新课标的认识问题做演讲。（熊宁宁：《第二届两岸四地小学中国语文教学观摩交流活动综述》，《小学语文教学》2004 年第 2 期）

　　12月27日—29日　出席在上海国际会展中心举办的"百年中国教育论坛"并做学术报告。论坛由中央教育科学研究所主办，上海晓枫教科文学术交流中心承办。（《中央教科所举办"百年中国教育论坛"》，《教育研究》2004年第2期）

　　本年　为庆祝《中国教育报》创刊20周年撰文《大报纸与小学老师》。①（李吉林：《潺潺清泉——李吉林教育随笔》，第386—388页）

---

　　① 该文收录于《我是播种者》。

2004 年 66 岁

2 月 26 日　中共中央、国务院印发《关于进一步加强和改进未成年人思想道德建设的若干意见》。

3 月 3 日　国务院批转教育部《2003—2007 年教育振兴行动计划》。

1 月 19 日　在《中国教育报》发表《斯霞吾师》，回顾自己与斯霞的交往细节。①

1 月　李定仁与李如密在《教育理论与实践》第 1 期发表《教学流派初探》。该文将江苏省对情境教学法的推广概括为行政推广模式，即由教育行政部门和教科所、教研室组织学习推广，逐层逐级形成科研体系，大面积地推行实验，以求遍地开花。该模式的特点是"力强""速快""影响大"。

同月　在北京参加"当代教育家丛书"组稿会时表示："我做的这些还远远不够，承受不了这么高的荣誉啊！"（李镇西：《李吉林："我是长大的儿童"》，《未来教育家》2016 年第 2—3 期）

2 月 25 日　在《小学生语文学习》第 5—6 期合刊发表《栩栩如生写人物》。文章通过三个小片断的分析，提出指导小学生把人物写得栩栩如生的方法，主张描写人物要从形象生动到形态逼真，继而到

---

① 《小学语文教学》2010 年第 3 期再刊，收录于《我是播种者》《潺潺清泉——李吉林教育随笔》和《40 年情境教育在路上：倾听时代的声音快乐前行》。

形神兼备实现"三级跳"。

3月　在《小学生语文学习》第9期发表《兴波求变巧叙事》。文章通过三个小片断的分析，提出指导小学生写叙事作文的方法，主张必须根据材料开动脑筋"精心构思"，写作时"兴波求变"，才能奏好从"一马平川"到"一脉相承"，再到"一波三折"的叙事三部曲。

同月　《江西教育》第6期刊发记者学慧的采访报道《为语文教育开辟新天地——全国著名特级教师李吉林谈"新课标"》。在接受采访时就新课标的若干问题提出自己的看法。关于新课标的精髓，她认为，新课标强调小学语文是一种文化，注重工具性和人文性的统一，使小学语文教育真正成为了人的小学语文教育。关于发展思维、激发想象力和创造潜能，她认为，开发学生潜能和创造能力是教育的灵魂，"小学阶段是人的潜在智慧发展的最佳时期，老师在教学活动中必须有意识地发展儿童的思维，开发创造潜能。每个大脑发育正常的孩子是孕育着创造潜能的。""儿童创造的潜能，有它最佳的发展期，过了发展期，就会产生可能能力的递减现象。""没有想象，就没有创新。创新必须借助想象，想象往往孕育着创造的嫩芽。要开发儿童创造的潜能，发展他们的想象，便是一把金钥匙。想象翅膀展开了，新形象便可诞生。当然很可能是幼稚的，看来似乎没有价值的。但即使是瞬间的，也是灿烂的；是粗浅的，也是可贵的。儿童的创造潜能往往就在这从低到高，从幼稚到成熟的无数次的想象中得到了开发的。"关于培养儿童的想象能力，她主张，首先引导儿童通过观察积累丰富的表象，然后通过启发推动儿童产生心理的需求，进而展开想象。她强调，想象展示了孩子的智慧，带给孩子童年的快乐和幸福，倘若没有想象，童年就是苍白的。想象力是儿童拥有的巨大的财富，随着年龄的增长，这笔财富会随之而减少，因此学校与老师必须不失时机地发展学生的想象力。关于发展学生想象力的评价，她认为，"千万不能通过常规的习题式的练习，造成学生的思维定势，使本是活跃、丰富多彩的儿童思维空间被一大堆干巴巴的符号充斥。"
"评价的内容应该给学生想象的空间，有利于新形象的组合，让他们
的思维可以自由驰骋，但又必须是具有学科特点的，而不是一般的智
力问答。"具体可以采用想象性作文和创造性复述两种形式。

4月7日—8日　在上海参加全国语文教学改革研讨会，提交论
文讨论评价改革。论文指出，关于人文熏陶效果的评价，首先可以
"嵌入课堂"，教师从课堂上学生的表情、语言、行为一系列反应以及
对课文中人物的评判，都可以窥见学生的情感世界。其次，可以在生
活的真实情境中，也可以通过模拟的情境，让学生充分地活动、表
现，从儿童表现出的情感态度，结合写感受、写感想进行评价。关于
语文实践能力的评价方法，可以采用教师评价与学生评价相结合，开
放式与封闭式评价相结合，口头与书面评价相结合，单项评价与综合
评价相结合，定性评价与定量评价相结合等多种方式。(全国小语会秘书
处:《坚持理想　直面现实　不断前进——中国教育学会小学语文教学研究会语文教
学改革研讨会纪要》,《湖北教育》2004 年第7—8 期)

4月11日　在江苏张家港参加"新教育理论的实践及推广研究"
开题大会。该项目系朱永新主持的全国教育科学规划"十五"教育部
重点课题。(朱永新:《桃李自成蹊（上）》,《新教师》2020 年第5 期)

4月　在《小学生语文学习》第 12 期发表《将眼中的美丽写
透》。文章通过对描写小河的三个小片断的分析，提出指导小学生写
景物类作文的方法，主张描写景物时，不仅要注意顺序，还要把握特
点，更要融入情感，写出自己独特的感受，这样才能使景物充满神
韵，成为读者心中一道永远的风景。

5月11日　在《中国教育报》发表《想象力：儿童的巨大财
富》。文章指出，爱想象是儿童最宝贵的思维品质，培养儿童的想象
能力，要引导儿童善于观察，为发展想象力储备素材；要运用激励手
段，让想象成为学生的主观需求。①

---

①　该文收录于《我是播种者》和《40 年情境教育在路上：倾听时代的声音快乐前行》。

5月 在《小学生语文学习》第15期发表《将静物写活》。文章通过对描写马的三个小片断的分析，提出指导小学生写状物类作文的方法，认为要想让物"活"，必先心活、笔活，建议大家平时勤练眼，多体验，常动笔。

6月 在《小学生语文学习》第18期发表《让植物带上动人的光辉》。文章通过对描写水仙花的三个小片断的分析，提出指导小学生描写植物的方法，认为从描绘姿态到展现神采，再到寄托情思是提升写植物类作文水平的路径。

7月28日 在《中国教师报》发表散文《小鸟之歌》，指出"一切为了儿童"是自己教育理念的核心，"为了儿童"才使自己成为一个执着的探索者、不倦的学习者和多情的诗人。①

8月 在《小学生语文学习》第23—24期合刊发表《写出动物的灵性》。文章通过对描写大公鸡的三个小片断的分析指出，从注重绘形到注重传神、继而到注重融情，有助于增强写作的表达效果。

9月7日 获得南通市首届园丁奖。②（《市政府关于公布南通市首届园丁奖名单的通知》，通政发〔2004〕81号）

9月9日 在北京人民大会堂参加全国师德论坛开幕式。（教育部《请柬》）

9月13日 南通市教育局与江苏情境教育研究所联合举办"情境教育与教育理想"论坛暨《当代情境教育》首发式，与朱永新、成尚荣、副市长季金虎和市教育局局长王炎斌等一起出席活动并做报告。

9月 在高等教育出版社出版著作《情境教育的诗篇》。该书系《中国当代教育家丛书》之一，从情境教学的探索、情境教育的构建、情境课程的开发、情境教育的推广等四个方面，全面系统地介绍了情境教育的探索历程。

---

① 该文收录于《我是播种者》。
② 同时获得南通市首届园丁奖的还有李庚南、许建平、王建忠、许新海、康敏、顾小京、洪德生。

10 月 22 日　《中国教育报》"走近名师"栏目发表续梅和王友文的采访手记《她心中的小鸟之歌——走近全国著名特级教师李吉林》，对李吉林进行介绍。①

同日　朱小蔓在《中国教育报》发表《情境：时代的话语》，指出"情境教学—情境教育"是具有鲜明时代性的教育，是从儿童出发，尊重儿童个性的教育，是充满审美及精神愉悦的、适宜完整和谐的人的成长的教育，既应答着时代的召唤，汇入世界教育改革的大潮，又充溢着中国本土东方审美和哲思的人文意趣，传承着中国文化的优秀传统。

10 月　在《人民教育》第 20 期发表《情境数学探索的故事》。文章讲述了情境教学在小学数学学科中拓展探索的故事，指出情境数学将"数"与"形"、"数"与"生活"结合，让儿童从生活中发现数学，使原来颇为遥远而陌生、让人敬而远之以至畏惧的数学变得亲近，变得可以理解和捉摸，由此培养起学生对数学的热爱。②

同月　撰文《忆钱闻先生》，怀念原《江苏教育》原主编钱闻。（李吉林：《我是播种者》，第 456—458 页）

11 月 10 日—12 日　出席在无锡江阴华士实验学校召开的"苏霍姆林斯基教育思想的传承和学校教育改革"国际研讨会并做演讲。研讨会由中央教育科学研究所和江阴市人民政府联合主办。（杨雅文：《苏霍姆林斯基教育思想国际研讨会综述》，《教育研究》，2005 年第 2 期；李吉林：《美·智·趣的教学情境》，彩插）

11 月 15 日—17 日　出席在南通召开的"第十三届全国班集体建设理论研讨会"，并在会上做专题报告《情境教育与班集体建设》。会议期间成立了"李吉林情境教育班集体建设研究会"。研讨会由中国教育学会德育专业委员会、《班主任》杂志社和南通市崇川区教育体育局联合主办。（《第十三届全国班集体建设理论研讨会在南通胜利召开》，《班主任》2004 年第 12 期）

---

① 该文影印收录于《40 年情境教育在路上：倾听时代的声音快乐前行》。

② 该文收录于《我是播种者》和《40 年情境教育在路上：催开教育智慧的花蕾》。

12 月 18 日—19 日　委托施建平在澳门参加第三届两岸四地小学中国语文教学观摩交流活动，并代做专题报告《为"儿童—知识—社会"的完美建构开发情境课程》。报告对 18 年来李吉林在情境课程开发与研究过程中的认识与实践进行了系统的回顾和梳理。该活动由中国教育学会小学语文教学研究会、澳门文化教育交流协会小学语文教育研究部、香港小学中国语文教育研究学会和澳门中国语文学会共同主办，澳门庇道学校承办。(中国教育学会小学语文教学研究会:《第三届两岸四地小学中国语文教学观摩交流活动纪要》,《中小学教材教学》2005 年第 2 期)

12 月 28 日　在北京参加中国教育学会成立 25 周年纪念会。(劳洋:《中国教育学会成立 25 周年纪念会在京召开》,《中国教育学刊》2005 年第 2 期)

2005 年　67 岁

5 月 25 日　教育部印发《关于进一步推进义务教育均衡发展的若干意见》。

6 月　江苏省委、省政府印发《关于加强建设教育强省率先基本实现教育现代化的决定》。

2 月 27 日　在北京参加中国教育学会 2005 年工作会议。(《中国教育学会 2005 年大事记》，中国教育学会网站)

2 月　著作《情境教育的诗篇》获得"中国教育学会奖"(1999—2004) 一等奖。(中国教育学会《荣誉证书》，2005 年 2 月 27 日)

5 月 27 日　在南通开发区实验小学参加中国陶行知研究会和江苏省陶行知研究会联合举办的小学教育专业委员会 2005 年年会暨学习陶行知走进新课程研究会。(《研究会合影》)

5 月　为田本娜的著作《我与小学语文教学》写序，讲述与田本娜教授的交往历程。①

春　应《七彩语文》杂志社社长、苏教版小学语文教材主编朱家珑邀请，到苏州参加苏教版教材全国培训会并做学术报告。(王爱华：《情永久　境永存——追忆儿童教育家李吉林》，《南通日报》2020 年 7 月 21 日)

春　出席江苏省通州市"名师之路"教育科研协会第四期特级教师论坛，并做演讲。(张宏云：《成长在儿童的情境里》，载成尚荣《我们是长大的

---

① 该文以《柔美的微笑》为题收录于《我是播种者》。

儿童——情境教育中走出的名师》，第 280—283 页）

8 月 25 日—29 日　组织开展情境教育研讨活动。（《本校培训工作大事记》，2007 年，案卷号：555）

8 月 28 日　在教育部参加第六届"全国十杰中小学中青年教师"评选委员会会议。（中国教育报刊社《邀请函》）

8 月　在《基础教育》第 7—8 期合刊发表《我的情境教育探索之路》。文章从苦难的岁月、外语情境教学的启示、用情境教学法改革作文教学、让艺术走进语文教学和让我"过关"的一次考试等五个方面，回顾了情境教学的探索历程与所取得的成绩。

9 月 18 日　在山东青岛参加中国教育学会"十一五"教育科研规划课题指南发布会暨青岛市市南区教改实验区工作现场会、纪念《中国教育学刊》创刊 25 周年暨 2005 年《学刊》工作会。（《中国教育学会 2005 年大事记》，中国教育学会网站）

9 月 30 日　在《中国教育学刊》第 9 期发表感言《25 岁，风华正茂》，祝贺《中国教育学刊》创刊 25 周年。

9 月　接受中央电视台"新闻调查"栏目记者采访。（中央电视台"新闻调查"栏目视频）

同月　在江苏省昆山市担任"昆山玉峰杯"第二届全国中小学教师演讲比赛评委。（《评委证》）

10 月　著作《情境教育的诗篇》获得南通市第七次哲学社会科学优秀成果一等奖。（南通市人民政府《获奖证书》，2005 年 10 月 17 日）

11 月 14 日—15 日　出席在南通召开的"深入推进素质教育研讨会"，并就素质教育评价与社会评价的关系问题进行发言。研讨会由中央教育科学研究所、江苏省教育厅和南通市人民政府联合主办。（晏仲超、丁昌桂、张俊平：《素质教育东风劲——深入推进素质教育研讨会侧记》，《江苏教育》（教育管理版）2006 年第 1 期）

12 月 27 日—28 日　在台北参加第四届两岸四地小学语文教学观摩暨研讨会。（台北市立师范学院语文教育学系《邀请函》）

12 月　著作《情境教育的诗篇》获江苏省第九届哲学社会科学

优秀成果二等奖。（《江苏省哲学社会科学优秀成果获奖证书》，证书号：090070）

　　本年　出席学校科学童话节并发表讲话，表示被学生的激情和智慧所感染，自己也像学生一样快乐，生活在学生中间比谁都幸福，学生可爱而智慧，是长翅膀的小博士。①

————————

　　① 该讲稿以《你们是长翅膀的小博士》，收录于《我是播种者》。

2006 年　68 岁

3月　国务院总理温家宝在十届全国人大四次会议的《政府工作报告》中提出："要培养一支德才兼备的教师队伍，造就一批杰出的教育家。"

12月20日　教育部、国家体育总局和共青团中央联合发出通知，启动"全国亿万学生阳光体育运动"，把加强体育作为推进素质教育的重点工作。

1月15日　在山东剧院参加山东省2005年度教育创新人物颁奖晚会。(《山东省教育厅邀请函》)

1月　著作《李吉林与情境教育》被列入教育部师范教育司组编的《教育家成长丛书》，由北京师范大学出版社出版。该书以叙事手法，记述了自己从语文学科改革入手探索情境教育的成长故事，畅谈了心目中的儿童教育，展示了课堂教学实录。

2月　在《中国教育学刊》第2期发表《倘若我们真爱孩子》。文章针对学生学业负担过重的现象，对人们爱孩子的真实性提出了怀疑，提出倘若我们真的爱孩子，就绝不能鼠目寸光，而要有远见，要从孩子明天的生存环境来思考他们今天的学习方式，绝不能让孩子成为"万般皆下品，唯有读书高"的牺牲品；就必须在青少年世界观的形成过程中，不失时机地进行道德教育、法制教育。①

——————

①　该文收录于《我是播种者》。

2 月　南通市教育局为推进名师工程，成立名师培养导师团，与施建平一起被聘为导师团专家组成员。(《教育发展成果集》，2008 年，案卷号：644)

4 月 14 日　接待来校了解情境教育实验情况的吕型伟。(《教育发展成果集》，2008 年，案卷号：644)

4 月 15 日　在北京参加中国教育学会第六届会员代表大会，当选《中国教育学刊》编委会副主任。(《中国教育学会 2006 年大事记》，中国教育学会网站)

4 月 28 日　参加通师二附百年校庆。

5 月 5 日—7 日　出席在江苏省通州市体育馆举办的"江海诗情"全国小学语文名师课堂教学观摩活动并讲话。(王笑梅：《梦想的翅膀——我和李吉林老师的故事》，《南通日报》2019 年 7 月 20 日)

5 月 8 日　为通师二附百年校庆题词"良师之师，师范之范"。

5 月　在人民教育出版社出版《李吉林文集》(8 卷)，柳斌为《文集》题词"探究生智慧，实践出真知"。

卷一《情境教学实验与研究》系 1988 年四川教育出版社《情境教学实验与研究》一书的再版，书末增加附录《小学生观察日记选》(实验班学生作品)。

卷二《与青年教师的谈话》系 2003 年人民教育出版社《小学语文情境教学：李吉林与青年教师的谈话》一书的再版。

卷三《情境教育三部曲》是一部纪实性叙事体作品，从情境教学的探索、情境教育的构建、情境课程的开发和情境教育的推广等四个方面，生动地描绘了自己进行实践和理论探索的 20 余年历程。

卷四《美·智·趣的教学情境》是一部情境教学探索经验文章选集，共计 35 篇，涵盖了作者运用情境教学法进行小学语文识字、阅读和作文教学的各种研究成果。

卷五《儿童·知识·社会的和谐建构》是一部情境教育研究的论文选集，收录了其自 1979 年以来发表的 36 篇论文。

卷六《春姑娘的大柳筐》是一部教学案例选集，收录了其自

1978 年以来在小学一、二年级关于识字、学词学句、阅读教学、观察说话和说话写话的 51 个教学案例。

卷七《我们去寻找美》是一部教学案例选集，收录了其自 1980 年以来在小学三、四、五年级关于阅读和习作教学的 48 个教学案例。

卷八《我是播种者》是一部散文随笔选集，分"如诗如画""为了儿童的发展""创造的启示""乘着童话般的小船航行""假如我年轻 30 岁""愿你们快快长大""奔腾的涌浪"和"钟情的育苗人"等 8 个专辑，收录了 132 篇发表的散文和会议发言稿。

5 月 29 日　出席在北京举行的"李吉林教育思想研讨会暨《李吉林文集》首发式"。会议由中国教育学会、人民教育出版社、中央教育科学研究所、中国教育报刊社联合主办，南通市教育局协办。教育部副部长陈小娅，著名教育家吕型伟、陶西平、王策三等因故不能到会，特托人前来祝贺。柳斌、顾明远到会讲话，谈松华、郭振有主持会议，韩绍祥致辞，鲁洁、裴娣娜、林崇德、巢宗祺、文喆、郭永福、卓晴君、李烈、赵闿先、连秀云、魏国栋、朱小蔓、潘仲茗、田慧生、刘堂江等 80 余名专家学者出席会议。在会上做报告《28 年趟出一条小路——教育创新需要持久地下功夫》。① 报告介绍了自己的理论探索和实践过程，强调"教育为儿童研究儿童，创新易于找到规律""课程改革必须从封闭到开放，从单一到多元""教育创新需要理论的支撑，也需要民族文化的滋养"，指出情境教育是对教育完美境界追求的产物，28 年为儿童素质的全面发展趟出一条小路。与会专家认为，李吉林的教育思想借鉴了古今中外的优秀成果，把教学实践与人类文明的一些重要源头结合在一起。从情境教学的探索到情境教育的构建，再到情境课堂的开发，实际上就是从实践到理论又从理

---

① 关于这次会议，《光明日报》2006 年 7 月 5 日发表宋晓梦和刘立德的评论文章《中国特色的教育诗篇——李吉林教育思想研讨》，《中国教育学刊》2006 年第 7 期开辟"当代中国教育家"专栏，集中刊发李吉林的报告及顾明远、朱小蔓、郭永福和郭振有等专家的发言。《课程·教材·教法》2006 年第 11 期开辟"李吉林：从小学教师走出来的教育家"特稿专栏，集中刊发柳斌、陶西平、韩绍祥、方智范、卓晴君、文喆、潘仲茗、杨九俊、佟乐泉、裴新宁、张铁道、刘力、肖川等专家的发言。

论回到实践这样一个不断升华的过程。创造情境教育，促进素质教育的有效实施，是李吉林对我国基础教育改革和发展的重大贡献。我们要隆重推出本土的教育家，中国应该拥有更多像李吉林那样的教育家。（《中国教育学会 2006 年度工作总结》，中国教育学会网站）

中国教育国际交流协会会长、原国家教委副主任柳斌认为，李吉林在教改实践当中有勇敢的探索和创造，在教育科研方面有丰硕的成果，在教育理论方面有富有鲜明特色的见解和创新，她是素质教育的一面鲜艳的旗帜。李吉林取得成功的原因有三个方面，一是对党和国家教育事业的无限忠诚，二是有不断学习、永远进取的精神，这是她成功的最重要的一个原因，三是爱孩子、爱事业、爱国家、爱人民的一片深情。（《李吉林：从小学教师里走出来的教育家》，《课程·教材·教法》2006 年第 11 期）

中国教育学会会长顾明远认为，《李吉林文集》的出版，"标志着具有中国特色的、我国原创的教育思想流派的出现和成熟，也标志着我国一批当代教育家的涌现。""一方面要学习她的教育思想，推广她的教育思想和经验，另一方面我们更要学习她热爱教育、热爱儿童、勇于探索、不断创新的精神。"（顾明远：《在李吉林教育思想研讨会上的发言》，《中国教育学刊》2006 年第 7 期）

北京师范大学教授林崇德认为，情境教学试图通过实践来解决"如何促进儿童智能与心理品质的发展"的问题，体现了"十个强调"的特点，即：强调的是主客观的统一，强调需要、情绪情感的作用，强调在教学中把形象思维与抽象思维统一起来，强调在教学中认知与社会认知的结合，强调发展智力是教学工作的重要任务，强调语言与思维的辩证关系，强调儿童社会性与道德的培养，强调"播种的快乐"是心理健康教育的一种重要形式，强调把儿童心理发展年龄特征作为教育工作的出发点，强调全面发展与因材施教统一。（林崇德、罗良：《情境教学的心理学诠释——评李吉林教育思想》，《教育研究》2007 年第 2 期）

中国教育学会副会长陶西平认为，情境教学的理论与实践研究已经在教育领域产生深远的影响，不仅影响着语文教学的改进，而且影响着教育观念的深化、教育科学研究的方向以及教育工作者的价值取向。情境教学实验与研究具有科学、人文、科研和道德等四重意义。科学意义在于，从开发全脑功能的角度，通过教学活动进一步使学生的形象思维和抽象思维得到协调发展，从而全面提高学生的智力和非智力因素的水平，充分开发学生的潜能，体现了素质教育的实质涵义。人文意义在于从培养全人的角度，高度重视学生健康情感的培养和高尚情操的陶冶。科研意义在于，倡导了一种理论与实践相结合的学术风气。道德意义在于，树立了忠诚于教育事业的光辉榜样。(《李吉林：从小学教师里走出来的教育家》)

人民教育出版社社长、中国教育学会副会长韩绍祥认为，情境教育的教学实践与理论研究，力求将对课堂教学的长期深入探索和经验积累与高于课堂实践的理论与策略有机结合起来，较好地解决了长期困扰我国教育学术研究中学与术分离的难题。李吉林堪称学术界道德和学风建设的典范。作为教师，她学为人师，行为世范，是教师和学生的楷模；作为教育专家，她以勤奋劳动为荣，长期坚持奋斗在小学教育第一线，她以诚实守信为荣，严谨治学积极探索，真正做到踏踏实实教学、扎扎实实做学问。她的这一风范，对当前教育界出现的学风浮躁、学风浮夸、学术不端极具教育意义。(《李吉林：从小学教师里走出来的教育家》)

中央教育科学研究所所长朱小蔓认为，李吉林是"从教师中走出来的教育家"。"她是一位极其勤奋、也极有天赋的人，她的能力结构中，最明显的是与儿童心心相印、心灵沟通的能力，她的艺术表现能力，她的诗化语言能力，她的想象和联想能力，她的感动自己、也感染别人的能力。李老师一生执著，也一生洒脱；不放弃理想，始终坚守和耕耘在自己热爱的园地里，心无旁骛。""她所走的一条从课堂教学改革到严肃、持续性的实验研究，再到形成思想理论体系的道路是改革开放后中国基础教育探索的历史缩影，是我国教育普遍地鼓励中小学教师学习掌握并形成有扎根性质、境脉特征的教育科学的翔实纪录，其所孜孜以求的教学境界、育人理想成为我国最早由民间发端，散发出中国本土芬芳的素质教育的典范。"(朱小蔓：《从教师中走出的教育

专家和儿童教育家》,《中国教育学刊》2006 年第 7 期)

　　中国教育学会副会长郭永福认为,李吉林是一个"不倦的学习者"。"她不仅向书本学习,向专家、领导、同行学习,还向孩子学习。她还善于从中国教育学会和小学语文教学专业委员会所举办的各种学术活动中广交朋友,博采众长,不断丰富充实自己。"她勤于学习的强大动力源就是"一切为了儿童"。"她在实践方面的最大贡献是通过情境教育,为实施素质教育提供了有效的途径,在理论上的最大贡献是创立了情境教育的理论框架和操作体系。"(郭永福:《李吉林成长历程的启示》,《中国教育学刊》2006 年第 7 期)

　　中国教育学会副会长郭振有认为,李吉林的成功经验为教育工作者成为教育家提供了有益启示:热爱教育,热爱学生;善于学习,博览群书;善思善悟,做思想者;植根传统,融汇中西;结交高人,拓宽视野;勇于创造,坚持写作;奉献精神,人格魅力。(郭振有:《教育家的成功之路》,《中国教育学刊》2006 年第 7 期)

　　全国小学语文教学研究会会长崔峦认为,李吉林为中国语文教学的改革、语文课程改革乃至基础教育的改革做出了开创性的贡献。在语文教学方面,从理论层面提出并不断丰富情境教学思想,从实践层面构建并不断完善情境教学操作体系。在语文课程方面,从核心领域创建了学科情境课程,从综合领域以大语文观为指导,开发主题大单元情境课程。她的课程开发的思想和思路,与当前课改建设开放的充满活力的语文课程的理念是完全一致的。在教师专业成长方面,充分展示了一位普通教师成长为语文教育家的道路。崔峦强调指出,情境教学思想源于对课文课程性质、特点的准确认识与把握,使学习成为乐事,学生不断得到赏识,体验成功;情境教学大大发展了直观性原则;重整合,重实践,重人文熏陶;实现了教育生态的优化、学习方式的变革,丰富了学习资源,拓宽了学习途径。(崔峦:《杰出的贡献　深刻的启迪——学习李吉林语文教育思想》,《小学语文教学》2006 年第 9 期)

　　华东师范大学教授方智范认为,李吉林的教育思想是一个理论与实践高度统一的教育思想,非常强调认知与情感的协调发展,智力与非智力因素的整体开发，是具有民族特色的、本土化的教育思想。（《李吉林：从小学教师里走出来的教育家》，《课程·教材·教法》2006 年第 11 期）

北京师范大学教授裴娣娜认为，李吉林的整个教学观念的精髓，是实现了让学生积极主动的发展，而且是真实的发展，不是虚假的发展。她是在教学实验中成长的教师，没有停留在直觉和经验的把握上面，而是基于实验、高于实验地进行了理性的思考和概括。（《李吉林：从小学教师里走出来的教育家》）

原北京市教育科学研究院副院长文喆认为，李吉林的全部教育改革尝试与理论思想，都表现出"有根有据，有用有效"的特点。所谓"有根"，是有中国文化与科学的理论之根；所谓"有据"，是有社会主义中国民族教育之据，有国情特点之据；所谓"有用"，是于读者有用，便于理解与操作，便于效仿与学习；所谓"有效"，是指其在实际的教育活动中确实对师生发展有益，能够有效地提升语文教学，乃至小学教育的整体质量。（《李吉林：从小学教师里走出来的教育家》）

原中央教育科学研究所所长卓晴君认为，李吉林是教育创新的一面旗帜，走出了一条深厚的实践积累与自觉的理论探索紧密结合的道路，为教育工作者树立了教育创新的典范。她之所以能成为教育创新的旗帜，与她具有前瞻性的思考、开阔的学术胸怀、聪颖的教育智慧以及对教育和儿童炽热的爱的品质密切相关。（卓晴君：《李吉林：教育创新的一面旗帜》，载顾明远《李吉林和情境教育学派研究》，教育科学出版社 2011 年版，第 6—9 页；《李吉林：从小学教师里走出来的教育家》）

原中央教育科学研究所副所长潘仲茗认为，理论成为推动李吉林教育改革的动力，成为她不断超越自我的动力。理论引领着她的实践活动，支撑着她的步步探索，最终建树起自己的理论体系。（《李吉林：从小学教师里走出来的教育家》）

江苏省教育科学研究院副院长杨九俊认为，李吉林在语文教育改革以至整个教育改革中做出了杰出贡献，一是确立了"为了儿童"的人生宗旨，二是使情境教育成为一座富矿，三是培养青年教师。而李吉林的课如诗如画，文章诗情澎湃，为人"饱含着深情，在儿童的心田上，写着明天的诗句", 是 "不倦的诗人"。李吉林贡献给中国教育的, 就是 "情境教育的诗篇"。(《李吉林: 从小学教师里走出来的教育家》; 杨九俊: 《人生的意义——试说李吉林老师对教育的贡献》, 《人民教育》2006 年第 19 期)

原国家语委语言应用研究所所长佟乐泉认为, 李吉林有一颗烂漫的童心。对美好事物溢于言表的喜爱, 对世间万象追根究底的好奇, 与她高深的学养和精湛的造诣相映生辉, 构成了她立体而多彩的本色。(《李吉林: 从小学教师里走出来的教育家》)

儿童文学作家金波认为, 李吉林不但是一位语文教学专家, 还是一位诗人, 她的课是在饱富思想和诗情画意中进行的。(《李吉林: 从小学教师里走出来的教育家》)

华东师范大学学习科学研究中心副教授裴新宁认为, 李吉林的实践、研究和探索不仅具有中国的本土意义, 也具有国际性、世界性的意义和价值。她不仅仅是一个师者, 也是一名成功的学习者。(《李吉林: 从小学教师里走出来的教育家》)

北京市教育科学研究院副院长张铁道认为, 李吉林对于自己有很高追求, 实践中具有敏锐的问题意识, 具有严谨的科学态度和杰出的创新研究能力, 以自己不平凡的人格和长期不懈的创造性实践为全国的教育工作者提供了极为难得的教育资源, 也为广大有志于发展中国教育科学事业的同行们树立了榜样。(《李吉林: 从小学教师里走出来的教育家》)

浙江省中小学教师培训中心常务副主任刘力认为, 李吉林把教育当作一种天职, 一种内在的召唤, 是当作一种事业而不仅仅是当作一种职业来从事的。(《李吉林: 从小学教师里走出来的教育家》)

北京师范大学教授肖川认为, 李吉林的教育探索体现了中国风格、中国气派、中国情怀。她所体现的教育家的人格风范, 对于整个教育界的同仁来说都有典范价值。(《李吉林: 从小学教师里走出来的教育家》)

同日　在北京接受《湖南教育》记者采访, 将情境教学的特色概括为四个方面。一是带入情境, 在探究的乐趣中持续地激发学习动机, 目的在于变被动学习为自我需要。二是优化情境, 在体验审美的乐趣中感知教材, 目的是变单一的 "听分析" 为多侧向的感受。三是凭借情境，在创造的乐趣中，自然地协同大脑两半球的相互作用，目的是变复现式的记忆为灵活运用知识。四是拓宽情境，在认识周围世界的乐趣中，平衡两个信号系统的发展，目的是变封闭式的读书为开放式的广泛储存。创设情境有六个途径：生活展现情境，实物演示情境，图画再现情境，音乐渲染情境，表演体会情境，语文描绘情境。自己的教育生活感悟是"教育需要激情和想像"。(周益民、黄耀红：《对话李吉林》)

5月30日　应朱小蔓邀请在中央教育科学研究所做报告《在优化的德育情境中提高德育的实效性》，同时获颁中央教育科学研究所兼职研究员聘书。报告分析了情境教育中的德育，认为一个人的道德观决定了他的人格，在很大程度上也决定了他的命运；批评当时的德育是"上面号召一下，下面就闻风而动。道德教育抓一会儿、放一会儿，没有持续性。"强调情境教育中的优化情境、缩短心理距离、让孩子进行角色扮演以及注重实践和创新等四种方式适用于德育，通过以"美"激发"爱"、以"爱"引导"行"和以"行"养成"习惯"等措施，可以让道德教育成为孩子主动参与的活动。① (黄斌、吴姗：《朱小蔓学术年谱》，北京师范大学出版社2023年版，第177页)

5月31日　《中国教师报》以头版头条通栏大标题报道"李吉林——素质教育的一面鲜艳旗帜"，发表李吉林的文章《28年蹚出一条小路——教育创新需要持久地下功夫》，同时配发刘堂江与冯永亮合写的编辑手札《呼唤千万个李吉林脱颖而出》。②

5月　出席省中小学教学研究室和江苏教育报刊社联合在常州举办的江苏省中小学"杏坛杯"优质课评比活动。在颁奖仪式上发表讲话时提出，教育改革实践与研究要抓住创新和儿童两个关键词，围绕尽可能地让儿童得到发展的目标来研究上课，上课必须把握学科特点，提高40分钟的课堂效益，不能通过增加学生的负担去提高质量。在讲话中强调，小学教学尽管都姓"小"，虽小犹大，它们对儿童的

---

① 该报告全文发表于《中国德育》2006年第9期"明德讲堂"栏目。
② 该文收录于《40年情境教育在路上：倾听时代的声音快乐前行》。

影响无论是现在还是将来都是极其深远的。做好小学教学工作，只有一心为了儿童，了解儿童，就比较容易找到规律，找到了规律就水到渠成。（李吉林：《创新让我们成功》，《江苏教育》2006 年第 14 期）

7 月中旬　举办幼儿教师情境教育思想讲习班，做讲座《情境教育在学前教育中的尝试》。（《教育发展成果集》，2008 年，案卷号：644）

8 月下旬　举办小学语文教师情境教育思想讲习班，做讲座《小学语文老师的素质及情境教学的操作》。（《教育发展成果集》，2008 年，案卷号：644）

8 月 20 日　出席李吉林情境教育理论与实践培训班。（李吉林情境教育理论与实践培训班《代表证》）

8 月 28 日　在《中国教育报》"走近名师"专栏发表《挚爱鼓起创新的风帆》。该专栏同时发表王亦晴的文章《从小学教师到著名儿童教育家——李吉林给我们的启示》"李吉林说"和"专家点评"，对李吉林进行整版报道。

《挚爱鼓起创新的风帆》回顾了自己出于对小学教育事业和儿童的挚爱进行教育改革创新的历程，强调教师的教育改革创新，除了挚爱之外，还要靠自己的功底和实力。[1]

《从小学教师到著名儿童教育家——李吉林给我们的启示》指出，李吉林以独有的"学""行""思""著"高度融合的探索方式，成功地走出了一条素质教育的道路。

9 月 7 日　南通市教育局举行学习李吉林教育思想推进会，副市长杨展里赠送礼物祝贺李吉林从教 50 年。在会上发言时，介绍了自己从事情境教育的探索 28 年历程，表示将充分利用自己的有生之年，不遗余力地继续探索，为教育事业奋斗终身。[2]（徐玉美：《南通市举行学

---

① 该文收录于《40 年情境教育在路上：倾听时代的声音快乐前行》。

② 《江苏教育》2006 年第 11 期开辟独家策划"敬礼，李老师！——献给李吉林老师从教 50 年"专题，集中刊发《为小学教育而生——李吉林档案》《诗情画意没有穷尽——李吉林从教 50 年心路》《小小的船——李吉林课堂教学实录（节选）》《让儿童插上想象的翅膀——单元综合思维训练课实录（节选）》《高山仰止　景行行止——学习李吉林感言》。

习李吉林教育思想推进会》，《上海教育科研》2006 年第 10 期；《教育发展成果集》，2008 年，案卷号：644）

9 月 15 日　通师二附举办纪念李吉林老师从教五十周年活动。

9 月 20 日　《中国教师报》开辟"李吉林散文专辑"，集中刊发《如诗如画》（节选）、《黎明中的我》（节选）、《我是播种者》、《彩翼》、《我，长大的儿童》（节选）和《孩子的眼睛》等 6 篇散文以及刘堂江为《李吉林文集》（卷八）所撰写的序言《诗人李吉林》。①

9 月　田慧生和彭小明在《教育研究》第 9 期发表《情境教育的理论框架与操作体系——读〈李吉林文集〉有感》。文章认为，情境教育是充满乡土气息和时代精神的教育理论和实践体系，开辟了一条有效的"环境育人"的途径。情境教育的理论与实践为基层学校开展科研工作提供了一个很好的范式，为科研型、学者型的教师的成长提供了一个范例，丰富了我国的教育教学理论和实践。

10 月　主持的全国教育科学"十五"规划 2001 年度教育部重点课题"开发情境课程的实验与研究"结题。鉴定专家组认为，该课题"在创建具有中国特色的情境教育课程，构建与之相应的情境课程、教材、教学理论以及教师专业发展等方面取得突出成就"。"积极回应了国际国内基础教育改革的呼唤，是探索具有时代特征和中国特色基础教育新课程模式的可贵尝试，富有重要的现实价值和深远的历史意义"。（《李吉林和她的情境课程》，《基础教育课程》2011 年第 1—2 期）

11 月　出席在武汉举办的"全国第六届青年教师阅读教学观摩活动"（武汉赛区）。在致开幕词时指出，新课程标准要求基础教育要回应世界教育的走向，课程要从封闭走向开放，从单一走向综合，意味着小学语文教学需要进行一场大的改革。主张小学语文教学实践与研究要抓住创新和儿童两个关键词，做到"工具性"与"人文性"相统一。强调教师要从单纯的知识传授者转变为学生学习活动的引导者、启迪者、鼓舞者，要想方设法唤醒学生的主动性，激发学生的情

①　该专辑影印收录于《40 年情境教育在路上：倾听时代的声音快乐前行》。

感，启迪学生的智慧。① (李吉林：《让我们在创新中获得成功》，《小学语文教学》2007 年第 2 期)

同月　成尚荣在《江苏教育》第 22 期发表《李吉林：小学教师中走出的教育家》。文章认为，李吉林重新认识和发现了小学教育、儿童、教学、教育改革实验、语文、课程、课堂、情境和审美智慧等，是从小学教育中走出的教育家。

12 月 13 日　出席南通市教科所举办的"十五"课题成果汇报大会，介绍情境课程的开发与研究成果，受到大会表彰。(《教育发展成果集》，2008 年，案卷号：644)

12 月 30 日　《新作文（小学作文创新教学）》第 1—2 期合刊开辟施建平的"情境作文"专辑，特别为之作序《追求完美，是他的人生坐标》，称赞施建平工作勤奋、执著、负责，喜爱并善于读书，对教学艺术的追求精益求精，追求完美是他的人生坐标。②

12 月　项目"情境教育与儿童学习的实验与研究"获得全国教育科学"十一五"规划教育部重点课题立项。

本年　在山东省科研工作会议上做讲座《儿童创新精神的培养》。(《教育发展成果集》，2008 年，案卷号：644)

同年　主编的《新补充阅读》教材第 10、11 册在江苏教育出版社出版。

同年　获得南通市创新教育奖。(《教育发展成果集》，2008 年，案卷号：644)

---

①　全国第六届青年教师阅读教学观摩活动分两个赛区，太原赛区于 2006 年 10 月举行，武汉赛区于 2006 年 11 月举行。该开幕词以《扬帆启航，驶向新课改的航程》为题收录于《潺潺清泉——李吉林教育随笔》。

②　该文重刊于《江苏教育研究》2016 年第 2—3 期合刊。

2007 年　69 岁

5月7日　中共中央、国务院印发《关于加强青少年体育增强青少年体质的意见》。

10月15日—22日　党的十七大在北京召开，把优先发展教育、建设人力资源强国作为社会建设的六大任务之首。

1月12日—14日　在江苏如皋参加全国小学教师专业发展与教育实习学术研讨会，做专题学术报告《挚爱鼓起创新的风帆》。研讨会由中国教育学会教育学分会初等教育学专业委员会主办。报告分三个方面介绍了情境教育的理论体系、操作体系和自己的成长历程。一是坚持"为儿童研究儿童"，可以很容易地找到教育创新的模式。二是教师充满激情和想象力，教育创新就更容易实现。三是教育创新需要现代教育理论的支撑和民族文化的滋养。（冯卫斌：《全国小学教师专业发展与教育实习学术研讨会召开》，《课程·教材·教法》2007年第2期）

2月　在《教育研究》第2期发表《"意境说"给予情境教育的理论滋养》。文章依据中国古代文论"意境说"提供的理论滋养，概括出情境教育"真、美、情、思"四大特点，强调情境教育给儿童提供一个真实的世界，注重以情激情、以情育人，讲究广远的意境、宽阔的想象空间，以美为境界、以美育人，蕴含着民族文化，洋溢着时代气息，显示出勃勃的生命力，展示出更宽广的美好前景。文章强调，"意境说"不仅为情境教学提供了理论滋养，而且进一步支撑了整个情境教育的研究和情境课程的开发。①

3 月 1 日　拍摄专题片，江苏电视台来校录制。(《教育发展成果集》，2008 年，案卷号：644)

3 月 4 日　在《小学语文教学》第 3 期发表《即兴评课：想象与情感，促进儿童智慧的表述》。文章提出，教学要体现课程的综合性、学生的主体性、学科的独特性，强调"教育是不需要豪华的，它应该是很朴实的。但是朴实和生动并不矛盾，朴实同样是可以做得很生动的。"②

4 月 17 日　接待来校考察的天津市教育代表团，介绍情境教育。(《教育发展成果集》，2008 年，案卷号：644)

5 月 9 日—13 日　带领张洪涛、唐颖颖到香港讲学。香港中国语文课程与教学学会会长梁振威表示，十分敬重李吉林的学识与人品，盼望能在香港引入情境教学，促进香港语文教育水平的提高。香港中文大学教育学院院长李子建表示，李吉林是真正的教育家，而不能只用教育专家来形容，她的研究涉及的面很宽，不仅仅包括小学语文，而是大教育，应当受到格外的特别重视。③ (张洪涛：《我，"长不大"的儿童》，载成尚荣《我们是长大的儿童——情境教育中走出的名师》，教育科学出版社2012 年版，第 84—87 页)

5 月 10 日　在香港两所小学听课、评课。(张洪涛：《有情有境育桃李，无怨无悔写人生》，《阅读—教学研究》2019 年第 7/8 期)

5 月 11 日上午　在香港中文大学何添楼 201 教室接受凤凰卫视、亚洲电视台、本港新闻台、《南华早报》和《大公报》等媒体采访。(张洪涛：《有情有境育桃李，无怨无悔写人生》)

5 月 12 日　在香港教统局演讲厅做专题报告《情境教育与课堂教学》。在报告中表示："我的教育理念非常明确，教育不仅为了儿童的学习，还为了儿童能主动地学习。教育不仅为了儿童学习知识，还为

---

① 该文收录于《我在实践中研究教育——〈教育研究〉发表李吉林论文专集》。

② 该文收录于《潺潺清泉——李吉林教育随笔》。

③ 据 2007 年 6 月 12 日《南通日报》报道，李吉林应香港教育统筹局、香港中文大学教育学院邀请，带领张洪涛、唐颖颖赴香港访问了天主教石钟山小学、汉华中学（小学部）、圣公会基贤小学等 4 所小学，张洪涛和唐颖颖分别执教了示范课《我想飞起来》《乌鸦喝水》。

滢与李吉林进行访谈的文章《让儿童伴着形象进行思维训练》及课例《大海，大海》。①

《情境教学：创设充满智慧和情趣的空间》回顾了李吉林为儿童的学习进行情境教学、情境教育和情境课程探索的历程，介绍了情感与认知相结合的核心观点，指明情境教学的原则为诱发主动性、强化感受性、着眼创造性、渗透教育性、贯穿实践性，五项操作要义为：以美为突破口，以情为纽带，以思为核心，以儿童活动为途径，以周围世界为源泉，情境教学的理论体系包括四大特点、六个途径、促进儿童发展的"五要素"，以及情境教育的基本模式和基本原理。情境教育的基本模式是：拓宽教育空间，追求教育的整体效益；缩短心理距离，形成最佳的情绪状态；利用角色效应，强化主体意识；注重创新实践，落实全面发展的教育目标。②

《让儿童伴着形象进行思维训练》记录了李吉林对情境教学的一些解读。关于帮助学生进入情境，指出创设情境教学的目的，一是把知识镶嵌在情境从而得到整合，把情境再现在学生眼前，让学生在情境中感悟课文语言的形象和情感色彩；二是激起学生热烈的情绪，要把图画、音乐、表演这些艺术的直观手段与教师的语言描绘结合起来。关于创设情境与体现学生主体性的关系，指出通过优化情境，创设富有教育内涵、美感的充满智慧和儿童情趣的生活空间，可以影响儿童的心理世界，使儿童得到心理满足，从而形成一种向着教师创设情境的目标推进的"力"，推动儿童情不自禁地主动投入教育教学活动。关于学困生进入情境，指出学困生的出现往往是由于课堂枯燥呆板，缺少情感与形象，激不起学习兴趣所致。通过创设情境，使课堂变得美了、生动了、丰富了，学困生同样可以活动其中，通过形象认识世界。关于数学教学生活化与培养学生思维能力，指出情境教学运用于数学，最大的优势就是让儿童带着热烈的情绪进行思维活动，而且是伴随着情感和形象进行抽象的逻辑思维训练。关于情境教学与课

---

① 该组文章影印收录于《40 年情境教育在路上：倾听时代的声音快乐前行》。
② 该文收录于《40 年情境教育在路上：倾听时代的声音快乐前行》。

程理念的契合，指出情境教学"一切为了儿童的发展"的理念与新课标的"学生为本"的理念是一致的，"以发展思维为核心，着眼创造性"的主张与语文新课标中"在发展语言能力的同时，发展思维能力，激发想象力和创造潜能"的目标是契合的，情境教学是落实语文课程目标的资源库。关于情境教育理论的发展，指出随着"情境教育与儿童学习的实验与研究"课题的推进，将使情境教育在情境学习方面有新的发展和认识，会对学习科学有独特的中国式建树。

暑假 分别为小学教师和幼儿教师培训班做讲座。(《教育发展成果集》, 2008 年，案卷号：644)

9 月 9 日 接待南通市政协副主席季金虎的走访慰问。(沈雪梅：《市领导慰问优秀教师代表》，《南通日报》2007 年 9 月 10 日)

9 月 13 日 主持的全国教育科学规划"十一五"重点课题"情境教育与儿童学习的实验与研究"在华东师范大学举行开题报告会。(《教育发展成果集》, 2008 年，案卷号：644)

9 月 27 日 在《中国教育报》发表《教师的爱是神奇的》。文章强调，"我是教师，学生是我的至爱。"没有爱就没有教育，教师要爱每一个学生，教师的爱是神奇的，能让孩子变得智慧；教师的爱是良知和责任，能承担重托；教师的爱是公平的，不分贫穷和贵贱。[1]

10 月 7 日 经省教育厅组织评审，与南京师范大学附属中学胡百良、南京市北京东路小学袁浩、常州市教研室杨裕前、常州市教研室邱学华、南通市启秀中学李庚南、泰州中学洪宗礼等 6 人一起被授予"江苏省中小学荣誉教授"称号。[2]

10 月 15 日 在《上海教育》第 20 期发表《说真话 做真人》。文章叙述了自己学习吕型伟思想的体会，认为吕型伟的思想是大众

---

① 该文收录于《潺潺清泉——李吉林教育随笔》和《40 年情境教育在路上：倾听时代的声音快乐前行》。

② 2006 年，江苏省首次组织评选教授级中学高级教师。教授级中学高级教师是基础教育领域的正高级专业技术职务，要求参评教师必须在职在岗。但还有一些中小学教师，长期从事教育教学及研究工作，成绩特别突出，已达到国家法定退休年龄但仍在从事教育教学工作。为了充分肯定他们的成绩，树立楷模、激励后人，江苏省教育厅决定评选表彰"江苏省中小学荣誉教授"。

的，他一辈子说真话，做实事，倾真情，是真正的人民教育家。

10 月 23 日　在学校做课题指导报告《情境教育与儿童学习的实验与研究》。（《教育发展成果集》，2008 年，案卷号：644）

11 月 1 日　被《语文教学通讯》杂志列为"影响中国 20 世纪的语文教育大家"。[①]（《语文教学通讯》2007 年第 31 期）

11 月 23 日　应天津教育报刊社邀请，与冯卫东[②]在南开大学附中礼堂做新理念报告。

12 月 7 日　在《光明日报》发表《母校对我的影响是一辈子的》，回忆自己在南通女子师范学校初中部上学时的校园生活。[③]

12 月 15 日　《李吉林文集》获得江苏省第十届哲学社会科学优秀成果三等奖。（《省政府关于江苏省第十届哲学社会科学优秀成果奖的决定》，苏政发〔2007〕116 号）

12 月 18 日　为《中国教师报》创刊 5 周年题词"如春风春雨温馨滋润，似青山绿水博大灵秀，我们怎能不爱不捧读。"（刘燕妮提供，2023 年 12 月 1 日）

本年　在接受《江苏教育》记者采访时说："女教师做点事特别不容易。作为一个女性，她有特殊的负担，有一个基本的生活程式，要相夫教子，要围着锅台转……但人生仅仅是这样就太庸碌了。女性要特别警惕自己，一是警惕在自己的小圈子里封闭、僵化；二是不要总是牵强附会；三就是防止碌碌无为。但也不要去做什么女强人，抛家弃子。我就不想做女强人，我特别爱自己的家，爱自己的儿女。"

---

①　《语文教育通讯》自 2006 年 1 月 1 日第 3 期开始推介"影响中国 20 世纪的语文教育大家"，共 36 人，分别是：梁启超、蔡元培、蒋维乔、夏丏尊、徐特立、钱基博、吴研因、艾伟、黎锦熙、顾黄初、叶圣陶、王森然、陈鹤琴、胡适、朱自清、阮真、杭苇、辛安亭、斯霞、谭惟翰、张志公、吕型伟、冯钟芸、霍懋征、朱绍禹、沈蘧仲、刘国正、钱梦龙、于漪、徐振维、李吉林、张鸿苓、魏书生、洪宗礼、欧阳黛娜和章熊等。

②　冯卫东，1966 年生，江苏南通人，江苏省特级教师，历任南通市教育科学研究中心副主任、南通市教育科学研究院副院长、南通市教师发展学院副院长，兼任江苏情境教育研究所副所长。

③　该文收录于《潺潺清泉——李吉林教育随笔》和《40 年情境教育在路上：倾听时代的声音快乐前行》。

"基础教育关键当然是要质量，但为什么要质量就一定要搞疲劳战？我在想，为什么我们不把已经搞出来的科研成果运用起来？全国这么大，改革这么长时间，肯定有很多很好的做法，情境教育只是其中的一个。为什么不用科学指导实践，而只搞大而化之的、原始积累的、粗犷式的教学？许多人总是迷信，时间花得多比花得少要好，多练比少练要好，可是别的不谈，只谈'健康第一'四个字，在现在的情况下能不能为孩子们做到？""我现在正打算搞一个倡议，叫'10090方案'。""10090"，意指保证每个小学生每天有100分钟的运动锻炼时间（6个课间10分钟加1节体育课）；每天有9—10小时睡眠时间（中学生每天不少于8小时）；"零"排名。"年轻教师不要随大流，要敢于提意见——为了工作，对事不对人！要敢于改革创新！"（萧玲、忻叶：《探访"五朵金花"》，《江苏教育》2007年第6期）

2008 年　70 岁

5 月 12 日　四川省汶川县发生里氏 8.0 级特大地震灾害。

8 月 12 日　国务院发出通知，决定从 2008 年秋季学期开始，全部免除城市义务教育阶段公办学校学生学杂费。

1 月 31 日　出席南通市崇川区教育体育局举办的青年教师培训暨"168"志愿者教育援助行动启动仪式，在仪式上做报告。（《2008 年学校大事记》，载《教育发展成果集》，2008 年，案卷号：644）

1 月　在接受人民日报记者采访时指出："寒假是孩子们眼里最幸福、最愉悦的假期了，然而寒假也是孩子们身体最容易出状况的时候！"建议学校、家长、社会应该行动起来，发挥合力，使孩子在寒假养成有计划、有规律地锻炼身体的习惯。首先，学校要切实重视起来，不仅要动员，还应该提出具体要求。在保证寒假安全的前提下，一些学校可以把体育锻炼作为寒假作业提前布置，比如，每天锻炼一个小时，寒假需要登山、溜冰等两次户外运动等等。甚至可以为学生制定锻炼计划，明确锻炼内容、时间和次数。其次，家长在寒假生活中要担当起重要的引导和监督角色。配合学校，为孩子制定具体的锻炼计划，这样一是培养学生锻炼的好习惯，二是有益家长和孩子沟通。家长如果能和孩子一起锻炼，则是对孩子的最好鼓励。家长要尽可能安排时间，带孩子进行短途旅行，让孩子在放松之余开阔视野；或者鼓励孩子参加社区活动、志愿者活动等集体活动，锻炼他们交往、观察、适应等综合能力。健康运动计划的开展，还可以帮孩子改掉一些不良习惯，如长时间上网、长时间看电视等。另外，社会各方面应该为孩子过个健康的寒假营造氛围。比如，有条件的社区可以办个辅导班或体育班，把社区里的孩子集中起来，组织孩子一起写作业，一起玩。社区还可以通过举办小型比赛来吸引孩子们参与到体育锻炼中来，如踢毽子、跳绳等。最后，孩子从主观上要努力养成好的生活习惯。假期作息安排尽量与上学时一致，学会选择和安排好自己的休闲方式，做到有张有弛。比如学一项运动项目、学习烹饪等。同一个小区的孩子也可以根据兴趣爱好组织自发性的健身俱乐部，如足球、羽毛球、爬山等。（倪光辉：《儿童教育家李吉林建议，寒假里——"让孩子吹吹寒风"》，《人民日报》2008年1月31日）

2月11日　徒弟王爱华前来拜年。李吉林看着门口的翠竹对王爱华说："竹子有韧劲，不屈不挠。就像过去我被整，有人把我的头往下压，一直压到地上，叫我低头！我就是不屈服。后来我终于抬起了头，从头再来！"（王爱华《情永久　境永存——追忆儿童教育家李吉林》）

4月29日　接待来访的天津教育代表团，介绍情境教育实验情况。（《关于特级教师、教师技能比赛、教学叙事征文比赛、语言规范等通知》，2008年，案卷号：312；《2008年学校大事记》，载《教育发展成果集》，2008年，案卷号：644）

5月8日　出席在天津召开的"田本娜先生语文教学思想研讨会"。会议由天津市教育学会、天津师范大学和天津市河西区教育局联合主办。（《中国小学语文教学改革30年》，第214页）

5月　指导张洪涛备课参加"杏坛杯"教学比赛，指出："你首先自己要动情，要入情入境，深入到课文里面去。比如说，你要执教《水》这篇课文，如何让生活在滨江临海的儿童感受到'缺水之苦'呢？"那就要抓住课文里的关键词句来想象场景，要反复朗读课文，在读的过程中，脑子里要出现一个个缺水的镜头。（张洪涛：《有情有境育桃李，无怨无悔写人生》）

5月　被表彰为崇川区有突出贡献人才。（中共崇川区委员会、崇川区人民政府《荣誉证书》，2008年5月）

同月　四川汶川地震发生后，迅速发动全校学生，举行"情系灾区，伸出友爱的小手"活动，组织现场捐赠，开展情境德育。(李吉林：《美的彼岸——诠释：情境课程的建构》，教育科学出版社 2013 年版，第 161—162 页)

6 月　在《全球教育展望》发表《为儿童学习探索 30 年》。文章介绍了自己针对语文教学"呆板、单调、低效"的弊端，围绕"让儿童喜欢语文、学好语文"的问题而探索的 30 年历程，重点介绍了对情境教学的探索和对情境教育原理的概括，认为"儿童的学习"是教师必修的新课程和教师人生的坐标。

9 月 8 日　接待南通市委常委、宣传部部长张小平的来校慰问。(沈雪梅：《市领导慰问教师代表》，《南通日报》2009 年 9 月 9 日)

10 月 1 日　接待 1978 年第一轮实验班的学生回校看望，向学生展示自己保存了 30 年的作文本，包括一年级的写一句话、二年级的观察日记、四五年级的作文，每名学生都有厚厚的一叠。(唐颖颖：《沐浴着情境教育成长》，载成尚荣《我们是长大的儿童——情境教育中走出的名师》，第 106—109 页)

10 月　在教育科学出版社出版《情境课程的操作与案例》。该书提出了情境课程的理论基础，指出在情境课程中，学科课程和活动课程把优化的情境整合起来，形成一个有机统一的整体，克服了学科课程中单纯地重讲轻练、重知识轻能力的弊端，弥补了活动课程经常陷入知识不系统的状态的缺点。情境课程融合了活动的可操作性、知识的系统性和审美的愉悦性，并且与环境的广阔性融为一体。该书强调，要利用特定的氛围激发学生的情绪，鼓励学生在优化的情境中，努力融合隐性课程和显性课程的影响，充分发挥情境课程的多样化的功能。

同月　在《人民教育》第 19 期发表《行者的温暖与快乐》。文章回顾自己工作 53 年来的经历，强调自己在不断的进步与发展中不知疲倦地前行，感受到行者的温暖与快乐。①

---

① 该文收录于《潺潺清泉——李吉林教育随笔》和《我在实践中研究教育——〈教育研究〉发表李吉林论文专集》。

同月　在《人民教育》第 20 期发表《我"悟"教育创新 30年》。文章回顾了自己 30 年来走过的创新之路，深深感悟到教育创新没有极限，创新之路越走越宽阔。文章指出，情境教育吸纳民族文化的理论滋养，具有了东方文化的意韵和智慧，使教育创新走出了一条具有中国特色促进儿童素质全面发展的道路。①

11 月 14 日　接待来访的法国第戎市勃艮第大学副校长丹尼尔教授。(《关于特级教师、教师技能比赛、教学叙事征文比赛、语言规范等通知》，2008 年，案卷号：312；《2008 年学校大事记》，载《教育发展成果集》，2008 年，案卷号：644)

11 月 22 日—24 日　出席在南通召开的"李吉林情境教育国际论坛"，并在会上作题为《情境教育的独特优势及其建构》的主报告②。报告认为，情境教育的独特优势体现在四个方面。一是讲究"真"，给儿童一个真实的世界，使儿童的符号学习与多彩生活链接起来。二是追求"美"，给儿童带来审美愉悦，在熏陶感染中生成主动学习的"力"。三是注重"情"，与儿童真情交融，让情感伴随儿童的认知活动。四是突出"思"，给儿童宽阔的思维空间，尽力开发潜在的智慧。报告指出，情境教育以"儿童—知识—社会"三个维度作为内核进行整合，构筑了富有独特优势的课程范式。情境教育的脑科学基础是儿童脑的敏感性、可塑性以及对积极情感的倾向性。报告强调，情境教育正是将儿童认知活动与情感活动结合起来，才找到了全面提高儿童素质的有效途径。本次论坛由中国教育国际交流协会、教育部课程教材中心、中央教育科学研究所、华东师范大学、联合国教科文亚太地区价值观教育中心、江苏省教育厅、南通市政府联合主办，柳斌、王湛、朱慕菊、顾明远、郭永福、裴娣娜、朱小蔓、郝京华、崔峦、杨再隋、成尚荣、余文森、吴刚以及来自美国、英国、日本、葡萄牙等

---

① 该文收录于《40 年情境教育在路上：催开教育智慧的花蕾》。

② 该报告发表于 2008 年 12 月 3 日《中国教师报》、《江苏教育研究》2009 年第 3 期、《教育研究》2009 年第 3 期，收录于《40 年情境教育在路上：倾听时代的声音快乐前行》。

了丰富儿童的精神世界，愉悦儿童的身心。一句话，为了儿童的发展成了我终身的追求，儿童的发展，是我教育理念的核心。"（张洪涛：《有情有境育桃李，无怨无悔写人生》）

5月19日　《南华早报》以 It ain't what you say，it's the way you say it：Li jilin's philosophy aims to develop children's natural curiosity 为题对李吉林进行报道。①

春　在指导陆红兵备课时说，我们的课堂必须从孩子出发，根据孩子的特点来展开。"我们应该不停地问自己，这些内容哪些是孩子需要掌握的，哪些是孩子已经掌握的，哪些是孩子学习的难点。"（陆洪兵：《情境教育：让我在课堂上"立"了起来》，载成尚荣《我们是长大的儿童——情境教育中走出的名师》，第338—342页）

6月　在《中国教师》第6期发表《教师应该是思想者》。文章通过回顾"情境教学—情境教育—情境课程"的探索历程、取得的成果和感悟，指出小学老师也应该有自己的思想和教育主张，教师作为思想者，首先应是一个不倦的学习者和执著的探索者。

7月15日上午　为2007年义务教育新课程小学语文骨干教师省级提高培训班授课，授课主题为《教师生涯设计与情境教学的实践》。（南通高等师范学校培训基地《聘书》，2007年7月1日）

7月29日—30日　在南通参加全国语文学习科学专业委员会第三次会员代表大会。（《全国语文学习科学专业委员会在江苏省南通市召开重要会议》，《语文教学通讯》2007年第27期）

8月15日—16日　在青海西宁参加全国小学语文教学研究会第七次会员代表大会暨第八届学术年会，当选名誉理事长。（《中国小学语文教学改革30年》，第212—213页）

8月15日　《中国教师报》发表记者冯永亮的采访报道《"把情境教育的种子播撒到港岛"——李吉林谈香港讲学之行》。②

8月17日　《中国教育报》特别策划栏目"教学流派回顾"刊发高俊霞的综述《情境教学：创设充满智慧和情趣的空间》、记者张

---

① 该文影印收录于《40年情境教育在路上：倾听时代的声音快乐前行》。
② 该文影印收录于《40年情境教育在路上：倾听时代的声音快乐前行》。

国内外 200 多名代表参加会议。① 会议指出，李吉林从 20 世纪 80 年代开始创立的情境教育，经过近 30 年的实践探索，已经形成自己的理论体系，它以美为突破口，以情为纽带，以思为核心，以儿童活动为途径，以周围世界为源泉，通过图画、音乐、表演、实物等手段创设情境，将知识、文化、情感、艺术等诸多要素融合于课堂教学，从而实现儿童认知活动与情感活动的协调发展。(倪光辉：《国内外专家研讨李吉林情境教育》，《人民日报》2008 年 11 月 26 日)

中国国际教育交流协会会长柳斌认为，李吉林在为人、处世、治学、从教等各方面都达到了很高的境界，值得大家认真学习。她的人生是成功的人生，她的成功得益于她不断学习、不断思考、注重践行和创新的敬业精神，得益于她对理想永不言弃的执著追求的精神，得益于她无限热爱儿童、忠诚于儿童教育事业的奉献精神。(柳斌：《再谈李吉林老师的"情境教育"》，《人民教育》2009 年第 5 期)

教育部原副部长王湛认为，李吉林的成就对推进教育教学改革，推进基础教育课程改革很有启示和借鉴意义。她的成功值得基础教育领域里正在向教育家高峰攀登的后来者学习。她的成长说明高水平的师范教育对发展高质量的基础教育，建设高素质的教师队伍，造就基础教育名师具有重要的意义。从她所处的南通城市来看，启发人们应该鼓励和促进地方大力弘扬尊师重教之风，大力发展教育事业，大力争创教育名城。(王湛：《由李吉林取得的卓越成就得到的启示》，《人民教育》2009 年第 5 期)

教育部基础二司巡视员朱慕菊认为，教师专业发展的最好途径，就是向李吉林学习，学习她去观察、求知、分享、寻求归属、追求真理，像她一样热爱教育、热爱学生、热爱祖国、热爱生命。(朱慕菊：

---

① 关于这次会议，《中国教师报》2008 年 12 月 3 日发表康丽的采访报道《回应世界教育改革的中国声音——李吉林"情境教育"国际论坛侧记》和刘堂江的评论员文章《为中国教育家走向世界喝彩》，《光明日报》2008 年 12 月 17 日发表宋晓梦的评述文章《李吉林：创造情境教育思想体系》，《教育研究》2009 年第 3 期发表了王亦晴的会议综述《走向世界的中国情境教育——"李吉林情境教育国际论坛"综述》。

《像李吉林老师那样，热爱教育，追求真理》，载顾明远《李吉林和情境教育学派研究》，教育科学出版社 2011 年版，第 10—11 页）

中国教育学会会长顾明远指出，长期以来，我们只介绍外国的教育家，把他们的学说拿来推广引用，总说没有出现我们自己的教育家。今天我们终于看到了我们自己的土生土长的教育家，看到了她的思想体系，看到反映她的教育思想的《李吉林文集》。（宋晓梦：《李吉林：创造情境教育思想体系》，《光明日报》2008 年 12 月 17 日）

北京师范大学教授裴娣娜认为，无论是赫尔巴特以来形成的唯理主义，还是杜威实用主义教育哲学，其核心和主流地位仍是以知识观为特征的工具理性传统教学观。情境教学思想，坚持科学与人文统整，实现了对教育过程人文、艺术的把握，实现了对传统知识观的超越，实现了对工具理性教学观的理性批判，解决的是一个世界性难题，在这个意义上，情境教育思想是具有世界意义的。（裴娣娜：《基于变革性实践的创新——对李吉林情境教育思想的再认识》，《课程·教材·教法》2009 年第 6 期）

南京师范大学副校长吴康宁认为，李吉林的教育思想具有情真意切、立地顶天、融通整合、反思超越等四个特征。她的情境教育实践与情景教育思想是一座活矿，是一座仍在生成、仍在发展的活矿。（吴康宁：《李吉林教育思想基本特征与情境教育研究拓展空间》，《课程·教材·教法》2009 年第 6 期）

联合国教科文组织国际农村教育研究与培训中心主任朱小蔓认为，李吉林所走的从课堂教学到实验研究，再到形成思想理论体系的道路是中国基础教育改革开放后探索的历史缩影。情境教学和情境教育之所以特别适合小学儿童和小学教育，在于创设情境能够为儿童从生活经验到概念学习的过程找到一个过渡性的中介道路；情境具有审美化特征，特别适合小学儿童学习道德；情境是新鲜的刺激信号，激活了儿童大脑皮质的语言和形象等功能脑区，有助于促进脑的整体发育、协调发育；情境激发了儿童的正向情感，能够帮助儿童有效地认知学习，促进儿童认知活动与情感活动的协调发展。无论从理论及其支撑资源看，还是从其产生的中国教育文化脉络传承和浓郁特色看，李吉林的探索已经形成为反映中国当代基础教育先进教育文化成果的情境教育学派。（朱小蔓：《中国基础教育实践与研究的典范——初论情境教育学派》，载顾明远《李吉林与情境教育学派》，福建教育出版社 2011 年版，第 114—122 页）

华东师范大学教授吴刚认为，李吉林的情境教育发端于 1978 年，比美国全美教育研究会（AERA）主席瑞兹尼克 1987 年的讲演早了 9 年，而且她对情境教育的理解和探索早于国际上情境认知及情境学习理论的提出。重要的是她主要不是通过理论的假设，而是通过年不懈的学校实践和探索，使得中国的情境教育达到了足以回应世界的理论高度。她的做法是由实践活动升华到学习机制的理论层面，从实践向理论的平台跃迁，进而建构一个具有理论高度的和中国特色的情境教育架构。（吴刚：《情境教育与优质教学》，《课程·教材·教法》2009 年第 6 期）

南京师范大学教授郝京华认为，情境教学的认识论贡献在于解决了认识断层和情知断裂的问题，情境教育的认识论贡献在于解决了认识阶梯的断层问题，情境课程的认识论意义在于提出了主题性大单元情境课程和野外情境课程的构想。（郝京华：《情境教育三部曲的认识论意义》《课程·教材·教法》2009 年第 6 期）

福建师范大学教授余文森认为，知识的情境性是情境教学、情境教育的知识论依据，学习的情境性是情境教学、情境教育的教学论意义，实现知识的生命化，使知识内化为学生的个性、智慧、品格、气质和生命，是情境教学、情境教育的生命意义。（余文森：《从知识论和教学论视角解读情境教育的依据和意义》，《基础教育课程》2009 年第 12 期）

葡萄牙波尔图大学教育科学系博士 Lucia Gomes 认为，他们在葡萄牙幼儿园和小学的工作经历与李吉林的观点有着共同之处，他本人从李吉林情境教育和教学实践中获得的灵感包括：对孩子们的同情，理解和高期望；有能力和孩子们进行情感层面上的交流；在学校语言和孩子们自身语言世界之间建立联系；在老师和孩子们亲密对话中提高思考技巧；创造性地制作教学材料；最重要的是对教学的热情，全身心的投入。(Lucia Gomes：《一个葡萄牙教育者眼中的李吉林情境教学观念》，载顾明远主编《李吉林和情境教育学派》，福建教育出版社2011年版，第423—425页)

英国华威大学教育学院教授Jame Medwell指出，在英国，他们就对李吉林的教学思想如何在英语学习中体现非常感兴趣，英国的写作教学方法与李吉林的情境教学有着异曲同工之妙。情境教学所包含的兴趣导入、观察获得感性认识、创造性思维、情感渗透和语言参与等五个方面，对英国的情境教学，尤其是儿童写作很重要。他们对李吉林的情境教育深感兴趣，是因为情境教育通过角色扮演，可以帮助学生探索整个过程；通过讨论，学生可以自由表达自己的观点和情感，可以加强理解。(Jame Medwell：《再探李吉林的情境教育》，载顾明远主编《李吉林和情境教育学派》，第426—427页)

美国雪城大学教育学院院长Louise C. Wilkinson认为，李吉林情境教育在语言训练方法上和美国学术用语语言教学之间有很多相似之处。(Louise C. Wilkinson：《不断发展的学术用语——我们可以从情境教育中学到什么》，载顾明远主编《李吉林和情境教育学派》，第428—431页)

日本名古屋大学教育学系教授的场正美指出，李吉林情境教育中的情境是综合的，综合了多种类型的经验，多种认识世界的模式，多种表征的工具、概念、符号，对日本综合性学习富有启示；情境教育揭示了"情境—言语的获得—文化的重新建构—思维发展和实践力形成"之间的关系，对日本学科教学富有启示。他建议情境教育要开发理解儿童的工具，进一步开展对儿童间相互作用的研究。(的场正美：《理解儿童，创造课堂——从李吉林情境教育得到的启示》，载顾明远主编《李吉林和情境教育学派》，第432—437页)

11月　在外语教学与研究出版社出版《为儿童的学习：情境课程的实验与建构》。该书重点介绍了小学语文情境教学的孕育生成过程和情境教育、情境课程的建构发展过程。

12月19日　出席在海门市东洲小学举办的"祝禧文化语文"教学展示活动。在点评时指出："工具性和人文性的统一是语文的基本特点。孩子们能读书，能写字，能写文章，能和人交流，这体现了语文的工具性。这个工具，孩子们要用一辈子。但语文又不仅仅是工具，还蕴藏了文化的要素。工具性和人文性相互整合，你中有我，我中有你，是有机统一的。"（祝禧：《在情境教育的阳光哺育下成长》，《小学语文教师》2019 年第 9 期）

12 月 23 日　在北京参加国家中长期教育改革和发展规划纲要第一次全体咨询专家会议。（余冠仕：《尊重科学发扬民主做好教育规划纲要研究制定工作》，《中国教育报》2008 年 12 月 24 日；国家中长期教育改革和发展规划纲要第一次全体咨询专家会议《出席证》）

12 月　入选改革开放 30 年 "中国教育风云人物"①。

本年　在学校 "珠媚讲坛" 做讲座《教育创新，必须持久地下功夫》，分别从 "创新从提出问题开始" "寻找答案便有收获" "创新需要反思，反思产生顿悟" "边探索边概括" 和 "创新需要不倦地学习" 等五个方面，阐述自己对教育创新的认识。（《珠媚讲坛专家讲座教师交流集》，2008 年，案卷号：598）

---

① 为展现改革开放 30 年来中国教育的发展、变化、成就和宝贵实践，中国教育电视台网站于 2008 年 11 月发起庆祝改革开放 30 年 "中国教育时代人物" 和 "中国教育风云人物" 大型网络评选活动，腾讯网、中国教育新闻网、中国青年网参与主办。经网站投票和专家评审，陈景润、陈章良、丁祖诒、方永刚、顾明远、霍英东、胡福明、厉以宁、卢勤、李嘉诚、李阳、刘彭芝、林毅夫、季羡林、马祖光、启功、苏步青、邵逸夫、魏书生、王力、王选、王大中、王思明、王梓坤、徐本禹、于漪、俞敏洪、张华、曾宪梓等 30 人入选 "中国教育时代人物"；陈琳、陈日亮、方堃、顾建军、敢峰、胡昭程、黄春贵、霍懋征、匡亚明、纪宝成、江平、吕型伟、刘道玉、刘佛年、李吉林、李燕杰、李金初、林崇德、闵乃本、潘懋元、卿光亚、孙云晓、田昭武、许传玺、杨叔子、杨乐等 30 人入选 "中国教育风云人物"。

2009 年 71 岁

2 月 《国家中长期教育改革和发展纲要》首次面向社会征求意见。

10 月 教育部部长袁贵仁提出，义务教育的重中之重是要实现均衡发展，义务教育要争取在 2012 年实现区域内初步均衡，在 2020 年实现区域内基本均衡。

1 月 15 日 为入选改革开放 30 年"中国教育风云人物"撰写感言："时代造就了我，我绝不辜负时代，不敢怠惰，不敢骄狂。随着时代的步伐，一如既往向前。"强调在荣誉中领略幸福、感受期盼、感悟责任。（李吉林：《喜从天降——在评选特级教师的日子里》，《江苏教育研究》2009 年第 3 期）

1 月 在《新湘评论》第 1 期发表《有情有境导童稚》。文章指出，情境是能够为儿童从生活经验到概念学习的转换中找到一个过渡的"阶梯"，不仅降低了儿童学习的困难和乏味造成的厌学，而且可以使置身其中的儿童的认知呈现出心智、情感、道德的完整发展。文章强调，情境教育对于推动素质教育、落实新课程改革，解决"上好学"具有重要作用，同时在儿童认知、情感发育、创造性思维和道德培养方面也起着不小的作用。

年初 新疆克拉玛依市教育局局长彭建伟来通拜访，决定在克拉玛依市小学全面开展推广李吉林情境教育实践活动。（余敏：《情境教育在油城教师心中发芽》，《中国民族教育》2015 年第 2 期）

2月1日　"情境教育实验"入选《基础教育课程》期刊组织推荐的五个最具影响力的教改实验项目。专家小组推荐意见认为，该实验是一项具有中国本土文化特色的实践探索，其创新意义集中表现在三个方面。一是实现了学校教学从"工具论"到"发展论"研究主题的转换。二是基于变革性实践，重新认识语文学科的性质，重新建构语文学科的教学过程与策略，确立了情境教育的现代教学基本命题。三是实验过程具有生成发展的阶段性，构建了情境教学的一整套操作模式和要义，扩展了研究视域，蕴含了思维方式的变革，在研究方法论上具有开拓意义。① （王亦晴：《"情境教育实验"发展三步曲》，《基础教育课程》2009 年第 1—2 期）

2月5日　在《社会科学报》发表《以"真、美、情、思"建构中国情境教育》。文章指出，情境教育突出了儿童发展所需的真、美、情、思四大关键元素，构建了将儿童情感活动和认知活动结合起来的独特的教育模式，把认知与情感、学习与审美、教育与文化综合地在课程中体现出来。文章强调，"真"，给儿童一个真实的世界，符号学习与多彩生活连接；"美"，给儿童带来审美愉悦，在熏陶感染中产生主动学习的"力"；"情"，与儿童真情交融，让情感伴随认知活动；"思"，给儿童宽阔的思维空间，尽力开发潜在智慧。②

2月　入选"纪念改革开放 30 年基础教育 30 校 30 人"。③ （任文：《纪念改革开放 30 年基础教育时代人物论坛举行》，《光明日报》2009 年 3 月 1 日）

同月　在接受《人民教育》记者采访时提出，教育家最重要的特质是对教育、对孩子执著的爱，是任何情况下都不会改变的那种始终不渝的爱。爱是教育家的灵魂。第二个特质是要有思想，形成自己的

---

① 为纪念改革开放 30 年，《基础教育课程》期刊编辑部特邀北京师范大学裴娣娜教授、原中央教育科学研究所滕纯副所长、潘仲茗副所长、高峡研究员，首都师范大学孟繁华教授遴选推荐了五个最具影响力的教改实验项目，分别是：初中数学自学辅导实验、青浦实验、情境教育实验、主体教育实验和愉快教育实验。

② 该文收录于《40 年情境教育在路上：倾听时代的声音快乐前行》。

③ "纪念改革开放 30 年基础教育 30 校 30 人"推行活动由《红旗画刊》社主办，《基础教育参考》协办。入选者有李吉林、于永正、魏书生、李金初、斯霞、陆永康、甘兰佑等个人和绵阳南山中学等学校。

理论体系，一定要是自己独立创建出来的、有独特的风格的，经过实践证明有效的、科学的、符合规律的、形成广泛影响、能够为教育界认可的理论体系。(余慧娟、钱丽欣：《教育需要虔诚以对——李吉林谈什么是教育家型教师》，《人民教育》2009 年第 11 期)

4 月 2 日　《中国教育报》发表记者张滢的采访报道《李吉林老师与情境教育是座不断生长的"活矿"》，称赞她是无法复制的、不可逾越的，是一座富矿、活矿。

4 月　为《教育研究》创刊 30 周年题词："教育之研究，以求真为上，导引教育为本。"(高宝立：《序》，第 3 页，载李吉林《我在实践中研究教育——〈教育研究〉发表李吉林论文专集》，教育科学出版社 2017 年版)

5 月 16 日—17 日　在华东师范大学参加"新基础教育"成型性研究成果发布暨现场研讨会。("新基础教育"成型性研究成果发布暨现场研讨会《特邀专家证》)

7 月 28 日　与海门市树勋中心小学签订《南通市教育专家结对帮扶农村学校合作协议书》。(《南通市教育专家结对帮扶农村学校合作协议书》)

7 月　《李吉林文集》获第五届中国教育学会科研成果奖一等奖。(中国教育学会《获奖证书》，2009 年 7 月)

同月　被聘为南通市人事局服务基层专家团特聘专家。(南通市人事局《聘书》，2009 年 7 月 28 日)

8 月 5 日　为纪念中国教育学会成立 30 周年，在《中国教育学刊》第 8 期发表《为教师搭建学术平台》。文章回顾了自己在教育学会的引领和支持下的成长历程，指出学会推动了学术，学术滋养了教师，给课堂带来新的理念、新的生命活动。

8 月 26 日　在《中国教师报》发表《中国教师自己的报纸》，祝贺《中国教师报》出版 300 期，充分肯定《中国教师报》关注教育热点问题，积极宣传各地教育改革实践经验，贴近教师的工作与生活，反映教师的呼声，无愧于"中国教师自己的报纸"。[①]

---

① 该文收录于《40 年情境教育在路上：倾听时代的声音快乐前行》。

8 月 29 日　南通市教育局举办 "提升与推广：情境教育发展论坛"。(《学校行政会议记录、教工会议记录、大事记》，2009 年，案卷号：319；吴康宁：《情境教育是什么，从哪里来，往哪里去》，《人民教育》2019 年第 17 期)

9 月 1 日　被《上海教育》第 15—16 期合刊列入 "共和国教育人物谱"。①

9 月 4 日　《人民日报》"我和我的祖国" 栏目以《让孩子们快乐学习》为题对李吉林进行介绍。

9 月 10 日　参加全市教育系统庆祝新中国成立 60 周年暨第 25 个教师节文艺演出活动，与张育新、陈锡珍、亓浦香、杨秀兰、李庾南、汪乾荣、陶耕培、朱嘉耀、袁靖东等作为为南通教育发展作出突出贡献的老教育工作者代表，接受少先队员的献花。(沈雪梅：《让教师成为最受尊敬的职业》，《南通日报》2009 年 9 月 11 日)

9 月 18 日　入选 "50 位新中国成立以来感动江苏人物"。②(《江苏 "双 50" 人物评选揭晓》，《新华日报》2009 年 9 月 19 日)

9 月 23 日　为学校全体教工做报告《行者的快乐与温暖》。报告共分为五个部分：一是心中的 "感恩节"，将 1949 年正月初五南通解放定为自己的感恩节，从此穷人家的女儿不必辍学，可以昂首踏进初

---

① 《上海教育》第 15—16 期合刊推出 "共和国教育人物谱"，第一期共 31 人，分别是：徐特立、黄炎培、陈鹤琴、梁漱溟、孟宪承、叶圣陶、沈百英、赵传家、薛正、苏步青、李楚材、赵宪初、段力佩、谈家桢、李国豪、钱伟长、刘佛年、左淑东、吕型伟、潘懋元、谢希德、袁瑢、毛蓓蕾、戴目、于漪、吴佩芳、李吉林、赵赫、叶澜、顾泠沅和魏书生等。

② 2009 年 5 月，为迎接新中国成立 60 周年，推动群众性爱国主义教育活动深入开展，根据中央领导同志指示精神和中宣部有关要求，经江苏省委批准，江苏省委宣传部、江苏省委组织部、江苏省委统战部等 13 个部门单位联合组织开展评选 "50 位为新中国成立作出突出贡献的江苏英雄模范人物和 50 位新中国成立以来感动江苏人物" 活动。经提名推荐、群众投票、部门审核和组委会专家投票评审，最终评选出 50 位为新中国成立作出突出贡献的江苏英雄模范人物和 50 位新中国成立以来感动江苏人物。其中 "50 位新中国成立以来感动江苏人物" 是：73211 部队 "抗洪救灾模范连"、丁晓兵、王杰、王立步、王伟章、邓建军、刘丽涛、刘国钧、刘绍安、如皋市邮政局 "爱心邮路" 先进集体、孙晋芳、庄印芳、江鹰、严恺、何健忠、吴仁宝、吴贻芳、张云泉、张钰哲、时钧、李吉林、杨根思、沈文荣、连云港市新浦汽车总站 "雷锋车" 组、闵乃本、陈巧云、陈永康、陈光标、陈燕萍、陈邃衡、周光裕、郑兆财、侯晶晶、姜德明、施正荣、赵亚夫、徐兆华、徐兆学、徐州市市政工程养护管理处下水道四班、徐景藩、栾菊杰、殷雪梅、秦振华、钱月宝、顾芗、高仁林、常德盛、傅抱石、斯霞、韩余娟。

中的大门；二是起跑前的历练，介绍自己在南通女子师范学校时练习舞蹈、练琴、开展兴趣组活动、进行文学创作，以及参加校排球队、成为国家二级运动员的经历。三是启程的支撑，介绍自己在工作起点上所得到的重要支撑，包括缪镜心校长的关心、帮助和培养，1962年参加省语文教学座谈会，市教育局工作组一个学期在任教班级的蹲点，等等。然而，"文革"爆发后却一下子陷入泥泞与坎坷之中。四是风雨过后见晴日，主要介绍改革开放以后进行教育改革探索的几个重要节点，如1978年被评为省特级教师、学习《文心雕龙》和夸美纽斯的教育理论、携带论文参加江苏省教育学会、《人民日报》"实干家"栏目的专题报道和第一本著作《情境教育的实验与研究》的出版等。五是没有终点的跑，强调自己心无旁骛，一心一意进行教育改革探索，提升概括的思想理论经得起时间的考验，表达自己像行者跋涉千里终于看到先进正确路标的喜悦之情。报告总结了自己"八五""九五""十五""十一五"的课题研究情况、八本专著的出版情况以及为迎接国际研讨会所做的准备，最后强调指出行者无疆，路在前方，目标却在远方。[①]（《学校行政会议记录、教工会议记录、大事记》，2009年，案卷号：319）

9月27日　入选"新中国60年江苏教育最有影响人物"并在南京参加揭晓仪式。[②]（缪志聪：《"新中国60年江苏教育最有影响人物"评选揭晓》，《江苏教育报》2009年9月28日）

9月28日　接待南通市市长丁大卫的走访慰问，并与其就情境教

[①]　该报告后发表于《人民教育》2009年第19期，重刊于《广西教育》2010年第4期，影印收录于《40年情境教育在路上：倾听时代的声音快乐前行》。

[②]　2009年4月，为隆重庆祝新中国成立60周年，全面实施科教兴省和人才强省战略，服务江苏"两个率先"发展目标，弘扬艰苦创业、开拓进取的时代精神，展示江苏教育工作者的时代风采，倡导尊师重教的良好社会风尚，树立教育在人民群众心目中的良好形象，经江苏省教育厅批准，江苏教育报刊社（《江苏教育》杂志、《江苏教育报》、江苏教育新闻网）主办"新中国成立60周年江苏教育最有影响力人物"评选活动。经过公众投票和专家评审，共评选出20位"新中国60年江苏教育最有影响人物"，分别是：王湛、史绍熙、朱小蔓、李吉林、匡亚明、曲钦岳、严恺、吴天石、吴贻芳、闵乃本、陈鹤琴、杨瑞清、胡福明、胡百良、洪宗礼、侯晶晶、姚止平、殷雪梅、斯霞、鲁洁。

育展开讨论。(苗蓓、朱彩菊、沈雪梅:《你们的贡献,人民永远不会忘记》,《南通日报》2009 年 9 月 29 日)

10 月 1 日 在《光明日报》发表《感恩与珍惜》,回顾自己在共和国解放与改革的历程中实现自身发展的过程,表达了对祖国和时代的感激之情。①

10 月 28 日 在南京审计学院体育馆参加"七彩语文杯"全国小学语文教师素养大赛开幕式。(南京凤凰母语教育科学研究所《邀请函》)

10 月 29 日 全国首个"情境教育实验学校"在海门市实验小学挂牌,被聘为情境教育实验学校名誉校长。(沈雪梅:《海门实小成为情境教育实践基地》,《南通日报》2009 年 11 月 2 日;江苏情境教育研究所、海门实验小学《聘书》)

10 月 《语文教学通讯》第 29 期发表左文整理的《回望:建国六十年语文教育大事》。该文将情境教育理论和操作体系的创立列为建国六十年语文教育大事之一。

同月 被聘为如东县李吉林教育思想研究会顾问。(如东县李吉林教育思想研究会《聘书》)

11 月 15 日 在教育部报告厅参加中国教育学会成立 30 周年庆祝表彰大会并发言,感谢学会为一线教师搭建的学术平台。②

11 月 25 日 在学校"优化教学情境 打造高效课堂"论坛上接受老师们的提问,主要内容如下:

L 老师:现在多媒体设备进教室了,如何充分使用多媒体提高课堂教学质量?

答:教学手段要多样化,如果每篇课文都用多媒体,那就不能体现多样化。说明文、新闻性和科普性的文章是需要的。孩子

---

① 该文收录于《40 年情境教育在路上:倾听时代的声音快乐前行》。

② 该发言稿后发表于《中国教师报》2009 年 12 月 25 日,以《学术活动滋养了教师》为题收录于《潺潺清泉——李吉林教育随笔》。以《情境教育 30 年》为题收录于《40 年情境教育在路上:倾听时代的声音快乐前行》。

的思维是伴随着想象的，"思接千载，视通万里"，语文教学除了发展学生的智力，更要发展孩子的想象力和创造力。一位舞台剧专家说："儿童剧的背景应该是粗略的。"因为越是粗略的，就越是有想象空间的。我担心多媒体进教室久了，会影响孩子的想象力。

T老师和Z老师：如何和孩子一起创设优化的情境？在实际上课时，常常是老师将孩子带入情境，一不小心却又出了情境。怎样会有孩子自主的情境？

答：我们为什么要创设情境？知识是有背景的，任何一个定理、公式都是在一定的情境中得出的，所学知识也是在情境中运用的。情境教学不仅仅是一个流派，它也是一个方向。孩子是需要通过形象来认识事物的。我们为孩子创设的情境应该是多样的、富有美感的，如音乐就能够唤醒大脑，产生愉悦。

Z老师插话：因为平时比较随和，课堂氛围以愉悦居多，但由此在学习一些悲壮的课文时也严肃、悲伤不起来。

答：要让孩子参与其中，活动其中，情境要多样化，关键是要掌握教材。如《麻雀》一课，很多人以为是歌颂母爱，我开始也以为是这样，但研读了屠格涅夫的传记之后才明白，屠格涅夫的母亲是一个对农奴非常残酷的农奴主，屠格涅夫从小非常同情农奴，坚信弱小的农奴能够翻身，所以《麻雀》应该是歌颂弱小者的抗争。

W老师：如何让情境充分发挥作用，让学生与之发生联系，不要让情境成为摆设？

答：教师要充分投入，情感的主线不要断。情感是情境教育的灵魂。语言的描述非常重要。创设情境一定要利用儿童的经验，通俗地说到孩子的心里去。脑科学对情绪的研究表明，优先接受情绪的信号记忆也最久。（《学校行政会议记录、教工会议记录、大事记》，2009年，案卷号：319）

12 月 22 日　应邀到如东少年宫介绍情境教育探索历程，途中介绍自己学习《周易》和听百家讲坛的感悟。（陈霞：《做棵金色树种——追忆李吉林老师二三事》，《南通教育研究》2019 年第 10 期）

12 月 29 日　在南京参加江苏人民教育家培养工程首批培养对象开班典礼，受聘担任江苏人民教育家培养工程指导专家。（《"江苏人民教育家培养工程"首批培养对象开班典礼在宁隆重举行》，《教育家》2010 年第 1 期）

12 月 30 日　出席省教育厅举办的"江苏省中小学荣誉教授"授予仪式，与李庾南、胡百良、袁浩、洪宗礼、杨裕前、邱学华等 6 人一起获评"江苏省中小学荣誉教授"称号。（钱诚：《7 位特级教师成为"江苏省中小学荣誉教授"》，《江苏教育报》2010 年 1 月 4 日）

12 月　在接待中央教育科学研究所邓友超和中国教育发展中心杨银付来校访问时说："一线的老师最缺的还是理论的指导，在这方面，我永远是小学生。"（陈志萍：《李老师为我打开一扇窗》）

2010 年　72 岁

6月11日　教育部、财政部印发《关于实施"中小学教师国家级培训计划"的通知》，启动"中小学教师国家级培训计划"。

6月30日　江苏省教育厅印发《关于进一步加强基础教育教学工作的意见》。

7月8日　中共中央、国务院颁布《国家中长期教育改革和发展规划纲要（2010—2020 年）》，把促进公平作为国家基本教育政策，把提高质量作为教育改革发展的核心任务。

7月13日—14日　中共中央、国务院在北京召开全国教育工作会议。这是改革开放以来召开的第四次全国教育工作会议。

1月6日　在学校全体教工会议上做情境教育报告。（《学校行政会议记录、教工会议记录、大事记》，2010 年，案卷号：319）

1月13日　为如东《沿海教育》题词："让我们在沿海教育的沃土上，成长为一棵树、一片林。"（陈震：《做棵金色树种——追忆李吉林老师二三事》）

1月15日　出席在通师三附举办的南通市第一梯队名师培养对象预备队专业成长方向小学组预备会。在评述刘昕的课题时指出："美是自由的象征，审美的语文课堂必将是顺应儿童天性自由成长的课堂，儿童语文学习中的审美观照，不仅是引导孩子发现语文学习诸多因素中的审美元素，享受美丽，更是通过语文学习引导孩子学会发现生活中、生命成长历程中的美，从而感受美，最终享受美丽人生的方法和途径，这是我们必须终身为之付出心血的目标。"（刘昕：《你给我种下了一个梦》，载成尚荣《我们是长大的儿童——情境教育中走出的名师》，第318—323 页）

1 月　为庆祝全国小学语文教学研究会成立 30 年题词："小学语文特似蓝色的大海，美丽而宽广，让我爱恋，令我神往……"。（《中国小学语文教学改革 30 年》，彩插）

同月　王灿明①在《中国教育学刊》发表《创新：情境体验的本质——对李吉林〈桂花〉教学案例的解读》。文章认为，桂花是一种意象，反映了李吉林虚怀若谷的人格象征，情境教育的创新本质决定了情境体验具有多元统一性。

2 月 5 日　在《广西教育》第 4 期发表教学实录《桂林山水》。

3 月 30 日　在《南通日报》发表《做不倦学习者——纪念吴天石先生诞辰一百周年》，重温与吴天石的交往历程。

同月　在《小学语文》第 3 期发表《小学语文不能小看》。文章指出，小学语文说起来"小"，其实很大，很深，很难。教师要发挥主导作用，抓住儿童的特点和小学语文教学的特点，持之以恒地在实践中研究，在研究中实践。文章强调，小学语文不仅让学生掌握好祖国的语言文字，而且关涉学生审美情趣、道德规范的形成，最终让他们在学文的同时，学会了做人。而且是做大写的"人"。

4 月 9 日　《人民日报》刊发文章《"咱们是平等的！"》。文章讲述了李吉林与学生平等交往的故事，指出教育的真谛就是"既要尊重学生，也要教育学生学会尊重他人"。

4 月 14 日　出席在北京举办的国家基础教育课程教材专家咨询委员会、国家基础教育课程教材专家工作委员会颁发聘书仪式。（国家基

---

① 王灿明，1965 年生，江苏如东人，1986 年毕业于南京师范大学，先后在南通师范专科学校、南通师范学院和南通大学任教，曾任南通大学教育科学研究所副所长、创造教育研究所所长、江苏情境教育研究所所长，现任南通大学情境教育研究院院长、教授，兼任中国创造学会副秘书长，中国发明协会中小学创造教育分会副会长，中国发明协会学前创新教育分会副会长，中国心理卫生协会资深专家，中国教育学会情境教育推广与研修中心特聘专家，江苏省教育学会情境教育专业委员会常务副理事长。

础教育课程教材专家咨询委员会、国家基础教育课程教材专家工作委员会颁发聘书仪式《出席证》)

4月28日—29日　为在天津召开的中国教育学会小学语文教学研究会成立30周年暨教学研讨会致贺信。(小尧:《中国教育学会小学语文教学研究会成立30周年暨教学研讨会在天津召开》,《课程·教材·教法》2010年第6期)

5月4日　在《小学语文教学》第13期重刊教案《燕子》。

5月8日　在办公室为张宏云申报特级教师写推荐信。(张宏云:《李老师是亲人》,《南通日报》2019年7月20日)

5月10日　在《光明日报》发表《给孩子"和、美、智"的家庭环境》,参与"与孩子平等交流　让孩子快乐成长"的笔谈。文章提出,让孩子健康成长,就要为他们建立一个"和、美、智"的家庭环境。"和"是和谐、亲和,平等可以协商,以爱为核心,爱家也要爱父母。"美"是美好,相对净化,家长要帮孩子树立远大理想。"智"就是在构建环境时,要有文化氛围,让孩子养成良好的读书习惯。①

5月16日　在《光明日报》发表《让道德成熟走在性成熟之前》。文章主张,要净化网络和视觉听觉的空间,为儿童提供适合他们的文学和影视作品,让道德成熟走在性成熟之前,引导让孩子逐渐长大。②

5月　出席南通师范高等专科学校首届定向师范生素质发展汇报展演活动,在发言时表示:"小学看似小,其实很大;小学看似浅,其实很深。我坚信老师的爱能够产生智慧,能够产生力量,我由衷地感恩当年的师范老师对我的教诲和培育,是他们培养了我作为小学教师应该具备的才情和能力。"(刘燕妮:《母亲的通师情》,丁兆雄、朱嘉耀主编:《师范的样子·第一卷,通师记忆》,南京大学出版社2022年版,第116—119页)

---

① 该文收录于《潺潺清泉——李吉林教育随笔》和《40年情境教育在路上:倾听时代的声音快乐前行》。

② 该文收录于《潺潺清泉——李吉林教育随笔》和《40年情境教育在路上:倾听时代的声音快乐前行》。

6月　在《小学语文教学》第 16 期发表刊首语《做个快乐的小学语文教师》。文章强调，小学语文教师为学生学语、学文、学做人打造基础，是一项神圣的工程，为自己懂得做一个"快乐的语文教师"而快乐，而自我欣赏。①

7月初　李吉林情境教育名师工作室团队到新疆克拉玛依市开展专题讲座、现场授课、答疑解惑等活动。②（余敏：《情境教育在油城教师心中发芽》）

7月10日—11日　被邀请参加在河北石家庄举办的朱永新"新教育"实验第十届研讨会，因故未能出席，专门拍摄视频致辞，说："'新教育'鲜明地提出了幸福完整，是击中当代教育的时弊。事实已经暴露得很充分，教育的不完整酿造了受教育者的不幸和悲剧，正是教育的不完整成为国家一直想推进的素质教育的极大阻碍。因此，我禁不住要鼓呼赞美'新教育'，她是解放学生、解放教师的教育，是真正的'新教育'。"③（朱永新：《诗意地耕耘在教育大地上——我眼中的李吉林老师》，《新教师》2014 年第 4 期）

7月29日　在《江苏教育报》发表《愿美好蓝图变为现实》，对《江苏省中长期教育改革和发展规划纲要》（征求意见稿）提出建议。文章指出，"减轻中小学生过重课业负担"是牵动亿万家庭，关系到亿万青少年健康成长，影响民族千秋大业的亟待解决、却又积重难返的重大问题。文章建议，将"充分保障孩子休息时间"改为"坚决控制作业量和考试次数，保证学生足够的睡眠时间，并留给学生自主支配的空间。"增加"反对片面追求升学率，不顾学生身心健康发展，为'应试'而加重学生课业负担的错误做法"的内容。将"大力推进启发式、探究式、讨论式、参与式教学"改为"探寻和选择适合学生学习的教学方式和方法"。

---

①　该文收录于《潺潺清泉——李吉林教育随笔》。
②　李吉林先后授予克拉玛依第一小学、第十八小学、第十九小学和独山子小学为李吉林情境教育挂牌实验学校。
③　该书面发言后刊载于《教育研究与评论》2010 年第 4 期。

7月　被聘为南通市教育学会第六届理事会顾问。（南通市教育学会《聘书》，2010年7月23日）

8月　在《江苏教育》第23—24期合刊发表《积淀的飞跃》。文章讲述了自己出于对儿童的挚爱、围绕情境教育而改革创新的30年历程，明确提出自己的教育理念是"儿童至上、以情激智、以美育美、链接生活"，强调让自己心动的课堂是要能让儿童的思维飞起来。

同月　为配套义务教育课程标准实验教科书主编的《小学语文新补充读本（提升版）》，经教育部中小学教材审定委员会语文学科专家审查通过鉴定，开始在江苏教育出版社出版。①

同月　被聘为南通市崇川区导师团名誉团长。（崇川区教育体育局《聘书》）

夏　接待新疆克拉玛依市教育局局长彭建伟带队来访。克拉玛依市决定在全市小学全面开展"创设课堂教学情境"活动，全面推广情境教育。（康丽：《戈壁盛开"情境"花》，《中国教师报》2012年9月26日）

9月10日　出席"智龙网杯"2010年感动南通教育人物（群体）颁奖典礼，获得感动南通教育人物特殊荣誉奖。②

同日　接待南通市委书记罗一民、市委宣传部部长张小平和市委秘书长黄巍东等来校走访慰问，介绍自己开展教育科研的体会。（《祝贺·慰问·勉励：南通市委罗一民书记等领导教师节亲临我校》，《情境短笛》2010年第5期）

9月　南通市崇川区挂牌成立"特级教师李吉林工作室"。

同月　入选《人民教育》创刊60年报道过的最有影响力的人物。

10月　在《小学语文》第10期发表教学设计《穷人》。

10月—2011年3月　克拉玛依市教育局共选派160名骨干教师、教研员到南通学习培训，组织制订培训计划并亲自授课。（康丽：《戈壁

---

① 这套读本每学期一册，共12册，至2011年1月出齐。

② 同时获得特别荣誉奖的还有：五十三载躬耕教坛的名师李庾南，道德楷模"莫文隋"原型汤淳渊，艰苦创业、勇攀高峰的南通医学院优秀青年知识分子群体，言传身教、精心育人的江苏省南通中学难忘教育教师群体，情系小凉山的海安县赴云南宁蒗支教教师群体。

盛开"情境"花》，《中国教师报》2012 年 9 月 26 日）

11 月 14 日　出席南通大学情感教育研究所成立大会，与朱小蔓、成尚荣、梅仲荪等围绕"情感是情感教育的命脉"和"情感是儿童发展的本质力量"等命题进行研讨。（《朱小蔓学术年谱》，第 240 页）

11 月 25 日　《北方周末报》发表叶水涛的长篇文章《诗意的栖居　理性的追寻——李吉林和她的情境教育》。文章指出，情境教育理论是完全由中国教育学者独立创建的严密而完整的理论体系，具有广泛和深远影响，更有现实的针对性。①

12 月 8 日—9 日　在浙江宁波参加"全国基础教育课程改革教学研究成果报告会暨颁奖仪式"。成果"情境课程的研究与实践"获得全国基础教育课程改革教学研究成果一等奖。（《全国基础教育课程改革教学研究成果评选揭晓》，《人民教育》2011 年第 1 期）

12 月　朱永新在《天津教育》第 12 期发表《"诗人"教育家李吉林》。文章指出："情境教育本身就是一首诗，而她的创造者，就是杰出的诗人。"这主要源于她葆有一颗年轻的心，始终燃烧着激情，怀有深刻的教育的爱，有创造的智慧。②

冬　出席全国教育科学"十一五"规划教育部重点课题"'倾听教育'研究"开题论证会。在发言时指出："目前的中小学教育在很大程度上把儿童与生活、儿童与社会隔离开来；让儿童'倾听窗外'，是对儿童天性的尊重，也是对教育本质的回归。但我想提一个建议，或者说是对课题组的一点提醒，切莫把'倾听窗外'片面地理解为倾听社会的声音，倾听时代的脚步，更要引领儿童去'倾听'大自然，'倾听'鸟鸣、虫啾、马嘶、风啸、水流、泉响，'倾听'天籁之音……"（冯卫东：《"请让我慢慢长大"》，《江苏教育》2012 年第 5 期）

本年　在"江苏省人民教育家培养工程"培养对象小组活动中说："我刚开始做情境教学时，并没有想过要给自己贴个什么标签，

---

① 该文影印收录于《40 年情境教育在路上：倾听时代的声音快乐前行》。
② 该文收录于《李吉林和情境教育学派研究》。

就是觉着这样教，对孩子们学语文好，课堂效果好。我也是一边学习，一边研究，渐渐地才有了今天的理论建构和实践操作。所以，大家在教育上切不可急功近利，不要急着先给自己定位某某语文，提出某某主张，我们应该扎根课堂，潜下心来研究儿童，研究学习，让语文教学真正促进儿童的发展，为儿童的未来打下坚实的基础。我们一定要牢牢记住，我们首先是小学老师，我们永远是小学老师！"（刘红：《"我是小学老师"——忆李吉林老师》，《七彩语文》2019 年第 8 期）

2011 年　73 岁

10 月 15 日—18 日　中共十七届六中全会提出，必须把社会主义核心价值体系融入国民教育。

12 月 28 日　教育部印发《义务教育语文课程标准（2011 年版）》。

1 月 27 日　入选"感动江苏教育十大人物"，在南京参加颁奖盛典。① (《"感动江苏教育十大人物"颁奖典礼隆重举行》，江苏省教育厅网站)

1 月　在《语文世界》第 1 期发表《情感：情境语文的命脉》。文章指出，情感是小学语文情境教学的命脉。情感首先让她迈开情境语文的第一步，接着在语文教学中通过创设情境激起儿童的情感，然后在"初读课文—细读课文—精读课文"的各个阶段，敏锐地关注教学现场、教学的动态发展和儿童的情感、态度的变化，并将其过程细化，进而把握整个教学过程中儿童情感生成、变化的脉络。

2 月　在《新课程》（综合版）第 2 期发表《教师的爱是神奇的》。文章指出，"我是教师，学生是我的至爱"这句话牢牢地镶嵌在自己的情感世界里，作为教师最重要的就是要爱学生。教师的爱是

---

① 为在全社会进一步营造关心、重视、支持教育的浓厚氛围，江苏省教育厅和江苏省文明办于 2010 年 9 月联合启动了"感动江苏教育十大人物"评选活动，活动坚持"平凡而伟大，平常而感人"的原则，从近年来媒体广泛报道、社会广泛关注、产生重要影响的优秀师生，以及关心、重视、支持基础教育的广大群众和社会各界人士中评选产生，2011 年 1 月公布评选结果，郑兆财、李吉林、沈茂德、杨瑞清、刘保宏、卞光敏、朱士领、崔蓉蓉、阎建国、郭秦等10 人入选。

神奇的，能让孩子更聪慧；教师的爱是良知和责任，能承受重托；教师的爱是公平的，不分贫穷和贵贱。

同月　《基础教育课程》第1—2期合刊以《李吉林和她的情境课程》为题介绍李吉林获得全国基础教育课程改革教学研究成果一等奖的项目"情境课程的研究与实践"，同时发表李吉林的"获奖者说"《研究情境课程，努力为国家课程的实施提供有效途径》。文章指出，儿童、知识和社会是情境课程的三个维度，学科课程与儿童活动相结合的新范式保证了儿童在课堂上的主体地位，主题性大单元教育是情境课程综合的突破口，美、情、思、活动和周围世界是情境课程操作的五大要义，要结合不同学科的特点分别提出不同学科课程的具体策略。

3月25日　著作《为儿童的学习——情境课程的实验与建构》获得江苏省第十一届哲学社会科学优秀成果三等奖。（《省政府关于江苏省第十一届哲学社会科学优秀成果奖的决定》，苏政发〔2011〕32号）

4月　在《语文世界》第4期发表《儿童·知识·社会：语文情境教学的三个维度》。文章指出，自己经过多年的实践与研究，开发了观察情境说话、观察情境写话、情境作文、想象作文的作文教学模式，形成了"文"与"道"、"读"与"写"、"训练语言"与"发展智力"、"课堂教学"与"课外活动"相结合的四个主题性大单元教学板块，逐步形成了以儿童、知识和社会为三个基本维度的独具特色的情境语文课程体系。在情境语文课程中，儿童是至高无上的，是真正的学习主体。情境课程坚信知识与情境是相互依存的，任何知识都是在一定的情境中产生的，最终都回到情境中去。儿童学习的知识应该是情境性的，社会是儿童学习活动的最佳实验场、综合实践最生动的课堂，是儿童知识建构的不可缺少的资源，是运用知识不可替代的现实情境。

5月　出席江苏省特级教师后备高研班，在发言时指出，爱是一切教育的前提，爱能创造智慧，爱和智慧可以改变人生，自己爱学生，爱每一个学生。（韩学红：《给力 自省 感动 期待——参加江苏省特级教师后

备高研班学习体会》,《教师》2011 年第 30 期)

　　7 月　在《教育研究》第 7 期发表《情感:情境教育理论构建的命脉》。文章指出,自己通过情感迈出情境教育的第一步,提出情感活动与认知活动结合的教育主张,概括出情境教学促进儿童发展"五要素",构建了情境教育基本模式,分析了情境教育基本原理和情境课程网络的过程。文章强调,情境教育的内核是自己的爱与儿童的情的交融,情是教育的魂,情感是情境教育的命脉。[①]

　　8 月 1 日　《基础教育课程》第 7—8 期合刊发表记者纪程对李吉林的采访文章《课程标准:充分考虑儿童经验与主观需求》。在接受采访中指出,《义务教育语文课程标准(2011 年版)》有三大亮点,一是强调学生是学习的主体,学生的主动性得到充分调动。二是强调创新,教师要启发引导,为儿童提供创造想象的契机。三是强调人文熏陶,重视情感教育。她表示:"通俗地说,儿童想写什么就写什么,想到什么,就写什么,没有限制和束缚。事实上,只有自由地表达,才能快乐地表达。""《课标》提出'写想象中的事物',不仅是写话内容的问题,更包含通过想像在早期开发儿童潜能,发展儿童创造性的深层意义。""关心周围世界中的人物、事物、景物,'丰富自己的见闻',做到在观察中'积累习作素材',在观察中思考。这样就可以增强学生对大千世界的认识,并留下许多生动的画面和难忘的印象,进而激起积极情绪,习作就能做到有感而发。"

　　8 月 9 日　获得 2011 年度"全国教书育人楷模"荣誉称号,拍摄全国教书育人楷模颁奖大会短片,中央电视台记者专程来校录制。(柳小梅:《"智慧庄园"中的散步——我的情境行与思》,陕西人民教育出版社 2016 年版,第 13 页)

　　夏　与南通市崇川学校校长张洪涛谈话,说:"做校长,事情多,责任重,要带领好团队,要学会与老师、与儿童合作。不管多忙,你始终要站在课堂里,和老师们一起研究教学……。"(张洪涛:《与李吉林

---

　　① 该文收录于《我在实践中研究教育——〈教育研究〉发表李吉林论文专集》。

老师的情境对话》,《江苏教育》2023 年第 35 期)

9 月 5 日　在北京参加为庆祝 2011 年教师节录制的大型主题晚会《美丽心灵——献给老师的歌》,接受时任中央政治局常委的李长春为 2011 年度 "全国教书育人楷模" 颁奖。①（《加强师德修养　钻研教学业务 努力培养社会主义建设者和接班人　胡锦涛等党和国家领导人在教师节之际慰问和勉励全国广大教师》,《人民教育》2011 年第 19 期)

9 月 15 日　《光明日报》 "教书育人楷模风采" 专栏刊发记者郑晋鸣的采访报道《 "一切为了儿童的发展" ——记儿童教育家、 "情境教育" 创始人李吉林》。文章从 "孩子负担不重,但经得住考" "让每一个孩子享受幸福的童年" 和 "儿童发展的规律渐行渐明" 三个方面介绍了李吉林 "一切为了儿童的发展" 的教育理念。②

9 月 16 日　《人民日报》刊发袁新文的采访手记《李吉林: "长大的儿童" 》。该文通过 "她真是把教材教活了,把课堂教活了" "让孩子的思维飞起来,让孩子的心儿飞起来" "教师不能满足于做教书匠,而要立志当教育家" 等三个方面介绍了李吉林的教学特色、实践追求和人生理想。

9 月 20 日　《中国教育报》 "走近楷模" 栏目刊发记者缪志聪、陈瑞昌的报道文章《在儿童心田书写明天的诗句——记江苏省南通师范第二附属小学教师李吉林》,介绍李吉林的先进理念与先进事迹。③

9 月　鲁洁在《人民教育》第 11 期发表《一种不同范式的研究——对情境教育的再思考》。文章指出,李吉林 28 年只盯住一个问题去研

---

① 全国教书育人楷模,是根据 2010 年全国教育工作会议和《国家中长期教育改革和发展规划纲要（2010—2020 年）》精神和胡锦涛同志提出的着力组织广大教师和教育工作者投身教育事业科学发展伟大实践的要求,大力弘扬新时期人民教师的高尚师德师风,在全社会进一步营造尊师重教的良好风尚,由教育部联合中央主要媒体和教育媒体组织的评选活动,自 2010 年起每年评选一届,每届 10 名左右。2011 年度入选者为: 北京市第五幼儿园石利颖、贵州省盘县响水中学左相平、浙江省宁波市达敏学校刘佳芬、江苏省南通师范学校第二附属小学李吉林、辽宁省建平县职业教育中心张金波、中南大学金展鹏、上海音乐学院周小燕、新疆维吾尔自治区察布查尔锡伯自治县第一中学贺红岩、广西壮族自治区都安瑶族自治县高级中学莫振高、湖北省武汉市汉阳区钟家村小学桂贤娣。

② 该文影印收录于《40 年情境教育在路上: 倾听时代的声音快乐前行》。

③ 该文影印收录于《40 年情境教育在路上: 倾听时代的声音快乐前行》。

究，实际上为教育创造了一种让儿童在快乐中成长的可能。"她的文章里面可能隐藏着一些教育的根本问题，是我们教育学，是我们长期搞教育工作的人长期想解决的问题，或是大家都在探索着的一个问题。这个问题就是，我们学校教育源于生活，但是发展到后来就脱离了生活。"

10 月 5 日　接受南通师范学校"火柴头"公益社团成员访问。在交流中指出，"做公益和做教师是相通的，都是在服务。"（任国平：《点燃永恒的追求与梦想——江苏省南通市五年制免费师范生定向培养工作纪实》，《人民教育》2012 年第 17 期）

11 月 11 日　著作《为儿童的学习——情境课程的实验与建构》获得第四届全国教育科学研究优秀成果一等奖，在北京人民大会堂参加颁奖典礼。（《李吉林情境教育研讨推广大事记》，《江苏教育报》2019 年 7 月 19 日）

11 月 29 日　江苏省教育厅印发《第二届全国教书育人楷模李吉林老师先进事迹学习宣传活动方案》，决定 2012 年 2 月为江苏省李吉林老师学习宣传月，成立以了省教育厅厅长为组长的学习宣传全国教书育人楷模李吉林老师活动领导小组，要求学习她扎根基层、奉献教育、矢志不渝的理想追求，忘我工作、自强不息、刻苦钻研的拼搏精神，严于律己、扶贫助困、公而忘私的优秀品质，爱生如子、爱岗敬业、无私奉献的高尚师德。

11 月　裴新宁、王美在《教育研究》第 11 期发表《为了儿童学习的课程——中国情境教育学派李吉林情境课程的建构》。论文从学习科学视角对情境课程进行分析，认为情境课程体系的基本特点是：课程设计以学习者为中心，课程实施建基于优化的学习情境，课程目标以发展儿童理解力为核心价值追求，重视儿童道德性、社会性和智力性的整合发展，善用非正式环境作为拓展的心智源泉以促进儿童的卓越。在教学策略层面，情境课程将学术性知识的系统性、学习活动的操作性、审美教育的愉悦性融为一体，强调创设优化的学习情境，激起儿童热烈的情绪，促发与给养儿童的主动参与。

同月　论文《谈情境教育的课堂操作要义》被评为《教育研究》

创刊 30 周年杰出论文。①

同月　在通师二附听陈红的课。在评课时强调："对于儿童，我们要充满爱，充满耐心。孩子说不出来，我们要倾心引导；孩子们达不到我们的要求，我们不能放弃，要一步一步扎实训练与指导，直到达到我们的要求为止。"（陈红：《永远的恩师——敬爱的导师李吉林二三事》，《七彩语文》2019 年第 8 期）

秋　在南通师范学校参加南通市五年免费师范生定向培养工作汇报会，发言时说："能做一名免费定向师范生，太幸福了！我庆幸自己当年选择了师范，非常感恩师范老师教诲和培育了我，为我做一名优秀教师作好了准备。亲爱的同学们，在教书育人的同时，你倾注了心血，你就会有收获。你是一个播种者，也就是一个收获者。我想送给你们一句话：要当好老师，要有真情感，要有真本领。时间在童话里是长脚的，是一步不停留的，同学们千万不要消磨宝贵的青春时光。请你们抬头往前看，成功和幸福正在向你们招手！"（任国平：《点燃永恒的追求与梦想——江苏省南通市五年制免费师范生定向培养工作纪实》）

12 月 7 日　在南京参加江苏省教育厅召开的全省教育科研工作会议，作为第四届全国教育科学研究优秀成果一等奖获得者，在会上作交流发言《教育科研引领我们不断前行》。（《全面推进教育科学研究 加快建设教育科研强省————江苏省教育科研工作会议在南京召开》，全国教育科学规划领导小组办公室，2012 年 4 月 24 日）

同日　王灿明在《中国教师报》发表《像李吉林那样做教育》。文章认为，要学习李吉林，最重要的是要坚持教育改革，做教育创新的"弄潮儿"，要有敢立潮头的勇气、劈波斩浪的才能和扬帆远航的追求。

12 月　顾明远主编的《这就是教育家：李吉林和情境教育学派研究》一书由教育科学出版社出版发行。该书收录了 1996 年"全国

---

①　2009 年 6 月—8 月，《教育研究》对本刊 1979 年第 1 期至 2009 年第 4 期发表的近 6000 篇论文，根据作品的创新性、学术价值、社会影响、时代意义等标准进行评选，共评选出优秀论文 100 篇，在此基础上再评选出杰出论文 30 篇。

情境教学——情境教育学术研讨会"、2006 年 "李吉林教育思想研讨会暨《李吉林文集》首发式" 和 2008 年的 "李吉林情境教育国际论坛" 上的专家评论文章，共 55 篇，分五个部分。第一部分 "诗人教育家李吉林" 客观评价了李吉林的教育创新和诗意人生，第二部分 "中国气派的原创教育思想" 概括了情境教育学派的内涵，第三部分 "情境教育探源与诠释" 从多学科透视了情境教育学派的渊源，第四部分 "情境教育的时代特征与意义" 分析了情境教育学派的时代价值，第五部分 "走向世界的情境教育" 展现了外国学者的评述。顾明远在该书 "主编的话" 中指出："经过岁月的考验，情境教学引起广泛的共鸣，终形成流派。"

本年　为张宏云主编的《幼儿情境阅读案例》写序。在序中说：虽然一直在小学，但我的心里对幼儿园的孩子和学前教育总有挥之不去的情结和向往。学前是幼儿成长和发展的关键期。我总希冀着情境教育能在儿童早期就生发作用，以使他们发展得更好、更充分。因为，情境教育的 "真、美、情、思" 的特质不仅是小学儿童，同样也是幼儿成长所需要的。（张宏云：《李老师是亲人》，《南通日报》2019 年 7 月 20 日）

同年　在指导 "江苏省人民教育家培养工程" 培养对象刘红时说："作为一名优秀的教师，一定要坚定地把儿童的发展作为教育的追求，一定要用自己的话语表达对教育的思考和实践。我们是小学老师，我们做出来的研究成果要经得起小学生们的检验，经得起广大小学教师的检验啊！"（刘红：《 "我是小学老师" ——忆李吉林老师》）

2012 年　74 岁

8月20日　国务院印发《关于全面加强教师队伍建设的意见》。

9月5日　国务院印发《关于深入推进义务教育均衡发展的意见》。

12月15日　温家宝在中央经济工作会议讲话中指出，我国财政性教育经费支出占国内生产总值的比重达到 4%。

1月30日　裴新宁在《光明日报》发表《情境教育：为情所动》。文章认为，情境课程凸显了五个重要特征，与世界教育改革趋向相呼应。一是课程设计与发展以学习者为中心，二是课程实施建基于优化的学习情境，三是追求对儿童理解力的培养，四是促进儿童道德性、社会性和智力性的整体发展，五是将正式环境与非正式环境中的课程加以整合，促进儿童的全面发展。

2月8日　江苏省教育厅发布《关于向第二届全国教书育人楷模李吉林老师学习的通知》，决定在全省教育系统广泛开展向第二届全国教书育人楷模李吉林老师学习活动。通知指出，"李吉林老师是全国著名特级教师，是新中国培养起来的儿童教育家、全国教书育人楷模，是我国推进素质教育的一面旗帜。为了探索儿童发展的最佳途径，李吉林老师把人生黄金岁月的 30 多年倾注在情境教育的实验研究之中，所创立的中国情境教育理论框架及操作体系，成为我国实施素质教育的重要模式之一。"通知要求，要广泛宣传李吉林老师的先进事迹，认真学习李吉林老师的时代精神，进一步深化师德师风建设。

2 月 13 日　作为全国教书育人楷模，接受省教育厅组织的 10 多家媒体和大学生采访团的采访。（《会议记录、大事记》，2012 年，案卷号：352）

2 月 15 日　通师二附召开李吉林事迹报告会。（《会议记录、大事记》，2012 年，案卷号：352）

同日　《江苏教育》第 5 期开辟独家策划栏目"今天，'学李'学什么?"，由与李吉林有过深度接触乃至朝夕相处、能最有力地见证其"情境人生"的几位"教育人"，讲述了若干个"情境故事"。

2 月 20 日　江苏省教育厅在南通举行首场"第二届全国教书育人楷模李吉林老师先进事迹报告会"。在会上发言时强调："小学老师是我的第一身份，我热恋着我的课堂和小学生。"中国教育学会会长顾明远、华东师范大学副校长任友群、教育科学出版社总编辑李东、江苏省教育厅厅长沈健、教育部基础教育课程改革专家组成员成尚荣、南通市教育局局长郭毅浩和南通市少年宫主任曹桂林等出席会议并讲话。沈健要求全省教育系统要学习她"一切为了儿童"的人生信念，刻苦钻研、勇于创新的进取精神，甘为人梯、乐于助人的奉献精神。（康丽：《李吉林：小学老师是我的第一身份》，《中国教师报》2012 年 2 月 29 日；省教育厅在南通举行全国教书育人楷模李吉林老师先进事迹报告会，江苏省教育厅网站，2012 年 2 月 22 日）

同日　《光明日报》发表记者姚晓丹的宣传报道《教育既要保证质量　又要让孩子快乐》。报道分"李吉林语录""李吉林：在儿童的世界里长大""我眼中的李吉林"和"拜师"等四个部分。

2 月 21 日　出席在南通举行的"李吉林情境教育思想研讨会暨《这就是教育家：李吉林和情境教育学派研究》首发式"，在会上受聘为华东师范大学江苏省儿童学习科学研究中心主任。会议由江苏省教育厅、华东师范大学和光明日报社联合主办，顾明远、裴娣娜、朱小蔓、顾泠沅、任友群、江苏省教育学会会长周德藩、吴刚和郝京华等 50 余位专家出席会议，深入研讨李吉林情境教育思想，并就情境教育的进一步发展提升提出了建议。① (康丽:《李吉林:小学老师是我的第一身份》,《中国教师报》2012 年 2 月 29 日)

中国教育学会会长顾明远认为,情境教育是具有中国特色的、原创的教育思想体系,其原创性来自李吉林作为一线教师始终拥抱实践的草根性,来自她扎根自身专业学科教学的实践性,来自她从事儿童教育的责任心和使命感。"李吉林和她的情境教育秉持中国社会主义教育的本土性,同时又与世界教育改革大潮积极响应,堪称'蕴含东方文化智慧的课程范式,回应世界教育改革的中国声音'。"情境教育的中心就是育人,培养孩子的情感,使孩子成为情感丰富,有着健全人格的人。情境教学发展成为情境教育,最本质的改变就是要培养有丰富情感的人。情境教育学派的发展应从本体论、价值论等方面进一步研究。(王玉娟:《情境教育学派的本土建构与发展——"李吉林情境教育思想研讨会"综述》,《课程·教材·教法》2012 年第 4 期)

北京师范大学教授裴娣娜认为,情境教育的发展,要把握时代发展新动向,关注学习科学与信息科学新进展,聚集研究问题并依托学习科学与生命科学,揭示未来学习与发展概念的内涵,探索学生个性差异发展的内在机制。情境教育学派的产生,是中国教育现代化发展的需要,是教育学科发展的必然,也适应了中国教育走向世界的需求。情境教育学派的研究要注意回答时代提出的重大理论与实践问题,要为中国特色的基础教育改革和发展提供思路,为青少年儿童全面发展提供一种新的教育方式,要进一步研究在学校教育中如何培养学生信息选择、批判、重组、创生的能力,如何实现数字化学习,如何在网络支持下实现多元、共享、交互式的教学文化。(王玉娟:《情境教育学派的本土建构与发展——"李吉林情境教育思想研讨会"综述》;《一切为了儿童——李吉林情境教育思想研讨会专家发言选登》,《中国教师报》2012 年 3 月 7 日)

原上海市教育科学院副院长顾泠沅认为,情境教育具有独特的原

---

① 关于这次会议,《中国教师报》2012 年 3 月 7 日选登部分专家发言,《光明日报》2012 年 3 月 21 日刊发会议综述《专家为情境教育献策》,《课程·教材·教法》2012 年第 4 期刊发王玉娟的《情境教育学派的本土建构与发展——"李吉林情境教育思想研讨会"综述》。

创特点的一个突出原因是，她起源于对我国小学语文教学中的问题的思考以及探索出路的真实构想。李吉林研究的风格和特点是"讲真话、写真言、抒真情"。情境教育具有扎根研究的品性和清晰的研究路线，发展前景是灿烂的。情境教育学派的发展要扎根于实践这个"根据地"。他建议，儿童教育科学研究中心的情境教育研究，应以"学初儿童"为有限对象，不是广及中学、大学，甚至涵盖整个人类学习的研究。（王玉娟：《情境教育学派的本土建构与发展——"李吉林情境教育思想研讨会"综述》；《一切为了儿童——李吉林情境教育思想研讨会专家发言选登》；宋晓梦：《专家为情境教育献策》，《光明日报》2012 年 3 月 21 日）

华东师范大学副校长任友群认为，李吉林是基础教育界第一个从学习科学的视角对儿童的学习和教育进行系统研究的先行者。（宋晓梦：《专家为情境教育献策》）

南京师范大学教授郝京华认为，情境教育的根基很深，有着无限向上拓展和向下延伸的空间。向上可拓展到哲学层面的情境认识论，向下可以拓展到情境课程与情境教学。她建议，进一步加强跨学科情境教育研究，同时打破时间和学科的局限，延伸到课外去。（《一切为了儿童——李吉林情境教育思想研讨会专家发言选登》；宋晓梦：《专家为情境教育献策》）

联合国教科文组织国际农村教育研究与培训中心主任朱小蔓认为，李吉林是我国基础教育战线最早发现应试教育弊端，并通过情境教育的探索，率先实行素质教育的先行者。她以自己的教学实践和研究，捍卫了教育的本来目的。她的研究从来不做抽象的概念演绎，不刻意追求逻辑表达，也不盲目求取数据。她永远扑在儿童身上，进行生命化研究，是充满泥土芬芳、富有深刻思想内涵美感和教师个性特征的人文化行动研究。她所进行的研究范式正是现在所极力主张的自然主义研究范式，适合儿童研究，适合语文研究。这种研究方式超越了传统的理论研究与实践研究分离的思维局限，更符合真实的现场状态。她创立的情境教育思想理论和操作实践是教书育人统一观的完美体现，她的教书与育人浑然不分，高度融合。由于早期儿童的情绪情感不会分化，不分化的情绪情感具有向道德、情感、身体等各个方面散发的可能性，所以在情境教学中引发的儿童的同情、想象力、移情、共同感等在学习过程中能有机地联系起来。因此，情境教育必然具有强大的魅力和育人功能。情境教育从以王国维、朱光潜等为代表的中国现代美学理论中吸收了丰富的营养，印有中华民族文化的印记。她建议更多地研究情境学习，探索如何处理自然情境，关注个体面临的真实情境。（《一切为了儿童——李吉林情境教育思想研讨会专家发言选登》；王玉娟：《情境教育学派的本土建构与发展——"李吉林情境教育思想研讨会"综述》；宋晓梦：《专家为情境教育献策》）

华东师范大学教授吴刚认为，情境教育的发展，经历了从实践到理论，再从理论到实践的阶段。现在又要往教育学派的方向发展，必须要考虑核心概念、学术团队、学术杂志、学术团体或学会、与国际接轨等几个方面的问题。（《一切为了儿童——李吉林情境教育思想研讨会专家发言选登》）

南通大学教授王灿明认为，30多年前，李吉林根本就没有"学派意识"，更没有"学派立场"，甚至谈不上有什么"学术追求"。作为一线教师，她只是不满于"去情境化"的符号学习所产生的"惰性知识"，努力寻求概念和情境、知识和经验之间的平衡和联系，成为了"中国教育改革的第一批弄潮儿"，是改革开放和社会主义现代化建设造就了她的情境教育学派。情境教育学派的崛起，离不开国内众多知名专家学者的参与、评述。但从根本上讲，应该归功于李吉林的文化情怀、实践智慧和理论创新能力，是她从一开始就将情境教育扎根于民族文化和教育实践的沃土，并以毕生的精力追逐她的教育梦想，不断寻求新的突破口，才逐步形成了情境教育的理论框架与操作体系。（《一切为了儿童——李吉林情境教育思想研讨会专家发言选登》）

民进中央专职副主席朱永新认为，李吉林一心为了儿童，在教育一线辛勤耕耘了半个多世纪，创立了促进儿童素质全面发展的情境教育，形成了独具中国传统文化特色的情境教育的理论体系和操作体系。她的成就已经超越了一个普通一线教师的工作范畴，进入了真正的理论与实践并重的教育家的境界。①

2 月 29 日　《中国教师报》发表长篇采访报道《李吉林：小学老师是我的第一身份》，介绍了李吉林为了做一名"长大的儿童"和"引领儿童长大的儿童"而进行的努力与探索。

2 月　成尚荣主编的《我们是长大的儿童——情境教育中走出的名师》一书由教育科学出版社出版。该书汇编了 24 位名师的论文和教学案例。这 24 位名师均是李吉林的徒弟，大体分为三类，一类是通师二附的老师，一类是在南通市有关小学和单位工作的老师，一类是其他地区的老师。

同月　参与编写的《义务教育语文课程标准（2011 年版）解读》由高等教育出版社出版，与陆志平共同负责编写该书的第九章"写作"，提供了《想象性作文的构想与实践——让儿童的思维飞起来》的案例，并重点对想象作文的写作进行解读，部分内容如下：

> 关于课程标准中提出的"写想象中的事物"，初看上去似乎要求高了，其实不然。对于学龄初期的儿童来说，"想象"是他们乐于甚至是擅长进行的智力活动。儿童的想象力往往高于成人。课程标准中提出这样的要求，正是充分考虑儿童的特点，顺应他们的天性促其发展。我们常常会听到一二年级儿童在不经意间流露出来的"我真想有翅膀""我真想飞"，他们对周围事物的称呼常有"大树公公""蝴蝶妹妹""小草弟弟"等。这些随意间发出的愿望和带有对喜欢的动植物拟人的称呼正是想象力的显现。这里特别要强调课程标准提出"写想象中的事物"，不仅是个写话内容的问题，更包含想象在早期开发儿童潜能、发展儿童创造性上的深层意义。
>
> 写"想象中的事物"，并非离开儿童的生活与经验，而是要

_____

① 朱永新因公务在身未能参会，特别撰写了贺信。见朱永新：《向诗人教育家李吉林老师致敬》，载朱永新博客，2012 年 9 月 21 日，https://blog.sina.com.cn/s/blog_4aeb7d930102dz22.html.

从儿童的生活出发，贴近他们的生活，从他们亲身经历的，从周围事物中获得表象，在热烈的情绪以及启发下促其组合成新的形象。儿童的想象活动是老师无法替代的，但又少不了老师的启发、引导，提供创造想象的契机。所以，老师在提示写话内容或者讨论题目时应注意把握，从而有效激起儿童的想象。为此，建议写话的内容要富有美感，富有儿童情趣，最好带有童话的色彩。这种"美感""童趣"和"童话色彩"是很容易激起儿童想象的。例如《找春天》常常是低年级写话的题目。如果换成《我看到了春姑娘的笑脸》《春姑娘的大柳筐》《××唱歌给春姑娘听》等等，题目的美感，题目的想象空间就有了童趣、童话色彩，儿童的思维，想象的翅膀就会飞起来。①（朱家珑：《义务教育语文课程标准（2011年版）解读》，高等教育出版社2012年版，第189—190页）

3月28日　作为"三创三先之星"②，接受江苏省委宣传部组织的全省各大媒体记者的采访。（《会议记录、大事记》，2012年，案卷号：352）

3月　在《人民教育》第5期发表《为了儿童，在漫漫求索中创新》。文章回顾了情境教育发展和个人成长的历程，指出情境教育的探索，说到底就是在探索、研究一个世界的课题——儿童究竟是怎么学习的，自己虽然陆续交出一份份答卷，但仍有很长的距离，需要大家携手并进，在中国教育的创新之路上阔步前行。③

4月3日　《中国教育报》发表王珺的采访手记《李吉林：长大的儿童》和王灿明的专家视角文章《让课堂成为儿童创新的沃土》。④

《李吉林：长大的儿童》指出，李吉林的成长历程其实就是写诗、

---

① 陆志平明确指出这段文字由李吉林撰写，见陆志平：《让儿童想象的翅膀飞起来——怀念李吉林老师》，《七彩语文（教师论坛）》2019年第8期。

② "创业创新创优，争先领先率先"是新时代凝练的江苏精神，为在全省大力弘扬"三创三先"江苏精神，江苏省委宣传部组织开展"三创三先之星"评选活动，在各行各业选树一批创业争先模范、创新领先能手、创优率先标兵，并进行集中宣传。

③ 该文收录于《40年情境教育在路上：催开教育智慧的花蕾》。

④ 该组文章影印收录于《40年情境教育在路上：倾听时代的声音快乐前行》。

求索和播种的历程。

《让课堂成为儿童创新的沃土》指出，情境教育创设的"优化的情境"，具有和谐的美感、广远的意境以及情感的驱动，成为最适宜儿童展开幻想的思维空间；儿童凭借情境激起的想象，可以"视通万里""思接千载"，在臆想中揣摩，在幻境中创新，从而锻炼创新思维。李吉林将实践能力的训练作为创新能力培养的必由之路，教师应该通过倾注期待、真情交融和合作互动等方式使课堂成为儿童创新的沃土。

4 月 18 日　在《人民教育》第 8 期发表《习作重在表达真情实感》。文章从兴趣、观察、内容和文体等方面对习作教学进行深入解读，认为在整个小学阶段，从一、二年级起到三至六年级的习作过程都须严格要求学生认真写字，做到字体端正，书写规范、整洁，行款格式正确，教给学生根据"新课标"各学段要求掌握的标点符号知识，并指导运用。小学毕业时，学生应做到能正确使用常用的标点符号，并养成文必加点的习惯。①

4 月　在《人民教育》第 7 期发表《写自己想说的话》。文章结合新颁布的《义务教育语文课程标准（2011 年版）》，从兴趣、题材、内容、要求、指导和方法等方面对写话教学进行深入解读，强调写话不仅仅是语言表达工具的学习掌握，而且在写话过程中发展儿童的思维和想象，培养儿童对生活和大自然的热爱。②

5 月 10 日　南通市教育工会发出向"全国教书育人楷模"李吉林老师学习的倡议书。

5 月 14 日　主持的全国教育科学规划"十一五"教育部重点课题"情境教育与儿童学习的实验与研究"举行 22 个子课题结题报告会。（《会议记录、大事记》，2012 年，案卷号：352）

5 月　在《语文世界》第 5 期发表《想象习作的设计及其策略》。

① 该文收录于《潺潺清泉——李吉林教育随笔》和《40 年情境教育在路上：催开教育智慧的花蕾》。

② 该文收录于《40 年情境教育在路上：催开教育智慧的花蕾》。

文章提出了想象习作教学的设计与策略，主要包括：提供引起儿童创造欲望的题材，拓宽儿童思想可以自由驰骋的广阔空间，为了儿童创作中所需的内容作好必要的铺垫。①

6月13日　在《光明日报》发表《田野上的花朵——情境教学的萌发》。文章描述了自己对野花的情结与感悟，指出情境教学如同田野上的花朵，是土生土长的，在民族文化的大地上生根、长叶、开花。②

6月29日　主持的全国教育科学规划"十一五"教育部重点课题"情境教育与儿童学习的实验与研究"召开结题会。（《会议记录、大事记》，2012年，案卷号：352）

6月　与王林合作主编的《为儿童的数学：情境数学典型案例设计与评析》在教育科学出版社出版。该书汇编了小学数学情境教学的23个案例，指出："数学是思维的体操，通过创设探究的情境，让儿童快乐地伴随着形象，积极进行逻辑推理思维活动，把认知活动与情感活动结合起来，把形象思维与逻辑思维结合起来，启迪儿童的数学智慧。"

7月18日　在《光明日报》发表《云雀之歌》。文章指出，孩子的思维是会飞的思维，教师的一个神圣使命，就是给孩子的心灵添翼，让孩子的思维飞起来，情境教育就是将可以看见的、可以捉摸的、限量的、规定性的教育究竟拓展、充实，放大到极量，让课堂丰富起来，让教育丰富起来，让儿童快乐、自由自在地成长，其本质就是一首让孩子喜欢的、向往的"云雀之歌"。③

8月3日—10日　作为专家代表，应党中央、国务院邀请去北戴河疗养并受到习近平等党和国家领导人的接见。在疗养期间接受采访时指出："创造性是一种沉睡的力量，不像地下的矿产，你不开采它照旧存在。因此，我们要珍惜机会，从小培养孩子的创造性，使之成

---

① 该文收录于《潺潺清泉——李吉林教育随笔》。
② 该文收录于《40年情境教育在路上：倾听时代的声音快乐前行》。
③ 该文收录于《40年情境教育在路上：倾听时代的声音快乐前行》。

为领军人才。"（窦克林：《让人人成才的梦想起锚远航——2012 年党中央、国务院邀请专家代表北戴河休假综述》，《中国组织人事报》2012 年 8 月）

9 月 10 日　参加南通市庆祝第二十八个教师节大会，与李庾南一起获得南通市基础教育杰出贡献奖。（沈雪梅、徐亚华：《市委市政府授予李吉林李庾南南通市基础教育杰出贡献奖》，《南通日报》2012 年 9 月 11 日）

9 月 13 日　以视频方式参加克拉玛依市"李吉林情境教育"现场交流会暨情境教育实验学校挂牌仪式。（康丽：《戈壁盛开"情境"花》）

9 月 20 日、10 月 11 日和 10 月 25 日　《北方周末报》分 3 期连续发表叶水涛的长篇传记《李吉林：一位小学教师的人生传奇》。①

12 月 27 日　通师二附组织召开情境教育研究和推广活动。（《会议记录、大事记》，2012 年，案卷号：352）

12 月 31 日　出席南通高等师范学校建校 110 周年庆典活动。（南通高等师范学校《邀请函》，2012 年 12 月 20 日）

---

① 该系列文章影印收录于《40 年情境教育在路上：倾听时代的声音快乐前行》。

2013 年　75 岁

1 月 31 日　教育部召开首届全国教育科研工作会议，要求突出教育科研工作的主攻方向，深入研究中国特色社会主义教育发展规律，为教育事业科学发展提供智力支持，服务地方、学校教育改革发展，宣传先进理念，回应群众关切，为教育持续健康发展营造良好氛围。

2 月 22 日　教育部党组印发通知，要求各级各类学校深入开展"我的中国梦"主题教育活动。

3 月—4 月　教育部分别召开高等教育、基础教育、职业教育系统"中国梦"教育活动三个座谈会，针对不同教育领域、不同阶段学生的特点，分类推进宣传教育活动。

6 月 8 日　教育部印发《关于推进中小学教育质量综合评价改革的意见》，推出配套的《中小学教育质量综合评价指标框架》，启动中小学绿色评价。

1 月 5 日　指导王灿明承担的国家社科基金教育学一般项目"情境教育与儿童创造力发展的实验与研究"，表示该课题与她以往的做法不同，路径也应该有所不同，希望课题能够研究解决儿童创造力量化的问题。（"情境教育与儿童创造力发展的实验与研究"总课题组：《课题视窗》第 1 期）

1 月　在《人民教育》第 2 期发表《情境教育三部曲》。文章将自己所探索的情境教学、情境教育和情境课程，分别比作田野上的花朵、云雀之歌与美的彼岸，提出自己心中美的彼岸就是：让每个儿童不分贫富，不分城市和乡村，都可得到充分的发展，将其育成人，让其长成才，享受到真正的教育。①

2月4日　接待南通市委教育工委书记黄建辉来校提前拜年。（《会议记录、大事记》，2013 年，案卷号：363）

2月　在《课程·教材·教法》第 2 期"百年教学法回顾"栏目发表《为儿童快乐学习的情境教学》。文章指出，情境教学历经 30 多年的积淀，从最初"外语情景教学法"的尝试移植，到吸纳民族文化经典，创造性地运用于作文教学，走出具有中国特色的道路；借鉴运用图画、音乐、戏剧等艺术手段，让阅读教学美了起来，逐步形成了促进儿童快乐、高效学习的情境教学。情境教学吸收了其他教学法的长处，优化语文教学结构，同时汲取中国当代语文专家的思想，在不断地反思、追问中构建起情境教学、情境教育以及情境课程的理论框架和操作体系。

3月23日　项目"情境课程的孕育、建构、发展"获首届江苏省基础教育教学成果特等奖。（《省政府关于授予江苏省基础教育教学成果特等奖的决定》，苏政发〔2013〕36号）

3月　在《人民教育》第 6 期发表《教育科研是学者型教师成长的摇篮》。文章指出，情境教育的出发点和归宿就是为了儿童的发展，情境教育研究的彼岸是：教育不仅为了儿童的学习，还为了儿童能主动地学习；教育不仅为了儿童学习知识，还为了丰富他们的精神世界；教育不仅为儿童明天的发展，还要为他们的童年获得最初的人生幸福。文章强调，情境教育的探索之所以能一步步展开，是因为教育科研引领自己不断前行，走上理论与实践相结合的道路。②

同月　在教育科学出版社出版《情境教育三部曲》系列丛书。该

---

①　该文分为三个部分收录于《潺潺清泉——李吉林教育随笔》和《40 年情境教育在路上：催开教育智慧的花蕾》。

②　该文参加《人民教育》杂志、《中国教育报》、《中国高等教育》杂志、《神州学人》杂志、《中国民族教育》杂志、《中国教师报》以及中国教育新闻网、神州学人网联合举办的"中国梦·教育梦"大型征文活动，获得二等奖。该文收录于《40 年情境教育在路上：催开教育智慧的花蕾》。

套丛书共三卷，对情境教育理论做了进一步梳理和深化，促进了情境教育理论体系的完善。

第一卷《田野上的花朵——对话：情境教学的萌发》，通过与青年教师的对话形式，阐述了情境教学提出的历史背景、实践探索过程以及在识字、阅读、作文等学习领域内开展情境教学的具体实施方法，同时通过典型教学片断和经典教学案例，展示了情境教学的实践形态。

第二卷《云雀之歌——纪实：情境教育的拓展》，是以《情境教育的诗篇》为基础进行了较大幅度的删减和改写，通过叙事手法，从情境教学的探索、情境教育的构建、情境教育的发展和情境教育的推广等四个方面，概述了情境教育实践与理论的探索历程及成果。

第三卷《美的彼岸——诠释：情境课程的建构》，是以《为儿童的学习》为基础进行增删和修改而成。全书分上下两篇。上篇主要从让语文与生活链接、优化语文课程结构、情感与认知结合的情境阅读、情感驱动表达的情境作文等四个方面概述了语文情境教学的探索。下篇主要从建构铺垫、各科推进、理论架构、四大领域内容、操作和拓展等六个方面介绍了情境课程的建构历程。

同月　王灿明在《教育研究》发表书评《情境教育：中国气派的教育学派》。文章认为，顾明远主编的《李吉林和情境教育学派研究》一书以多维的视角、翔实的资料及理论与历史相统一的研究方法，为中国教育学派的创建提供了一个成功范例。

4月9日　在南通大学教育科学学院会议室参加国家社科基金教育学一般项目"情境教育与儿童创造力发展的实验与研究"（主持人王灿明）和"错别字产生的客体原因与小学高效率识字教学策略研究"（主持人冷英）开题论证会。（《2012年度国家一般课题开题报告之三十二：情境教育与儿童创造力发展的研究与实验》，全国教育科学规划领导小组办公室网站，2013年9月23日；《2012年度国家一般课题开题报告之三十一：错别字产生的客体原因与小学高效率识字教学策略研究》，全国教育科学规划领导小组办公室网站，2013年9月23日）

4 月 18 日　出席在通师二附举行的南通市情境教育推进工作会议暨情境教育实验学校（幼儿园）授牌仪式、《情境教育三部曲》首发式。会议宣布，南通市教育局成立推广情境教育、深入实施素质教育领导小组和情境教育实验学校总校[①]，授予通师二附"情境教育示范学校"称号，授予 48 所学校"情境教育实验学校"称号，授予 18 所幼儿园"情境教育实验幼儿园"称号，同时成立情境教育实验学校专家指导组。在会上讲话时指出，经过 30 多年的探索，情境教育的路越走越宽，但是前面还有新的高度，希望实验学校和幼儿园不仅要学习和运用情境教育，还要去创新和发展情境教育，在探索的过程中，要边实践边研究，边研究边概括，一步一个脚印不断地探索规律。（王亦晴：《情境教育又奏新曲》，《光明日报》2013 年 5 月 13 日）

5 月 1 日　《中国教师报》"教育家周刊"第 10 版专版介绍李吉林，刊发其文章《为儿童奏响的心曲》和柳斌、王湛、顾明远等分别为《田野上的花朵——对话：情境教学的萌发》《云雀之歌——纪实：情境教育的拓展》《美的彼岸——诠释：情境课程的建构》等 3 部书所做的序，并摘登《李吉林教师专业成长语录》。

《为儿童奏响的心曲》介绍了李吉林的"情境教学—情境教育—情境课程"探索与研究的心路历程，指出《情境教育三部曲》丛书是倾听儿童的心声，"情境教育是属于儿童的，是为了儿童的"。[②]

王湛在《李吉林的启示》中指出，李吉林的成就对于推进教育教学改革和基础教育课程改革很有启示，她的成功对于教师攀登教育家高峰很有启示，她的成长对于进一步重视和加强教师教育体系建设很有启示。

柳斌在《给学生健康丰富的世界》中指出，情境教育就是把德育、智育、美育融会于情境之中，通过情境教育给予学生的不仅仅是生动活泼的新鲜知识，而且是一个健康、丰富的精神世界。

---

①　情境教育实验学校总校由李吉林任名誉校长，市教育局分管局长任总校长，市教育局师资、基础教育和教科研部门负责人任副校长，各相关学科教研员担任学科主任。

②　该文收录于《40 年情境教育在路上：倾听时代的声音快乐前行》。

顾明远在《我们自己的教育家》中指出，李吉林是敢于创新、敢于实验，创造教育新思想和实际新经验的杰出代表，她不仅在教育实践中创造了奇迹，培养了大批高素质的人才，而且在教育中勤于思考、努力探索，创造了一整套情境教育的思想体系，丰富了我国教育理论的宝库，体现出教育理论和实践的中国特色、中国气派、中国风格。

5月8日　出席在通师二附举行的情境教育示范学校揭牌暨《情境教育三部曲》赠送仪式，介绍《情境教育三部曲》的写作经历和情境教育的发展历程。（《会议记录、大事记》，2013年，案卷号：363）

5月16日—17日　组织举办南通市情境教育实验学校语文骨干教师培训班。16日，上午做报告《优化结构之一："识字·阅读·习作"三线同时起步》，下午点评唐颖颖的观摩综合课《最爱想》；17日，上午做报告《优化结构之二：主题性四结合大单元教学》，并点评魏银珠的观摩课《海底世界》。（《会议记录、大事记》，2013年，案卷号：363）

6月8日—9日　出席南通大学情感教育研究所举办的"第三届情感教育国际论坛"，与朱小蔓等学者进行学术讨论。（《朱小蔓学术年谱》，第275—276页）

7月8日　在《中国德育》第13期发表《情境教育与班主任工作》。文章认为情境教育同样适用于班主任工作，并介绍了班主任工作从课外活动、主题性大单元活动、野外教育活动等方面进行拓展的具体做法。文章强调，班主任工作应该以德育为灵魂，德育工作要以情感为纽带，以儿童活动为途径，没有丰富多彩的主体性活动，儿童的道德素质很难得到提高。

8月　《人民教育》第15—16期合刊开设"情境教育"专辑。专辑"编者按"指出，创设情境不仅仅是激发学生学习兴趣的手段，情境教育有着更深层的理论建树和实践深意，其成果为解决小学阶段儿童创造潜能发展的问题提供了可贵的思想和途径，是儿童快乐、高效学习，健康、全面成长的一种范式。专辑共五个部分：解说（阐述情境教育的基本理念和实践方法），推广（情境教育区域推广经验），

探索（普通学校、幼儿园、特殊教育中实施情境教育的探索），践行
（课堂中的情境教育实践），品鉴（对情境教育的评价与分析），共包
括 23 篇文章。在"解说"部分发表《让情境教育的亮点亮起来——
儿童快乐、高效学习的范式》。文章指出，情境教育让教师带着情感
与智慧的光亮走进教室，走进儿童中间，让课堂亮起来，让儿童的心
灵亮起来。情境教育创造了符号学习与多彩生活链接起来的宽阔空
间；艺术直观与语言描绘相结合的优化手段连同结构的优化；学科教
学与儿童活动结合起来的课程新理念；古代文论精髓与现代儿童教育
理论结合的新突破，从中概括出真、美、情、思四大元素，闪烁着育
人智慧，融合为情感活动与认知活动结合的学习范式，促进儿童快
乐、高效地学习，发展潜能，全面健康地成长。①

　　9 月 11 日　在《中国教师报》发表《情境教学五原则》。文章指
出，经过长期实践，情境教学促进儿童发展的"五要素"已经发展为
五原则，即主动性原则、美感性原则、创造性原则、教育性原则和实
践性原则。

　　夏　在南通市李吉林情境教育理论与实践培训班上执教示范课
《萤火虫》。(王爱华：《情永久　境永存——追忆儿童教育家李吉林》)

　　10 月 17 日—19 日　出席在上海市育才中学召开的第三届基础教
育课程改革与发展论坛，做题为《学习科学与快乐、高效课堂的教学
设计》的主会场报告。论坛由人民教育出版社和中国教育学会主办。
在报告中指出，情境学习为学生构建快乐、高效的课堂的重要前提是
教学设计。教学设计时，根据学习知识的复杂性，可整合知识，选择
最佳途径设计情境；根据学习过程的不确定性，可以情激智，唤起学
生持久投入的内驱力；根据学习系统的开放性，可通过儿童活动，促
进学生自己建构知识，使知识与生活相链接，在对话中共同进步；根
据学习催发潜能的不易性，要着眼创新，不失时机地发展儿童的想象
力，培养儿童的创造力。(启迪：《第三届基础教育课程改革与发展论坛成功举

---

① 　该文收录于《40 年情境教育在路上：催开教育智慧的花蕾》。

办》,《课程·教材·教法》2013 年第 11 期)

10 月 23 日 发邮件给《教育研究》总编辑高宝立,在谈到《学习科学与儿童情境学习——快乐、高效课堂的教学设计》一文的写作时说:"这一次从学习科学角度来谈儿童的情境学习是首次,使情境教育迈上一个新的台阶。这是我酝酿已久的新课题。坦率地说,这篇稿子的写作难度不小,写得很费劲,但是为了情境教育的继续发展,为了更多的孩子快乐、高效地学习,我觉得自己劳累一点,还是挺有意义的。"(高宝立:《序》,第 2 页,载李吉林《我在实践中研究教育——〈教育研究〉发表李吉林论文专集》)

11 月 15 日 在《教育研究》第 11 期发表《学习科学与儿童情境学习——快乐、高效课堂的教学设计》。文章针对儿童学习知识的复杂性、学习过程的不确定性、学习系统的开放性以及学习催发儿童潜能的不易性,提出了"利用艺术之美""情感生成之力""凭借儿童活动""发展想象、培养创造力"的教学设计策略,初步构建出快乐、高效的情境学习范式,营造了一个愉悦的、丰富的、安全的且可以活动其中的高质量学习环境,让儿童在与教师和伙伴的互动中,与世界与生活相联中学习知识,能够为他们的学习提供有力的支撑。[①]

11 月 28 日—29 日 在华东师范大学参加"2013 学习科学研讨会"并做报告。报告深刻分析了儿童学习知识的复杂性、学习过程的不确定性,以及学习系统的开放性,由此提出,语文教学要求教师细心观察课堂与学生,利用经验、艺术之美、情感生成之力,为儿童构造快乐、高效的课堂,凭借儿童活动发展学生的想象力,激发学生的学习潜能。报告强调,儿童积极的学习情绪只是实现高效学习的桥梁,关键是教师要利用这个桥梁来引导儿童学习。华东师范大学董晓蔚和东南大学禹东川认为,她所倡导的情境学习与教育与脑科学的理论与发现相符合。(金莺莲、徐光涛、刘新阳:《学习科学:何以为教学创新注入

---

① 《课程·教材·教法》2014 年第 1 期摘录发表,《小学语文教学》2019 年第 16 期再次刊发,收录于《我在实践中研究教育——〈教育研究〉发表李吉林论文专集》。

活力——2013 学习科学研讨会综述》,《远程教育杂志》2014 年第 1 期)

12 月 4 日上午　为来校的泰州市小学卓越教师做情境教育报告。

(《会议记录、大事记》,2013 年,案卷号:363)

12 月 25 日　在通师二附组织举办"35 年改革创新、江苏情境教育研究所成立 15 周年暨情境教育成果展示会",会议由华东师范大学学习科学研究中心、教育研究杂志社、中国教育报刊社、《人民教育》编辑部等 7 家单位联合主办,朱永新、任友群、翟博、刘堂江和高宝立等出席会议。① 会议期间成立了江苏省教育学会情境教育专业委员会。在会上做题为《35 年"快乐、高效"儿童情境学习范式的建构历程》的主旨报告。报告介绍了 35 年间探索的"八个台阶",尤其是在学习科学引领下,情境教育取得的最新进展——"儿童情境学习范式"的建构,针对儿童学习知识的复杂、学习过程的不确定、学习系统的开放以及学习催发儿童潜能的不易,提出以"利用艺术之美""情感生成之力""凭借儿童活动""发展想象、培养创造力"为对策,进行教学设计。让儿童在与老师与伙伴的互动中、与世界和生活相连中学习知识,为他们的学习提供丰富给养的有力支撑,营造最佳的学习环境——一个"愉悦的""丰富的""安全的""且可以活动其中的环境",使教学设计更具科学性,更具创造性。从根本上保证课堂的快乐、高效。(康丽:《35 年,为儿童学习交出一份答卷》,《中国教师报》2014 年 1 月 15 日)

江苏省教育厅副厅长胡金波提出,要学习李吉林对儿童的大爱、治学精神和态度、继承民族优秀文化传统的自觉与热情以及求真务实的科学精神。(胡金波:《向李吉林学什么》,《中国教师报》2014 年 1 月 15 日)

北京师范大学教授裴娣娜认为,情境学习范式以"情"为"魂",将知识镶嵌在情境中,知识与情境相互依存,知识与儿童经验

---

①　关于这次会议,《光明日报》2014 年 1 月 14 日发表记者的采访报道《35 年创新之路——为了儿童快乐高效学习》,《中国教师报》2014 年 1 月 15 日刊发康丽的评述文章《35 年,为儿童学习交出一份答卷——李吉林情境教育创新之路》并汇选登部分专家的发言内容,《教育研究》2014 年第 3 期刊发王亦晴的综述文章《聚集儿童学习　情境教育迈入新阶段——"35 年改革创新　情境教育成果展示会"综述》。

结合。通过创设一种真实的、本真的、具有广度和深度的情境，引导学生通过与环境互动去建构知识，从而获得综合的、有声有色的、蕴含着审美和文化意蕴的知识。情境学习范式构建了儿童学习知识的多元结构开放系统，挑战了长期以来那种以封闭知识和烦琐习题对学生进行灌输的做法。情境学习将科学认识与情感艺术相结合，将知识性、工具性和文化性相统一，以美启真、求美至真，达到真、善、美的统一。（裴娣娜：《情境学习带来新突破》，《中国教师报》2014 年 1 月 15 日）

民进中央专职副主席、全国政协副秘书长朱永新指出，"她根本不需要去选择和孩子交往的方式，因为她一个眼神、一个姿态、一句话语，都是儿童的方式。""真正的教育大家必须要有自己的思想、自己的观点、自己的理论、自己的教学模式，把自己的经验能够上升到理论，上升到可以推广、可以复制、可以学习这样一个境界。李吉林在教学中探索，把理论延伸，形成一个相对成熟的情境教育理论。我觉得这才是一个教育大家的风范。"（朱永新：《如何成为教育大家》，《中国教师报》2014 年 1 月 15 日）

浙江省教育科学研究院院长方展画认为，情境教育改变了教育的一种价值，不再让学生机械、刻板地记知识点，练习、考试，创造了一种让学生自主成长、快乐成长的氛围，这才是教育的真谛。（方展画：《教育家应有的"心路历程"》，《中国教师报》2014 年 1 月 15 日）

江苏省教育科学研究所原所长成尚荣认为，李吉林提出的儿童情境学习范式，真正体现了情境学习的理论，是要在儿童情境学习范式的建构当中，为学习理论做出新的探索，提供新的经验；是要改变我们现在的教学实践和教育实践，改变现在学生的学习状态和学习过程。（成尚荣：《情境学习范式的构建》，《中国教师报》2014 年 1 月 15 日）

浙江省宁波市滨海教育集团校长李庆明指出，李吉林的情境教学与情境教育探索为教育工作者提供了卓越的范例。"她不会埋首于书斋，沉溺于玄想，凭空构造庞大的理论假设。她对情感、活动、审美等的重视，完全是基于对传统语文教学乃至整个儿童教育暴露的种种弊端的不满，基于即将到来的新世纪对人的素质全面发展的客观要求的积极回应。她不断提出的问题、设想都是扎根于教育实践土壤的一种真切而深情的声音，具有鲜明的实践目的和价值指向。"（李庆明：《不断发展的情境教育》，《中国教师报》2014 年 1 月 15 日）

本年　为南通特殊教育中心题词"情境催开特教花"。（邵云：《情境催开特教花——记李吉林老师与特殊教育》，《现代特殊教育》2019 年第 12 期）

2014 年　76 岁

1 月 8 日　国务院办公厅转发教育部等七部门《特殊教育提升计划（2014—2016 年）》，启动特殊教育提升计划。

3 月 30 日　教育部印发《关于全面深化课程改革落实立德树人根本任务的意见》。

9 月 10 日　习近平到北京师范大学与师生代表进行座谈，发表题为《做党和人民满意的好老师》的重要讲话，明确提出成为一名党和人民满意的好老师要有理想信念、有道德情操、有扎实学识、有仁爱之心的"四有"标准。

本年　教育部开始委托中国教育学会组织评选"基础教育国家级教学成果奖"。

1 月 15 日　在《中国教育报》发表《揭开儿童快乐高效学习的秘密》。文章介绍了探索儿童快乐高效学习的八个阶梯：让儿童学习与真实世界相通，美的学习情境给儿童带来愉悦，发现儿童情境学习的核心秘密，"五要素"体现儿童情境学习的普适性，多角度构建最佳组合的儿童学习环境，情境课程的四大领域开发，归纳情境课堂操作"五要义"，从学习科学、脑科学中找到理论依据和应对策略。①

2 月　王灿明在《中国教育学刊》第 2 期发表《情境教育视域下的儿童创新教育》。文章认为，李吉林建构出独具特色的情境性创新

---

① 该文收录于《40 年情境教育在路上：倾听时代的声音快乐前行》

教育模式，让儿童在快乐高效的学习过程中，获得情感的体验、智慧的启迪和创新潜能的发展，使情境课堂成为充满智慧和情趣的创新空间。文章建议，下一步应着力研究儿童创造力发展的情境性特征。

3 月 1 日—6 日　出席在华东师范大学召开的"学习科学国际大会"，做主旨演讲《学习科学与儿童情境学习——快乐、高效课堂的教学设计》。会议由经济合作与发展组织（OECD）、美国国家科学基金会（NSF）、联合国教科文组织（UNESCO）、华东师范大学、上海师范大学、香港大学联合举办。（郑太年、赵健、王美等：《学习科学与教育变革——2014 年学习科学国际大会评析与展望》，《教育研究》2014 年第 9 期）

3 月 17 日下午　在通师二附承办的安徽省合肥市骨干教师情境教育培训、书香校园研讨活动上做讲座《情境教育的实践与研究》。（《会议记录、大事记》，2014 年，案卷号：368）

4 月 10 日　王灿明在《中国教育报》发表《情境教育，中国本土教育理论的宣示》。文章认为《情境教育三部曲》是李吉林所有著作中最有份量也最有价值的一部书，是情境教育研究的扛鼎之作，足以成为提升情境教育国际话语权和建构中国教育理论话语体系的典范之作。[1]

4 月　在《教育研究》发表《〈教育研究〉激励我研究教育》，讲述自己在《教育研究》发表文章的几个故事。

同月　朱永新在《辽宁教育》第 10 期发表《如何成为教育大家》。文章以李吉林为例说明教育大家的特征包括：拥有童心，扎根于田野、生长于田野、关注田野，有自己的思想、观点、理论和教学模式。文章强调，李吉林虽已年过 70 岁，仍然拥有一颗儿童的心。

5 月 27 日　出席在海门实验小学召开的"情境教育与儿童创造力发展的实验与研究"课题推进会。在发言中指出，将情境教育同儿童的创造力结合在一起是中国实现素质教育的一条有效的路径。就情境教育和脑科学的关系，她表示："儿童的脑优先接受情绪性信号，积

---

[1]　该文收录于《我在实践中研究教育——〈教育研究〉发表李吉林论文专集》。

极的情感伴随学习活动可获高效。情境的创设能让儿童产生愉悦感，而这种内心的愉悦感和热烈的情绪，促使脑释放大量的神经递质，这些被称为'感觉良好'的神经递质可使脑和身体内部信息传递更加顺畅，更有利于创造力的迸发。"（"情境教育与儿童创造力发展的实验与研究"总课题组：《课题视窗》第 17 期）

同日　在《光明日报》发表《我如何走上教育研究之路》，回顾自己 1981 年 8 月至 2013 年 11 月间在《教育研究》发表 13 篇论文，从而走上在实践中研究教育道路的历程。①

6 月 1 日　就儿童节的过法表示："究竟六一儿童节该怎么过？还是应该听听孩子的声音，从孩子的需求出发，让他们快乐，当他们回忆起往事的时候觉得有意义。"（葛向阳、徐琪雯、靳晓燕：《六一，把节日还给孩子》，《光明日报》2014 年 6 月 1 日）

6 月 12 日　王灿明在《社会科学报》发表《情境教育：蕴含东方文化智慧的课程范式》。文章认为，李吉林创立的情境教育是我国实施素质教育的一个重要模式，在国际论坛上发出了回应世界教育改革的中国声音，为创建具有中国特色、中国风格和中国气派的中国教育学派提供了一个成功范例。情境教育学派的创生说明，只有同时具备了中国教育家、中国教育实践和中国文化三个关键条件，才能建构出充满本土气息和时代精神的中国教育学派。

7 月　为配套苏教版语文教材主编的《小学语文新补充读本》，经江苏省中小学教辅材料评议委员会 2014 年评议通过，开始在江苏凤凰教育出版社出版。②

8 月 25 日　出席在通师二附举办的江苏省情境教育专业委员会学术研讨会。（"情境教育与儿童创造力发展的实验与研究"总课题组：《课题视窗》第 19 期）

8 月　配套苏教版语文教材主编的《小学语文补充阅读》，经教

---

① 该文收录于《40 年情境教育在路上：倾听时代的声音快乐前行》。
② 这套教材每学期一册，共 12 册，至 2015 年 1 月出齐。

育部中小学教材审定委员会语文学科专家审查通过鉴定，开始在江苏凤凰教育出版社出版。①

同月　聘丁伟为江苏情境教育研究所副所长。（《聘书》，2014 年 8 月）

9 月 2 日　在《中国教育报》发表《恩师永远铭记心中》，回忆杜殿坤对自己成长过程中给予的指导与帮助。②

9 月 4 日　教育部公布首届基础教育国家级教学成果奖获奖名单，主持的项目"情境教育实践探索与理论研究"获得特等奖。（《教育部关于批准 2014 年国家级教学成果奖获奖项目的决定》，教师〔2014〕8 号）

9 月 9 日　在北京参加庆祝第三十个教师节暨全国教育系统先进集体和先进个人表彰大会，受到习近平等党和国家领导人的接见，激动地表示："我真切感受到一名中国教师的幸福，感受到国家对教师的尊重、对教师劳动的尊重；感恩这个时代，是时代召唤着我去改革、创新，才有今天的成就；感恩党和国家，对一个小学教师的研究给予这么高的评价，这本身就是极大的鼓舞；对生我养我的南通，我同样充满感激之情——特等奖花开南通，作为一名教师，能为家乡教育做点贡献，我倍感幸福。"（朱伟龙：《情境教育铸辉煌 人生境界攀高峰——记 2014 年国家级教学成果奖特等奖获得者李吉林》，《考试》2014 年第 11 期）

9 月 10 日　出席南通市委市政府召开的庆祝第 30 个教师节优秀教师代表座谈会并发言。（徐亚华、沈雪梅：《期盼更多优秀教师迅速成长 让"教育之乡"品牌越来越靓》，《南通日报》2014 年 9 月 11 日）

同日　《江苏教育报》发表记者采访报道《"情境教育没有到顶，新的高度还在前面"——访著名儿童教育家李吉林》。在接受采访时用"美"和"创造性"两个关键词概括情境教育，指出："这是在儿童发展中具有核心价值的，目的是让越来越多儿童的幼小心灵健康而丰富，让每个孩子都得到充分的发展。创造性则是关注儿童的想

————————

① 这套教材每学期一册，共 12 册。

② 该文收录于《40 年情境教育在路上：倾听时代的声音快乐前行》，改题为《引领我走向学术前沿的第一位导师——记比较教育著名专家、翻译家杜殿坤先生》收录于《潺潺清泉——李吉林教育随笔》和。

象力,想象力是他们宝贵的财富。"她强调,美和创造性的驱动力是情感,情境教育的灵魂就在于一个"情"字。"美"能给儿童带来愉悦,"美"能陶冶儿童美好的情感,培养美的道德。她表示,希望透过儿童学习秘密这个"黑箱"的一角,看见儿童情境学习的"光亮",并准备着手科学地构建儿童情境学习的范式。

9月19日下午　出席通师二附举办的李吉林老师荣获基础教育国家级教学成果特等奖心得交流会,会议主题为"情境教育:基础教育的新方向"。在会上介绍庆祝第30个教师节暨全国教育系统先进集体和先进个人表彰大会情况,并聘请南通大学教授王灿明、江苏省教育学会副会长叶水涛和南通市教科研中心副主任张建担任江苏情境教育研究所副所长。(《会议记录、大事记》,2014年,案卷号:368;"情境教育与儿童创造力发展的实验与研究"总课题组:《课题视窗》第19期)

9月　在《小学语文》第9期发表刊首语《小学语文教学必在情境中》。文章指出,"情境"已成为世界的话语,任何知识都是存在于一定的时间、空间、文化背景之中。一切知识产生于情境,最终又运用到情境中,因此小学语文教学必在情境中。

同月　在接受《华夏教师》记者采访时说:"情境教育"是符号学习与多彩生活链接起来的宽阔空间;是艺术直观与语言描绘相结合的优化手段与结构的优化;是学科教学与儿童活动结合起来的课程新理念;是古代文论精髓与现代儿童教育理论结合的创造性突破;是融合情感活动与认知活动的学习范式,是促进儿童快乐、高效的学习,发展潜能,全面健康地成长途径;更是我们对儿童的爱与教育智慧的结晶。情境教育的亮点体现为四个方面:一是"情境教育"让学习走向生活,走进源头;二是优化课堂教学途径,优化教学内容结构;三是学生主体至上,主动发展;四是本土生根,顺势而上。而最根本、最大的亮点是将古代文论"意境说"的精髓与现代小学教育结合起来。一个是古代的,一个是现代的;一个是文论,是说诗作词,一个是教育,是人的成长,这便是一个具有突破性的创新。(石雪、钱沛涵:《李吉林:情境教育,点亮儿童快乐成长之路》,《华夏教师》2014年第10期)

10 月 13 日　著作《情境教育三部曲》获得江苏省第十三届哲学社会科学优秀成果二等奖。(《省政府关于公布江苏省第十三届哲学社会科学优秀成果奖的决定》，苏政发〔2014〕106 号)

10 月 23 日　《中国教育报》头版头条刊发记者张滢的采访报道《奏响小学教改的中国旋律——记国家级教学成果特等奖获得者李吉林和她持续 36 年的"情境教育实践探索与理论研究"》。报道分"情境教育以钻研教学为基础""情感与认知结合是核心理念""全方位多学科架构理论体系"和"引领并与学习科学保持共振"等四个部分对李吉林的情境教育探索做了详细介绍。①

10 月　在《华夏教师》第 10 期发表刊首语《教育是一种播种》。文章指出，教育是薪火相传的事业，要想推动我国教育事业的整体快速发展，关键还是要提高教师的整体素质。文章表示："我不是农民，却是一个播种者，播撒'童心'收获健康。"

11 月 1 日　在《中国教育报》发表《爱，好老师的第一素养》。文章通过回顾自己 36 年探索与研究情境教育历程中的体悟，指出爱是当好老师的第一要素，倡导"爱满校园"。②

11 月 18 日　王灿明在《光明日报》发表《情境教育：基础教育的新方向》。文章认为，情境教育昭示着教育教学改革、创新人才培养和教师成长的新方向。

11 月 26 日　出席南通大学范曾艺术馆开馆仪式。(南通大学范曾艺术馆开馆仪式《嘉宾证》)

11 月 29 日—12 月 1 日　在北京参加中国教育学会第 27 次学术年会。大会组委会特设"对话李吉林"专场，播放了介绍李吉林探索情境教育历程、进展和成就的视频，叶水涛和王灿明就情境教育的内涵及核心要素、小学语文情境教学、情境教育的跨学科迁移、情境课程体系的构建、情境教育与立德树人、李吉林的成长历程对未来教育家

---

①　该文影印收录于《40 年情境教育在路上：倾听时代的声音快乐前行》。

②　该文同时发表于《南通日报》2014 年 11 月 11 日，收录于《40 年情境教育在路上：倾听时代的声音快乐前行》。

培养的启示以及如何营造适宜教育家成长的绿色生态环境等问题进行了讨论。(《中国教育学会第 27 次学术年会在京隆重举行》,《未来教育家》2014 年第 12 期;"情境教育与儿童创造力发展的实验与研究"总课题组:《课题视窗》第 22 期)

12 月 28 日　接待中国教育学会副会长、江苏省委组织部副部长胡金波来校看望慰问。("情境教育与儿童创造力发展的实验与研究"总课题组:《课题视窗》第 24 期)

12 月 29 日　出席通师二附举办的江苏省教育学会 2014 年学术年会暨李吉林教育思想研讨会,并在会上介绍自己的研究探索情况。会议主题为"情境教育再出发",胡金波、杨念鲁、朱卫国、杨九俊、周德藩、朱晋、裴娣娜、郝京华、赵健、李庆明、成尚荣、陆志平、孙真福、叶水涛、缪建东、郭毅浩、常逢生、鞠文灿、董正谨、戴铜等出席会议。(《会议记录、大事记》,2014 年,案卷号:368;《江苏省教育学会 2014 学术年会暨李吉林教育思想研讨会在南通召开》,《未来教育家》2015 年第 1 期;"情境教育与儿童创造力发展的实验与研究"总课题组:《课题视窗》第 24 期)

江苏省教育厅副厅长朱卫国认为,情境教育这座富矿还应得到更大规模的开采,要把情境教育理论与实践的新成果转化为更大的"教育力",普惠各地学校。(《江苏省教育学会 2014 学术年会暨李吉林教育思想研讨会在南通召开》)

南京师范大学教育科学学院教授郝京华提出,课堂是一种简化的情境,让孩子获得散状知识结构,建议学校在此基础上,建立"建筑中心"、"地球家园实验室"等仿真情境,以便孩子进一步化知识为能力。(《江苏省教育学会 2014 学术年会暨李吉林教育思想研讨会在南通召开》)

北京师范大学教授裴娣娜认为,情境教育是对教学进程的艺术情感把握,从情境教学、情境课程发展到情境学习观这样的"三部曲",每一次飞跃都是李吉林老师实践与反思的结晶。(《江苏省教育学会 2014 学术年会暨李吉林教育思想研讨会在南通召开》)

本年　与南通市书法家协会副主席杨谔交谈时说:"现在我们教育孩子要诚实,但在许多时候,大人却在教孩子说谎。现在的孩子是很聪明的，你只要教他说上两次谎，课堂上的'诚实教育'就前功尽弃了，很难再纠正过来。"① (杨谔:《天上添了一颗闪亮的星——怀念李吉林老师》，2019 年 8 月 6 日，南通网 http：//www.zgnt.net/content/2019—08/06/content_2625726.htm)

---

① 杨谔于 2019 年 8 月回忆时说，5 年前的一天中午去李吉林家中交流，据此推断为 2014 年。

2015 年　77 岁

7 月 20 日　教育部、共青团中央、全国少工委联合印发《关于加强中小学劳动教育的意见》。

9 月 15 日　国务院办公厅印发《关于全面加强和改进学校美育工作的意见》。

2 月　著作《情境教育三部曲》获得第五届中华优秀出版物奖图书奖。(中国出版协会《荣誉证书》,2015 年 2 月)

3 月 25 日　为通师二附教师做讲座。(《会议记录、大事记》,2015 年,案卷号:352)

4 月 6 日　《未来教育家》第 4 期特别策划"春天,情境教育生机勃发"栏目,集中刊发集李吉林的文章《情境教育:基础教育的新方向》《时代的哺育——感悟情境教育从萌生到发展的历程》和刘堂江的《李吉林八大成长基因》及"南通市情境教育专著学习心得演讲比赛"11 位获奖者的演讲稿。

《情境教育:基础教育的新方向》介绍了自己参加庆祝第三十个教师节暨全国教育系统先进集体和先进个人表彰大会的情形和感想,指出情境教育是基础教育的新方向。

《时代的哺育——感悟情境教育从萌生到发展的历程》,回顾情境教育从萌生到发展的过程,深深感悟到是时代哺育了自己,自己听从时代的召唤,跟随时代的脚步,成为时代的幸运儿。

刘堂江的《李吉林八大成长基因》认为,李吉林具备草根底色、职业认同、挚爱儿童、勇于创新、百折不挠、思考写作、学界互动、文化滋养等八大教育家成长基因。

4 月 28 日　委托叶水涛代为参加"于漪李吉林洪宗礼教育实践与教育家成长座谈会"并演讲，会议由镇江市教育局和《未来教育家》编辑部联合举办。成尚荣在会议总结时指出，李吉林最大的贡献是创建了情境教育，建构了具有中国风格的小学教育的流派，而这种中国风格的教育流派，回应了世界教育改革的潮流，彰显了东方民族的智慧。(裴伟等：《文化寻根　精神还乡——"于漪李吉林洪宗礼教育实践与教育家成长座谈会"综述》，《镇江高专学报》2015 年第 3 期)

4 月 29 日　出席在通师二附举行的南通市情境教育成果推广暨南通市情境教育专业委员会成立大会。在讲话中回顾了情境教育的发展历程，介绍了情境教育的最新研究成果。会议确定南通市崇川区和如东县为首批情境教育市级实验区。(《李吉林情境教育研讨推广大事记》，《江苏教育报》2019 年 7 月 19 日)

5 月 19 日　出席南通大学召开的"国家级卓越教师培养改革项目推进会"。在讲话中指出，做卓越教师需要深深地爱学生、自觉追求高远境界和扎实的基本功。①

同日　在《南通日报》发表《为儿童研究儿童：教育创新从这里起步》。文章介绍了自己"为儿童研究儿童"的心得体会，主要是：为了让儿童在快乐的学习生活中起步，进行教学改革；为了让儿童高效地学习，优化途径，优化结构；为儿童坚持创新，揭开儿童学习的秘密。文章强调，自己的教育创新主要在于，使情境教育成为儿童在快乐、高效的学习活动中获得全面和谐发展的重要途径，初步构建了儿童情境学习的范式，教育创新的出发点是"为儿童研究儿童"。

6 月 2 日—3 日　出席在通师二附举办的第一届南通市情境教育实验学校小学语文优课评比活动。在讲话中指出，比赛就是要看老师情境的创设是不是儿童需要，是不是能够激起他们快乐、高效的学习，是不

---

①　该讲话稿以《致未来的卓越教师》为题收录于《潺潺清泉——李吉林教育随笔》。

是符合儿童学习的需要和儿童学习的规律。(《第一届南通市情境教育实验学校小学语文优课评比活动在通师二附举行》，江苏情境教育研究所网站)

6月25日—26日　出席在南通特殊教育中心召开的中国特殊教育改革与发展系列论坛"之"全国特殊教育学校情境教育研讨会"。在讲话中介绍了情境教育运用于特殊教育的实践情况，指出情境教育的核心理念就是情感与认识的结合，两者的结合就是学习的核心。她强调，儿童残障有特别敏锐的一面，他们学习的情境要更加有趣、更有吸引力，让他们的心灵得到更多的温暖和润泽。[1]

7月　中国教育学会副会长、国家督学、中共江苏省委组织部副部长胡金波在《人民教育》发表《情境教育：探求儿童学习的秘密》。文章认为，情境教育以丰富的教学实践觅得源头活水，以灵动的教学实践获得持续动力，以鲜活的教学实践提供评价尺度，走出了一条不为升学、赢得升学的素质教育之路。情境教育是始于问题、"通情""达理"、植根于美的教育。

9月15日　出席中国教育学会秘书长杨念鲁在南通召开的研究推广情境教育工作调研座谈会。("情境教育与儿童创造力发展的实验与研究"总课题组：《课题视窗》第28期)

9月18日　出席通师二附1965届五（1）班毕业五十周年同学会[2]。

10月中旬　在通师二附与李镇西见面时说："我也就喜欢教书，单纯。我也不会当校长，叫我当我也不当。我觉得自己最适合做老师，因为我喜欢孩子！孩子们也喜欢我。"(李镇西：《李吉林："我是长大的儿童"》，《未来教育家》2016第2—3期)

10月24日　出席在南通举行的2015年长三角"行知伴我成长"论坛。论坛由江苏省陶行知研究会、浙江省陶行知研究会、上海市陶行知研究会主办，南通市教育局、南通市崇川区人民政府、南通市陶行知

---

[1]　该讲话稿以《愿我们的残障孩子成长得更好》为题发表于《现代特殊教育》2015年第7—8期合刊，以《一项具有公德意义的事业》为题收录于《潺潺清泉——李吉林教育随笔》。

[2]　该班即李吉林1960年开始参与五年一贯制改革的实验班。

研究会承办，崇川区教育体育局、南通师范第一附属小学协办，会议主题是"学陶师陶，做四有好教师"。在会上做题为《先行者的引领与启示——行知先生为儿童教育带来福音》的报告，朱小蔓点评。(《2015 年长三角地区"行知伴我成长"论坛在南通举行》，南通陶研网，http://www.nttyw.cn/ywgg/tyyw/content_ 84358)

10 月　在接受记者采访时指出，情境教育就是让情感伴随着儿童学习活动，调动儿童的内心让自内心地想学习；小学语文教学不仅要让学生掌握语文工具，还要给他们提供人文的熏陶感染，使他们的道德、情感、智慧都能得到很好的开发和培养；情境教学能让孩子身临其境，产生真切感；不能让应试教育泯灭了孩子的灵性和潜在智慧；应减缓幼小衔接的坡度，使孩子能开始适应小学的学习生活，进而从适应到喜欢；希望年轻教师抓紧时间，只争朝夕，要多为孩子着想，让孩子学习负担不重，又能学得生动活泼。(王琦、商亮、孙大陆：《李吉林：潜在智慧是人才最可贵的东西》，《教育家》2015 年第 4 期)

10 月底　接待省教育厅厅长沈健专程来访慰问。

11 月 4 日　在《江苏教育报》发表《情境教育，伴着年轻人一起成长》。文章讲述了自己在通师二附青年教师培训中心指导青年教师成长的故事，强调自己要在助推青年教师成长的道路上播撒情境教育的种子。

11 月 11 日　在《中国教育报》发表《在反思与顿悟中升华"情境"》。文章回顾了自己为了儿童学好语文而探索情境教学，为了儿童学好各科而拓展情境教育，为了让更多的孩子获益而构建情境课程，为了儿童高效学习、全面发展而研究情境学习的历程。文章强调，儿童是学习的主体，儿童学习的问题是教育的本质问题，贯穿情境教育探索历程的，是对教育理想境界的不懈追寻和通过学习获得的自我充实。①

11 月 24 日上午　出席在南通召开的"第六届全国情感教育年会

---

① 该文收录于《40 年情境教育在路上：倾听时代的声音快乐前行》。

暨中陶会教育与情感文明专委会成立大会"。会议由南通市教育局、南通大学主办，江苏省南通田家炳中学、南通大学情感教育研究所承办。在会上做情境教育研究报告，介绍情境教育的探索历程，指出情感在情境教育中不仅仅是手段，还是一种目的，情感是情境教育的命脉，没有情感，就没有情境教育。[①]（荣进：《第六届情感教育年会暨中陶会教育与情感文明专委会成立大会在南通召开》，《中国教师》2015 年第 23 期）

12 月 1 日　《小学语文》第 12 期刊发通师二附特级教师陆红兵对李吉林进行的专题访谈《情境：学生语言发展的温床》。在访谈中指出，语言在促进儿童心理品质的发展中具有不可替代的作用，情境是发展语言不可或缺的、广阔而生动的场景，语言离不开情境，情境提供了语言材料，促进了语言发展。此外，她还阐述了利用创设情境发展儿童内部言语、独自言语、对话言语和书面言语的具体方法。

本年　在《人民教育》增刊发表《情境教育创新历程，探索与研究的八个台阶》和《为儿童学习持久地下功夫》。

《情境教育创新历程，探索与研究的八个台阶》回顾了情境教育的创新历程，将情境教育的探索与研究分为八步：抓紧关键期儿童习作提早起步，让艺术走进语文教学，寻找提高儿童学习效率的秘密，产生拓展和推广情境教育的顿悟，提出各学科情境教育的具体策略，开发情境课程，提出情境课堂操作"五要义"，找到脑科学的理论支撑。[②]

《为儿童学习持久地下功夫》介绍了自己几十年来为了儿童的学习持久地下功夫所做的教学探索，强调课堂曾经焕发了自己青春的活力，开发了教师生涯中黄金岁月里萌发的教学智慧，至今仍是自己依恋的地方。[③]

---

① 该发言稿后以《情感让儿童快乐高效地学习》为题发表于《中国教师》2016 年第 1 期。
② 该文收录于《40 年情境教育在路上：催开教育智慧的花蕾》。
③ 该文收录于《40 年情境教育在路上：催开教育智慧的花蕾》。

2016 年　78 岁

　　1 月 28 日　江苏省教育厅召开江苏教育发展专家咨询会，与会的全国知名专家一致认定，江苏教育发展水平总体超过世界中高等收入国家平均水平，已率先建成教育强省。

　　7 月 2 日　国务院印发《国务院关于统筹推进县域内城乡义务教育一体化改革发展的若干意见》。

　　2 月　邀请朱永新为随笔集《潺潺清泉——李吉林教育随笔》作序。（朱永新：《序》，载李吉林《潺潺清泉——李吉林教育随笔》，第 1—3 页）

　　3 月 30 日　在《中国教育报》发表《美是情境教育的最高境界》。文章指出，美的追求构成了自己的行为准则，渗透着自己的人生价值观。文章强调，要用美滋润孩子美的心灵，通过美去唤情，以情激智，情智整合，激起儿童主动发展的"内驱力"。①

　　4 月 24 日—25 日　出席在通师二附举行的"中国教育学会情境教育研修与推广中心"成立大会暨"情境教育"第一期推广活动。活动由中国教育学会和《人民教育》杂志共同举办，陶西平、胡金波、朱卫国、李曜升、成尚荣、裴娣娜、裴新宁、郝京华等参加会

---

　　①　该文同时发表于《教育家》2016 年第 16 期，收录于《40 年情境教育在路上：倾听时代的声音快乐前行》。

议。在会上做主题报告《为儿童研究儿童，三十八年做一个课题》。①
报告指出，情境教育的探索之所以能一步步展开，很重要的一点是自己
始终怀着对儿童无限的挚爱。经过 30 多年的实践研究，终于概括出儿
童情境学习的范式：择美造境，境美生情，以情启智，情智融合，让儿
童在境中学、思、行、冶。该范式的阐述，揭开了儿童学习情感活动与
认知活动结合的多因素之间逻辑演变的过程。(《"中国教育学会情境教育研
修与推广中心"成立大会在南通举行》，《未来教育家》2016 年第 5 期)

原国家教委副主任柳斌表示，李吉林是我国素质教育一面鲜艳的
旗帜，她的创新精神、学习精神、热爱儿童、忠诚于国家教育事业的
奉献精神都令人敬重。②(柳斌：《她对儿童的热爱令人敬重》，《中国教师报》
2016 年 5 月 4 日)

江苏省委组织部副部长、中国教育学会副会长胡金波认为，情境
教育是充满生气、富有灵气、彰显大气、勃发朝气的教育，是源于实
践、始于问题、系于想象、成于实验的教育，是值得品味、可以复
制、能够推广、适合操作的教育。研究、推广情境教育要聚焦三点：
一是聚焦李吉林从一名普通教师到知名教育专家成长过程的研究，为
青年教师提供可学习的样本；二要聚焦情境教育过程所揭示的规律的
研究，为提升教学品质提供可借鉴的路径；三是聚焦情境教育手段的
研究，为推广情境教育提供可应用的方法。③(《"中国教育学会情境教育研
修与推广中心"成立大会在南通举行》，《未来教育家》2016 年第 5 期)

中国教育报刊社党委书记、社长李曜升指出，情境教育具有公信
力、权威性，体现了民族情境教育历史的纵坐标和国际此类研究的横
坐标，经过时间检验，能够反映规律的理性认识。我们要学习李吉林

---

① 关于这次会议，《中国教师报》2016 年 5 月 4 日集中刊发柳斌、胡金波、李曜升、杨念
鲁、刘堂江和吴刚等专家的发言，并以《因为对儿童无限挚爱》摘要发表李吉林的报告（收录
于《40 年情境教育在路上：倾听时代的声音快乐前行》)。《中国教育学刊》2016 年第 10 期开
设"情境教育专题研究"专栏集中刊发李吉林的主题报告（改题为《为儿童学习构建情境课
程》）以及陶西平、成尚荣、裴娣娜、裴新宁、郝京华等专家的发言。

② 柳斌未出席会议现场，发表视频讲话。

③ 2016 年 5 月 4 日《中国教师报》摘录发表题为《推广情境教育的三条路径》。

的创造精神、时代精神和儿童精神。（李曜升：《向李吉林学什么》，《中国教师报》2016 年 5 月 4 日）

中国教育学会秘书长杨念鲁认为，李吉林是一位真正了不起的教育家，永葆童心，倾注真情，为了"儿童快乐高效学习、全面发展"，勇做教育改革的弄潮儿。她来自田野，扎根田野，尽管在全国有声望，影响也走向世界，但始终保持着小学教师的身份，始终保持着教育的研究激情。推广情境教育，昭示着国家基础教育教学改革的方向。（杨念鲁：《始终保持研究激情》，《中国教师报》2016 年 5 月 4 日）

北京师范大学教授裴娣娜认为，情境教育的思想直指当前学校教学实践中存在的关于创设情境的功能和"体验"认识的误区，它将科学与人文统整，实现的是对教育过程人文、艺术的把握，对传统知识观的超越，对工具理性教学观的理性批判，解决的是一个世界性难题。深化情境教育研究，必须形成推进层面的决策力、学校层面的校长领导力和教师的课程创生能力，同时加强理论概括和提炼成果。[1]
（裴娣娜：《情境教育与教学的重构》，《中国教师报》2016 年 5 月 4 日）

国家教育咨询委员会委员、联合国教科文组织协会世界联合会荣誉主席陶西平认为，情境教学将人的先天的潜质与后天的素养辩证地结合起来，体现了教育的真谛。情境教学的研究，从教学法开始，最后回归到教育的本质和教育的功能，有着极为深刻的理论和实践意义。[2]（陶西平：《教育家不是温室里的花朵》，《中国教师报》2016 年 5 月 4 日）

中国教育学会常务副会长、《未来教育家》杂志总编辑刘堂江认为，李吉林的成长有五点启示。一是"情怀"，做教师要有教育情怀，成为大教育家更要有大教育情怀。二是"学力"，正因为她乐于学习、勤于学习、善于学习，才有了今天的情境教育。三是"沃土"，中国教育家成长的必由之路是根植于中国教育改革实践的沃土，她是根植

---

① 该发言稿全文以《基于情境教育理念的课堂教学重构》为题发表于《中国教育学刊》2016 年第 10 期。

② 陶西平未出席会议现场，专门发来贺信，贺信全文以《新时代教育改革的壮丽画卷——从情境教学到情境教育》为题发表于《中国教育学刊》2016 年第 10 期。

于实践沃土的典范。四是"周边",她在情境教育的探索中是善于借风借力的智者,不是就语文而论语文,而是借用美术、音乐、戏剧等周边学科跳出了本学科的思路。五是"感悟",古代的"意境说"引起了她的极大共鸣,从中概括出"真、情、意、美"四大特点,并逐渐构建了情境课程的操作体系,从而推动情境教育日益走向大众化,感悟特别是高层次的感悟,是情境教育理论生成的重要原因。(刘堂江:《教育家根植于改革沃土》,《中国教师报》2016年5月4日)

南京师范大学教授郝京华认为,李吉林用情境教育弥补了传统的、以知识为中心的课程组织方式去情境化的弊端,把课堂情境人化、优化、美化,重现赋予课堂意义性。[1] (郝京华:《真实情景的创生意义》,《中国教师报》2016年5月4日)

华东师范大学教授吴刚认为,李吉林的情境教育作为一种回应世界基础教育发展的中国话语,最初由"情境教学"而来。情境教学受到中国古代文论中"意境"(意象、境界)的启发,从而有着中国思想文化的历史传统(学统)渊源。同时,它与国际其他情境学习理论有一种可对话的"家族相似性"。所以,在形态上具有"本土行动、国际视野"的特质。(吴刚:《回应世界教育的中国话语》,《中国教师报》2016年5月4日)

华东师范大学学习科学研究中心主任裴新宁认为,认知性、价值性和意愿性是情境课程展现出的三个基本优势,指向深度学习的情境课程思想兼具本土性与国际性,情境课程充分体现学习科学原理,为学校课程变革的理论建构提供参考,情境化与跨情境化是"核心素养"培育的关键,情境转换有助于实现文化间的有效对话,查明自身发展中的问题,应营造以学习者为中心的生态环境。[2] (裴新宁:《指向深度学习的课程框架》,《中国教师报》2016年5月4日)

---

① 该发言稿全文以《李吉林情境教育三部曲的课程论意义》为题发表于《中国教育学刊》2016年第10期。

② 该发言稿全文以《国际视野下李吉林情境课程优势分析》为题发表于《中国教育学刊》2016年第10期。

原江苏省教育科学研究所所长成尚荣认为，情境教育既是实践体系又是理论体系，它回答了什么是理论、理论是怎么诞生的问题，启发中小学教师也可以创造理论。情境教育的核心概念是情境，"为儿童研究儿童"是其根概念。情境教育深植于中华优秀传统文化的土壤中，具有中国特色、中国风格和中国品格。情境教育的原创性与其求真品格相呼应，积极的人生态度、中华美学精神以及儿童情怀、乡土情怀铸造了她的求真品格。（成尚荣：《中国情境教育的原创性——李吉林理论与实践研究的求真品格》，《中国教育学刊》2016 年第 10 期）

江苏省教育厅副厅长朱卫国提出，应把情境教育作为师范生培养的课程，让他们及早掌握情境教育的基本理念和教学方法。（董筱婷：《重"读"情境教育》，《人民教育》2016 年第 15 期）

北京开放大学副校长、情境教育研修与推广中心专家委员会主任委员张铁道指出，教师实践能力发展不仅需要构建学习共同体，还需要有相应的课程规划与研修过程。我们开发的李吉林情境教育教师实践能力发展课程，注重基层教师的教学实践能力发展，具体目标在于引导南通市基层教师学习情境教育理论，掌握情境教育的基本原则与方法，改进自身教学实践。（董筱婷：《为啥情境教育这么有生命力》，人民教育微信，2016 年 4 月 26 日）

4月　在教育科学出版社同时出版《激情萌发智慧——李吉林情境教育论文选》《潺潺清泉——李吉林教育随笔》和《情境教育精要》三本书。

《激情萌发智慧——李吉林情境教育论文选》精选 38 篇论文，按时间为序，充分展现了从情境教学到情境教育再到情境课程的探索历程。

《潺潺清泉——李吉林教育随笔》分 12 辑汇编了 99 篇随笔和散文，集中介绍了李吉林关于儿童、语文教育、思维训练和教师专业成长中的思考。

《情境教育精要》从认识、实践和设计三个方面，对情境教育作了全面系统的总结。该书指出，情境教育的核心理念是实现情感活动与认知活动的结合，核心要素是真、美、情、思，特点是形真、情切、意远和理寓其中，情境的创设途径有图画再现、音乐渲染、角色体验、游戏比赛、网络拓展、语言描绘，情境教育促进儿童发展的要素有：以培养兴趣为前提，诱发主动性；以指导观察为基础，强化感受性；以发展思维为核心，着眼创造性；以激发情感为动因，渗透教育性；以训练学科能力为手段，贯彻实践性。该书提出了语文、数学、德育、音体美和科学等课程的情境教育实践方法，系统地概括了情境教育的设计要求：熟悉核心、综合、衔接和源泉等四大课程领域，体现儿童、知识和社会三个维度，营造儿童情境学习最佳环境的基本范式，促进儿童主动学习的四大原理，执行操作的五大要义。

5月24日—25日　出席在通师一附举办的江苏省第十七届青年教师小学语文课堂教学观摩暨优课评选活动。(《关注现实　热爱生活　易于动笔　乐于表达　2016.5.24—5.25南通——江苏省第十七届青年教师小学语文课堂教学观摩暨优课评选活动掠影》，《七彩语文（教师论坛）》2016年第8期)

6月6日　王灿明在《东西方思想杂志》（JOURNAL OF EAST-WEST THOUGHT）发表书评。书评指出，《情境教育三部曲》使情境教育从小城南通走向全国，进而走向世界，也使情境教育学校的轨迹更加清晰，突出了更鲜明的"中国标志"。

6月　论文《学习科学与儿童情境学习》获得江苏省第四届教育科学优秀成果实践探索一等奖。(《关于公布江苏省第四届教育科学优秀成果奖的通知》，苏教科规领〔2016〕2号)

7月　参与主编的《义务教育教科书　语文》（一～六年级）开始在人民教育出版社出版。①

9月8日下午　出席通师二附举办的"60年，我在爱儿童中长大"李吉林老师从教60周年暨庆祝第32个教师节主题活动。(康丽：《把爱与智慧献给孩子——李吉林从教60周年纪念活动举行》，《中国教师报》2016年9月21日)

---

①　该套教科书由教育部组织编写，北京大学中文系温儒敏担任总主编，陈先云（执行）、曹文轩、崔峦和李吉林担任小学主编。2021年9月，该套教材获得首届全国教材建设奖特等奖。

9 月 21 日　在《中国教师报》发表《60 年，我在爱儿童中长大》。文章回顾了自己在通师二附工作 60 年的感悟，指出自己像农民一样，从昔日的耕耘者成为今天的收获者，在儿童情境学习的熏陶、感染下，在培养他们情感与智慧的同时，也启迪了自己的智慧，使自己像儿童一样，有了丰富而快乐的精神世界。①

11 月　论文《学习科学与儿童情境学习》获得第五届全国教育科学研究优秀成果一等奖、江苏省第十四届哲学社会科学优秀成果奖一等奖。(《教育部关于颁发第五届全国教育科学研究优秀成果奖的决定》，教办〔2016〕7 号；《省政府关于公布江苏省第十四届哲学社会科学优秀成果奖的决定》，苏政发〔2016〕155 号)

同月　王灿明和刘璐在《教育研究》发表书评《植根本土的中国情境教育探索》。书评指出，《激情萌发智慧：李吉林情境教育论文选》深深铭刻着"中国印记"，展现了植根本土的中国情境教育探索的历程。

本年　与成尚荣聊天时产生顿悟，提出"为儿童研究儿童"的重要命题，得到成尚荣的高度肯定和赞赏。(成尚荣：《为儿童研究儿童——李吉林的人格写照》，《人民教育》2019 年 15—16 期)

同年　德国学术出版集团施普林格（Springer）购买"情境教育三部曲"的英文版权并向全球发行。

---

①　该文收录于《40 年情境教育在路上：倾听时代的声音快乐前行》。

2017 年　79 岁

8月1日　中共中央办公厅、国务院办公厅印发《关于深化教育体制机制改革的意见》。

9月1日　教育部统一组织新编的义务教育道德与法治、语文、历史三科教材在全国中小学投入使用。

2月9日　在给高宝立的邮件中说："你们虽已决定发表我的稿子，但我总是以审视的眼光去找自己的碴儿，把稿子改了又改。想不到这却感动了你们的责编刘洁老师，我又深受鼓舞。"（高宝立：《序》，第3页，载李吉林《我在实践中研究教育——〈教育研究〉发表李吉林论文专集》）

3月　在《教育研究》第3期发表《中国式儿童情境学习范式的建构》。文章指出，情境教育始终围绕着"儿童的学习"的主题进行探索和发展，中国式儿童情境学习构建从发现弊端开始，探究儿童怎么学习习作、学阅读和学数学，提出一系列鲜明主张：儿童习作要从封闭走向开放，让课堂与生活相通；儿童阅读要让艺术走进课堂；引导学生在生活中发现数学，通过创设情境推动儿童形象思维与逻辑思维相结合，利用各种手段重演再现人类发明数学公式的情境。论文从儿童心理倾向，概括出儿童主动学习的情感驱动原理、暗示倾向原理、角色转换原理和心理场整合原理，提出操作策略以及为儿童快乐高效学习而营造最佳学习环境的要则。论文将古代文论中的"意境说"创造性地运用于儿童教育中，将"真、美、情、思"列为儿童情境学习的四大核心元素，将"情感与认知结合"确立为儿童情境学习的核心理念，通过择美构境，境美生情，以情启智，引导儿童在情境中学、思、行、冶，构建儿童情境学习范式。①

4月　在《未来教育家》第 4 期发表《为儿童生命发展添翼》。文章指出，通过借鉴当代先进教育理论，吸纳民族文化的理论滋养，构建出促进儿童快乐、高效学习的理论体系和操作体系，形成独特的优势，为儿童生命的发展添翼。

同月　李吉林情境教育展览馆在通师二附落成。（江苏情境教育研究所提供，2023 年 4 月 24 日）

5 月 6 日　在《光明日报》发表《母亲的"谚语式家教"让我受用终身》。文章回忆自己成长过程中母亲教育自己的谚语，主要有："人穷志不穷，人家就是有个金人儿，你看也不要看。""有的人，不教自成人；有的人，教了就成人；还有的人，教死了也成不了人。""人往高处走，水往低处流。""要想人不知，除非己莫为""白天不做亏心事，夜半敲门心不惊。""受人之托，忠人之事。""人不知己过，牛不知力大。""君子之过，如同日月。""人言可畏。""宰相肚里能撑船。""饱汉子不知饿汉子饥。""人情大似债。""小人得志乱猖狂。""年怕中秋，月怕半。""牛拴在桩上一样地老。"②

5 月 21 日　出席南通师范高等专科学校李吉林情境教育研究所揭牌仪式，受聘担任研究所名誉所长。（《李吉林情境教育研究所正式揭牌》，南通师范高等专科学校李吉林情境教育研究所网站）

6 月 10 日　收柳小梅等人为徒。（柳小梅：《做永远的儿童——致恩师李吉林》，《江苏教育》2020 年第 78 期）

6 月　为配套统编版语文教材主编的《小学语文新补充读本》开

---

① 该文的部分内容以《"意境说"导引，建构儿童情境学习范式》为题发表于《课程·教材·教法》2017 年第 4 期，后又作为"中国情境教育儿童学习范式国际研讨会暨李吉林儿童情境学习专著（英文版）首发式"的主报告内容，同时以《构建情境教育儿童学习范式》为题发表于《中国教育报》2017 年 11 月 22 日，以《构建中国情境教育儿童学习范式》为题发表于《中国教师报》2017 年 11 月 22 日并收录于《40 年情境教育在路上：倾听时代的声音快乐前行》。

② 该文收录于《潺潺清泉——李吉林教育随笔》和《40 年情境教育在路上：倾听时代的声音快乐前行》。

始在江苏凤凰教育出版社出版。①

8月　配套统编版语文教材主编的《小学语文补充阅读》，经教育部中小学教材审定委员会语文学科专家审查通过鉴定，开始在江苏凤凰教育出版社出版。②

夏　柳斌在北京万寿庄为祝贺情境教育文集外文版发行题词："情境育人传风骨，厚德载物滋蕙兰"。

10月10日　在《小学语文》第10期发表《爱与激励成就人生》。文章讲述自己学生时代、初为人师和走上探索研究之路的历程，指出"儿童有情，美能唤情；利用、培养儿童的情感；情能激智，情智融合，成为促进儿童发展的高效举措"，这是对儿童学习秘密的一大发现。文章强调，课堂是自己的出发点和田园，在儿童情境教学的熏陶、感染下，在培养学生的情感与智慧的同时，自己也获得了充实的人生，像儿童一样，有了丰富而快乐的精神世界。

10月　在教育科学出版社出版《我在实践中研究教育——〈教育研究〉发表李吉林论文专集》。该书汇编了自己1981年至2017年间在《教育研究》上发表的15篇论文和记者专访，涵盖了从研究小学语文情境教学到各科的情境教育，以及情境课程、情境教育的各个阶段，内容涉及发展儿童思维、创造性、审美能力、培养儿童情感等儿童教育的诸多重要问题，集中反映了情境教育的基本思想和核心内容。

11月16日—17日　出席在南通举行的"中国情境教育儿童学习范式国际研讨会暨李吉林儿童情境学习专著（英文版）首发式"③，在会上做主旨报告《中国情境教育儿童学习范式的构建》。会议由中

---

① 这套教材每学期一册，共12册。

② 这套教材每学期一册，共12册。

③ 11月13日，李吉林儿子刘飞鸣被评为"中国插花花艺大师"。11月17日，孙女刘春辰获得亚洲皮革设计大赛女装设计大奖。记者认为，一周之内，李吉林一家三代接连获得国内外同行瞩目，是其家族不忘初心、善于思考、不断创新而结出的硕果。见沈樑：《李吉林一家三代同获海内外瞩目》，《江海晚报》2017年11月29日。

国教育国际交流协会、中国教育科学研究院、中国教育学会、中国教育报刊社、德国 Springer 出版社、江苏省教育厅、南通市人民政府等7 家单位联合主办，来自中国、美国、德国、澳大利亚等国家的教育研究专家、教育行政管理人员、中小学教育工作者及教育新闻出版工作者等 400 多人参加会议①。（刘立德、张璐：《向世界教育发展贡献中国智慧——中国情境教育儿童学习范式国际研讨会述评》，《教育研究》2018 年第 2 期）

教育部原副部长王湛认为，中国非一线城市一位小学教师的研究成果由国外知名出版社出版发行并受到国际教育界专家的关注，生动地表明中国教育的国际交流合作正在向纵深迈进，让人感受到中国教育正经历从大起来到强起来的转变，从跟跑者到并行者、再到领跑者的转变。②（王湛：《现实生活是儿童学习的巨大智库》，《中国教师报》2017 年 11月 22 日）

时任民进中央专职副主席朱永新认为，李吉林是苏派教育的旗帜，是教育大家的典范，是教育实验的奇迹，是终身学习的楷模，是新教育人的良师。（朱永新：《为儿童而生的"学童"》《中国教师报》2017 年 11 月 22 日）

湖南师范大学原校长张楚廷表示，从心里尊重和尊敬像李吉林这样扎根于大地、生长于沃土、与儿童心灵相通的当代教育家。（张楚廷：《教学生活土壤里长出的生命之树》，《中国教师报》2017 年 11 月 22 日）

北京师范大学教授朱小蔓指出，李吉林是一个特别爱学习、善于学习的人，也是一位特别能坚守理想、持之以恒的人。她没有太高的学历，却有着超常的学习能力和毅力，比专业研究者还痴迷，39 年在一块土地上深耕细作，终于将开在中国基础教育园地里的一株小苗耕耘成一棵参天大树。情境教育理论及其创立者成了中国教育界述说

① 关于这次会议，《中国教师报》2017 年 11 月 22 日"教育家"专版全文刊登李吉林的报告和部分专家的发言，《中国教育报》2017 年 11 月 22 日也全文刊发李吉林的报告全文（收录于《40 年情境教育在路上：倾听时代的声音快乐前行》），《教育研究》2018 年第 2 期发表刘立德和张璐的会议综述《向世界教育发展贡献中国智慧——中国情境教育儿童学习范式国际研讨会述评》。陶西平、李大潜、顾明远、张楚廷和朱小蔓等人未能现场参会，发来视频或贺信。

② 该发言稿全文以《让教育与生活走得更近——对李吉林情境教育的三点认识》为题发表于《人民教育》2018 年第 2 期。

中国人自己教育故事的代表和先行者。(朱小蔓:《为中国儿童学习开拓一块丰厚的园地》,《中国教师报》2017年11月22日)

南京师范大学原副校长吴康宁指出,李吉林不仅提出了具有理论支撑的情境教育思想及一整套相应的行动方案,而且亲身进行了全程实践探索。区别于其他许多教育思想,她的情境教育思想不是漂浮在空中,而是扎根于大地,是与理论依据、行动方案、亲身实践融为一体的思想,是在其亲身实践中得到验证的思想,是具有自身特点的思想。她本人既是情境教育思想的创生者,又是这一思想的成功践行者。在她的情境教育探索中,学生不仅是教师所创构的情境的享受者,而且是不断形成、不断丰富、不断优化的情境的创构者,教师要特别有爱心、童心和恒心。吴康宁希望,对于李吉林情境教育探索的理解、评价及传播,能够在强调其"中国元素"及"中国特色"的同时,也关注其"人类元素"及"世界意义"。[1](吴康宁:《情境教育需要教师有"三心"》,《中国教师报》2017年11月22日)

中国教育学会常务副会长、《未来教育家》杂志总编辑刘堂江认为,李吉林的成长有五点启示。一是"情怀",要成为教育家就要有相应的情怀,以教育家情怀育人。二是"学力",教育家的成长需要精益多师,向中外教育大师学,向其他学科的专家学、向同行学、向学生学。三是"沃土",中国教育家成长的必由之路就是深深根植于教育改革实践的沃土。四是"周边",要善于跨学科思考,借鉴边缘学科。五是"感悟",以感悟提升理论概括。(刘堂江:《李吉林成长五点启示》,《未来教育家》2018年第6期)

江苏省社会科学院研究员吴功正认为,李吉林在古典美学中发现和发掘了情境(意境)论,经过长期的实践,消化、吸收、整合,建构了独立完整的情境教育论,实现了古典美学和现代教育学跨学科的现代性转化。其成功既来自正确的方法论的运用,又来自坚守文化自信的主

---

[1] 该书面发言稿全文以《"李吉林情境教育探索"再理解》为题发表于《课程·教材·教法》2018年第3期。

体精神。情境教育对中小学的重要启示是在中小学教育中需要扩大古典美学的应有量，扩充古典美学的承载量。（吴功正：《坚守文化自信扩客传统美学——李吉林情境教育论的启示》，《中国教育学刊》2018 年第 8 期）

江苏省教育学会副会长叶水涛认为，李吉林是当代中国为数不多的、具有原创性理论体系建构的教育家。择美构境、以美启智，是她的儿童教育思想的显著特色，也是情境教育理论独到的方法论。"美"是情境教育方法论与目的论的统一。情感是情境教育理论的生长点，"情本体"是她的儿童教育思想的基石。"情"与"思"的结合，将认知与情感紧密统一起来，是情境教育教学论的核心，也是认识论的基本特点。从儿童的真实生活出发，培养儿童求真务实的科学精神与质朴真诚的思想品德，是情境教育理论的价值论。情境教育是基于教育实践的学术创新，也是凸显民族文化特色的理论建树。（叶水涛：《教育实践的"中国智慧"——李吉林情境教育理论的创建》，《中国教育学刊》2018 年第 8 期）

北京师范大学教授裴娣娜指出，中国情境教育儿童学习范式是对中国教育改革重大现实问题的关切，是站在新时代发展的高位对教育走向的真切把握。构建情境教育儿童学习范式是全球化背景下进行中国教育学术话语体系建设和中国基础教育品牌发展战略选择的关键着力点。中国情境教育儿童学习范式的构建为基于中国经验和智慧，在众多教育理论学说的融合、交流、争论、碰撞中建立和完善中国特色、中国气派、中国风格的教育教学和儿童学习理论树立了榜样。（刘立德、张璐：《向世界教育发展贡献中国智慧——中国情境教育儿童学习范式国际研讨会述评》，《教育研究》2018 年第 2 期）

中央教育科学研究所原所长卓晴君指出，李吉林不断探索研究情境、情感与儿童学习的特点和规律的关系，并努力吸收中华优秀传统文化和外国文化教育的精髓，逐渐构建成中国情境教育儿童学习范式的理论框架和操作体系，向世界展示了当代中国儿童教育的特色、风采和气派，不仅丰富了中国特色社会主义教育理论和实践的宝库，同时也为促进世界儿童教育科学和事业的发展繁荣作出了独特贡献，是

世界教育宝库中的珍品。（刘立德、张璐：《向世界教育发展贡献中国智慧——中国情境教育儿童学习范式国际研讨会述评》）

中央教育科学研究所原副所长潘仲茗认为，李吉林情境教育和学习理论是从亲身实践中感悟、思索、归纳、升华而来，是在学习借鉴国内外先进的教育学、心理学、美学理论和中华优秀传统文化基础上综合创新的结晶。（刘立德、张璐：《向世界教育发展贡献中国智慧——中国情境教育儿童学习范式国际研讨会述评》）

教育科学出版社社长李东认为，中国情境教育和情境学习研究成果是中国基础教育改革探索的宝贵经验的一个缩影，散发着中国本土的芳香，李吉林的学术成果输出到海外，凸显了中华民族的文化自信和教育自信。（刘立德、张璐：《向世界教育发展贡献中国智慧——中国情境教育儿童学习范式国际研讨会述评》）

江苏省教育厅副厅长朱卫国认为，学习推广李吉林的教育思想，有助于进一步坚定教育文化自信，增强教育发展自觉，促进教育实践自在。（《中国情境教育儿童学习范式国际研讨会暨李吉林儿童情境学习专著（英文版）首发式在南通举行》，南通市教育局网站，2017 年 11 月 16 日）

南通市人民政府副市长朱晋认为，儿童情境学习专著（英文版）首发，是南通基础教育人的重量级研究成果第一次"走出去"，也是新时代中国教育家研究成果率先"走出去"，为"教育之乡"金字招牌增添了新的光彩。（《中国情境教育儿童学习范式国际研讨会暨李吉林儿童情境学习专著（英文版）首发式在南通举行》）

德国斯普林格出版集团部门负责人梅尔吉奥尔（N. Melchior）认为，李吉林统筹儿童情感与认知，大力倡导儿童情境学习，使儿童因情感驱使而主动学习，激发了儿童创造力和潜在智慧的开发。她坚持不懈、追求高远的精神令人感动，儿童情境学习的核心概念非常科学，李吉林情境教育思想将通过这些著作向全世界传播。（刘立德、张璐：《向世界教育发展贡献中国智慧——中国情境教育儿童学习范式国际研讨会述评》；沈樑：《李吉林一家三代同获海内外瞩目》，《江海晚报》2017 年 11 月 29 日）

澳大利亚悉尼大学雅各布森（M. J. Jacobson）教授认为，儿童学习发生的情境是由不同层次的要素或者动因（包括神经元、认知的、内在的、人际的以及文化的）构成的复杂系统，要构建情境教育儿童学习范式，必须将认知理论和情境理论结合起来。（刘立德、张璐：《向世界教育发展贡献中国智慧——中国情境教育儿童学习范式国际研讨会述评》）

美国雪城大学威尔金森（L. C. Wilkinson）教授认为，有必要应用和进一步发展能够在当代社会条件下解释儿童学习复杂性的概念框架和方法框架。（刘立德、张璐：《向世界教育发展贡献中国智慧——中国情境教育儿童学习范式国际研讨会述评》）

11 月　入选全国 90 位"当代教育名家"。[①]（《关于当代教育名家推选结果的公告》，《中国教育报》2017 年 11 月 29 日）

12 月 6 日　出席南通大学情境教育研究会成立大会，受聘担任研究会学术顾问，并在会上做报告，勉励学生"先当好学生，才能当好先生。""天道酬勤，功夫不负有心人。""倾听时代脚步声，新的高度永远在前方。"（孙琪：《李老师，教师节快乐！》，《教师教育与发展研究》

[①]　"当代教育名家"推选活动由中国教育学会、中国高等教育学会、中国职业技术教育学会、中国教育电视台、中国教育报刊社、人民教育出版社等 6 家单位于 2017 年 4 月联合发起。推选标准有四条：一是心系民族命运，饱含赤诚的爱国情怀和教育情怀，有强烈的使命感和责任感。具有坚定的理想信念，忠诚于党和人民的教育事业，全面贯彻党和国家的教育方针，坚持社会主义办学方向。二是带头弘扬社会主义道德和中华民族传统美德，品行高洁，充满大爱，是社会道德的模范。三是教育思想丰富，理论建树丰硕，创新意识强，有教育界广泛认可的代表作，对一定时期、一定范围内的教育理论、实践产生了重要影响。或致力构建中国当代教育思想理论体系，对夯实理论基础、完善学科体系贡献很大；或创新教育模式和教育方法，形成了自己鲜明独特的教学理念、教学风格和教学特色，带出了一大批优秀教师，培养出了一大批优秀人才；或直面教育重大现实问题，办学治校成就突出，引领和带动了区域乃至全国教育改革发展。四是具有人格魅力和学识魅力，在社会上享有崇高声誉、具有深远影响力，受到教育界人士拥戴和人民群众认可。全国共推选出"当代教育名家"90 人，分别是：丁石孙、于漪（女）、于永正、马芯兰（女）、王本中、王策三、王善迈、王殿军、韦力、文喆、厉以宁、石伟平、叶澜（女）、叶翠微、田正平、史宁中、冯恩洪、朴永馨、朱小蔓（女）、朱正威、朱永新、任勇、刘可钦（女）、刘京海、刘堂江、刘彭芝（女）、汤钊猷、汤赛南、许嘉璐、劳凯声、李烈（女）、李吉林（女）、李希贵、李庚南（女）、杨瑞清、杨福家、杨德广、吴正宪（女）、吴式颖（女）、吴良镛、吴吕顺、吴孟超、吴颖民、何克抗、何晓文（女，回族）、宋乃庆、张志勇、张厚粲（女）、张思明、张莫宙、张楚廷、陈玉琨、陈桂生、林崇德、欧阳中石、卓立、金式如、周光召、周洪宇、周稽裘、郝克明（女）、胡大白（女）、胡百良、钟启泉、钟南山、姜大源、姚文俊、顾明远、顾泠沅、钱易（女）、钱梦龙、郭齐家、唐盛昌、谈松华、陶西平、黄希庭、曹洪欣、康岫岩（女）、章开沅、敢峰、鲁洁（女）、温儒敏、谢维和、窦桂梅（女）、裴娣娜（女）、翟小宁、潘懋元、燕国材、薛天祥、魏书生。

2019 年第 3 期)

12 月 22 日　在情境教育研究所与中国科学院院士李大潜带领的上海市"立德树人"数学教育教学研究基地专家进行交流，讲述自己和团队探索情境数学三个主张的故事。这三个主张是：让数学与生活链接，引导儿童在真实的或模拟的生活情境中学习数学、运用数学；创设探究的情境，让儿童伴随着形象进行逻辑思维；重演再现人类发明数学公式的情境，感受数学的文化性和审美性。通师二附副校长王海峰上汇报课《用计算器计算》。李大潜充分肯定了情境数学的三个主张，认为它们非常适合小学数学学习，强调小学数学学习应该将兴趣放第一位，其次是习惯，知识排第三，不能本末倒置。(王玉娟：《中科院李大潜院士及上海数学教研基地专家走进情境数学》，2017 年 12 月 25 日，搜狐网 https：//www. sohu. com/a/212684577_ 782262)

12 月　吴功正在《教育研究与评论》第 6 期发表《情境教育论的古典美学渊源及其当下的时代色彩》。文章认为，情境教育理论一头连通着中国优秀的传统文化，一头融入中华美学精神，因而便有了足够的思想厚度和时代色彩，远远超越了教育领域，获得了普遍的深广价值。就美学而言，李吉林完成了美学的现代转化。李吉林成为一个现象，也是一种精神。

2018 年　80 岁

1月20日　中共中央、国务院颁布《关于全面深化新时代教师队伍建设改革的意见》。

2月22日　教育部办公厅等四部门联合印发《关于切实减轻中小学生课外负担开展校外培训机构专项治理行动的通知》。

9月10日　全国教育大会在北京召开。习近平出席会议并发表重要讲话，提出要培养德智体美劳全面发展的社会主义建设者和接班人，加快推进教育现代化、建设教育强国、办好人民满意的教育。

1月　在教育科学出版社出版"儿童情境学习丛书"，包括《儿童母语情境学习的理论与应用》《儿童情境学习范式建构的历程》和《儿童情境学习课程体系及操作》3本书。

《儿童母语情境学习的理论与应用》从出发点、基本理念、情境创设途径与特点、情境识字、情境阅读、情境作文等方面详细介绍了儿童母语情境学习的基本理论和操作要义，介绍了儿童识字的调查分析与教学改进措施。该书认为，情境作文比"去情境"作文更能激发儿童兴趣且效果更好，情境教学更能引起儿童显著的心率变化。该书指出，儿童母语情境学习是与色彩斑斓的生活紧紧连接在一起的，母语教材中的课文都是作家情感与智慧的产物，抒发着他们对生活、事业及一切美好事物的爱和高尚精神的追求。儿童母语情境学习正是把儿童带入作家描写的那些生动的情节中，去体验、感悟字里行间的情感和理念，天长日久就会在儿童幼小的心灵里播下真、善、美的种子。

《儿童情境学习范式建构的历程》梳理了儿童情境学习范式探索跨越的九级台阶：让儿童学习与真实世界相通，美的学习情境给儿童带来愉悦，发现儿童情境学习的核心秘密，"五要素"概括体现情境教学的普适性，多角度构建最佳组合的儿童学习环境和基本原理，揭示各科进行儿童情境学习的策略性主张，多角度构建儿童情境学习课程，吸纳民族文化的滋养、走自己的路，以学习科学和脑科学为理论依据提出应对策略。该书指出，九级台阶的跨越，实际就是从语文学科的情境教学拓展为情境教育、进行构建情境课程的"三部曲"探索历程，这"三部曲"始终围绕着"为儿童快乐高效学习，获得全面发展"的主题。

《儿童情境学习课程体系及操作》从显示民族文化经典的核心元素、儿童快乐高效学习的五大原则、儿童主动学习的基本原理和脑科学成果给予的理论支撑等四个方面构建了儿童情境学习课程的理论架构，分析了儿童情境学习课程的四大领域：在核心领域构建学科情境课程、在综合领域构建主题性大单元情境课程、在衔接领域构建过渡性情境课程、在源泉领域构建野外情境课程，提出了语文、数学、道德、科学和音体美等情境学习课程的学科主张，展现了儿童情境学习课程的基本策略和操作要义，介绍了儿童情境学习课程的独特优势及其在盲校、幼儿阅读教学中的成效。

3月　聘任王灿明为江苏情境教育研究所所长，朱嘉耀为顾问。（王灿明提供，2023年4月25日）

4月中旬　要求徒弟、南通市实验小学校长张洪涛代表江苏情境教育研究所参加江苏省第19届小学语文优质课评选暨青年教师课堂教学观摩活动。（张洪涛：《有情有境育桃李，无怨无悔写人生》）

5月初　指导张洪涛备课时说："我走路在想这堂课怎么上好，早晨起来还是在琢磨这堂课。上课，一定要精益求精，一定要上到儿童的心里去。课堂一定要让学生充分活动起来，让儿童在实践中提高

语文素养。人文性和工具性要融合统一，在情境中培养儿童的审美情操。"（张洪涛：《有情有境育桃李，无怨无悔写人生》）

5 月 8 日—9 日　出席在无锡举办的江苏省第 19 届小学语文优质课评选暨青年教师课堂教学观摩活动。活动期间，江苏省教育科学研究院宣布设立"李吉林语文教学奖"，评选出 15 名获奖的青年教师。为获奖教师颁奖、赠送《李吉林文集》。在闭幕式讲话中强调，教好儿童母语是小学语文教师共同肩负的神圣使命①。（《江苏省第十九届青年教师小学语文课堂教学观摩暨优课评选活动掠影》，《七彩语文（教师论坛）》2018年第 7 期）

6 月 6 日　《中国教师报》"教育家周刊"第 13、14 版特别辑录杜殿坤、吕型伟、柳斌、王湛、顾明远、陶西平、朱小蔓和刘堂江等著名学者分别为李吉林著作撰写的序言。

6 月底　特聘南通市教师发展学院副院长刘卫锋和通师二附科研处生家琦任江苏情境教育研究所兼职副所长。（刘卫锋：《记忆中的李吉林老师》，《中国教师报》2021 年 4 月 7 日）

7 月 2 日　吴康宁为《40 年情境教育在路上——大专家牵手"长大的儿童"》一书写序，在序中认为，李吉林是我国基础教育一线教师创构出自己的"教育体系"的第一人，是我国基础教育一线教师用自己创立的教育品牌与国际教育界平等对话，并为世界教育改革作出宝贵贡献的第一人。②

7 月 15 日　吴刚在《教育研究》第 7 期发表《论中国情境教育的发展及其理论意涵》。文章指出，情境教育的核心是教育的重大问题——儿童的学习与发展，其实质在于，通过优化学习境脉，唤起学生情感以激发"学习投入"；以情境为中介，通过互动与活动重构学生与社会生活及世界意义的关联，以增进学科理解。由于情境本身的

---

① 该讲话稿以《教儿童学好母语是我们神圣的使命》为题发表于《南通日报》2018 年 5 月 15 日和《七彩语文》2018 年第 7 期。

② 该序以《李吉林情境教育体系的"厉害"之处》为题发表于《中国教育科学》2019 年第 2 期。

时空特性，情境教育还显示了一种教学介入社会空间的生产关系。文章认为，有关课堂空间的情境教育研究具有重要的理论前景。

8月　论文《中国式儿童情境学习范式的建构》获得 2018 年江苏省教育教学与研究成果奖（研究类）一等奖。（《省教育厅关于公布 2018 年江苏省教育教学与研究成果奖（研究类）获奖项目名单的通知》，苏教人〔2018〕10 号）

同月　为配套全国统编版语文教材主编的《小学语文新补充读本》，经江苏省中小学教辅材料评议委员会 2018 年评议通过，开始在江苏凤凰教育出版社出版。①

夏　得知刘堂江消化系统出了问题，立即致电刘堂江说："我有个偏方，鲜百合蒸水吃效果很好的。你不要去买，要静养。我告诉保姆买好了给你快递过去。"（刘堂江：《媒体人与名师的情缘》，《未来教育家》2020 年第 7 期）

9月10日　出席南通市庆祝第 34 个教师节大会暨"弘扬高尚师德，潜心立德树人"主题宣讲活动，同李庾南一起与"80 后"青年教师对话，将自己 60 余年的小学教育工作感受概括成两句话："儿童、童心给了我智慧；爱能产生智慧，爱与智慧丰富了人生。"（刘卫锋：《李吉林李庾南寄语青年教师》，《江苏教育报》2018 年 9 月 14 日）

10月23日　张楚然在《中国德育》第 20 期发表《一切为了孩子　一生心系教育——李吉林与情境教育的情缘》，叙述了李吉林创立情境教学、发展情境课程、发扬情境教育的探索历程。

10月26日　通师二附"以美激智、以爱导行"情境教育质量管理模式获得中国质量奖提名奖。（江苏情境教育研究所提供）

10月　在人民教育出版社出版教育研究文集《40 年情境教育在路上》，包括《催开教育智慧的花蕾》《倾听时代的声音》和《大专家牵手"长大的儿童"》3 卷。

《催开教育智慧的花蕾》分"长大的儿童美智趣""探究解决现

---

① 这套教材每学期一册，共 12 册。

实问题的答案""爱是教育的命脉""把握教学规律举一反三"和"创新是教育发展的必由之路"等五个专题，汇编了李吉林在《人民教育》发表的 36 篇论文。

《倾听时代的声音》分"我是播种者""优化结构提高语文教学效率""创造的启示""教师的爱是神奇的""中国情境教育建构及其独特优势""母校对我的影响是一辈子的""28 年蹚出一条小路""揭开儿童快乐高效学习的秘密"等八个专题，汇编了李吉林在《人民日报》《光明日报》《中国教育报》《中国教师报》《新华日报》和《江苏教育报》等报纸发表的 68 篇文章。

《大专家牵手"长大的儿童"》分上下两篇，汇编了著名学者为李吉林著述撰写的 25 篇序和自撰的 9 篇思语。

11 月 13 日—14 日　出席在通师二附举行的"40 年情境教育创新之路展示交流活动暨中国教育学会情境教育研修与推广第三次培训"。活动由中国教育学会、中国教育报刊社、江苏省教育厅、南通市人民政府联合举办，同时发布"儿童情境学习丛书"和"40 年情境教育在路上"系列专辑，杨银付、朱卫国、吴康宁、张民生、桑新民、刘立德、张铁道、郝京华、刘次林、王灿明、叶水涛、李庆明、严清、成尚荣、吴刚、彭钢、董洪亮等领导、专家和来自全国各地的情境教育实验学校的校长、老师 500 多人参会。在会上做主题报告《40 年情境教育创新之路》。报告系统回顾了自己 40 年探索情境教育的历程，全面总结了情境教育探索取得的六大成果：小学作文"提早起步，提高起点"，课堂符号学习与生活连接；运用系统论的科学原理，优化教学内容结构；通过发展想象力培养儿童创造性；构建多元的网络式情境课程，把学科课程与儿童活动结合起来；提出一系列对儿童进行审美教育的有效主张和举措；发现儿童学习的秘密，构建儿童情境学习范式，开创让儿童快乐学习、获得全面发展的有效路径。①

---

①　该报告发表于《中国教师报》2018 年 12 月 26 日，同时改题为《40 年情境教育创新之路带来的 6 个甜果子》发表于《人民教育》2018 年第 24 期。

原南京师范大学副校长吴康宁指出，要真正弄清情境教育到底是什么，就不能绕开鲁洁教授 2009 年 8 月 29 日在"提升与推广——情境教育发展论坛"上发言中关于情境教育的见解。情境教育来自于情感、责任、智慧、态度和意志，将来应当进一步关注育人功能问题、拓展探索视角、再构学校生活和彰显时代特征等方面。(吴康宁:《情境教育是什么，从哪里来，往哪里去》，《人民教育》2019 年第 17 期)

中国教育学会秘书长杨银付指出，李吉林倾听时代的脚步、勇立改革的潮头，是具有家国情怀与民族责任感的好老师，她的大爱精神、创新精神、学习精神让人由衷敬重。虽然她一辈子耕耘在小学，第一身份是小学老师，但却是一位塑造学生品行、品格、品味的"大先生"，是一位真正了不起的教育家。(《我市举办"40 年情境教育创新之路展示交流活动暨中国教育学会情境教育研修与推广第三次培训"》，2018 年 11 月 13 日，南通市教育局网站，http://jyj.nantong.gov.cn/ntsjyj/bmdt/content/4ae2abf0-0939-48b0-b8ab-07dfb49860d3.html)

江苏省教育厅副厅长朱卫国指出，李吉林是江苏教育改革创新的一面旗帜。她的精神是江苏教育改革创新的一种动力，突出表现在勇立潮头、敢为人先的创新精神，持之以恒、久久为功的坚守精神，实事求是、精益求精的科学精神，胸怀大爱、奉献祖国的担当精神。她的教育思想是江苏基础教育改革创新的一个品牌。(《我市举办"40 年情境教育创新之路展示交流活动暨中国教育学会情境教育研修与推广第三次培训"》)

人民教育出版社教育编辑室主任刘立德指出，《40 年情境教育在路上》图文并茂，生动、完整地记述了李吉林 40 年来情境教育实践探索的奋斗历程、教育生涯和教学成就，展示了情境教育的理论精髓，阐发了李吉林的教育智慧和教育改革思想，对于全面深化基础教育改革和完善中国特色社会主义教育理论体系有着重要的参考借鉴价值。(《我市举办"40 年情境教育创新之路展示交流活动暨中国教育学会情境教育研修与推广第三次培训"》)

教育科学出版社副编审刘灿表示，教育科学出版社共为李吉林出版了 14 本书，她的探索成果既蕴含了东方智慧，同时也跟世界学术潮流接轨，具有世界性的普遍意义。(《我市举办"40 年情境教育创新之路展示交流活动暨中国教育学会情境教育研修与推广第三次培训"》)

11 月　论文《中国式儿童情境学习范式的建构》获得江苏省第十五届哲学社会科学优秀成果二等奖。(《省政府关于江苏省第十五届哲学社会科学优秀成果奖的决定》，苏政发〔2018〕143 号)

12 月 11 日—12 日　第七届中国教育家年会暨中国好教育颁奖盛典①在北京举行，获得"中国好教育·烛光奖"，因病未能到会，派江苏情境教育研究所所长助理王亦晴代为领奖，在录播的视频发言中表示："我喜欢在儿童中间，所以我能做到爱儿童所爱，知儿童所需，也努力去解儿童之难，这是时代赋予我的使命，一个神圣的使命，就是要让儿童快乐高效地学习，获得全面发展。这个要求是挺高的，值得自己做一辈子，就在这个过程当中，我觉得自己获得了充实的人生，自己感到莫大的幸福。"组委会颁奖词称赞她是我国基础教育界卓有影响的教育家、中国教育改革的先行者。顾明远在会上做主题报告《教师专业化成长的困境与路径》，提出"教师成长的五项修炼"，即意愿、锤炼、学习、创新和收获，认为李吉林是五项修炼的典范，"她热爱教育、热爱孩子，不断修炼，不断钻研。她在上世纪 80 年代初开展情境教学实验，遇到不少困难，但她勇于坚持，同时到华东师范大学向刘佛年等专家请教学习，然后又不断创新，将情境教学拓展到情境教育，建立了情境教育的理论及操作体系，在学术上和人才培养上都获得了丰硕的成果。"(刘洪：《扛历史使命塑时代新人——王亦晴老师介绍赴京替李吉林老师领"中国好教育烛光奖"盛况》，通师二附微信公众号，2018 年 12 月 20 日)

12 月 19 日　出席通师二附"珠媚讲坛"举办的"中国好教育·烛光奖"庆祝活动。在发言中表示，荣誉属于她个人，更属于二附这个

---

①　中国教育家年会暨中国好教育盛典由中国互联网新闻中心主办，从 2012 年起每年举办一次，旨在汇聚国内教育名家，共同研讨中国教育改革和发展，并奖励为教育事业作出突出贡献的个人和组织，推动中国教育事业的变革和发展。2018 年第七届年会的主题是"扛历史使命、塑时代新人"，同时获奖的还有刘道玉教育基金会会长、武汉大学原校长刘道玉和国家教育咨询委员会委员、中国教育学会顾问、中国教育发展战略学会学术委员会名誉主任谈松华。

集体，强调"中国老师应该有中国人的尊严，不要迷信外国人。我做了四十年的情境教育，现在还不肯罢休，不是荣誉的问题，而是在造就后代，我们教育人境界要高远……。"（刘洪：《扛历史使命塑时代新人——王亦晴老师介绍赴京替李吉林老师领"中国好教育烛光奖"盛况》）

同月　经江苏省中小学正高级教师高级专业技术资格评审委员会评审，被评为正高级教师。（《2018 年全省中小学正高级教师任职资格评审结果公示》，江苏省教育厅网站，2018 年 12 月 21 日）

2019 年　81 岁

2 月 23 日　国务院印发《中国教育现代化 2035》。

6 月 23 日　中共中央、国务院印发《关于深化教育教学改革全面提高义务教育质量的意见》，明确提出"要重视情境教学"。

1 月　著作《情境教育理论探究与实践创新：一切为了儿童的学习》列入"中国基础教育国家级教学成果文库"，在北京师范大学出版社出版。该书详述了自己对教育的热爱，从寻求教育现实问题出发，在推进语文教学改革中提出一系列极具操作性的创新主张，继而从语文学科拓展出去，为儿童素质的全面发展概括出具有普遍意义的情境教育"五要素"，以及相应的基本原理和操作要义，构建起由四大领域网络结构支撑的情境教育课程。

2 月 8 日　凌晨四时多，裹着被子坐在床上写有关情境学习的材料。刘铗提醒她注意身体，她回答："还有重要的事情要做。"（叶水涛：《李吉林语文教学艺术研究》，福建教育出版社 2022 年版，第 353 页）

3 月　入选改革开放 40 年"教育人物 40 名"。① （《改革开放 40 年"教育人物 40 名入选名单》，《中国教师报》2019 年 3 月 21 日）

4 月 6 日　到南通市中医院做全面血检，显示 CA—199、CA—50

---

① 2018 年 12 月，长江教育研究院、教育智库与教育治理研究评价中心发起"改革开放 40 年中国教育改革发展典型案例征集活动"，方略研究院、陕西师范大学、宁波大学等协办，最终选出"改革开放 40 年'教育人物 40 名'"和"改革开放 40 年'学校教改探索 40 个'"。改革开放 40 年"教育人物 40 名"入选者有：邓旭初、窦桂梅、段力佩、方明、顾泠沅、顾明远、郝克明、胡大白、李吉林、李希贵、厉以宁、林崇德、刘道玉、刘彭芝、柳斌、鲁洁、潘懋元、庞丽娟、斯霞、汤敏、唐盛昌、陶西平、王铮、王殿军、魏书生等。

指标异常。（丁伟等：《陪护日记——与李老师相伴的最后一段时光》，载江苏情境教育研究所选编《师者楷模　育人典范——纪念李吉林文章专集》，2020 年，第 303—310 页）

4 月 10 日　到医院做 PET—CT 检查，确诊为消化系统恶性肿瘤。（丁伟等：《陪护日记——与李老师相伴的最后一段时光》）

4 月初　在南通市中医院住院治疗，要求"病房要朝向学校，让我能看到孩子。"每天早上都要打开窗户，坐在床上聆听窗外孩子们上学时的熙熙攘攘，聆听学校上下课铃声的清脆嘹亮，聆听隔壁学校发出的每一丝声响。听到动情时，会慢慢从床边站起，看着窗外的学生。与徒弟聊天说："我在这里能够看到你们。当我看到你们在伏案工作，看到孩子们在开心玩耍时，我就放心了。"（孙其华等：《李吉林：一生献给儿童》，《中国教育报》2019 年 7 月 20 日）

4 月 27 日　在病房同郭毅浩等人聊天时说："上课铃，孩子们的声音，课间操的音乐是最好的药！"（陈志萍：《在送别李吉林老师的日子里》，《人民教育》2019 年第 21 期）

4 月　被《教育家》第 13 期"聚焦"栏目列为"寻找为共和国添彩的教育人"。[①]

5 月　著作《情境教育：一个主旋律的三部曲》在中国人民大学出版社出版。该书详细介绍了自己在长期实践研究基础上，吸纳中国古代文论"意境说"，从中概括出"真、美、情、思"四大核心元素，创造性地将其运用于当代儿童教育的探索历程，提出"审美的愉悦产生儿童主动学习的力""与儿童真情交融，让情感伴随认知活动""广远的意境开发潜在智慧"等崭新理念及操作策略，以及四大

---

① 为庆祝中华人民共和国成立 70 周年，《教育家》编辑部从 2019 年第 9 期开始推出"寻找为共和国添彩的教育人"专栏，以人物为线索，记录动人的教育故事，凸显博大的教育情怀，传播深邃的教育思想，以期从 70 年积淀的厚重与博大中探索未来中国教育的发展方向。先后推出的人物有：顾明远、魏书生、于漪、刘彭芝、李吉林、叶澜、吴正宪、张玉滚、朱永新、林崇德、钱易、周美琴、崔利玲、黄会林、张洪斌、孙培文、张思明、吴良镛、冯恩洪、章竹君、任雅才、鲁洁、庞丽娟、胡大白、马芯兰、桂卫华、贾利民、张俐、李琳娜、周贤怡、郭天财、王宗礼、朱辉球、顾昌华、李振华、曲比史古、聂振弢、党红泥、范徽丽等。

领域网络结构的情境课程等，形成了既具时代气息又蕴含东方文化智慧的情境教育理论和操作体系。

6月初　在病房里听童话故事、儿童音乐和苏联歌曲。（陈志萍：《在送别李吉林老师的日子里》）

7月5日　叮嘱女儿刘燕妮记述："数学，就是教会你方法，教会你原则。"（刘燕妮提供，2023年4月27日）

7月17日　在病床上倾听儿媳邬帆轻声朗读季羡林主编的《百年美文》。（陈志萍：《在送别李吉林老师的日子里》）

7月18日　因病医治无效，于15时08分逝世。病重期间对子女留下遗言："人一辈子要做好事，要帮助人！"（刘燕妮提供，2023年4月27日）

参考文献

《当代中国的江苏》编辑委员会、江苏省档案局：《江苏省大事记》，江苏人民出版社，1988 年。

《南通师范学校史（第一卷·纪事）》，南通师范学校，未出版，2006 年。

《南通市人大志》编纂委员会：《南通市人大志》，方志出版社，2012 年。

成尚荣：《我们是长大的儿童——情境教育中走出的名师》，教育科学出版社，2012 年。

成尚荣：《做中国立德树人好教师》，华东师范大学出版社，2021 年。

顾黄初：《中国现代语文教育百事典》，上海教育出版社，2001 年。

顾明远：《李吉林和情境教育学派研究》，教育科学出版社，2011 年。

花爱民：《为了儿童的飞翔——李吉林与她的情境教育》，外语教学与研究出版社，2008 年。

黄斌、吴姗：《朱小蔓学术年谱》，北京师范大学出版社，2023 年。

江苏情境教育研究所选编：《师者楷模　育人典范——纪念李吉林文章专集》，2020 年。

江苏省地方志编纂委员会：《江苏省志（1978—2008）·教育志》，江苏凤凰教育出版社，2017 年。

江苏省地方志编纂委员会：《江苏省志·教育志（上下）》，江苏古籍出版社，2000 年。

江苏省地方志编纂委员会：《江苏省志·议会　人民代表大会志》，江苏人民出版社，1999 年。

江苏省教育志编纂委员会编：《江苏省教育大事记（1949—1988）》，
　　江苏教育出版社，1989 年。

金铁宽：《中华人民共和国教育大事记》（1—3 卷），山东教育出版
　　社，1995 年。

课程教材研究所编著：《新中国中小学教材建设史（1949—2000）研
　　究丛书·小学语文卷》，人民教育出版社，2010 年。

李吉林：《40 年情境教育在路上——催开教育智慧的花蕾》，人民教
　　育出版社，2018 年。

李吉林：《40 年情境教育在路上——大专家牵手"长大的儿童"》，
　　人民教育出版社，2018 年。

李吉林：《40 年情境教育在路上——倾听时代的声音快乐前行》，人
　　民教育出版社，2018 年。

李吉林：《潺潺清泉——李吉林教育随笔》，教育科学出版社，
　　2016 年。

李吉林：《激情萌发智慧——李吉林情境教育论文选》，教育科学出版
　　社，2016 年。

李吉林：《李吉林文集（卷八）：我是播种者》，人民教育出版社，
　　2006 年。

李吉林：《李吉林文集（卷三）：情境教育三部曲》，人民教育出版
　　社，2006 年。

李吉林：《李吉林文集（卷四）：美·智·趣的教学情境》，人民教育
　　出版社，2006 年。

李吉林：《李吉林文集（卷五）：儿童·知识·社会的和谐建构》，人
　　民教育出版社，2006 年。

李吉林：《李吉林与情境教育》，北京师范大学出版社，2006 年。

李吉林：《情境教育：一个主旋律的三部曲》，中国人民大学出版社，
　　2019 年。

李吉林：《情境教育的诗篇》，高等教育出版社，2004 年。

李吉林：《我在实践中研究教育——〈教育研究〉发表李吉林论文专集》，教育科学出版社，2017 年。

李吉林：《训练语言与发展智力》，江苏人民出版社，1984 年。

李岚清：《李岚清教育大事记》，人民教育出版社，2004 年。

李庆明：《李吉林与情境教育》，中国青年出版社，2001 年。

李杏保、顾黄初：《中国现代语文教育史》，四川教育出版社，1997 年。

林治金：《中国小学语文教学史》，山东教育出版社，1996 年。

刘锬：《望塔楼文稿——刘锬散文评论选》，南通市文学艺术联合会，2009 年。

马樟根：《李吉林与情境教育》，人民教育出版社，2000 年。

南通市地方志编纂委员会：《南通市志（1983—2005）》（全三册），中华书局，2014 年。

南通市地方志编纂委员会：《南通市志》（全三册），上海社会科学院出版社，2000 年。

南通市教育局：《南通市教育志》，新华出版社，2001 年。

全国人民代表大会常务委员会办公厅：《全国人民代表大会及其常务委员会大事记（1954—2014）》，中国民主与法制出版社，2014 年。

中共江苏省委党史工作委员会、江苏省档案局：《中共江苏党史大事记》，中共党史资料出版社，1990 年。

中共南通市委党史工作办公室：《中共南通地方史》（第二卷），中共党史出版社，2011 年。

中共南通市委党史工作办公室：《中国共产党南通大事记》，中国文史出版社，1999 年。

中共中央党史和文献研究院：《改革开放四十年大事记》，人民出版社，2018 年。

中共中央党史和文献研究院：《中国共产党一百年大事记（1921 年 7 月—2021 年 6 月）》，人民出版社，2021 年。

中共中央党史和文献研究院：《中华人民共和国大事记（1949 年 10月—2019 年 9 月）》，人民出版社，2019 年。

中国教育学会秘书处：《中国教育学会（1979—1989）》，人民教育出版社，1990 年。

中国教育学会小学语文教学研究会：《中国小学语文教学改革 30 年》，人民教育出版社，2010 年。

中国教育学会小学语文教学研究会秘书处：《世纪之交的回眸——中国教育学会语文教学研究会成立二十周年纪念》，未出版，2000 年。

中国教育学会小学语文教学研究会秘书处：《中国小学语文教学改革30 年》，人民教育出版社，2010 年。

中华人民共和国教育部《中国共产党教育理论与实践》编写组：《中国共产党教育理论与实践》，北京师范大学出版社，2001 年。

后　记

就李吉林的成就、贡献与影响而言，李吉林研究必定会成为中国教育史研究中的一个重要领域。而我走进这一领域，虽是缓慢的，却是必然的。大约 10 年前，丁锦宏教授就曾建议我开展李吉林口述史研究，只是那时的我诸事缠身，对此心有余而力不足。2019 年初，我彻底回归教学科研岗位，李老师却于当年 7 月离世，我便永远失去了做李吉林口述史研究的机会。好在从这时起，我与王灿明教授的交流多了起来。我们每次交流的时间很长，内容很深刻，也都有一个不变的主题：李吉林与情境教育。王教授一直希望我能加入到这一研究领域中来，我从历史的角度对此进行了认真的思考，思考的结果就是决定从年谱起步着手推进李吉林研究。

年谱是人物传记的一种类型。本年谱的写作有两大设想，一是全面反映李吉林的成长经历、思想的形成与发展过程及其精神风貌，二是尽可能为今后的李吉林研究提供各方面的线索。正是因为这两大设想的考虑，使得本书可能显得有些庞杂、琐碎，乃至有一些重复。然而这些在笔者看来，却是必不可少的。比如就成长经历而言，她先后担任过校教代会代表和区、市、省、全国人大代表，相关的记述看起来有些琐碎，却是她成长过程的生动写照。就思想的形成与发展而言，关于情境教学促进儿童发展的"五要素"的观点演变最具典型意义，她从 1979 年开始酝酿，经过 5 年的探索，至 1984 年大体形成，随后在 1987 年、1991 年、1995 年、1997 年、2016 年的表述又都有所调整，最终在 2018 年确定为五大教学原则，相关记载如不仔细比对就很难发觉。就精神风貌而言，本书详细列出了她与学生、同事、徒弟和专家学者的交往细节，这样方可较为具体地展现她的精神。此外，本书秉持能收尽收的原则编列条目，同时又不厌其烦地标明出处，基本做到无一条目无出处，有的还采用脚注方式说明文献的收录情况，目的就是为了尽可能给李吉林研究多留线索。

本书的写作得到了许多领导、专家和热心人士的指导、帮助与支持。首先要衷心感谢王灿明教授，他不但多次与我进行研讨，提供了许多指导性意见，而且还不遗余力地引介并亲自陪同我拜访相关人士，对本书的完成居功厥伟。特别感谢著名教育专家成尚荣先生，他既是李吉林的老同事、老朋友，也是她事业发展的重要支持者、帮助者和见证者，同样对本书进行了全程指导。写作之前，他曾专门就写作体例、方法和原则等方面发表意见；在写作过程中，提供了不少有价值的信息；初稿完成后，又拨冗审阅了全书，给予了诸多勉励。令我十分感动的是通师二附的张洪涛校长和王建兰主任，当我甫一见面就冒昧地提出查阅档案的请求时，他们毫不犹豫地答应了并且将档案室对我全面开放，让我感受到充分的信任和温暖。感谢江苏情境教育研究所的施建平所长、丁伟副所长、王亦晴助理、丁玲主任和尹志一老师，南通师范高等专科学校的曹炳生主任、张建平处长和殷淑萍主任，江苏省南通第一中学的邱晓强副校长和保晓俊老师，南通教师发展学院的冯卫东副院长，南通市教育科学研究院的邢晔主任，他们在查询资料方面提供了许多便利。我的研究生冯鑫鑫、巴寒冰和杜忠娟在资料搜集和整理方面也做了一些基础性的工作。

最后，我要特别感谢李吉林老师的先生刘锁、女儿刘燕妮和儿子刘飞鸣，本书的写作得到了他们的大力支持和倾情帮助。他们不但多次与我深谈，提供了许多文献不载的信息，而且翻遍了家中各处，毫无保留地提供他们所能找到的一切资料。刘飞鸣先生是中国插花花艺大师，凭其深邃的艺术眼光，亲自挑选并授权使用李吉林老师的照片。刘燕妮女士是一位高校教授，几乎已经将本书的写作视作她自己的工作了，尤其是写作最后阶段的资料，基本都来自于她的辛苦搜寻。通过与他们的交往，使我真切地认识到，李吉林老师不但是"和、美、智"家庭环境主张的提出者，更是这一主张的践行者和受益者。

　　本书是开展李吉林研究的基础，也是教育部哲学社会科学研究重大课题攻关项目"百年党史中的著名教育人物谱系研究"（21JZD013）的阶段性成果。期望以此为契机，能够为推进李吉林及中国当代教育名家研究贡献微薄之力。由于本人水平有限，本书一定存在许多缺漏错讹之处，恳请方家批评指正！

邓小泉

2023 年 12 月 27 日